/ 추천의 글 /

선교사든, 목회자든, 평범한 신자든 이 타락한 세상에서 고난이나 고통을 피해갈 수 있는 사람은 아무도 없다. 그러나 가장 비극적이고 파괴적인 상황이 초래하는 어두운 밤에도 우리는 "주께서 나와 함께하심이라"고 고백할 수 있다. 이 책은 사망의 음침한 골짜기에 처한 자신을 올바로 이해하고 소생하도록 도와주는 안내서다. 특별히 성도의 고통과 아픔을 함께 짊어지고 헤쳐나가는 목회자들과 선교사들에게 깊은 공감과 통찰력을 제공하여 사역 현장에 꼭 필요한 길잡이로 쓰일 것이다. 고통과 트라우마를 다루는 영역에서 이보다 더 전문적이고 실제적인 지침서를 쉽게 발견할 수 없기에 기쁜 마음으로 기꺼이 이 책을 추천한다.

— **정근두** 목사 고신 멤버 케어 위원장, 울산교회 담임

어두운 세상에서 빛과 소금으로 살아가도록 부름 받은 그리스도인의 삶과 사역에 고난이 뒤따르는 것은 당연하고, 낯설고 물선 타 문화권에서 선교사가 감당해야 할 고난의 무게는 버거울 수밖에 없다. 성경은 고난의 제거나 도피 대신 건강한 전인적, 공동체적 대안을 가르친다. 풍부한 경험에서 우러나오는 임상적 방법론을 통해 선교 공동체가 그 가르침을 어떻게 적용하고 구현할 것인지를 풀어내는 이 탁월한 지침서를 선교사들과 선교 지도자들 그리고 하나님의 선교에 동참하는 모든 신앙 공동체에 권한다.

— **정민영** 선교사 국제 위클리프 선교회 부대표

우리는 누구나 트라우마에 노출될 가능성을 안고 산다. 일단 트라우마성 사건을 경험하게 되면, 아무리 마음을 단단히 먹는다고 해도 정신은 물론 영적인 기반도 뿌리째 흔들릴 수 있다. 이 책에는 고통에 대한 신학적 고찰, 사역자들이 겪는 트라우마, 회복 탄력성을 위한 구체적인 방안들이 담겨 있다. 위기 때 바로 사용할 수 있는 응급 구호 상자인 것이다. 이 지침들을 읽고 사용법을 미리 익혀둔다면, 실제 상황에서 즉각 활용할 수 있는 훌륭한 응급 처치 도구이자 비상 대책이 될 것이다.

— **최의헌** 원장 연세로뎀 정신과 의원, 정신과 전문의

이 책은 읽는 즐거움을 선사하는 한편, 사역자들이 겪는 스트레스와 고통의 양상을 깊이 이해하고 공감하도록 돕는다. 특별히 인간의 고통에 관한 영적 심오함과 신학적 숙고를 제공하면서, 동시에 현장의 생생한 사례를 통해 스트레스, 트라우마, 탈진 등과 같은 고통스러운 위기 상황에 대처할 수 있는 탄력적이고 효과적인 자원들을 매우 구체적으로 제시하고 있다. 이 책은 멤버 케어 사역자뿐만 아니라 목회자와 선교에 관심을 갖고 있는 모든 사람의 필독서라고 확신한다.

— **최형근** 교수 서울신대 선교학과, 하트스트림 공동 대표

고통
과
은혜

Trauma & Resilience:A Handbook

© 2016 by Frauke C. Schaefer, MD
Originally published in English under the title *Trauma &Resilience: A Handbook*
by Frauke C. Schaefer, MD, Inc., Chapel Hill, NC 27517, USA.
All rights reserved.

This Korean edition is translated and used by permission of Frauke C. Schaefer, MD,
North Carolina, USA.

This Korean Edition © 2016 by Timothy Publishing House, Inc., Seoul, Republic of Korea

이 한국어판의 저작권은 Frauke C. Schaefer, MD와 독점 계약한 (주)도서출판 디모데에 있습니다.
신 저작권법에 의하여 한국 내에서 보호받는 저작물이므로 무단 전재와 무단 복제를 금합니다.

고통과 은혜

1쇄 인쇄 2016년 11월 11일
1쇄 발행 2016년 11월 18일

지은이 프로케 쉐퍼(편저), 찰스 쉐퍼(편저) 외
옮긴이 도문갑
펴낸이 고종율

펴낸곳 주)도서출판 디모데 〈파이디온선교회 출판 사역 기관〉
등록 2005년 6월 16일 제 319-2005-24호
주소 서울특별시 서초구 서초대로 141-25(방배동, 세일빌딩)
전화 마케팅실 070) 4018-4141
팩스 마케팅실 031) 902-7795
홈페이지 www.timothybook.com

값 16,000원
ISBN 978-89-388-1606-1 03230

ⓒ 주) 도서출판 디모데 2016 〈Printed in Korea〉

고통과 은혜

TRAUMA & RESILIENCE

트라우마와 회복력에 관한 모든 것

프로케 쉐퍼 · 찰스 쉐퍼 편저 ― 도문갑 옮김

감사의 말 _ 8
들어가는 말 _ 11

1부 / 고통의 신학에 관한 성찰 _ 21

2부 / 트라우마 사례

1장 내전으로 인해 긴급 철수하다 _ 63
2장 신장암과 싸우다 _ 69
3장 아프리카에서 일어난 끔찍한 사고 _ 75
4장 사랑하는 사람들을 잃다 _ 81
5장 강도와 배신을 당하다 _ 87

3부 / 트라우마 회복을 위한 효과적인 지원 방법

6장 트라우마 이후의 일반적 반응 _ 95
7장 공동체의 지원 _ 139
8장 개인적 회복력 _ 169
9장 건강한 스트레스 관리법 _ 187
10장 심각한 트라우마성 스트레스 관리법 _ 207
11장 트라우마를 다루기 위한 영적 자원 _ 233
12장 치유를 위한 기도 _ 299

/ 차 례 /

요점 정리 _ 323

부록 /

A 위기와 고통의 신학: 연구 목록 _ 327
B 트라우마에 대한 공통된 반응: 성인/아동/청소년 _ 332
　타 문화권 사역자 스트레스 목록 _ 341
C 다양한 참고 자료 _ 345

참고 도서 _ 357
지은이 소개 _ 365
옮긴이의 말 _ 368

/ 감사의 말 /

이 주제로 책을 쓰도록 영감을 받은 것은 댄 블레이저(Dan G. Blazer) 박사님을 통해서였다. 우리는 그분의 비전, 끊임없는 후원 그리고 한 사람의 멘토로서 연구 분야와 크리스천 생활 양면에서 우리 삶에 남기신 발자취로 인해 깊이 감사드린다. 그분과 톰 헤일(Tom Hale, Jr.) 박사님은 그들의 지혜를 기꺼이 나누어주셨고, 편집자문 역할도 맡아주셨다.

이 책은 매년 미국 인디애나 주 앙골라에서 열리는 '정신 건강과 선교사 컨퍼런스[Mental Health and Missions Conference(MHM)]'를 통해 개발된 네트워킹과 전문성 없이는 나오지 못했을 것이다. 그것은 이 책의 저자들이 이 집회 때 함께 모여 책의 개념과 구성을 개발했기 때문이다.

특별히, 전문 편집자이며 영적 리더이신 엘리자베스 스타우트(Elizabeth Stout) 목사님께 감사드린다. 그분은 고도의 편집 기술을 제공해주었을 뿐만 아니라, 독특한 유머로 우리의 회복력(resilience)을 강화시켜주셨다.

창의적인 디자인으로 이 책을 풍성하게 만들어준 사라 오닐(Sarah O'Neal)과 출판 과정을 자문해준 브랜트 린퀴스트(Brent Lindquist) 박사님께 감사드린다.

우리는 심각한 트라우마성 스트레스 치료에 관해 귀중한 의견을 나누어주신 크리스틴 로스트(Christine Rost) 박사님께 많은 신세를 졌다. 그 외에도 내재적 신앙에 관해서는 리처드 고서치(Richard Gorsuch) 박사님, 애도에 관해서는 리베카 에크룬드(Rebekah Eklund) 박사님의 귀중한 도움을 받았다.

우리 모두의 유익을 위해 자기 삶의 연약한 부분들을 공개해준 모든 스토리 제공자들께 깊은 감사를 드린다. 제럴드 싯처(Gerald Sittser) 박사님은 그분이 경험한 비극적 상실을 '집약해' 나누어주셨다[그 이야기는 『하나님 앞에서 울다』(*A Grace Disguised*, 좋은 씨앗 역간)로 출간되었다].

우리는 우리가 도왔던 피상담자들, 환자들과 의뢰인들에게서도 도움을 많이 받았는데, 그들은 우리와 함께했던 경험들을 너그럽게 나누어주었고, 덕분에 우리는 그들의 삶과 내면의 기록들을 통해 많은 것을 배울 수 있었다.

우리가 세운 처음 계획보다 더 많은 시간이 걸린 이 프로젝트의 전 과정을 무던히 참아주고 격려해준 가족과 친구들에게 깊은 감사를 드린다.

프로케 쉐퍼 · 찰스 쉐퍼
Frauke and Charles Schaefer

/ **들어가는 말** /

프로케 쉐퍼·찰스 쉐퍼

　사역을 통해 하나님을 섬기는 것은 가장 즐겁고 만족스러운 삶의 한 방식이다. 동시에 그것은 도전적이고, 위험하며, 때때로 진이 빠지는 일이다.
　글로벌한 환경에서 일하는 선교사들로서 우리는 각자 나름대로 하나님과 친밀함을 유지하고 있는데, 선교사로 파송받기 전에는 미처 경험하지 못한 것이다. 찰스는 서아프리카 토고에서 성경 번역에 주력하는 선교 단체의 일원으로 컴퓨터 센터를 운영했다. 프로케는 주민들의 건강과 지역 개발을 목표로 하는 단체 소속으로 네팔에 있는 나환자 병원에서 원장으로 섬겼다. 우리는 이 사역을 통해 삶이 전환되었다. 이런 특별한 지역에서 가난한 사람들에게 다가가 문화적 장벽을 넘어 관계를 맺음으로, 하나님 왕국을 세우는 일에 동참하는 것은 얼마나 큰 특권인가? 물론 본국에서는 경험하기 어려운 새로운 위험들이 있었다. 그러나 중요한 것은 그분의 이름으로 위험을 감수할 때, 하나님의 임재를 너무나 분명하고도 충만하게 느꼈다는 것이다.
　우리가 충격을 받은 것은 우리가 알게 된 선교사들의 높은 수준과 자질이었다. 그들은 놀라운 사람들이었다. 대담하고, 강인하며, 희생적이고, 부르심에 헌신되어 있었다. 그럼에도 불구하고 지속적으로 높은 스트레스 요인들, 흔하게는 과로, 대인 관계의 갈등 그리고 트라우마성 사건들의 영향으로 타격을 받고 있었다. 이런 상황에서, 어떤 사람들은 사역의 활기를 잃은 채 겨우 생존 차원에 머물러 있었고, 어떤 사람들은 조기에 본국으로 귀환했다. 본국으로 돌아왔을 때 우리는 하나님이 이런 사역자들을 돕도록 우리 옆구리를 슬쩍 찌르시는 느낌을 받았다. 적절한 지원이 제공된다면, 선교 인력들이 탈진을 경험하거나 조기에 사역을 떠나는 일 없이 그들의 중요한 사역들을 계속할 수 있지 않을까? 심각한 트라우마 후의 고통과 장애는 감소되지 않을까? 그래서 우리는 우리가 가진 전문성으로 선교사들과 목회자들을 도울 수 있는 방법을 찾기 위해 정신 건강을 다루는 심리학과 정신 의학 연구에 헌신했다. 우리는 성경과 전문 서적을 나란히 펼쳐놓고 연구하면서, 믿음과 지식을 통합하는 작업을 가장 중요한 프로젝트로 삼았다.

독일 출신인 프로케는 미국으로 이민 와 2000년에 나와 결혼한 후 노스캐롤라이나에 있는 듀크 대학교의 정신 의학 교실에서 상임 연구원으로 일했다. 이 대학교의 저명한 연구 교수인 댄 블레이저 박사님은 젊은 시절 중앙아프리카와 서아프리카에서 의료 선교사로 일한 바 있는데, 프로케가 수행한 트라우마, 트라우마성 스트레스 그리고 선교사들의 회복력에 대한 역학적 연구 프로젝트의 멘토 역할을 기꺼이 맡아주었다 (Schaefer et al., 2007). 이 연구의 핵심 결과 중 하나는, 연구 대상이 된 선교사들이 본국에 있는 사람들에 비해 심각한 트라우마에 노출될 확률이 월등하게 높고, 또한 매우 열악한 환경에서 생활하고 있음에도 불구하고 놀라울 정도로 탄력적인 회복력을 지니고 있는 것이었다. 물론, 사역 현장에서 트라우마성 사건을 여러 번 겪은 이들은 폭력적인 인간관계에 노출되고, 매우 불안정한 환경(빈번한 전투, 내전 상황 그리고 잦은 범죄 등)에서 살면서 외상 후(post-trauma) 고통에 시달릴 가능성이 매우 높았다.

그럼에도 불구하고, 트라우마성 경험이 늘어날수록 선교사들의 회복력도 또한 증가되었다. 트라우마와 그 후유증으로 손상을 입는 과정을 통과한 선교사들의 회복력을 강화시키는 일이 과연 가능할까? 이것은 대단히 흥미로운 주제다. 이와 관련한 유사한 관찰이 이미 성경에 기록되어 있다.

> 주께 힘을 얻고 그 마음이 시온으로 가는 것을 사모하는 자는 복이 있습니다. 그들이 바카 골짜기를 지나갈 때 그곳이 샘의 골짜기가 되며. 시 84:5-6상, 현대인의 성경

"바카 골짜기"(Valley of Baca)는 비참함, 역경, 고통, 눈물의 장소다. 하나님을 찾는 순례자들이 이 골짜기를 통과하면서 눈물 흘릴 때 그곳이 비옥해지고 새로운 생장(生長)을 위해 샘이 흐르는 땅이 된다는 것이다. 트라우마와 역경의 고통 후 일어나는 이런 성장의 현상은 이미 지난 수십 년 동안 연구자들의 관심을 끌었고, '외상 후 성장'(posttraumatic growth)으로 표기된다. 연구 자료들과 성경을 나란히 놓고 읽어보면 더 자세한 내용을 알 수 있다. 트라우마는 우리 두뇌와 관계성, 지각과 인식에 영향을 미칠 뿐만 아니라, 심각한 트라우마는 하나님, 세상, 타인 그리고 우리 자신에 대한 사고 체계마저 산산조각 낼 수 있다.

믿음의 사람들, 특별히 목회와 선교 영역에서 일하는 사람들에게 이것은 자신의 삶과 하나님과의 관계가 뿌리를 내리고 있는 토대에 영향을 미칠 수 있고, 심지어 재앙이 닥치는 환경에서는 그 기반이 무너질 수도 있다는 것을 의미한다. 트라우마성 사건을 겪은 후 씨름하는 기간 중에는 때때로 당사자의 영적 토대가 재편되거나 새롭게 구성되기도 한다. 당사자가 직면한 경험이 기존의 믿음이나 기대치와 맞지 않을 때 투쟁 과정은 시작된다. 이러한 투쟁은 다양한 결과로 나타난다. 어떤 사람은 회복될

수는 있지만 심각한 후유증을 안게 된다. 반면에 완전히 회복되는 사람도 있다. 또 어떤 사람은 이전보다 오히려 더 강한 모습으로 회복되기도 한다. 드물게는 기력과 함께 신앙마저 잃어버리는 사람도 있다. 심각한 트라우마를 겪은 후 후유증을 헤쳐나가며 사는 삶의 과정은 바로 삶의 기반이 더 강화되느냐 아니면 상실되느냐로 나뉜다. 외상 후 회복 과정은 진정 중요한 것이 무엇인가라는 의미에서 우리를 연단하는 잠재력을 지니고 있고, 또한 지존자의 섭리 가운데서 창의적이고 발전적인 요소들도 포함하고 있다.

외상 후 성장에 관한 연구는 흥미로운 질문들을 제기한다. 어떤 조건이 가장 실현가능한 재건축 과정을 촉진하는가? 어떤 요인들이 장기적인 관점에서 회복력과 함께 신앙을 강화하도록 이끄는가? 이러한 조건들을 더 잘 이해하기 위해 우리는 트라우마 이후의 스트레스와 성장 양면을 포함하여 트라우마의 결과와 관련 있는 영적 요인들을 살펴보았다 (Schaefer, et al., 2008). 하나의 모델이 도출되었는데, 이런 요인들이 결과 산출에 어떤 역할을 할 것인지를 설명한다. 이 모델은 기존에 연구되고 과학 분야 학술지에 발표된 것보다 더 많은 영적 요인이 결과에 영향을 미친 것으로 나타났다. 그러므로 이 문제에 관한 우리의 지식적 이해에 더하여 사역을 담당하고 있는 사람들의 실제적 이야기들, 고통을 겪고 있는 사람들과 동행하는 사역자들의 이야기들 그리고 이에 상응하는 성경말씀들로 보완하는 것이 매우 중요하다.

성경은 이 타락한 세상에서 고난이나 고통이 정상적인 상황이라는 것을 웅변적으로 설명하고 있고, 또한 삼위일체 하나님이 예수 그리스도의 인성을 통해 인간의 고통 속으로 들어오시는 독특성을 탁월하게 설명하고 있다. 성경에는 우리와 하나님 사이의 관계가 다시 연결되고 형성되는 과정이 다양한 방법으로 묘사되고 있다. 우리에 관한 훈련과 연단의 개념들이 이렇게 언급되고 있다.

> 나의 형제자매 여러분, 여러 가지 시험에 빠질 때에, 그것을 더할 나위 없는 기쁨으로 생각하십시오. 여러분은 믿음의 시련이 인내를 낳는다는 것을 알고 있습니다. 여러분은 인내력을 충분히 발휘하여, 조금도 부족함이 없이 완전하고 성숙한 사람이 되십시오. 약 1:2-4, 새번역

> 그러므로 여러분이 지금 잠시 동안 여러 가지 시련 속에서 어쩔 수 없이 슬픔을 당하게 되었다 하더라도 기뻐하십시오. 하나님께서는 여러분의 믿음을 단련하셔서, 불로 단련하지만 결국 없어지고 마는 금보다 더 귀한 것이 되게 하시며, 예수 그리스도께서 나타나실 때에 여러분에게 칭찬과 영광과 존귀를 얻게 해 주십니다. 벧전 1:6-7, 새번역

인간의 삶에 중대한 문제가 일어난 후 드러나는 투쟁과 씨름, 혼란, 어두움 그리고 예수님의 재림 때 나타날 징조 등은 시편과 욥기 외에도 성경 전편에 기록되어 있다. 그리스도인들에게는 대개 이런 투쟁들이 절망으로 끝나지 않고, "바카의 골짜기" 가운데서 샘들을 발견하는 것으로 귀결된다(시 84:5-6). 이런 트라우마 이후 투쟁하는 데 도움이 되는 조건들을 더 많이 발견하기 위해 우리는 연구를 진행했는데, 그 과정이 매우 흥미로웠다. 가장 비극적이고 파괴적인 상황에서 맞는 어두운 밤에도 소망과 기대의 감각은 살아있다. 그러나 이러한 관찰들을 단지 학술지에 기재하는 것은 이 일을 올바르게 평가하는 것 같지 않았다.

2009년도 미국 인디애나 주에서 열린 연례 '정신 건강과 선교 컨퍼런스'(MHM)의 주제는 '선교사들의 회복력에 대한 평가와 강화'(Assessing and Fostering Resilience in Missionaries)였다. 탁월한 강사들이 준비한 중요한

개념들과 연구 결과는 우리에게 많은 영감을 불러일으켰다. 스콧 숌(Scott Shaum) 목사님은 '인생의 역경으로 얻는 회복력'에 관해 이야기했는데, 그는 이전 컨퍼런스에서 '고통의 신학'에 관해 이야기한 바 있다. 앤 하멜(Ann Hamel) 박사는 트라우마 치유에서 기도의 역할에 관해 이야기했고, 서아프리카에서 봉사하는 기동 멤버 케어팀인 MMCT의 카렌 카(Karen Carr) 박사는 트라우마 회복을 위한 '공동체 역할의 중요성'에 관해 설명했다. 우리(프로케와 찰스)도 '회복력을 위한 생리학 및 영적 도구'라는 주제로 워크숍을 가졌다. 이 컨퍼런스 기간 중 이런 중요한 통찰들을 선교사들과 사역자들을 돕는 더 폭넓은 공동체 그룹과도 나눌 필요가 있다는 의견이 나왔다. 우리가 책을 낸다면, 이것은 경청과 격려의 은사를 가지고 실제적인 지원 사역에 참여하는 케어를 담당하는 현장의 동료 사역자들에게 좋은 자료가 될 수 있겠다고 생각했다. 이런 동료들은 위기 대응 담당, 멤버 케어 담당, 지역 행정가 그리고 조직의 리더 등으로 역할을 분담할 수 있다. 동료 사역자들은 비상시에 즉각 도움을 줄 수 있는 자연적인 지원 시스템의 일부라고 할 수 있다. 또한 이 책은 사람들을 돕는 사역을 하는 그리스도인 정신 건강 전문가들에게도 필요한 자료와 격려가 될 수 있을 것으로 보였다. 이런 과정을 거쳐 이 책에 관한 비전이 태어났다. 모든 잠재적 필자가 이 책의 출간을 가치 있는 일이라고 흔쾌히 동의해준 것은 기쁘고도 신나는 일이었다.

우리 부부의 트라우마 이야기

우리 부부도 위기와 재건축 과정을 겪었다. 우리가 결혼한 후 첫 5년간은 순조로웠다. 프로케는 독일에서 미국으로 이주한 후, 일상생활에서 부대끼는 여성들과 우정을 맺는 데 관심을 두었다. 우리는 부부로서 함께 일했고, 때로는 위기를 만난 선교사들을 돌보기 위해 함께 여행하기도 했다. 어느 날 아침, 프로케는 한 컨퍼런스에 참석하기 위해 출발 준비를 하고 있었고, 찰스는 그 다음날 시작되는 교회 수련회에서 진행할 특강 준비를 마무리하고 있었다. 그런데 오랫동안 장거리 달리기를 해온 찰스가 가벼운 아침 조깅에 나섰는데, 시간이 지나도 돌아오지 않았다.

불안해진 프로케는 찰스가 갈 만한 데를 찾아보았지만, 그는 어디에도 없었다. 그녀는 찰스가 달리다가 넘어지면서 혼수상태에 빠졌고 그래서 병원에 실려 간 사실을 경찰서에서 걸려온 전화로 알게 되었다. 알 수 없는 이유로 찰스는 뇌출혈을 일으켰다. 의사인 프로케의 의료 지식이 그녀의 머릿속에서 난무하기 시작했다. 왜 이런 일이 일어났을까? 찰스는 앞으로 어떻게 될까? 뇌의 이상이 장기화될까? 장애가 발생하는 건 아닐까? 우리가 선교사들을 돌보는 일을 계속할 수 있을까? 프로케의 심장은 요동쳤고, 근육은 뻣뻣해졌으며, 속이 메스꺼워졌다. 그녀는 카페인 항진 효과를 경험했는데, 그것은 고도의 스트레스 증상이었다. 그녀는 극도로 집중하고 있었고, 초비상 상태에 있었기 때문에 부드러운 느낌을 가질 수 있는 여지는 조금도 없었다. 프로케는 점차 위기관리 모드에 도달했는데, 의사들에게는 친숙한 마음 상태였다.

다행히 프로케는 가족과 교회 공동체에 연락해 도움을 요청했고, 정신과 의사인 찰스의 당일 진료 예약을 조정했으며, 그가 주 강사로 예정된 교회 수련회 강사를 대체해주도록 요청했다. 얼마 지나지 않아 교회 목사님과 찰스의 친지들, 그의 친한 동료들이 프로케 곁으로 모였다.

찰스는 여러 주 동안 실제적이고 정서적이며 영적 지원을 제공하는 공동체에 둘러싸여 신경과 집중 치료를 받았고, 결국 집으로 퇴원할 만큼 회복되었다. 한 지혜로운 여성이 초기에 프로케에게 조언했다. "이럴 때 당신이 다른 사람들을 도와주는 최고의 방법은 그들이 당신을 도와주도록 허락해주는 거예요." 그녀는 그 말을 가슴에 담고는, 음식을 해오고 곁에 있어주는 것으로 섬기는 사랑스러운 케어 그룹들을 환영하며 받아들였다. 그들은 짬짬이 와서 기도해주고 곁에 있어주었다. 그들은 그러한 케어를 통해 계획과 꿈이 깨어진 상황에서 하나님의 임재와 사랑을 보여주었다.

프로케는 찰스가 쓰러진 후 하나님과 거리를 느꼈고, 하나님의 임재에서 피하려 했다. 비록 그녀와 하나님 사이에 소통은 괜찮았지만, 그녀의 기분이 가라앉아 있을 때는 신경을 갉아먹는 것 같은 내면의 질문으로 시달렸다. 하나님이 우리에게 요구하시는 일을 하고 있었다고 믿었는데, 왜 이런 일이 일어났을까? 찰스가 쓰러진 것이 하나님의 계획과 어떻게 들어맞을 수 있는가? 우리가 각자 그렇게 열심히 기도하고 준비했던 수련회를 왜 인도하지 못하게 된 걸까? 얼마간 시간이 지난 후, 프로케는 하나님께 이 질문들을 직접 할 수 있는 용기를 얻었다. 평강과 함께 즉각적인 응답이 왔는데, "나는 너와 함께 있고, 내가 네 형편을 알고 있다"는 것이었다. 그녀는 비로소 하나님의 의도를 확신할 수 있었다. 또한 그 순간에는 그분에 대한 사랑과 믿음을 굳건하게 하는 것이 다른 사람들을 위해 사역하는 것보다 더 중요하다고 말씀하시는 것 같았다.

이 책에서 다루는 트라우마 이해하기

이 책에서 다루는 트라우마를 간단하게 표현하자면, 어떤 사람 자신 또는 그가 사랑하는 사람의 생활이나 신체적인 온전함을 위협하거나 영향을 미치는 모든 심각한 사태라고 정리할 수 있다. 이러한 사건이나 사태를 직접 경험하거나 목격하거나 혹은 인식하게 되면, 극심한 두려움, 무력감 혹은 공포가 영향을 받는 당사자에게 일어나게 된다. 이 책의 필자들이 갖고 있는 트라우마에 대한 이해는 약간씩 다를 수도 있는데, 그것은 그들이 집필한 분야에서 구체적으로 드러날 것이다.

이 책의 개요와 사용법

이 책은 실천적이고 신학적이며 심리학적인 스트레스 관리 방안을 제공하고, 동시에 위기 상황에 있는 사람들을 돌보는 사역자들에게 영적 자원을 제공한다. 또한 이 책의 내용 중 상당 부분은 다양한 위기를 겪은 일반 사람들에게도 유익할 것이다.

 이 책을 읽는 사람들은 자신의 관심이나 상황과 가장 관련 있는 부분부터 시작해도 좋다. 그러나 1부 '고통의 신학에 관한 성찰'이 기초 개념이라는 것을 기억하기 바란다.

 2부 '트라우마 사례'는 위기를 헤쳐나온 사람들의 공동체 안으로 우리를 안내한다. 각 이야기와 트라우마 상황은 저마다 특색이 있다. 스토리의 화자들은 우리를 그들이 겪은 고통스러운 투쟁 속으로 초대하고, 무엇이 그들에게 도움이 되었는지를 설명해준다. 또한 그들이 위기와 투쟁의 결과로 얻은 모든 깊이와 성장에 대해서도 설명해준다. 이 사례들을 읽을 때 주어진 상황과 그에 대한 당사자들의 반응에 대해 그리고 주변 사람들이 당사자와 함께할 때 어떤 도움이 되었는지를 주목하기 바란다. 우리는 여러 이야기 가운데 드러나는 이러한 개인적 연약함, 고통 그리고 강건함 등이 독자들에게 공감이 되고, 또한 영감을 불러일으킬 것으로 믿는다.

 3부 '트라우마 회복을 위한 효과적인 지원 방법'은 반응, 스트레스 관리 그리고 효과적인 지원의 유형 등에 대한 이해의 폭을 넓혀줄 것이다. 실제적이고 실천적인 다양한 도구가 포함되어 있고, 트라우마 이후의 영적 씨름을 다루는 자원들을 특별히 강조하고 있다. 긍정적인 결과를 얻기 위한 중요한 영적 요인들, 즉 공동체의 지원, 내재적 신앙 그리고 용서 등이 특별히 주목받고 있다. 하나님과의 연합을 회복하고 강화하는 데 치유 기도의 역할은 지원을 위한 포괄적인 자원의 결론이 된다.

부록에는 작업 계획표들을 비롯해 참고도서, 웹 사이트, 훈련 기회들 그리고 전 세계 선교사 지원 센터들에 대한 정보 등을 실어놓았다.

한계

이 책의 기본 개념은 연구를 기반으로 한 것이지만, 트라우마의 도가니 속에 있는 사람들과 동행하는 사람들에게 실제적인 자료를 제공하려는 의도로 집필되었다. 우리는 개념과 절차들을 명확히 하려고 노력했지만 완전하지는 않을 것이다. 우리는 또한 트라우마를 겪는 그리스도인들을 전문적으로 상담해온 폭넓은 경험을 통해 도움이 된다고 판단하는 도구들을 제시했다. 이 도구들은 쉽게 배울 수 있는데, 특별히 전문적인 위기 훈련을 받지 않은 선교사들이나 관심 있는 그리스도인들도 사용할 수 있다. 이 책은 그리스도인 비전문 도우미들을 준비시키는 데 유용하지만, 전문적인 케어일 경우, 특별히 동료 사역자(peer-to-peer) 간의 지원에 알맞게 활용될 수 있다. 1부 '고통의 신학에 관한 성찰'은 목회자, 영성 리더, 훈련자, 선교사 후원자들에게 적합한 주제로서 매우 사려 깊게 접근하고 있다. 신학적 문제에 있어서는 목회자나 신학자들 간에 강조하는 분야가 다르거나 이해가 다를 수 있을 것이다. 그러나 이런 탐구를 통해 우리 모두가 성경을 기반으로 한 우리 자신만의 '고통의 신학'을 개발하도록 도전받을 수 있기를 바란다. 앞으로 우리는 이 책을 읽고 활용하는 사람들과의 대화를 통해 책의 내용을 더 보완해나갈 것이다.

우리는 이 책이 당신의 손에 들리게 된 것을 기쁘게 생각한다. 하나님의 영이 당신의 여정 위에 그리고 하나님을 섬기면서 고통당하는 사람들과 함께 걷는 당신의 발걸음 위에 함께하시기를 기도한다.

1부

고통의 신학에 관한 성찰

스콧 솜

나는 삶에서 많은 혼란을 겪는다. 그러나 하나님이 일하시는 방법의 비밀을 나로서는 결코 이해하거나 파악할 수 없는 경우가 많다. 예를 들면, 구약에서 남편의 사랑을 받는 평범한 여인인 '한나'의 이야기를 읽었을 때, 하나님은 그녀를 불임이 되게 하셨다(그것 때문에 그녀는 많은 수모를 당해야 했다). 이런 상황은 내가 하나님이 하시는 일을 이해하지 못하는 배경이기도 하다(삼상 1:5-6). 나는 하나님이 선하시고 사랑이 많은 분인 것을 안다. 그렇지만 그분은 내가 좋아하지 않는 일도 하신다. 이런 이중적인 역동성으로 인해 세상은 아름다움과 고통 두 가지로 가득 차게 되고, 하나님은 한 분이시지만 인격적으로는 아버지와 또 거룩하고 신비스러운 다른 한 분의 뜻을 따른다. 나는 이런 상황들을 볼 때 혼란에 빠진다. 그런데 내가 가장 당혹스러울 때는, 바로 이런 문제들을 깊이 생각할 에너지가 고갈되는 때다. 내가 이런 구불구불한 삶의 여정에서 가장 낮아지고, 약하고, 어둡고 그리고 가장 혼란스러운 시점에 이르렀을 때 나는 사람들이 나의 형편을 알아주기를 바랐고, 거기에 맞는 격려와 돌봄을 받고 싶었다.

    나는 하나님이 항상 거기에 계시다는 사실은 알고 있었다. 그분은 항상 나를 돌보고 계신다. 내가 그것을 느끼거나 감지하지 못할 수도 있지만 그것은 사실이다. 나는 이 사실을 수없이 많은 깨어진 삶의 이야기를 담은 성경을 통해 또한 나와 아내가 전 세계를 다니며 동행했던 수백 명에 이르는 놀라운 사람들을 통해 그리고 바로 우리 자신의 고통과 아름다움이 교차된 삶을 통해 체득하게 되었다. 그리스도 왕국의 실제는 상당히 역설적이다. 우리는 사랑과 은혜, 용서 그리고 생명을 공급받는다. 그리고 동시에, 우리는 갈보리로 향하는 길로 인도된다. 우리 삶은 스스로 주관하는 것을 포기하는 평생의 과정이라고 할 수 있다. 그렇게 함으로, 우리를 향한 하나님의 사랑을 알고 그리스도의 형상으로 빚어져 우리가 그 사랑을 다른 사람들에게 보여줄 수 있도록 끊임없이 성장하는 여정에 있게 된다. 우리가 이번 장에서 계속 살펴보겠지만, 개인적인 고통은 하나님이 우리를 인도하시는 길과 방법 가운데 하나로서, 우리가 그분의 온전한 사랑과 구속을 경험하기 위해 통과해야만 하는 하나의 과정이다.

나는 당신이 여기에서 다루는 문제들에 대해 잠깐이라도 눈길을 주어 자신만의 '고통의 신학'(Theology of Suffering)을 발전시키기 원한다. 고통의 주제를 다룬 책들은 많지만 이 문제를 더 깊이 성찰해야 할 여지는 여전히 남아 있다. 내가 역경과 상실에 빠져 있을 때, 나의 시각과 관점은 심각해지고 비판적이 된다. 이때, 관점 자체는 내 고통에서 나를 건져내거나 문제를 해결해주지 않지만, 그러나 진실 혹은 진리라는 선물을 발견해낼 수는 있다. 이 진리는 하나님은 사랑이시고, 또한 고통은 인간이 경험하는 일반적인 표준(norm)이며, 은혜도 그러하다는 것이다. 즉 하나님에게서 오는 은혜도 보편적이라는 것이다. 하나님의 지혜는 너무 높아서 나의 생각을 뛰어넘고, 나의 순례 여정에서 내가 걸어야 할 최선의 길로 인도하시는 방안을 그분은 잘 알고 계신다. 이런 관점을 가지게 되면, 나는 깊은 숨을 들이쉬면서 잠시 쉼을 누릴 수 있게 되는 것이다.

위에서 말한 역설을 탐구하기 위해 성경 한 구절을 보기로 하자. 고린도후서 1장에서 바울은 우리에게 '위로하시는 하나님'에 관해 증거한다. 1장 3-7절에는 이 "위로" 혹은 "자비"라는 말이 거듭 사용된다. 그런데 이 말들과 같은 정도로 빈번하게 "고통"과 "역경"이란 말도 나온다. 바울은 이 두 실제(realities)가 공존하고 있고 또 그렇게 될 수 있다는 것을 이야기하고 있다. 이제껏 살아오는 동안 나는 문제의 해결을 가장 핵심적인 위로라고 생각했다. 그래서 나는 하나님이 나의 문제들을 해결해주시고 나의 고통을 치유해달라고 울부짖는다. 하나님은 때로 문제를 해결해주시기도 하지만, 항상 그러시지는 않는다. 하나님은 때로 우리의 문제를 해결해주시지는 않을지라도, 문제의 한가운데서 우리와 함께 있겠다고 약속하신다. 고린도후서 1장에 나오는 "위로"라는 단어의 헬라어 어원은 예수님이 다락방에서 마지막 만찬을 하시며 제자들에게 보내주겠다고 하신 '보혜사'(the Comforter)와 같은 단어다. 위로자 하나님은 우리가 가는 길이 아무리 어두워도, 상실의 상처가 아무리 깊어도, 우리의 고통이 아무리 극심해도 위로자 그대로 계실 것을 약속하신다. 그분은 모든 일 가운데 우리와 함께 계시고, 모든 일을 통해 우리와 함께 계신다. 나는 내가 받은 상처들에 대해 억울해하고 분개하는 것으로 일차적인 반응을 했다. 그러나 나는 이러한 상처 속에서도 내가 누린 은혜가 있음을 인정하는데, 그것은 문제가 일어나지 않았다면 결코 경험하지 못했을 일들이다. 그 일들은 내게 참된 하나님의 실제를 아는 기회가 되었고, 그것이야말로 내게 진정한 격려였다.

고통에 대한 개인적 회고

2001년 9월 11일, 미국에서 일어난 비극적인 사건 직후 나는 연례 행사인 '선교사를 지원하는 목회자 수련회'[Pastors to Missionary conference(PTM)]에 참석했다.[1] 하나님은 그 수련회의 주제 강의를 통해 나를 흔들어놓으셨는데, 우리가 건강한 고통의 신학을 준비해야만 한다는 것이었다. 그 다음 해 나는 더 실제적이고 성경적인 고통의 신학을 정리하기 위해 성경 본문을 하나하나 분류하기 시작했다. 그 후 내게 두 가지 중요한 변화가 일어났다. 하나는 이 주제와 관련해 국제적인 모임에서 강의 요청을 받은 것이다. 이러한 초청들에 응하면서 나는 이 사역에 대한 여정을 계속 다듬어나갈 수 있었다. 그러던 중 나는 열대 질병으로 두 번이나 죽음의 고비를 넘겼고, 두 번째 사건의 후유증으로 중간 정도의 만성피로증후군(Chronic Fatigue Syndrome)을 앓게 되었다. 하나님은 내가 단순하게 고통에 대해 가르칠 수 있다고 생각하지 않으신 것 같았다. 나 자신도 고통을 경험해야 한다는 것이었다. 나도 직접 역경을 통과해야 했을 뿐 아니라, 다른 사람들을 돌보는 것으로 인생의 고난에 참여해야 했다. 역경은 이 사역에 대한 부르심의 한 부분이고, 고통 또한 다른 그늘진 국면이라고 할 수 있다. 우리 주변과 이 세상에는 많은 고난과 고통이 있다. 다른 사람들을 돕는 사역에 부름 받은 사람은 누구라도, 이러한 도전과 개인적인 어두움을 헤치면서 여행할 수 있는 능력을 갖추는 것이 매우 중요하다.

성경적 고통의 신학

고통이라는 주제에 대해 여러 세기에 걸쳐 수많은 탐구가 이루어졌고 책으로 기록되었다. 아래에서 다룬 내용들은 신약 성경 본문에 기초한 주제들에 대해 간략하게 검토해본 것이다. 우리는 이 주제를 통해 삶의 여러 정황을 바라볼 수 있는 일종의 안경을 제공받는다.[2] 나는 신비에 싸여 있는 고통의 근본적인 이유에 대해서는 다루지 않을 것이다. 하지만 우리는 이 문제를 놓고 계속 씨름할 것이다. 나는 오히려 고통스러운 실제를 받아들이고 또한 아름답게 만들기 위해, 하나님이 우리 삶에서 고통을 어떻게 활용하시는지를 다루어보고자 한다. 실제로 나는 지난 수년 동안 질병과 싸우면서 "하나님은 도대체 무얼 하고 계시는가?"라는 질문과 씨름해왔다. 나는 왜 이런 고통과 상실 속에 내버려져 있는가? 다른 사람들을 섬기러 갔는데, 오히려 내가 병이 들었다. 이게 정상적인 일인가?

우리 모두는 역경을 경험한다. 어둠 속을 헤쳐나올 때, 어떤 진리는 내가 다시 새로운 전망을 가지도록 도와주었다. 이 진리들이 어둠 속에 있는 사람들과 동행하고자 하는 우리에게 길잡이가 될 수 있기를 바란다.

고통의 신학의 중요성

다른 사람들을 돌보는 일을 할 때 우리는 고통에 대해 조심스럽게 생각할 필요가 있다. 목회자나 사역자들은 강한 억눌림과 압력 속에서 살아간다. 하나님의 말씀은 우리가 사는 이 불안정한 세상이, 주님의 재림이 가까워지면서 더 흉악해질 것이라고 가르쳐주신다. 이 세상에 남아있는 미전도 지역과 현대 세계의 하위문화(subcultue) 영역을 복음화하려면 사역자들이 개인적으로 상당한 대가를 지불해야만 한다. 그러나 서구 교회는 소비문화의 늪으로 빠져들고 있고, 또한 자기 위안에 안주하고 있다. 이런 현실은 하나님 말씀의 핵심인 십자가와 고난에 대한 이해를 갉아먹고 있다. 역경은 우리 삶의 표준인데 하나님은 이 현실을 결코 그냥 지나치지 않으신다. 성경적으로 생각하는 것이 우리 의무다.

우리의 변화

전인적 변화는 우리를 성장과 성숙으로 이끈다. 우리는 우리 삶의 영적, 정서적 그리고 관계의 모든 영역에서 성장해야 할 필요가 있다. 하나님이 나의 성품을 변화시키시면 하나님과 사람을 사랑하는 나의 능력도 자란다. 심지어 시든 자의식 속에 빠진 나 자신을 건강하게 사랑하는 법도 배우게 된다. 나는 내가 체득한 관계적인 신념과 기술을 다른 사람들과 하나님과의 관계에도 적용한다. 만약 다른 사람들이 나를 냉담하고, 비밀스러우며, 가까이 하기 힘든 사람으로 느낀다면 나의 개인적인 기도 생활에서 내가 갑자기 친밀하고 따뜻하며 솔직한 모습으로 되살아나지는 않을 것이다. 만약 내가 그러하다면, 나는 하나님과의 관계에서도 거리를 두고 방어적이 되기 쉽다. 나의 대인 관계 수준은 하나님과의 관계에도 많은 영향을 미칠 것이다. 내가 역경을 잘 견디고 인내 가운데 성장해나 간다면, 나는 내가 처한 환경 속에서 하나님과 사람들의 반응을 기다리는 일에서도 더 잘 인내하는 사람이 될 것이다. 전인적인 변화는 하나님이 바라시는 것이다. 내가 그리스도를 더 많이 닮아간다면, 나의 모든 영적, 정서적, 관계의 문제를 처리할 때 그분과 같이 행동하게 될 것이다. 나는 그리스도의 온전함을 더 많이 닮아가게 될 것이다. 결국 고통은 하나님이 우리를 더 성장케 하시고, 성인답게 성숙케 하시며, 주님의 형상대로 다듬어가시는 한 방편이다.

고통의 구속적 목적

나는 성경의 핵심 구절들을 연구하면서 하나님이 구원의 과정을 디자인해놓으셨다는 결론을 내렸고, 그 가운데서 우리는 부분적으로 다양한 고난을 통과하며 전인적인 성숙으로 나아간다는 사실을 깨달았다. 우리가 성숙을 이루기 위해서는 단지 고난당하는 것 이상이 필요한데, 바로 사랑과 진리, 은혜와 인내 그리고 친밀한 교제다. 하나님은 오케스트라의 지휘자처럼 우리가 강하게 단련되도록 고초와 고난, 외부적인 환란과 더불어 내적인 유혹까지 능숙하게 활용하신다. 나는 시련 속에서 진리를 깨닫게 되었는데, 그런 경험이 없었다면 성숙으로 나아가는 기회를 잡지 못했을 것이다. 우리는 시련을 통해 영혼이 더 깊어지고 강해지며 성숙해질 수 있다. 시련은 그리스도의 형상으로 변화되기를 열망하는 모든 사람이 걸어야 할 여정의 한 부분이다. 육체의 성장을 위한 과정에 때로 스트레스와 갖가지 도전 혹은 통증이 수반되듯이, 인간의 영혼도 성숙을 위해서는 시련이 필요하다. 요약하자면 고통은 성숙을 위해 꼭 필요한 요소다. 비록 우리가 시련을 좋아하지 않고 또 충분히 이해할 수 없을지라도 그것은 성경적 실제다.

모든 고통을 피하기 위해 우리 삶에 끝없이 편안한 환경을 마련해주고, 모든 역경을 말소하는 노력을 했다고 하자. 하지만 그것은 오히려 성숙을 이루는 핵심 요소의 작동을 방해하는 행위가 될 것이다. 풍요가 넘치는 서구 문화의 환경(자동차의 온열 가죽 시트, 자동 온도 조절 장치가 된 집, 엄청난 물량을 쌓아놓고 있는 대형 마트 등) 속에서 우리는 삶의 안락함을 믿을 뿐만 아니라, 우리가 그것을 당연히 누릴 자격이 있다고 생각하는 것이다. 이런 지배적인 정서가 교회 안에까지 침투해 있고, 고통을 바라보는 우리의 관점에까지 영향을 미치고 있다. 대중 매체들은 서구뿐만 아니라 전 세계 세속 사회와 기독교 사회의 각 계층에까지 강력한 영향력을 미치고 있다. 그럼에도 불구하고, 우리는 하나님의 구속 사역의 중심은 육체적, 정신적, 영적으로 극심한 고통의 자리인 십자가라는 이 실체적인 진실에 대한 안목을 결코 잃어서는 안 된다.

고통의 정의

헬라어 신약 성경은 '고통'(Suffering)에 해당하는 의미로 여러 용어를 사용하고 있다. 고통과 관련된 영어 표현도 매우 다양해 *affliction, trial, testing, temptation, persecution, rebuke, insult, grief, reproach* 등을 비롯한 여러 단어가 사용된다. 나는 헬라어 용어 중에서도 대표적인 두 가지를 언급하려고 하는데, 그것은 모두 모든 어려움은 고통이라는 꼬리표를 붙일 수 있다는 개념을 전달하고 있다. 어떤 어려움도 넓은 의미의 고통에 해당할 수 있다는 것이다. 성경은 인간이 당하는 어떤 형태의 어려움도 서로 비교하거나 상대적으로 축소하지 않는데, 우리도 그렇게 하는 것이 현명해 보인다. 당신이 느끼기에 어려운 일이라면, 그것은 정말 어려운 일이다.

먼저 살펴보려는 단어는 페이라스모스(*parasmos, πειρασμος*)로서 야고보서 1장과 베드로전서 1장에서 사용되고 있다. 이것은 이중의 의미를 지니는데, 외적인 시험(trials)과 내적인 유혹(temptations) 모두를 포함한다. 예를 들면, 야고보는 "내 형제들아 너희가 여러 가지 시험을 당하거든 온전히 기쁘게 여기라"(약 1:2)고 말한다. 그다음 12절에서는 "시험을 참는 자는 복이 있나니"라고 덧붙인다. 1장 2절의 "시험"은 외부적인 것이고, 12절의 "유혹"은 내부적인 것이다(우리말 성경에는 양쪽 모두 '시험'으로 번역되어 있음—역주). 서로 다른 표현이지만, 둘 다 모두 같은 헬라어 단어에서 나왔다. 야고보는 여기서 특정한 시험이나 유혹의 이름을 따로 붙이지는 않았다. 신약 성경 저자들도 이 단어들에 대한 정의를 내리지 않고 있는데 이는 의도적인 것으로 보인다. 여기서 주된 관심은 당면한 환경이 아니라 그것이 우리에게 어떤 영향을 미치는가 그리고 우리는 그에 대해 어떻게 반응하는가다. 내게는 큰 시험거리지만, 당신에게는 별다른 문제가 아닐 수도 있다. 관심사는 어떤 시련이 우리 인격에 미치는 총체적인 충격이나 영향력에 관한 문제다. '페이라스모스'라는 단어는 이 타락한 세상의 환경 속에서 일어나는 인간 경험의 다양성을 모두 포함한다. 우리가 경험하는 모든 신체적, 감정적, 영적, 관계적 혹은 환경적 역경(암, 지진, 혹은 인간관계의 갈등 등)이 이 단어에 내포되어 있다.

두 번째 용어는 쓰립시스(*thlipsis*, θλιπσις)다. 이 단어는 신약 성경에 45번 나오는데, 바울이 24번이나 사용하고 있다. 이 단어 또한 우리에게 알려져 있는 신체적, 감정적, 영적 어려움을 포함하여 일반적인 의미로 쓰인다. 나는 '고난'(*affliction*)이라는 영어 단어가 '쓰립시스'를 적합하게 번역한 것으로 생각한다. 서구적인 인식은 고통에 대해 두 가지 면에서 불명예스러워하는 경향이 있다. 하나는 과도하게 영적으로 해석하는 것이다. 우리가 우리 믿음 때문에 비방을 받거나 핍박을 당하지 않았다면, 우리는 진정한 의미에서 고통당한 것이 아니라고 생각하는 것이다. 이것은 고통을 영적 명예훈장 정도로 생각하거나, 좀 더 극단적으로는 우리가 의도적으로 추구해야 할 대상으로 여기는 것이다. 또 다른 서구의 극단적인 반응은 상처로 인한 고통을 최대한 축소하거나, 아예 노골적으로 묵살하는 것이다. 우리가 고통의 문제를 너무 심각하게 받아들이지 말아야 한다는 것이다. "무슨 큰일이 난 것은 아니야" 혹은 "이 일로 너무 속 태우지 말아야지"라고 하는 것이 이런 생각의 유형이다. 미국 사회에는 소위 '할 수 있다'(can-do) 정신이 곳곳에 스며 있다. 우리가 더 열심히 노력하고 더 잘하기만 하면 세상 물정에 정통하고 모든 분야에서 정상에 오를 수 있다는 것이다. 이런 현상들은 인본주의적이고, 비성경적이며, 인생의 역경에 대한 정당한 반응이 아니다. 하나님 말씀은 우리의 고통에 대해 영적으로 과도하게 미화하지도 않고, 묵살하거나 하찮게 여기지도 않는다. 우리는 하나님 말씀과 동일한 태도로 당면하는 고통을 온전히 존중하고 잘 감당해나가야 한다.

성경적 용어인 페이라스모스와 쓰립시스는 그것이 어떤 신체적, 감정적, 영적, 관계적 혹은 환경적 어려움이라 하더라도 모두 포함하고 수용한다. 그 용어들은 스스로 불러온 고통이든 아니면 외부로부터 당하는 고난이든 간에 모두를 아우른다. 또한 자연재해나 질병, 사고, 학대 그리고 억압 등도 포함한다. 그러나 너무 단순한 반응이나 과도한 영적 해석, 의도적인 축소 등은 인정되지 않는다. 나의 개인적인 경험을 다시 돌아보고 점검해보면, 하나님은 내게 갖가지 고난을 허락하셨지만, 나를 다듬어 가시는 구속적인 도구로 그것들을 사용하셨음을 깨닫게 된다. 그러나 이런 깨달음이 있다고 해서 고통이 떠난 것은 아니다.

고통, 그 사역적 정의

고통에 대한 사역적 정의를 정리해보자. 고통이란 신체적, 정서적, 영적 혹은 관계적인 면에서 내적 혹은 외적 억압을 야기하는 모든 경험을 말한다. 이 타락한 세상에서는 모든 인류가 고통을 받는다. 하나님의 선하심이 우리에게 영원한 유익을 주시려고 우리가 당하는 일시적인 고통을 활용한다는 것이 성경이 가르쳐주는 핵심이다. 하나님의 구속 역사는 고통의 맥락에서 강력하게 드러난다.

하나님이 개인적인 역경을 이용해 어떻게 우리를 빚으시고 성숙하게 하시는지를 보여주는 여러 성경 구절이 있다. 고통은 고의 혹은 과실로 인해, 타인으로 인해, 외부적인 환경(자연재해 혹은 자동차 사고)으로 인해 일어날 수 있고, 심지어 자신의 어리석음으로 고통을 자초할 수도 있다. 고통에 관한 문제는 눈에 보이는 환경적 여건뿐만 아니라 영적 관점에서 볼 때 더 의미심장한 전망을 할 수 있다. 예를 들면, 만약 내가 빚 때문에 남의 돈을 횡령하는 어리석은 선택을 했다고 하자. 나는 그 결과로 고통당할 것이지만 이것은 내가 자초한 일이고, 나는 그 결과를 당해도 마땅한 것이다. 그러나 하나님은 은혜로우시다. 내가 고백하고 회개하면 나를 용서해주시고, 나를 빚으시려고 환경을 지혜롭게 사용하실 것이다. 내가 만약 성적 학대를

•• 고통이란 신체적, 정서적, 영적 혹은 관계적인 면에서 내적 혹은 외적 억압을 야기하는 모든 경험을 말한다. ••

당했다면, 법적 측면은 제쳐놓더라도 신체적이고 감정적인 고통이 켜켜이 쌓여 있을 것이다. 이 모든 퇴적물은 심각한 고통을 유발한다. 하나님은 우리를 향한 그분의 선한 목적을 이루기 위해 고통의 어떤 측면도 사용하실 수 있는데, 다른 방법으로는 결코 배울 수 없는 진리를 우리 안에 드러내신다. 나는 특정한 고통이나 그 이유, 파급 효과 등을 다루기보다는, 하나님이 우리를 그리스도의 형상으로 다듬기 위해 어떻게 고통을 사용하시는지 계속 탐구해보고 싶다. 즉 고통이나 시련은 그리스도를 따르는 사람에게나 불신자에게나 공통으로 일어난다. 이런 상황에서 그리스도인들은 불신자들과 어떻게 다를까? 그리스도께 속한 사람들에게는 고통의 다른 국면이 존재한다. 즉 우리는 그리스도의 고난에 참여할 수 있다는 것이다.

그리스도의 고난에 참여한다고 하면, 사람들은 대개 핍박받는 것으로 이해한다. 그러나 나는 말씀에서 더 깊은 통찰력을 얻으면서 더 큰 신비를 배우게 되었다. 우리는 누구나 하나님과 함께하는 순례의 여정에서 메마른 광야의 시기를 맞는다. '십자가의 성 요한'은 '영혼의 어두운 밤'에 대해 폭넓게 기록하고 있다(성 요한은 16세기 스페인의 수도사로, 영혼의 성장에 관한 그의 시와 저작은 신비 문학의 최고봉으로 꼽힌다.—역주). 그는 그리스도의 영이 우리를 인도하셔서 직면하게 하는 역경이 있다고 한다. 이 또한 하나님이 우리를 빚으려고 사용하시는 고난이다.

- 고통(suffering)이라는 단어는 인간의 모든 아픈 경험을 포괄한다. 성경은 매우 특정한 고통들(예. 핍박)을 언급하지만, 인간이 광범위하게 경험하는 일반적인 고통에 대해서도 폭넓게 이야기한다.
- 하나님은 결코 인간이 경험하는 고통을 묵살하거나 하찮게 여기지 않으신다. 따라서 우리도 고통에 대해 같은 자세를 가져야 한다.
- 우리의 더 큰 관심은 고통을 야기하는 환경보다, 고통이 우리에게 어떤 영향을 미치는가 그리고 그에 대해 우리는 어떤 반응을 보이는가다.
- 모든 인생은 고통을 당한다. 그러나 성도는 자신의 믿음을 지키고 주님과 동행하는 여정 속에서 부가적인 고통을 당하는 역동성을 경험한다.

믿는 자들이 당하는 고통에 대한 하나님의 목적

목적1 고난과 변화

야고보서 1장과 로마서 5, 8장은 개인이 겪는 고난의 문제를 다루는 데 중심이 되는 말씀으로, 그 핵심 진리를 살펴보자.

> 나의 형제자매 여러분, 여러 가지 시험에 빠질 때에, 그것을 더할 나위 없는 기쁨으로 생각하십시오. 여러분은 믿음의 시련이 인내를 낳는다는 것을 알고 있습니다. 여러분은 인내력을 충분히 발휘하여, 조금도 부족함이 없이 완전하고 성숙한 사람이 되십시오. 약 1:2-4, 새번역

> 우리는 또한, 그리스도로 말미암아 지금 서 있는 이 은혜의 자리에 [믿음으로] 나아오게 되었으며, 하나님의 영광에 이르게 될 소망을 품고 자랑을 합니다. 그뿐만 아니라, 우리는 환난을 자랑합니다. 우리가 알기로, 환난은 인

내력을 낳고, 인내력은 단련된 인격을 낳고, 단련된 인격은 희망을 낳는 줄을 알고 있기 때문입니다. 롬 5:2-4, 새번역

위의 두 본문은 고난으로 자극과 격려를 받아 개인적이고 영적인 성장을 이루는 과정을 묘사하고 있다.

그것을 더할 나위 없는 기쁨으로 생각하십시오…**알고 있습니다**(knowing that)

여러 가지 시험 ▶ 인내 ▶ 조금도 부족함이 없이, 완전하고, 성숙한(약 1:2-4)

영광에 이르게 될 소망…**우리가 알기로**(knowing that)

환난 ▶ 인내 ▶ 인격 ▶ 소망, 희망(롬 5:2-4)

❝ 하나님은 우리를 성장의 어떤 지점으로 데려가시려고 고난의 역할이 필요하도록 우리를 디자인하셨다. ❞

하나님의 목적 하나님은 그리스도와 같은 품성이 반영된 우리의 성숙을 목표로 하신다(롬 8:29 참조). 하나님은 우리가 전인적이고 총체적으로 성장하기 원하신다. 이 진리는 "조금도 부족함이 없이, 완전하고 성숙한 사람"과 "단련된 인격을 낳고" 등과 같은 표현 속에 나타나 있다. 시험(trial)은 활동적인 꼬마들이 소란을 피우면서 온 집 안을 소란스럽게 하는 것을 참아야 하는 정도의 가벼운 것일 수도 있고, 아니면 어린아이의 죽음과 같은 트라우마로 다가올 수도 있다. 트라우마가 성장을 위한 전제 조건은 아니다. 그러나 성경 본문은 하나님이 모든 시련이나 환난을 구속적으로 사용하신다고 기술하고 있다. 바울과 야고보는 둘 다 인내(patience, 다른 영어 역본은 endurance 혹은 perseverance를 사용한다)가 역경의 열매가 될 수 있다고 말한다. 하나님은 우리를 성장의 어떤 지점으로 데려가시려고 고난의 역할이 필요하도록 우리를 디자인하셨다. 만약 내가 한 번도 실패를 맛본 적이 없고, 내

가 원할 때 언제나 갖고 싶은 것을 가질 수 있다면, 나는 결코 인내하면서 성장하지 못할 것이다. 역경을 통해 인내를 키우는 길 외에 다른 방법은 없다. 뿐만 아니라 인내는 사랑, 친절, 경건의 모습으로 나타나는 더 단련된 인격을 길러낸다. 이 모든 특성은 인격(character)이라는 한 단어에 집약된다.

제럴드 싯처는 자동차 사고로 어머니와 아내 그리고 딸을 잃은 트라우마에 대해 나누고 있다. 그는 자신을 이렇게 관찰한다. "나는 사랑하는 사람들의 죽음을 경험했지만, 또한 전에는 가능하리라 생각하지 않았던 방식으로 새로운 생명도 경험했다. 어두움의 시기를 지나서가 아니라 바로 그 어두움 속에서였다. 나는 고통 속으로 들어갔다가 출구로 빠져나온 것이 아니다. 대신 나는 그 고통 속에서 살면서 그 안에서 생존하며 점차 자라가는 은혜를 발견했다…슬픔은 오히려 내 영혼 속에 둥지를 내리고 커지고 있었다"(Sittser, 1995, 37). 그는 어둠 속에 머물면서 변모를 경험하고 있었다. 그는 결코 가능할 것으로 생각하지 않았던 방법으로 새로운 삶을 경험했다. 그는 더 성숙해졌고, 그의 영혼은 확장되었다. 이것은 전인적인 성숙에 관한 놀라운 묘사다. 물론 나는 이런 고통과 상실이 누구에게도 일어나지 않기를 바라지만, 하나님은 우리를 빚으시기 위해 가장 가벼운 정도의 불편함이나 혹은 가장 무섭고 두려운 상실도 사용하실 수 있다는 것이다. 그분은 선하고, 지혜로우며, 강하고 그리고 친절한 하나님이시기에 우리 삶에서 끔찍한 경험들을 가져가 그것에서 아름다움을 만들어내신다.

바울과 야고보 그리고 또 다른 신약 성경 저자들은 시험이나 환난이 '인격'을 낳는다고 분명하게 서술하고 있다. 환난이 없다면, 일정한 정도의 인격적인 성장은 일어나지 않는다는 의미기도 하다. 비록 고난이 성숙을 위해 필요한 유일한 조건은 아니라고 할지라도 한 부분인 것만은 분명하다(우리는 또한 은혜, 사랑, 진리와 또 다른 것들, 성장을 위한 시간 등도 필요하다).

믿는 자들의 관점 "우리가 알기로"(knowing that)라는 구절은 위의 두 본문에서 중요한 열쇠다. 우리에게 희망적인 시각을 열어주는 진리가 역경 가운데 있다. 이런 시각이나 관점은 핵심적이고 초월이며 영원성을 지닌다. 역경에 대한 하나님의 의도는 선한 것으로서, 목표 없는 마구잡이가 아니다. "관점이 모든 것이다"(Perspective is everything)라는 구호는 우리가 역경이나 시험의 한가운데 있을 때 진실로 다가온다. 하나님은 이 끔찍한 경험들을 사용하셔서 선한 결과를 만들어내실 것이다. 핵심은, 그 과정은 역겹고 고약하지만 그 열매는 우리에게 선한 것이고, 종국적으로 우리가 좋아하는 것이 되리라는 것이다.

믿는 자들의 반응 야고보는 "기쁨!"(joy)을 말했고, 바울은 "영광!"(glory)이라고 외쳤다. 내가 어둠 속에서 암중모색하고 있을 때는 이런 표현들이 생소하게 들렸다. 그러나 야고보와 바울은 환난의 와중에서도 기쁨에 대해 말할 수 있었다. 그것은 그들이 자신들을 통해 일하시는 하나님의 선하심과 구속 사역을 알고 있었기 때문이었다. 그들에게 기쁨을 불러일으킨 것은 고통이 아니었다. 그것은 하나님이 일하고 계시다는 사실을 알기 때문이었다. 야고보와 바울은 그리스도를 닮기를 열망하는 법을 배웠는데, 그것이 바로 하나님이 그분의 백성에게 바라시는 것이다. 만약 고난이 그리스도를 닮아가는 방안이라면, 그들은 그렇게 되기를 원했다! 그들은 현재의 고통스러운 환경을 넘어 장기적인 유익을 바라보았다. 성경은 우리에게 고통을 즐거움으로 느끼라고 권하지 않는다. 그러나 우리가 고난을 통과하면서 변화를 기대할 때 우리와 함께하시며 돌보시는 하나님의 임재를 기뻐하라고 권면한다. 그렇다면 우리는 어떻게 이런 반응을 보일 수 있을까? 하나님이 바라시는 것을 우리 안에서 찾는 것, 말하자면 성숙, 곧 그리스도를 닮은 성품을 통해서가 아닐까? 우리가 하나님의 소원을 품을 때 우리의 수용력은 커질 것이고, 역경 속에서도 오히려 감사와 기쁨이 넘치게 될 것이다.

이 모든 것을 글로 쓰는 것은 쉽지만, 그렇게 사는 것은 쉽지 않다. 나는 고통 속에 있을 때면 하나님과 씨름한다. 나는 대개 매우 화가 나고, 슬프고, 상처를 받는다. 그래서 나는 고통을 미워한다. 나는 문제가 속히 해결되기를 원한다. 나는 어려운 상황을 견뎌내야 하는 것이 싫다. 그렇지만 하나님은 대개 내가 고통 가운데 머물러 있게 허락하시고, 전인적인 성숙을 향하도록 나를 사랑스럽게 움직여가신다. 이 진리를 기억할 때마다 나는 새로운 시각과 전망을 얻는다. 팽팽한 긴장과 어려운 환경은 변하지 않지만, 역설적이게도, 나는 그 어려운 시기에 나의 여정을 더 잘 진행할 수 있다. 나는 고통에서 벗어나기를 원하지만, 한편으로는 그 속에서 잘 견뎌내는 것을 배우고 있다. 병과 씨름하고 있던 어느 날 나는 이렇게 기도했다. "아버지, 저는 이 상황이 싫습니다. 저는 여전히 당신이 이 질병을 없애주시기를 바라지만, 최소한 제가 잘 감당할 수 있는 방법은 가르쳐주십시오. 제가 알아야 할 것은 무엇이든 가르쳐주십시오." 이런 기도는 솔직하게 하나님을 찾는 방향이고, 적어도 문제를 축소하거나 영적으로 과도하게 포장하지는 않는다. 하나님은 결국 이 기도에 응답하셨는데, 질병의 후유증에서 완전히 벗어나게 하지는 않으셨지만, 적어도 나는 변화되었다.

한 주석가는 야고보 서신에 대해 이렇게 우리의 주의를 상기시킨다. "하나님은 험난한 시기에, 실신하거나 기절하지 않고 분투하며 인내할 수 있는 강한 남자들과 여자들을 양성하는 사업을 진행하고 계시다…우리는 우리가 처한 곤경에서 얻을 수 있는 모든 영적 유익을 추구하기보다는 너무 흔하고도 단순하게 당면한 시련에서 벗어나기 위해, 우리가 처한 곤경에서 도망치기만을 간절히 열망한다"(Hodges, 1994, 19). 우리가 검토하고 있는 첫 번째 목적은, 하나님은 우리의 전인적 성숙의 과정에서 고난을 핵심 요소로 사용하신다는 것이다. 하나님은 그분의 자녀들이 마지못해 잠자코 따르기보다는, 고통의 한가운데서도 하나님이 일하실 것을 기대하면서 기쁨으로 기꺼이 인내하기를 간절히 바라신다. 우리가 이렇게 반응하려면 관점과 시각이 필요하다. 그것은 하나님이 그리스도의 사랑 안에서 우리가 성숙을 이루도록 촉구하고 계신다는 사실을 예민하고 초자연적인 감각으로 깨닫는 것이다.

목적 2 고난은 우리를 시험하고 믿음을 강화시킨다

베드로는 다음과 같이 단언한다. "그러므로 여러분이 지금 잠시 동안 여러 가지 시련 속에서 어쩔 수 없이 슬픔을 당하게 되었다 하더라도 기뻐하십시오. 하나님께서는 여러분의 믿음을 단련하셔서, 불로 단련하지만 결국 없어지고 마는 금보다 더 귀한 것이 되게 하시며, 예수 그리스도께서 나타나실 때에 여러분에게 칭찬과 영광과 존귀를 얻게 해 주십니다"(벧전 1:6-7, 새번역). 이 말씀은 믿음을 효과적으로 강화하기 위한 결정적인 요소가 어려움에 대한 우리의 반응임을 가르쳐준다. 많은 사람이 잘못된 선택으로 하나님의 선하심을 의심하거나 스스로 소모되어 자멸하고 그리고 무엇보다도 먼저 위로를 구하려고 한다. 이러한 선택은 오래 참음으로 얻을 수 있는 유익들을 위태롭

❝ 내가 항상 이해하지는 못하지만, 나는 하나님이 지혜로우시다는 사실을 배우고 있다. ❞

게 할 것이다. 그래서 둘째 목표는 하나님이 우리 믿음을 시험하고 강하게 하시려고 역경을 사용하신다는 것이다.

'믿음의 시험'(Faith testing)이라는 말은 자칫 잘못하면, 기독교 고유

용어집에서 사라질 수도 있다. 우리가 개념적으로 이해하고는 있지만, 우리 눈은 벌써 이 용어를 따분해하고 거리를 두기 때문이다. 우리는 오히려 '믿음의 여정'(Journey of faith)이라는 말을 즐겨 사용한다. 결론은 믿음이 없이는 하나님을 기쁘시게 할 수 없다는 것이다(히 11:6). 용어가 어떠하든 간에, 믿음은 그리스도를 따르는 사람들에게는 이와 같이 결정적인 자질이고, 하나님은 언제나 우리가 이 믿음과 신뢰의 역량을 더 확장하도록 일하신다. 삶이 우리가 바라는 대로 되지 않더라도, 하나님은 선하시고 지혜로우시다는 사실을 신뢰하도록 배운다. 내가 항상 이해하지는 못하지만, 나는 하나님이 지혜로우시다는 사실을 배우고 있다. 고통 가운데 있을 때 우리는 그분의 길이 우리와 같지 않다는 원리를 배운다. 내 방식대로 하자면, 나는 '신앙 성숙 세미나' 같은 프로그램에 등록해 그 과정을 이수하려고 할 것이다. 그러나 하나님의 방법은 마치 불이 금을 제련하듯 나의 믿음을 정련하시려고 시험 혹은 시련을 사용하신다. 비록 내가 그 뜻을 충분히 이해하지 못할지라도, 그분의 의도는 선하고 사랑스럽다는 것을 신뢰해야 한다. 나의 믿음은 여러 번 시험을 당했지만, 나는 하나님을 신뢰하는 법을 더 깊이 배우게 되었다.

목적 3 ▶ 고난은 고통을 회피하지 않으므로 순종을 이룬다

베드로는 그의 첫 편지 후반에 다시 다음과 같이 권고하고 있다. "그리스도께서는 육신으로 고난을 받으셨습니다. 여러분도 같은 마음으로 무장하십시오. 육신으로 고난을 받은 사람은 이미 죄와 인연을 끊은 것입니다. 이제부터는, 육신으로 살아갈 남은 때를 인간의 욕정대로 살지 말고, 하나님의 뜻대로 살아야 합니다"(벧전 4:1-2, 새번역). 베드로가 여기서 언급하고 있는 고난의 형태는 베드로전서 3장 17절에서 정의하고 있듯이 선한 일을 함으로 당하는 고난을 말한다. 베드로 사도가 편지를 썼던 당시

수신자들은 그들의 믿음 때문에 핍박을 받고 있었다. 베드로는 적대적인 환경에서 어떻게 대처할 것인가에 대해 예수님을 모범으로 삼아 그분을 굳게 붙잡으라고 거듭 권고하고 있다.

베드로는 우리가 만약 이런 고난에 순복한다면 우리의 영적 성장에서 어떤 일이 일어날 것인가에 대해 놀라운 주장을 한다. "육신으로 고난을 받은 사람은 이미 죄와 인연을 끊은 것입니다." 베드로는 고난을 견디기로 선택하는 것은 고난을 피하지 않고 하나님께 순종하겠다는 의미인데, 이것이 영적 성장의 가장 중요한 동기라고 주장한다. 비록 고통을 수반할지라도 하나님께 순종하기로 선택할 때 그것은 도덕적인 힘을 강화하는 효과도 있다. 자기 위안을 찾는 대신 순종을 우선순위로 삼는 행동 양식을 선택하게 되면, 하나님의 뜻을 찾는 능력에 변화와 성장이 일어난다. 이것은 물론 평생이 걸리는 과정이지만, 고난은 이러한 성장을 위한 한 가지 수단이다.

우리 삶에 쉴 새 없이 닥쳐오는 고통에 우리는 어떻게 대응해야 할까? 과도한 쇼핑이나 음식, 알코올, 놀이나 도박, 분노, 혹은 일에 몰두하는 식으로 자가 치료를 시도하고 있지는 않은가? 아니면, 성령님과 발을 맞추어 순종과 기쁨이 있는 인내의 길을 걷고 있는가? 우리를 향한 하나님의 소원은 현재 우리가 당하는 고난이 어떠하든 우리가 그분을 따라 걷는 것이다. 하나님은 우리 안에서 그 소원이 이루어지도록 헌신적으로 일하고 계신다. 우리도 그 뜻을 분별하고 배우기 위해 결단하고 있는가? 아버지는 잘 견디고 인내하는 아들과 딸을 찾고 계신다.

목적 4 ▶ 하나님은 인격의 변화를 위해 역경을 사용하신다

히브리서 12장 5-11절은 하늘 아버지가 그분의 자녀들에게 힘든 시간을 참아내도록 허용하시는 동기가 무엇인지 이해하는 열쇠가 된다.

긴 구절이기에 몇 부분으로 나누어 보기로 하자.

> 또 여러분은, 하나님께서 여러분을 향하여 자녀에게 말하듯이 하신 이 권면을 잊었습니다. "내 아들아, 주님의 징계를 가볍게 여기지 말고, 그에게 꾸지람을 들을 때에 낙심하지 말아라. 주님께서는 사랑하시는 사람을 징계하시고, 받아들이시는 아들마다 채찍질하신다." 히 12:5-6, 새번역

고난에는 가르침이라는 목적이 있다. 우리는 어려움 속에 있을 때 그 어느 때보다 더 하나님께 주의를 집중한다. 그럴 때 우리는 하나님, 인생, 우리 자신에 대해 다양한 질문을 한다. 이때 가장 바람직한 자세는 "하나님, 이 일을 통해 제가 무엇을 배우기 원하십니까? 가르쳐주세요"라고 요청하는 것이다.

> 징계를 받을 때에 참아내십시오. 하나님께서는 자녀에게 대하시듯이 여러분에게 대하십니다. 아버지가 징계하지 않는 자녀가 어디에 있겠습니까? 모든 자녀가 받은 징계를 여러분이 받지 않는다고 하면, 여러분은 사생아이지, 참 자녀가 아닙니다. 우리가 육신의 아버지도 훈육자로 모시고 공경하거든, 하물며 영들의 아버지께 복종하고 살아야 한다는 것은 더욱더 당연한 일이 아니겠습니까? 히 12:7-9, 새번역

또 다른 원리는 고난이 신적인 어버이의 돌봄을 나타내는 지표라고 할 수 있다는 것이다. 훈육(discipline)에서 자유로운 것은 바람직한 일이 아니다. 만약 우리 부모가 우리를 교정해주지 않는다면, 그들은 책임을 소홀히 하는 것이다. 하나님은 언제나 건강하고 순수한 아버지의 자세로 사랑을 품고 우리를 가르치신다. 이것은 우리 삶이 어둡게 보이고, 하나님

이 멀리 계신 것처럼 느껴질 때 우리가 기억해야 할 중요한 진리다. 아버지는 우리와 항상 함께 계시고 우리를 사랑하신다.

> 육신의 아버지는 잠시 동안 자기들의 생각대로 우리를 징계하였지만, 하나님께서는 우리를 자기의 거룩하심에 참여하게 하시려고, 우리에게 유익이 되도록 징계하십니다. 무릇 징계는 어떤 것이든지 그 당시에는 즐거움이 아니라 괴로움으로 여겨지지만, 나중에는 이것으로 훈련받은 사람들에게 정의의 평화로운 열매를 맺게 합니다. 히 12:10-11, 새번역

마지막으로 핵심적인 진리는 하나님이 우리를 다듬으시는 과정에 우리가 순복하면, 그것은 생명으로 이어진다는 것이다. 하나님이 은혜로 우리에게 주시는 생명은 "정의의 평화로운 열매"를 맺게 된다. 훈육과 징계를 통해 우리는 그리스도의 형상으로 빚어지는 것이다. 하나님의 목표는 우리가 "그분의 거룩함"에 동참하는 것인데, 그것은 그리스도를 닮은 인격으로 성장해가는 것이다.

그러므로 고난에 대한 성숙한 반응은 먼저 하나님이 제시하시는 성품의 특성을 잘 이해하고, 베드로전서 4장 1-2절 말씀처럼 하나님을 신뢰하며 수용과 순종으로 반응하는 것이다. 내 경우, 질병을 통해 자기중심적인 나의 경향이 드러났다. 병세가 심해지면서 원하는 것을 할 수 없게 되자 나는 매우 화가 났다. 여러 달이 지나고 에너지가 바닥나자, 평소에 내가 중요하게 생각했던 규칙적인 운동 같은 일들이 위축되기 시작했다. 그 즈음에 나는 새로운 관점을 가지게 되었는데, 하나님은 내가 새로운 체계의 우선순위를 받아들이도록 훈련하셨다. 내가 교훈을 얻기 위해서는 하나님이 다루시는 특정한 영역을 이해해야 할 필요가 있었다. 그렇지 않으면, 일단 내가 곤경을 벗어날 경우 이전의 생활 방식으로 돌아갈

것이기 때문이다. 나의 에너지 수준이 회복되면서, 나는 하나님이 내게 가르쳐주신 교훈을 삶으로 살아낼 수 있었다. 이제는 나 자신을 편안하게 하기보다는 하나님께 순종하기로 다짐할 수 있게 된 것이다.

우리 모두가 인격적인 흠을 지니고 있지만, 하나님은 그분의 시간에 이 문제들을 다루어주실 것이다. 우리가 삶의 여정에서 역경을 만나 넘어질지라도, 우리는 하나님이 우리에게 가장 중요한 진리를 가르쳐주시도록 요청할 수 있다. 하나님은 그분의 자녀들을 위해 이런 일을 하시기를 간절히 바라신다. 성령은 우리가 바로 볼 수 있도록 도와주실 것이다. 우리에게는 자녀들이 경건하고 그리스도를 닮은 삶을 살도록 훈련하시는 사랑 많은 아버지가 계시다. 이것은 환상이 아니고 실제적인 삶이다.

역경이 오랜 시간 계속될 때 사람들이 공통으로 보이는 반응은 하나님이 우리를 벌하신다고 지레짐작하는 것이다. 우리가 뭘 잘못했을까? 무엇으로 하나님의 마음을 되돌릴 수 있을까? 그러나 이것은 건강하지 않고, 또한 비성경적인 사고방식이다. 하나님은 우리의 행위를 기준으로 우리를 용납하시는 것이 아니다. 동시에 같은 기준으로 우리를 거부하거나 벌하지도 않으신다. 하나님은 항상 십자가에서 행하신 그리스도의 사역을 근거로 우리에게 다가오신다. 우리를 향한 하나님의 반응은 항상 사랑에 그 뿌리를 두고 있고, 이것에는 예외가 없다. 만약 내가 죄를 범해도 하나님은 여전히 나를 사랑하실까? 나의 대답은 '그렇다'이다. 그분은 항상 나로 인해 기뻐하신다. 내가 잘못할 때 하나님은 나의 행동에 대해서는 기뻐하시지 않지만, 그럼에도 내 행동을 기준으로 나를 귀하게 보시는 것이 아니다. 내가 사람을 상하게 하고 죄 된 행동을 함으로 하나님과의 친밀한 교제가 방해를 받을 수는 있다. 그러나 예수 그리스도가 행하신 자기희생의 능력에 힘입어 고백과 용서의 길은 언제나 열려 있다. 하나님은 나의 행동 때문에 슬퍼하실 수 있겠지만, 그러나 그분의 사랑은 떠나지 않고 항상 머물러 있다. 그분은 여전히 나를 위하시고, 여전히 나를 찾고 계신다. 내가 고백하고 그분의 용서를 구할 때 관계는 회복된다. 사도 요한도 사랑에 관해 이렇게 기록한다. "사랑에는 두려움이 없습니다. 완전한 사랑은 두려움을 내쫓습니다.

> 그러나 만약 하나님이 고통이 아니면 우리가 결코 갈 수 없는 곳으로 우리를 데려가시려고 그 은혜의 방편으로 고통을 허락하셨다면 어떻게 할 것인가?

두려움은 징벌과 관련이 있습니다. 두려워하는 사람은 아직 사랑을 완성하지 못한 사람입니다"(요일 4:18, 새번역). 하나님은 우리를 깊이 사랑하신다. 우리는 우리 조상처럼 숨어 있다가 발각되어 벌을 받을까 봐 두려워한다. "사랑 안에서 완전하게 된다"는 말씀은 우리가 방황할 때마다 빛 가운데로 걸어가도록 인도해준다. 거기서 우리는 용서받고 회복된다. 그러나 나의 행동에 따른 결과도 있다. 만약 내가 은행에서 강도짓을 했더라도 하나님은 나를 용서하실 것이지만, 그러나 나는 여전히 감옥에 가야 한다. 단순한 예지만, 사실이다. 하나님은 우리의 실패와 고통이 우리를 다듬어가도록 그것들을 사용하신다. 우리는 고통은 '나쁜' 것이고, 모든 수단을 동원해 피해야 하는 것으로 규정한다. 그러나 만약 하나님이 고통이 아니면 우리가 결코 갈 수 없는 곳으로 우리를 데려가시려고 그 은혜의 방편으로 고통을 허락하셨다면 어떻게 할 것인가?

의인과 악인 모두가 다 고통을 당한다. 그러나 신뢰하고 순종하며 배우려 할 때 우리는 험악한 경험을 통해서도 얻을 것이 있다. 역경을 통과하는 동안 그것에서 아무런 긍정적인 것을 얻지 못하는 것보다 더 나쁜 것은 없다. 하나님께 돌아오는 사람에게 고난은 소중한 기회다.

목적 5 영적 유산과 영원한 상급

예수님의 전 생애는 고통과 환란이었다. 어릴 때는 이집트로 도피하셔야

했고, 고향 나사렛에서는 배척당하셨으며, 최후에는 십자가를 지셨다. 예수님은 산상수훈에서 하나님의 뜻대로 사는 성도들이 그들을 대적하는 사람들로 인해 당하는 고통에 대해 가르치셨다.

> 의를 위하여 박해를 받은 사람은 복이 있다. 하늘 나라가 그들의 것이다. 너희가 나 때문에 모욕을 당하고, 박해를 받고, 터무니없는 말로 온갖 비난을 받으면, 복이 있다. 너희는 기뻐하고 즐거워하여라. 하늘에서 받을 너희의 상이 크기 때문이다. 너희보다 먼저 온 예언자들도 이와 같이 박해를 받았다. 마 5:10-12, 새번역

본문의 맥락에서 "기뻐하라"(glad)는 단어는 모순되는 표현이다. 이 영어 표현은 헬라어로 두 가지 의미를 나타내는 '엄청나게 뛰어오르라'에서 나왔다. 참으로 생생한 장면을 표현하고 있지 않은가! 예수님은 이 가르침에서 두 가지 진실을 함께 이야기하신다. 영원한 상급("하늘에서 받을 너희의 상이 크기 때문이다")과 영적 유산("너희보다 먼저 온 예언자들도 이와 같이 박해를 받았다")을 개인적으로 겪게 될 고난과 함께 묶으신 것이다. 자신의 믿음을 위해 핍박을 받는 것은 예수 그리스도에 대한 충성을 나타내는 것이다. 박해를 받는 것은 예언자들, 성인들, 순교자들과 같은 길을 걷는 것이다. 예수님은 박해받는 일에 동참하는 것은 형벌이 아니고, 오히려 영광스러움에 참여하는 것이라고 말씀하신다. 예수님은 "이런 순간을 즐거워하라"고 하셨고, 다시 "기뻐하라"고 하셨다. 그리스도 안에서 박해받는 자들의 공동체에 속하는 것을 특권으로 생각하라!

서구 문화에서 이런 일을 권장하는 경우는 거의 없는데, 이런 사고 체계는 하나님의 왕국에 속한 것이기에 가능한 것이다. 미국의 경우 내가 나의 '행복 추구'에 대한 권리를 가지고 있고, 그 무엇도 그 누구도 그것

을 방해할 수 없다는 가정이 사람들의 생각 속에 깊이 배어 있다. 이런 생각을 따르게 되면, 심지어 하나님도 행복의 추구를 방해하거나 지연시켜서는 안 되는 것이다. 그러나 이것은 성경적이지 않다. 실상은 십자가를 통한 영광이다. 실상은 빌립보서 2장 5-8절에서 묘사하는 것처럼, 그리스도가 아래로 내려가는 궤도를 택하신 것이다. 그리스도는 신적인 위치에서 자신을 비어 인간이 되셨다. 그분은 인간적인 도움을 구하지 않았고 오히려 종이 되셨다. 더 나아가, 범죄자로 죽임을 당하셨다. 이것이 우리가 본받고 따라가야 할 길로서 위로나 성취, 편안함, 풍요의 길은 결코 아니다. 그리스도를 따르라는 부르심은 문화적, 사회적 관습을 뛰어넘는 것이다. 빌립보서에 이 가르침에 대한 중요한 설명이 나온다. 바울은 이렇게 기록한다. "하나님께서는 여러분에게 그리스도를 위한 특권, 즉 그리스도를 믿는 것뿐만 아니라, 또한 그리스도를 위하여 고난을 받는 특권도 주셨습니다"(빌 1:29, 새번역). 하나님은 빌립보 성도들에게 두 가지 은혜를 특권으로 주셨다. 첫째는 그리스도 안에서의 구원이고, 둘째는 그리스도를 위한 고난이었다. 이 말씀은 우리가 이런 유형의 고난에 어떻게 반응해야 할지에 대해 심오한 암시와 함축성을 던진다. 하나님의 관점에서 그리스도를 위한 고난은 개인적인 구원과 동등한 성격이다. 그것은 은혜요 선물이다. 어떻게 그럴 수 있는가? 예수님은 이렇게 대답하실 것이다. "하늘나라가 그들의 것이기 때문이다."

마태복음 5장과 빌립보서 1장은 그리스도를 위한 고난은 선물이라고 말씀한다. 사도 요한의 제자였던 폴리캅(Polycarp, 70-155 A.D.)은 박해를 받아 순교당할 때 이 진리를 깨닫고 이렇게 선언했다. "나는 당신이 은혜를 베푸셔서, 나를 이날 이 시간을 맞을 자격이 있는 사람으로 삼아주신 것에 감사드립니다." 그는 사도행전 5장 41절에서 베드로와 요한이 보였던 태도에 메아리로 응답한 것이다. "사도들은 예수의 이름 때문에 모욕을 당할 수 있는 자격을 얻게 된 것을 기뻐하면서, 공의회에서 물러나왔다"(새번역).

목적 6 고통은 신비의 용량(Capacity for Mystery)을 확장한다

패트 러셀(Pat Russell)은 "고통은 대답을 요구하는 질문이 아니다. 그것은 해결을 요구하는 문제가 아니다. 고통은 실재(presence)를 요구하는 신비다"(Russell, 2011, 29)라고 술회한다. 러셀이 이름한 "실재"는 내가 나 자신을 발견한 그 맥락 속에서 내가 하나님께 대해 깨어있고 분별하며 집중하는 것을 의미한다. 우리는 너무 쉽게 우리 자신을 멍한 상태에 두거나 무감각하게 만들기에, 새로운 방법으로 하나님을 더 잘 알 수 있는 기회를 놓친다. 우리는 이해할 수 없는 이유로 고통당하는 경우가 너무나 많다. 하나님의 길은 진실로 우리의 길과는 다르고, 그분의 지혜는 우리가 측량할 수 없다. 나는 하나님이 선하고 지혜로우신 줄로 알기 때문에 모든 고통스러운 환경도 하나님의 선하심과 지혜의 범주 안에 있는 것으로 이해한다. 요셉, 다니엘, 룻, 한나, 사무엘과 같은 성경의 인물들은 고통과 상실을 경험했는데, 그중 어떤 것은 극도로 불의하고 불공정한 것이었다. 그러나 그들 모두는 역경의 한가운데서 구속을 경험했다. 요셉은 그가 태어난 문화 속에서 성장할 수 없었다. 다니엘은 그의 집에서 예배드릴 권리를 빼앗겼다. 룻은 과부가 된 외국인이었다. 한나는 그녀가 서원한 약속을 지키기 위해 아들을 낳았음에도 불구하고 그녀의 경쟁자에게 학대를 받았다. 사무엘은 그의 유아기와 10대 시기를 집에서 멀리 떠나 낯선 성소에서 살면서 일했다(삼상 2-3장).

이런 이야기들은 나 자신을 이해하는 데 도움을 준다. 거기에는 내가 볼 수 없는 더 크고 위대한 목적들이 있다. 한나는 '한갓' 가정주부였지만, 후에 나라를 하나로 모은 위대한 선지자를 낳았다(삼상 1장). 룻은 과

부이자 외국인이었지만, 다윗 왕의 고조할머니가 되었다(룻 1장, 4:1-22). 이 여인들은 그들의 개인적인 상실로 이루어낸 국가적 유익을 그들의 생전에는 결코 보지 못했다. 나의 상실은 다른 사람에게 어떤 유익을 주게 될까? 바울은 그의 고난이 여전히 남아있는 그리스도의 고난을 몸 된 교회를 위해 채워가고 있다고 담대하게 말한다(골 1:24). 하나님을 위해 당하는 우리의 고난을 통해 우리도 그리스도의 고난에 참여하게 되는 것이다(딤후 1:8, 빌 1:29, 3:10). 더 나아가, 우리도 역시 온 세계에 있는 교회들의 고난에 동참하게 된다. 비단 박해뿐만 아니라 가난의 문제와 씨름하고, 사회적, 정치적, 종교적인 억압 그리고 여러 가지 자원의 부족 문제를 다루는 것은 그들의 고난에 동참하는 방안이다. 우리가 그리스도를 따라갈 때 맞이하는 고난들은, 그리스도의 이름을 부르는 모든 사람이 당하는 우주적인 아픔과 고통에 참여하는 것이다.

나는 여전히 내 친구들과 나 자신이 경험하는 슬픔과 상처들로 혼란스럽다. 나는 장모님이 자동차 사고로 돌아가신 것과 내 친구 커크가 40대에 루게릭병(ALS)으로 세상을 떠난 것을 이해할 수 없다. 또한 여러 나라에서 그리스도를 따르는 형제들이 당하고 있는 말로 다할 수 없는 고난들을 다 이해할 수 없다. 비록 내가 믿음으로 성경적인 진리

❝ 시련은 내 삶의 속도를 늦추었고, 내가 하나님 곁에 더 잘 머물도록 나를 더 깊은 곳으로 데려갔다. **❞**

를 주장하지만, 내 마음은 여전히 상심에 빠지고 고통스럽다. 나는 여전히 지나간 상실들과 앞으로 다가올 어려움들로 슬퍼할 것이다. 성경적인 계시(진리)와 삶의 경험 둘 다를 존중하는 자세로, 우리 삶의 모든 역경을 꿰뚫어 보시는 하나님께 대한 믿음 안에서, 우리는 한편으로 애도하고 또 한편으로는 전진하는 발걸음을 동시에 내디뎌야만 한다. 내가 당하는 고통은, 한편으로는 하나님의 임재 가운데서 또 한편으로는 이

가혹한 세상에서 순례의 여정에 있는 나의 동료들과 함께 걸을 것을 요구한다. 시련은 내 삶의 속도를 늦추었고, 내가 하나님 곁에 더 잘 머물도록 나를 더 깊은 곳으로 데려갔다. 내가 이 여정 속으로 계속 나아갈 때 하나님도 계속 나를 인도하신다. 그러나 그분이 하시는 말씀을 분별하기 위해서는 나는 잠잠히 기다리며 더 많은 시간을 보내야 한다. 나는 고난을 통해 삶의 한가운데서 머물러 있는 것을 배웠다.

요약 그리스도 안에서 태어난 사람은 역경 속으로 태어난 것이다

우리는 고통에 대해 신약 성경에 나오는 6개의 기본적인 진리를 살펴보았다. 그러나 그것은 하나님이 갖고 계신다. 또 다른 목적들과 용도에 대한 총체적인 목록과 비교한다면 매우 미미할 것이다. 그럼에도 불구하고, 우리가 살펴본 고난에 대한 하나님의 목적들을 다음과 같이 정리할 수 있다.

1. 우리가 그리스도를 닮은 인격으로 성숙하게 하시려고.
2. 우리의 믿음을 강하게 하고, 견뎌내며, 인내하는 아들과 딸로 양육하시려고.
3. 어떤 형태로든지 고통을 회피하는 대신 하나님께 순종하기로 결단하게 하시려고.
4. 그리스도인답지 못한 행태에서 더 큰 경건으로 나아가도록 훈련하시려고.
5. 영원한 상급을 얻기 위해 그리고 사역 중에 닥치는 고난을 견뎌낸 하나님의 종들이 받는 풍성한 영적 유산에 참여하게 하시려고.
6. 신비를 수용할 수 있는 우리의 용량을 더 확장하시려고.

하나님은 인간의 영혼을 창조하셨는데, 그것이 가장 온전한 깊이의 성

숙에 이르기 위해서는 고통의 어떤 요소들이 필요하도록 만드셨다. 이것은 하나님이 그리스도의 형상으로 변화되기를 열망하는 모든 사람이 걸어야 할 경로로 마련해두신 것이다. 다음의 도표는 이번 장에서 다룬 원리들의 흐름을 한눈에 보여준다.

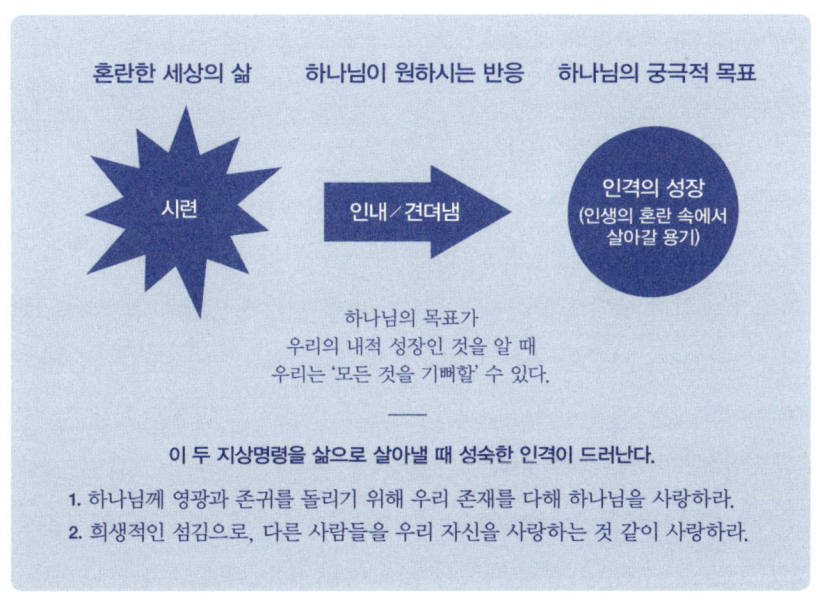

적용: 케어 제공하기

돌봄의 사역(Caregiving)으로 부름 받은 사람들은 다른 사람의 역경 속으로 들어가 그들과 함께 고난의 여정을 가도록 소집된 것이다. 이 책은 트라우마가 발생한 경우 전문적이고 실제적인 케어 방안을 제공하기 위해 쓰였다. 나는 앞에서 논의한 진리들이 우리가 케어를 제공하는 과정에서 어떻게 영향을 미치는지 살펴보고자 한다. 우리는 잠언 17장 17절의 "친구는 사랑이 끊어지지 아니하고 형제는 위급한 때를 위하여 났느니라"(개역개정), "사랑이 언제나 끊어지지 않는 것이 친구이고, 고난을 함께 나누도록 태어난 것이 혈육이다"(새번역)라는 말씀에 도전을 받는다. 나는 다른 사람들을 돌볼 때 이 문제들과 씨름하도록 당신을 초대한다.

하나님의 구속 사역을 훼손하지 않기

하나님은 때로 우리가 고통과 고난을 통해 가장 높은 수준의 성숙에 이르도록 구속의 여정을 계획하셨다. 이것은 고통 중에 있는 사람들에게 우리가 어떻게 반응해야 할지에 큰 영향을 미친다. 만약 내가 어떤 사람에게, 그가 당하는 고통을 가능한 가장 빨리 해결하도록 돕는 역할을 한다면, 나는 긴 인내의 과정을 거쳐 이루기를 원하시는 하나님의 구속 사역을 훼손하게 될지도 모른다. 어떤 난관에 봉착해 있다고 할지라도, 케어를 제공하는 사람의 가장 기본적인 반응은 치료 방안을 발견하는 것이 아니고, 당사자가 하나님의 목적을 발견하도록 그 역경을 함께 걸어가는 동반자가 되어주는 것이다.

내가 기본이라는 단어를 강조하는 이유는 우리가 이런 상황에서 여러 가지 반응을 보일 수 있기 때문이다. 우리는 자주, 고통당하는 사람들을 적절하게 돌보려고 정신 건강이나 의료 기관의 전문가들에게 위탁할 필요가 생긴다. 그러나 목자적인 입장에서 볼 때 이 험한 세상에서 사람들을 돕기 위해서는 하나님을 섬기는 사람들과 연대해 동역해야 할 필요가 많다. 치료를 위해 사람들을 위탁한 후에도 나는 치유 과정 가운데 여전히 그들과 함께 있고 싶다. 우리 모두는 목양적인 돌봄을 받아야 할 필요가 있는데, 특별히 어두움의 골짜기를 지날 때 그렇다.

이렇게 사람들을 돌보는 부르심에 응답하기 위해서는 두 가지 유혹에 빠지지 않도록 유의해야 한다. 첫째, 우리는 누군가에게 필요한 사람이 되기를 좋아한다. 그러나 사람들에게 진정으로 필요한 것은 그리스도다.

우리의 목표는 그리스도를 그 사람에게, 그 사람을 그리스도께 데려다주는 것이다. 둘째, 우리는 뭔가를 고치는 것을 좋아한다. 그러나 제발 사람이나 그들의 문제점을 고치려 하지 마라. 고쳐야 할 그 무엇이 있다면, 우선 사랑의 마음으로 같이 있어주는 것이 도움이 된다. 하나님이 올바른 때에 그들을 건져주실 것이다. 이 과정에서 나의 기본적인 역할은 동반자가 되어주는 것이다. 고통당하는 누군가에게 우리가 소박하게 함께 있어주고, 함께 견뎌주는 것보다 더 큰 선물은 없다.

고난 중에 있는 사람과 함께하는 네 가지 태도

고통의 시기에 있는 사람과 함께하기 위해서는 네 가지 태도가 핵심이다. 이런 태도들은 하나님의 초월적인 사역을 분별하는 능력과 그 과정에서 사람들과 함께할 수 있는 역량을 키워준다. 각 태도마다 '성찰을 위한 질문들'이 제시되는데, 이것은 심각한 상황이 닥칠 때마다 사역자들이 적절하게 자기 정렬을 하도록 도와줄 것이다.

태도1 하나님을 의식하는 자세

사도 바울은 하나님이 우리를 "자기 아들의 형상과 같은 모습이 되도록"(롬 8:29, 새번역) 정하셨다고 가르친다. 예수님은 지속적으로 아버지의 뜻을 분별하기 원하셨다. 그러므로 사람들이 처한 고통의 현장에서 우리가 보여야 할 첫 번째 반응은 이러한 질문으로 나타나야 한다. "하나님은 이곳에서 무슨 일을 하고 계시는가?" 우리가 해야 할 주된 역할은 문제의 해결책을 찾는 것이 아니고 이 통찰을 구하는 것이다. 잠언 18장 13절은 교훈한다. "사연을 듣기 전에 대답하는 자는 미련하여 욕을 당하느니라." 우리가 취해야 할 우선적이고 가장 필요한 자세는 '주의 깊은 경청'(watchful listening) 이다. 주님은 여기서 이미 어떤 일을 행하고 계신가? 하나님의 주권적인 목적에 내가 어떻게 참여할 수 있을까? 지금 고통 속에서 씨름하고 있는 사람을 대신해 나는 기꺼이 하나님의 뜻을 구하고 그 음성을 듣고자 하는가?

나는 깊은 고뇌와 눈물 속에 있는 어떤 사람과 마주 앉았을 때, 하나님이 그에게 어떤 일을 하고 계신지, 또한 이 일에 대해 당사자가 얼마나 깨닫고 있는지를 분별하려고 애썼다. 여기서 주의할 점이 있다. 트라우마 상황 속에서는 당사자의 상처가 너무 생생해 객관성을 유지하기가 거의 불가능한 경우가 많다. 때때로 하나님이 일하고 계신 것을 즉시 통찰해내는 것은 쉽지 않고, 오히려 장기적인 노력이 필요하다. 그때는 단순하게 그리스도의 이름으로 같이 있어주어야 한다. 내가 이런 상황을 분별하는 정도와 내가 당사자와 여정을 같이할 수 있는 정도는 비례한다. 영성 개발(spiritual formation)의 경우처럼 우리는 하나님이 사람들 가운데 임재해 계시고, 사람들을 조성하신다고 믿는다. 나는 만드는 사람이 아니다. 나는 사람을 빚어내시는 하나님의 일을 살핀다. '주의 깊은 경청'이 고통 속에 있는 사람을 돌보는 하나의 중요한 태도다.

> **태도 1 — 사역 점검 질문**
>
> 1. 나는 하나님께 대한 분별력과 사람에 대한 경청 능력을 어떻게 성장시킬 수 있을까?
> 2. 핵심적인 케어 제공자는 내가 아니고 하나님이시라는 사실을 나는 어떻게 상기할 수 있을까?
> 3. 나는 그리스도를 사람들에게, 사람들을 그리스도께 인도하는 일에 어떻게 성장할 수 있을까?

태도 2 함께하기

트라우마를 겪고 있는 사람들에게 가장 필요한 것은 함께 있어주는 것이다. 동반자란 부드럽게 팔을 잡고 부축해주며, 천천히 그러나 지혜롭게 그가 고통 속에서 점진적으로 회복되도록 안내한다. 내 마음의 태도는 상급자나 문제 해결사가 아니라 그냥 친구가 되어주는 것이다. 그러나 가끔 전문적인 절차나 규정을 적용해야 할 때도 있다. 그런 문제를 감안할지라도, 나는 그들과 함께 있으면서 배려하고, 쉽게 도움을 주며, 부드럽게 돌보는 사람으로 쓰임을 받고자 한다.

이처럼 단순하지만 깊이 있게 동행하는 것은 매우 중요한 은사다. 고린도후서에서는 위로와 자비의 하나님을 찬양한다. 헬라어에서 '위로'의 의미로 쓰이는 말은 파라클레테(*paraklete*)다. 이것은 예수님이 성령님을 위로자(comforter), 돕는 자(helper)로 부르신 것과 같은 용어다. 이 헬라어는 '함께 오다'(come alongside)는 의미를 가진다. 고통 중에 있는 우리에게 하나님의 위로는 그의 함께하심, 임재다. 하나님은 우리가 원하는 대로 우리의 문제를 해결해주시지 않을 수도 있지만, 그러나 그 문제들 가운데서 우리와 함께 계실 것이다. 바울이 고린도후서 1장 3-7절에 역설한 것

•• 이생에서 가장 큰 영예 가운데 하나는 다른 사람들의 트라우마와 상실, 슬픔 그리고 구속의 여정에서 그들의 동반자가 되는 것이다. ••

처럼 우리도 역시 위로자가 되어야 한다. 이생에서 가장 큰 영예 가운데 하나는 다른 사람들의 트라우마와 상실, 슬픔 그리고 구속의 여정에서 그들의 동반자가 되는 것이다.

> **태도 2** — 사역 점검 질문
>
> 1. 나는 어떻게 단순한 마음으로 다른 사람과 같이 있을 수 있을까?
> 2. 다른 사람들과 함께하는 내 마음의 태도는 어떻게 성장할 수 있을까?
> 3. 어떤 영적 실천이 내가 다른 사람들과 함께하는 일을 하는 데 도움이 될까?

고통의 신학에 관한 성찰

태도 3 **우리 자신을 내어주기**

"선한 목자는 양들을 위하여 자기 목숨을 버린다"(요 10:11, 새번역). 우리는 형제를 위해 목숨까지 버리는 사람들로 부름 받았다. 이것은 우리가 해야 할 지속적인 행동이다. "그리스도께서 우리를 위하여 자기 목숨을 버리셨습니다. 이것으로 우리가 사랑을 알게 되었습니다. 그러므로 우리도 형제자매를 위하여 목숨을 버리는 것이 마땅합니다"(요일 3:16, 새번역). 에바브로디도는 이런 태도를 가진 성경적인 모델이다. 바울은 우리에게 에바브로디도가 바울을 보살피다가 거의 죽을 뻔했다고 말한다(빌 2:27). 빌립보 교회는 그들 가운데 한 사람을 세워 바울을 돌보도록 파송했는데, 감춰져 있던 그 영웅의 이름은 에바브로디도. 그는 편지와 약간의 금전적 선물, 몸을 따뜻하게 할 물품 등을 전달하면서 사도를 격려했다. 바울은 빌립보 교인들에게 이에 대해 감사하고 있다. 그러나 바울에게 가장 큰 영향을 준 것은 바로 에바브로디도였다. 그러나 그가 바울을 위해 사역했을 때 오늘날 많은 목회자나 선교사가 당면하는 것처럼, 그것은 역경을 감수해야 하는 일이었다. "그는 그리스도의 일로 거의 죽을 뻔하였고, 나를 위해서 여러분이 다하지 못한 봉사를 채우려고 자기 목숨을 아끼지 않은 사람이기 때문입니다"(빌 2:30, 새번역).

"뻔하였고"(came close)란 표현은 실감나는 그림 언어다. 헬라어 표현은 한 단어로 파라볼로니(paraboloni, παραβλονι)인데, 이는 도박 용어로 다른 사람을 위해 자신을 위험에 노출하는 사람을 말한다. 1세기에는 친구의 이익을 위해 자신을 위험에 내놓는 사람을 옹호자 혹은 지지자(advocate)라고 불렀다. 법적인 분쟁이 생기면 그는 자신이 변호하는 사람의 명분을 지키기 위해 황제 앞에까지도 나아갔다. 사도 후기 교회에서는 자신의 생명을 걸고 전염병에 걸린 사람들을 간호하고, 죽은 사람을 매장하는 사역을 한 일단의 그룹이 있었다. 그들은 스스로 파라볼로니라고 불렀다.

에바브로디도는 그런 종류의 '도박'을 한 사람이었다. 그것은 자신을 희생해야 하는 사역이었다. 그는 사도 바울을 섬기도록 보냄을 받았는데, 그것은 매우 위험한 일이었다. 그는 뒤에 남겨둔 것이 없었다. 그는 바울의 유익을 위해 자기 생명을 걸었다. 감옥에 갇힌 사도 바울은 다른 사람의 희생, 즉 누군가의 실제적인 참여와 개입을 통해 돌봄을 받았다. 이것이 바로 목자의 역할이다. 목자는 희생적인 삶을 살도록 부름 받았고, 자신의 생명을 기꺼이 내려놓는 사람이다.

트라우마를 겪고 있는 사람들을 돌보는 것은, 케어 제공자들에게 2차 외상 혹은 대리 외상(vicarious trauma)으로 진행될 수 있다. 당사자들과 함께 동행하면서 감정 이입이 되고, 그들의 비극적인 이야기를 들어주면서 케어 제공자들도 자신의 고통에 노출되기 때문이다. 그 모든 고통이 한편으로 쌓이면서 큰 충격을 준다. 고통 중에 있는 사람들을 돌보는 것은 나 자신도 어느 정도 고통 속에 이입되는 것을 의미한다. 나는 자주 울 것이다. 나는 이 세상이 얼마나 잔인할 수 있는가를 거듭 상기하게 될 것이다. 나는 깊은 곳에서 상심하게 될 것이다. 내가 다른 사람에게 유익을 줄 때 나는 오히려 해를 입을 수도 있다. 내가 다른 사람의 깊은 고통과 트라우마를 공감하면서 지속적으로 함께 간다는 것은, 표현 그대로, 다른 사람을 위해 내 목숨을 내려놓는 일이다. 예수님은 우리에게 이보다 더 큰 사랑이 없다고 말씀하셨다. "사람이 친구를 위하여 자기 목숨을 버리면 이보다 더 큰 사랑이 없나니"(요 15:13).

> **태도 3 ─ 사역 점검 질문**
>
> 1. 나는 다른 사람들을 위해 자신을 쏟아부을 준비를 어떻게 잘할 수 있을까?
> 2. 나는 사역자들을 돕기 위해 반복적으로, 어려운 인간관계와 불안정한 나라로 기꺼이 들어갈 수 있는가? 나는 다른 사람들을 위해 기꺼이 내 생명을 내려놓을 수 있는가? 왜 그런가, 혹은 왜 아닌가?
> 3. 케어 담당자로서 나는 어떻게 나 자신을 케어하고 있는가?

태도 4 **견인**

하나님은 긴급하게는 느끼시지만 성급하거나 서둘지는 않으신다. 우리 심령이 그리스도의 형상을 닮아가는 것은 긴급한 일이기는 하지만, 그것은 때로 수십 년이 걸린다. 그런 관점에서 볼 때, 고난 중에 있는 사람을 잠시 방문하거나 단순하게 조언해주는 것으로 내가 치유하거나 그 고난을 끝내는 작업을 할 수 있다고 생각하는 것은 얼마나 허세인가? 홀로 있는 연습(조용히 홀로 앉아 침묵하면서 주님과 대면함)을 통해 자신의 역경을 견뎌내는 것을 배우는 것은 다른 사람들과 함께 지내는 힘을 길러준다. 나는 잠잠함, 기다림, 기대감, 수용 그리고 다른 사람과 함께하기 등을 배운다. 이 모든 역량은 고통당하는 자들의 목자가 되려는 사람에게는 필수다.

트라우마를 겪는 사람들은 우리가 흔히 생각하는 것보다 더 오랫동안 씨름한다. 문제는 당사자의 고통이 사라지기 훨씬 전에 나의 인내심이 바닥난다는 것이다. 하나님은 내가 다른 사람들의 고통을 그들과 함께 잘 견뎌낼 수 있도록, 먼저 나 자신의 고통을 잘 참아내게 만드신다.

태도 4 — 사역 점검 질문

1. 나는 고통을 견뎌내도록 하나님의 부르심을 받은 사람을 기꺼이 잘 참아낼 수 있겠는가?
2. 나는 성가신 케어 사역의 유형까지 다 품기 위해 내 가슴속에 여유 공간과 용량을 확보하고 있는가?
3. 내 삶의 속도는 하나님을 기다리며 고통을 견뎌내는 사람들과 함께 앉아 있을 수 있도록, 서둘지 않는 일정한 시간을 허용하고 있는가?

결론

이 세상은 난폭하고 불안정한 곳이다. 우리 모두가 고난을 경험하고 있지만, 그러나 하나님은 어둠의 시간에도 우리와 항상 함께 계신다. 하나님은 우리가 전인적 성숙을 이루어내는 과정에서 역경이 하나의 구성 요소가 되도록 우리 영혼을 설계하셨다. 우리가 성장하는 데 역경이 유일한 조건은 아닐지라도 우리에게는 그것이 필요하다. 케어 담당자의 기본적인 책무는 다른 사람이 역경을 통과하는 동안 그와 동행하면서 하나님과 함께 일하는 것이다. 하나님은 고난을 사용해 우리의 삶을 조성하시고, 다른 사람이 어려움 가운데 있을 때 동행할 수 있도록 우리 역량을 개발하신다. 이러한 하나님의 속성을 더 깊이 이해할 때 우리는 더 잘 섬기게 될 것이다. 우리는 다른 사람들을 위해 목숨을 내려놓을 수 있는가? 우리는 우리 가슴속에 고난 중에 있는 사람과 같이 될 수 있는(to be) 공간을 마련해두었는가? 이러한 사역에 부름 받은 사람들은 "위급한 때를 위하여 났느니라"(born for adversity, 잠 17:17, NIV).

---

1 연례 PTM(Pastors to Missionary) 컨퍼런스에 대해서는 barnabas.org를 참조하라.
2 1부에 나오는 한 부분은 『부드러운 케어』(*Tender Care*, Rockford, IL: Barnabas Books, 2008)라는 제목으로 출판된 바 있다. 국제 바나바의 허락을 받아 이 책에 수록하였다.

2부

트라우마 사례

/ 1장 /

스토리 1

내전으로 인해 긴급 철수하다

카렌 카, 가나

위험에 대해 지식으로 아는 것과 실생활에서 위험 요소를 안고 사는 것은 서로 다른 이야기다. 내가 소속되어 사역하고 있는 '기동 멤버 케어팀'은 훈련, 상담, 행정 등 서로 다른 전문성을 가진 사람들이, 서로 다른 단체에서 파송을 받아 팀으로 일하는 그룹이다. 우리의 사역 목표는 선교사 자신들이 서로 돕는 관계를 통해 더 원활히 케어를 받고 복원력을 키우도록 지원하는 것이다. 우리 팀은 선교 지도자들로 구성된 이사회의 권위 아래서 여러 선교 단체와 협력 관계를 맺고 일하고 있는데, 훈련 요청에 따라 워크숍을 운영하기도 하고, 위기 상황에 개입해 상담과 디브리핑을 담당하기도 한다. 우리 팀 사역자 대부분은 아프리카에서 오래 살았지만, 다른 사람들을 돌보는 사역을 하면서 우리 자신도 트라우마에 노출되는 환경이기에 우리의 정신 건강을 유지하는 일도 쉽지 않았다. 서아프리카 14개국에서 사역하는 선교 단체 공동체와 동역하기 위해 우리 팀 사역자 세 사람은 2000년 코트디부아르의 옛수도 아비장에 도착했다.

첫 2년 동안 우리는 매우 힘든 시기를 보냈다. 점점 증가하는 사회 불안과 폭력 사태로 나라는 매우 불안정한 상태에 있었고, 우리는 사역자로서 타 문화권에 적응하며 새롭게 사역을 시작할 때 겪는 일반적인 어려움과 씨름해야 했기 때문이었다. 나는 비록 피상담자와의 '이중관계'를 피하도록 훈련받은 심리학자였지만, 사역자들에게 닥친 고난으로 슬픔과 고통을 겪었다. 그것은 내가 상담하는 선교사들이 결국은 확장된 선교사 가족의 일원이었기 때문이다. 나는 훈련 프로그램을 진행하며, 또 개인적 교제를 통해 여러 선교사를 알게 되었는데, 그 중 어떤 사람들은 사랑하는 사람들의 죽음, 무장 강도, 납치, 폭행, 강간 등과 같은 심각한 위기로 고통당하고 있었다. 결국, 이 선교사들은 내 삶의 일부였고, 내게는 사회적 지원 시스템의 한 부분을 이루고 있었다. 나는 그들의 세계에 속하게 되었고, 그들도 내 세계 안에 들어와 있었다. 우리의 세계가 완전히 변화된 것이다.

이러한 경험과 그들에 대한 나의 내적 반응은 앞으로 닥쳐올 대형 위기들에 내가 잘 대응할 수 있는 기반을 마련해주었다. 나는 당시 아이보리코스트의 중부에 위치한 부아케에서 사역하고 있었는데, 2002년 9월 19일, 요란한 기관총 소리에 잠을 깼다. 우리는 그때 열네 명의 선교사를 대상으로 대인 관계 기술을 연마하는 훈련 워크숍을 막 시작한 상황이었다. 멀리서 요란하게 교차되는 총성을 들으면서 침대 속에 있던 내게 처음 떠오른 생각은 이 나라의 악명 높은 무장 강도 조직이 드디어 포위되어 경찰과 총격전을 벌이고 있다는 것이었다. 그러나 총성은 더 격렬해졌고, 나는 또 다른 쿠데타가 일어난 것은 아닌가 하는 의구심이 들었다. 그런데 아침 6시 라디오 뉴스는 반군들이 부아케를 포함한 전략적인 요충지 세 곳에서 정부군을 공격하고 있다고 보도했다. 이 사태로 우리는 정부군과 반군들의 십자 포화 속에 8일 동안 건물에 갇혀 지내야만 했다.

로켓포가 우리가 있던 건물과 매우 가까운 곳에 떨어지면서 엄청난 폭음이 울렸다. 우리는 건물 유리창이 무너져내리지 않도록 창문에 매트리스를 갖다 대고 보호막으로 삼았다. 우리는 벽 쪽으로 바짝 붙어 바닥에 납짝 엎드렸다. 나는 내 앞쪽에 엎드린 사람의 종아리를 붙잡고, 주님이 우리 마음에 평강을 주시도록 기도했다. 주님은 그런 상황 속에서도 우리에게 평강과 위로를 허락하셨다. 때때로 우리는 그리스도와 한몸이라는 것을 확인하기 위해(우리가 건물 안에 있다는 사실을 반군들이 알아채지 않도록 조용하게) 찬양을 불렀다. 아무도 패닉 상태에 빠지거나, 울거나, 이 사태가 일어난 상황에 대해 시비를 거는 사람은 없었다. 우리는 이 위기 상황을 함께 견뎌나가며 각자 자연스럽게 자기 역할을 찾았다. 우리 중 네 사람이 방향을 결정하는 리더십 역할을 맡았다. 다른 사람들은 우물에서 물을 길러 날랐고(수도가 끊어졌기 때문에), 또 다른 사람들은 음식을 준비했으며, 어떤 이들은 안전 요원 역할을 맡았고, 나머지 사람들은 무릎을 꿇고 계속 기도했다.

그 사이에 가족, 친구, 선교 단체 리더들 그리고 미국 대사관에서 계속 전화가 걸려왔다. 매일, 어떤 때는 시간마다, 선교 단체의 리더들이 전화해 우리가 안전하게 철수할 수 있도록 최선을 다하고 있다는 위로의 메시지를 전해주었다. 그들은 우리가 움직이지 말고 현재 있는 곳에 머물면서 기다리면 안전하게 구출될 거라고 말했다. 우리는 미국 대사관의 철수 계획에서 당시 우리 그룹의 일원으로 훈련받고 있던 나이지리아 사람들이 제외될까 봐 걱정했다. 만약 그런 일이 일어난다면, 우리 중 몇 사람이 그들과 함께 남기로 의견을 모았다.

설상가상으로, 그때 약 40명의 라이베리아 사람들이 두려움에 떨면서 우리 센터 정문으로 몰려왔다. 그중 한 사람은 우리가 아는 사람이었지만, 나머지는 그의 친인척들이었다. 우리는 일단 그들이 정문 안으로 들어오도록 했지만, 그들을 센터 안에 계속 머물게 할 것인가를 두고는 의견이 나뉘었다. 그들로 인해 우리가 더 큰 위험을 안게 되었지만, 동시에 만약 우리가 그들을 내보낸다면 그들은 반군들에게 귀찮은 존재가 될 것이고, 결국 모두 살해될 가능성이 컸다. 우리는 기도하면서 우리 센터 안에 그들을 숨겨주기로 결정했다. 그러나 나는 한때 그들을 돌려보낼 것을 고심했던 죄책감으로 씨름해야 했다.

억류되었던 8일 동안 나는 가장 어려운 두 번의 시간을 맞았다. 하나는 반군들이 점점 우리 가까이 다가오고 있다는 소식을 들었을 때였다. 라이베리아 사람들은 완전히 말을 잃었고, 그들의 얼굴은 충격과 두려움으로 가득 찼다. 어린 꼬마들까지 숨소리도 내지 않고 침묵을 지켰다. 전에 르완다를 방문했을 때 나는 그곳에서 일어났던 인종 학살 이야기를 들었다. 나는 이 반군들이 우리 센터를 뚫고 들어와 바로 우리 눈앞에서 라이베리아 사람들을 살육하는 장면을 상상했다. 나는 두려웠고 어찌할 바를 몰랐다. 그래서 우리는 모두 합심해 우리의 안전을 위해 기도했고, 시간이 지나면서 점차 반군들이 멀어지는 소리를 들을 수 있었다. 그들이 다른 방향으로 움직였다는 것이다.

두 번째는 포격을 포함한 격렬한 전투가 갑자기 바로 우리가 머무는 센터의 앞 뜰 오른쪽 외곽에서 벌어진 것이다. 밖에 있던 우리는 몸을 웅크린 채 건물 안으로 달려갔는데, 총탄이 마당에 떨어지면서 터지는 소리가 들렸다. 나는 동료 사역자의 뒤를 따라 뛰어가면서, 만약 우리 가운데 누가 총에 맞으면 어떻게 할 것인가 하는 생각이 순간 스쳐 지나갔다. 이런 상황에서는 병원에 갈 수도 없었고, 우리가 할 수 있는 것은 기초적인 응급조치밖에 없었다. 감사하게도 우리는 모두 안전하게 대피할 수 있었다. 그러나 만약 그런 일이 일어나면 어떻게 해야 하나 하는 생각과 그 공포는, 감정적인 측면에서, 실제로 일어났을 수도 있는 현실보다 더 큰 충격을 안겨주었다.

8일간의 기다림 끝에 우리는 프랑스군의 보호를 받으며 부아케에서 철수하였다. 물론 우리는 하나의 단결된 그룹으로 모두 함께 빠져나올 수 있었다. 훈련받기 위해 온 선교사들이 각자가 거주하는 지역으로 흩어지기 전에, 우리는 함께 공동의 생존을 위해 노력하고 기여했던 일들을 서로 인정하고 축복하는 시간을 가졌다. 우리는 이런 경험이 평생 우리를 하나로 묶어준다는 사실을 깨달으면서 울고 웃으며 서로를 껴안아주었다.

그 긴급한 철수 이후 며칠 동안 우리는 탈진과 무감각, 방향 감각을 잃은 상태를 경험했다. 생산적인 일을 하기가 매우 어려웠다. 국가적으로 코트디부아르의 미래는 매우 불확실했다. 우리가 부아케에서 빠져나온 지 얼마 되지 않아 우리는 미국에서 우리 센터가 있는 아비장까지 찾아와 우리를 상담해준 사람들의 케어를 받는 축복을 누렸다. 그들은 여러 시간 개인 상담도 해주었고, 우리 팀 세 사람에 대해 디브리핑을 해주었다.

상담가의 경청과 환경적인 안전감 덕분에 나는 지난 수년간 내가 겪어온 스트레스로 가득 찬 사건들을 나눌 수 있었고, 두려움, 분노, 슬픔과 같은 응어리들을 풀어내기 시작했다. 나는 울면서 "하나님은 왜 이런 일들이 일어나도록 허용하시는 건가요?"라는, 대답이 따로 없는 질문을 던졌다. 나는 내가 왜 이렇게 험악한 지역에 와 있는지 그 근본 문제로 돌아가보았다. 하나님은 내게 선교사들에 대한 특별한 사랑을 심어주셨고, 그래서 이 일을 하도록 허락하셨다. 이 생각은 뿌리가 깊고 지속적이어서, 하나님이 나를 불러 하게 하신 이 일을 잘 감당하도록 앞으로도 나를 구비시켜주실 것이라는 확신을 갖게 되었다. 그것은 나의 능력이나 에너지 혹은 의지로 되는 일이 아니었다. 그것은 바로 내가 감당해야 할 사명임을 깨닫는 데서 출발했다. 내가 돕는 사람들에 대한 사랑이 동기가 되었고 그리고 그 일을 하는 것이 즐거워 나는 계속 일할 수 있었다.

내 삶에 대한 주님의 부르심을 다시 확인했을 때 나는 회복되었고, 강도 높은 사역적 요구를 감당할 수 있는 능력을 되찾을 수 있었다. 또한 나는 내 나름대로 고통의 신학을 연구했다. 내가 직접 보고 들은 어떤 일들은 내가 알았던 정의, 공정성 그리고 하나님의 속성과 뜻에 대한 나의 관념을 넘어서는 것이었다. 이런 일 때문에 나는 울부짖고 씨름했지만, 혼란과 불확실성의 한가운데서 하나님의 주권을 발견하고는 평안을 얻을 수 있었다. 이런 일들이 내가 처한 안팎의 트라우마들을 처리해나가는 중요한 과정의 한 부분이 되었다. 그 일이 일어난 얼마 후 우리는 그 도시를 잠시 떠났다. 우리는 외곽에 있는 아름다운 해변을 거닐고, 숲속의 새들을 관찰하며, 시편을 묵상하고 기도하는 시간을 가졌다. 이 모든 과정은 내가 진리를 깨닫고 앞날에 대해 심사숙고하며 전망하도록 도와주었다. 내게 가장 중요한 말씀은 욥기 19장 25절이었다. "내가 알기에는 나의 대속자가 살아 계시니 마침내 그가 땅 위에 서실 것이라." 이 말씀은 그 숱한 불의들이 내가 이 땅에 사는 동안 모두 구속되지 않겠지만, 그러나 끝내는 모두 회복될 것이라는 사실을 깨닫도록 도와주었다.

얼마 동안 휴식과 휴가를 가지면서, 우리는 새로운 에너지와 비전을 갖춘 상태로 회복되었고, 우리 팀은 새로운 사역의 장으로 들어서게 되었다. 코트디부아르의 내전과 폭력 사태가 계속되어 우리 팀은 서아프리카의 이웃 나라인 가나로 사역 베이스를 옮기기로 했다. 지금도 우리 센터는 우리가 섬기는 서아프리카 14개국의 중심 지역에 위치하고 있다. 센터 이전을 통해 선교사들뿐만 아니라 아프리카 현지인들 가운데서 더 많이 사역할 수 있는 새로운 기회가 열렸다. 얼마 후 주님은 내가 돌보던 사람들을 해친 사람들에게 용서를 베푸는 사역에 내가 더 깊이 참여하게 하셨다. 이 일은 내게 큰 자유와 해방감을 주었다. 그래서 나는 극심한 고통과 고난의 와중에서도 다른 사람들과 동행할 수 있었고, 그들의 짐을 대신 져주면서 그들을 그리스도의 십자가에 의탁할 수 있었다.

/ **2장** /

스토리 2

신장암과 싸우다

앨런 풀·벳시 풀 Allan and Betsy Poole, 미국

앨런은 대학생 때 주님을 만났다. 그 만남은 흥미진진하면서도 때로는 벅 찼다. 그러던 중 목회자로 주님을 섬기라는 강한 부르심을 받았다. 앨런 이 벳시를 만났을 때, 그녀는 앨런에게 가장 귀한 선물이었다. 그녀는 진 지하게 목회자의 아내로 부르심을 받았고, 좋은 일이든 궂은일이든 그와 손을 맞잡기로 동의했다. 그들은 사랑스럽고 견실하게 결혼 생활을 누렸 고, 사랑하는 두 자녀를 얻었다. 그들의 사역은 보람과 열매가 있었다. 앨 런은 지역 교회의 파트타임 부교역자로 섬기면서 담임 목사와 깊은 신뢰 를 쌓았다. 그들은 교회 생활 안팎에서 굳건한 우정을 맺었다. 앨런은 신 학을 공부하는 동안 하나님에 대해 알게 된 새로운 사실들에 경이감을 느꼈다. 두 사람은 직접적이고 개인적이며 독특한 방법으로 하나님의 임 재를 경험하는 일에 마음을 다했다.

앨런은 신학교 친구들과 리트릿을 가지던 중 다음 해가 그에게는 매우 '중요한 해'가 될 것이라는 느낌을 받았다. 그러나 그가 어느 날 화장실에 서 '피와 오물로 가득 찬' 변을 보고 놀라게 될 줄은 상상하지 못했다. 그 는 깜짝 놀라 진료를 받았지만, 의사는 그리 걱정할 일이 아니라고 안심시 켜주었다. 앨런과 벳시는 그 후 몇 개월 동안 신학 공부를 하면서 편안한

마음으로 그 시간을 즐겼다. 특별히 앨런은 삼위일체에 대한 공부가 즐거웠다. 벳시는 『천로역정』(The Pilgrims Progress)을 교재로 공부했는데, 이로 인해 그녀의 내면적 영적 풍경은 확장되었다. 벳시는 그 시간을 통해 예상치 못한 어떤 상황에 직면했을 때 잘 버티고 지탱하는 문제에 대해 배웠다. 그런데 그때까지는 벳시에게 그런 일이 일어나지 않았다.

몇 달이 지나지 않아 앨런은 더 심각한 상황에 처했다. 이번에는 앨런이 즉시 전문의에게 달려갔다. 의사는 걱정스러운 소식을 전했다. "문제가 좀 있습니다." 즉 앨런의 신장(콩팥) 한쪽에서 테니스공만 한 악성 종양이 발견되었다는 것이다. 앨런이 벳시에게 전화로 이 소식을 알렸을 때, 그녀는 친구들과 함께 곧 태어날 셋째 아이를 위한 방을 꾸미고 있었다. 매우 충격적인 소식이었지만 마침 곁에 친구들이 있었다. 그 후 몇 주 동안 앨런과 벳시가 여러 곤경을 헤쳐나갈 때, 좋은 친구들이 깊은 배려심을 가지고 그들을 도와주었다. 앨런은 즉시 추가 검사에 들어갔는데, 이번에는 간에서 병변이 발견되었다. 누구라도 이 상황을 받아들이기는 쉽지 않다. 앨런은 태어나지 않은 아이까지 포함해, 자신이 살아서 아이들이 자라는 모습을 보지 못하고 이 모든 책임을 아내에게만 맡기고 떠날지 모른다고 생각하니 가슴이 찢어지는 것 같았다.

종양 진단이 나온 직후, 책상에 앉아 있던 앨런의 눈에 최근 공부한 삼위일체의 성상(聖像) 그림이 들어왔다. 그 순간 그는 매우 특별하게 하나님을 경험했다. 책상 위에는 구약에 나오는 삼위일체를 묘사한 루블료프(Rublev)의 성상 그림이 세워져 있었는데, 앨런이 그것을 주시하고 있을 때 하나님이 이렇게 말씀하는 것처럼 느껴졌다. "식탁의 네 자리는 안전하다."[러시아의 화가 안드레이 루블료프가 15세기경 창세기 18장 1–8절에 나오는 아브라함을 찾아온 세 천사를 묘사한 이 그림은 러시아 성상 중에서도 가장 유명한 걸작으로, '삼위일체'(Trinity)라는 제목으로 잘 알려져 있다. —역주]. 그 순간 이후 앨런은 자신의 불확실성을 내려놓고 하나님이 환영해주시는 확실성 속으로 들어갈 수 있었다. 그는 하나님의 소유가 되었다.

앨런과 벳시는 문제에 부딪힌 순간 그들의 담임 목사인 에드에게 이 사실을 알렸다. 그는 자질이 훌륭한 사람이었다. 그는 특히 어려움에 처한 사람들을 찾아가 그들의 이야기를 잘 들어주고, 그 문제들을 기도로 하나님 앞에 내어놓는 은사가 있었다. 동시에 그는 현실적인 판단을 내리는데도 지혜로워 앨런을 목회 사역에서 잠시 비켜나 쉬게 해주었다. 앨런의 발병 소식이 전해진 바로 그날 밤에 앨런과 벳시를 위한 기도 모임이 소집되었다. 또한 앨런과 벳시가 갑작스러운 이 사태를 정리하고 감정을 추스를 수 있도록, 친구로 지내는 성도들이 당분간 서로 돌아가며 그들의 아이들을 돌보는 것과 식사 준비를 도울 계획을 세웠다. 앨런은 4일 후 수술을 받기로 했다. 그날 밤 기도 요청이 떨어지자 많은 성도가 놀랍게 호응했다. 그들은 '종양이 줄어들게' 해달라는 간구를 포함해 절박하고도 기대로 가득 찬 기도를 드렸다. 모든 사람이 이 부부를 둘러서서 하나님께 기도드렸다. 앨런과 벳시는 이 기도회로 하나님의 임재를 더욱 실감할 수 있었고, 그들이 새로운 차원에 들어섰다는 느낌을 받았다.

수술은 8시간이나 걸리는 어려운 과정이었다. 드디어 희망적인 소식이 들려왔다. 림프절로 전이되지 않은 듯 보인다는 것이었다. 앨런은 수술 후 완만한 회복세를 보였다. 이와 같은 '험악한 수술' 후 기력을 되찾기 위해 여러 달을 견뎌내야 하는 과정은 결코 쉽지 않았다.

앨런이 수술을 마치고 나온 지 6주 만에, 벳시가 예정일보다 두 주 늦기는 했지만 하나님의 은혜로 진통을 시작했다. 감사하게도 앨런은 자기 발로 서서 이 중요한 행사를 지켜볼 수 있었다. 벳시와 앨런은 함께 그들의 귀여운 딸이 새로운 세상으로 나온 것을 환영했다. 앨런은 그의 삶이 새롭게 시작되고 있는 것 같았다. 그는 수술 후 몇 달 만에 다시 교회 사역을 시작할 수 있었다. 그러나 수술 후 회복 기간 동안 앨런은 암흑기를 몇 번 지났는데, 후원자들이 그를 위해 함께 기도했던 '그날'을 잊어버렸다는 생각이 들었던 때였다. 그러나 그는 곧 매일의 도전을 감당할 만한 힘을 기르는 과정을 무난히 통과했다.

투병 초기 앨런과 벳시는 매사 서로를 의지하고 잘 붙들어주었지만, 생각하는 방향은 서로 달랐다. 벳시는 앨런에게 닥친 질병을 받아들일 수밖에 없다고 생각하면서 자신의 처지와 아이들의 장래를 두려워했다. 그러나 당시는 그 생각을 앨런과 함께 나눌 상황이 아니었다. 반면 앨런은 모든 기력을 다해 자신의 회복에만 전념했다.

앨런은 신장암 관리를 위해 의료진의 처방을 꾸준히 따랐다. 병원에 들러 검사를 받을 때마다 새로운 전이가 발견되었다는 나쁜 소식을 들을까 봐 두려웠지만, 앨런과 의료진은 정기적으로 검진을 진행했다. 앨런은 수술 후 예고 없이 찾아오는 통증으로 걱정이 많았는데, 일어날 수도 있는 파국적인 결과를 앞질러 상상하기도 했다. 예를 들면, 편두통 때문에 시력에 문제를 느끼면, 암이 뇌로 전이된 것은 아닌가 하는 두려움에 사로잡히는 것이다. 그는 전에는 이런 종류의 두려움을 상상해본 적이 없었다.

아내, 엄마 그리고 가정을 돌보는 입장에서 벳시의 경험은 좀 달랐다. 앨런이 심각한 진단을 받았다는 소식을 듣자마자 양가 부모님이 찾아왔다. 친한 친구들은 벳시를 이렇게 타일렀다. "넌 사람들이 너를 도울 수 있도록 허락해야 해. 이건 공동체의 일이니까…. 필요한 게 있으면 그냥 우리한테 말하면 돼. 그러면 우리가 조치를 취할게!" 벳시는 점차 그 말에 대한 확신이 생겼고, 그녀가 필요로 하는 일들을 기꺼이 적기 시작했다. 아이들 씻기기, 출산할 아기를 위해 물려받은 옷들 세탁하기, 정원의 잔디 깎기, 하수구 청소하기 등. 이런 실제적인 필요들을 지원하기 위해 친구들과 교회 성도들이 케어 팀을 짰다. 병원 생활 경험이 많은 앨런의 아버지는 벳시를 대신해 병원에서 자면서 밤에 앨런을 돌보는 역할을 자청했다. 벳시의 부모님은 집 인근 호텔에서 지내면서 아이들을 돌보는 중요한 역할을 맡았다.

두 가지 사건이 벳시의 마음을 특별히 감동하게 했다. 한 친구가 신생아를 위한 모든 의류를 깨끗이 세탁해두었고, 새 담요, 신생아 신발, 새 옷 등을 자로 잰 듯 반듯하게 쌓아 정리해둔 것이었다. 이런 호의는 벳시가 "하나님은 당신을 사랑합니다"라는 말씀을 실감하는 경험이 되었다. 앨런의 사역을 통해 자기 아들이 그리스도를 알게 된 어떤 사람은, 부대비용에 쓰라고 상당한 금액을 수표로 보내주었다. 실제적이고도 기적에 가까운 이러한 케어로 벳시의 영혼은 깊이 감동되었다.

벳시는 앨런의 투병 초반기에 이렇게 정서적으로 고양되어 여러 가지 곤란한 문제를 힘차게 감당해낼 수 있었다. 앨런이 수술을 받고 약 4개월이 지나 다시 정상에 가까운 생활로 돌아왔을 때, 그녀는 비정상적으로 두려운 감정에 휩싸여 잠시 '무너진' 적이 있었다. 그런데 이 상황을 알게 된 친구들이 그녀를 고치려 들지 않고 잘 받아준 것은 매우 귀한 태도였고, 믿을 수 없을 정도로 그녀에게 도움이 되었다.

앨런과 벳시는 지난날을 돌아보며 다시는 이런 시련을 겪고 싶지 않다는 생각을 분명히 했다. 그러나 그들은 이 고통의 와중에서, 그들의 믿음이 더욱 깊이 성장했다고 간증한다. 이제 그들은 '자신들이 믿는 바가 진실하고 실제라는 사실'을 의심 없이 받아들이게 되었다. 그들이 고통에 대해 성경적으로 더 깊이 이해하게 되자, 그들이 겪은 질병과 믿음 사이에 결코 부정적인 상관관계가 없다는 사실도 깨닫게 되었다.

앨런과 벳시는 그들이 통과한 투병 경험으로 말미암아 앞으로의 목회 사역을 위해 좀 더 잘 갖추어지게 되었음을 알았다. 그들은 이제 막 나쁜 소식을 접하게 된 사람들도 두려움 없이 찾아갈 수 있게 되었다. 사람들은 앨런이 어떤 곤란한 상황에서도 잠잠히, 그러나 믿음직하게 현장을 지키는 모습을 증언한다. 벳시는 하나님의 나타나심과 가까이 계심을 실제로 감지했는데, 그러자 그것은 마치 손에 잡힐 듯한 실제(reality)로서 그녀의 삶을 변화시키는 힘이 되었다. 그것은 그녀에게 '지각을 넘어서는 평강'을 심어주었다. 다른 사람들이 베푼 사소하지만 사랑스러운 여러 행동을 통해 하나님의 임재하심을 실감한 그녀는 고통과 위기에 빠진 사람들에게 나아갈 때 많은 말이 필요 없다는 사실을 깨달았다. 그것은 우리가 스스로 해결해야 할 문제라기보다는, 하나님이 개입하시도록 길을 열어두어야 할 문제로 인식하게 된 것이다.

앨런과 벳시는 그들의 담임 목사님과 성도들, 가족과 친구들이 베풀어준 사랑과 기도 그리고 실제적인 도움에 깊이 감사하고 있다. 성도들 또한 그들의 케어를 잘 받아준 이 부부에게 거듭 감사하는 마음을 표현했다. 그들에게 필요가 절실할 때, 다른 사람들이 그들을 돕도록 허용한 것이 결정적인 계기가 되었다. 이런 일을 통해 서로가 공동체로서의 삶을 경험하게 된 것이다.

앨런은 이렇게 회고한다. "우리는 누구나 항상 즐겁고 고통이 없는 삶을 살기를 소원한다. 나도 그랬다. 그러나 세상이란 이미 깨어진 곳으로, 나는 이런 고통이 하나님께는 전혀 놀라운 일이 아니라는 사실을 알게 된 것이 기쁘다. 사실 하나님은 예수 그리스도를 통하여 단순히 어떤 이상적인 인간이 아닌, 우리가 겪는 역경을 알되 '진정으로 아는' 분으로, 상처와 배반 그리고 고통으로 씨름하고 있는 우리를 위해 이 땅에 오셨다. 가장 좋은 소식은 이 깨어진 세상에 관한 것이 아니라, 하나님이 이 세상 끝에 이루어질 일에 대해 결정적인 약속의 말씀을 주신 것이다. 그분은 살아계신다. 그분을 의뢰하면 우리는 안전할 것이다. 나는 이 진정한 위로에 깊이 감사드린다."

/ **3장** /

스토리 3

아프리카에서 일어난 끔찍한 사고

앤 하멜, 르완다

1990년 7월 27일 나는 남편 애드리언과 세 아들(8살, 6살, 3살)과 함께 두 주 동안 아프리카 남부와 동부에 있는 짐바브웨, 잠비아, 탄자니아를 돌아보고 우리 집이 있는 르완다로 돌아오는 길이었다. 우리는 중앙아프리카에 기독교 대학을 세우기 위해 부룬디에서 르완다로 옮겨왔기 때문에 1982년 이후 우리는 르완다를 본거지로 삼고 사역했다. 그 대학은 아프리카와 인도양 지역의 불어권 학생들을 양육하기 위해 설립되었다. 르완다가 대학 설립 기지로 선택된 것은, 그 당시만 해도 불어권 아프리카 나라들 중 르완다가 가장 평화롭고 안정되었기 때문이다. 우리는 르완다 대통령에게 대학 설립에 필요한 땅을 기증받은 후 곧바로 이주했다.

우리에게는 이제 막 태어난 아기도 있어서, 개척자로서 여러 일을 헤쳐 나가는 것이 쉽지 않았다. 우리가 처음 이주했을 때 우리 큰아들은 8살이었다. 내가 대학을 막 졸업한 21살 때 우리는 아프리카로 건너왔다. 남편은 나보다 한 해 먼저 대학을 졸업했다. 우리는 당시 20대 중반의 젊은 나이였지만, 하나님을 섬기는 일에 큰 열정을 품고 있었다. 우리는 우리 자신보다 더 큰 무엇의 한 부분이 되어, 예수 그리스도의 복음을 아프리카

오지까지 전할 수 있도록 젊은 남녀를 교육하는 대학 설립을 위해 일하고 있다는 사실에 자부심을 가지고 있었다. 우리는 현장에서 부딪히는 여러 어려움에도 불구하고, 대학 구내에 둥지를 튼 첫 선교사가 된 것을 즐거워했다.

1990년도에 우리 가족을 포함한 세 가족이 짐바브웨를 여행했다. 두 친구는 다 의료 선교사들로서, 우리 아이들과 비슷한 나잇대인 아이들이 각각 셋씩 있었다. 그래서 어른 6명, 아이 9명이 한 팀이 되어 여행을 시작했다. 여행 마지막 날, 우리는 평소보다 더 먼 거리를 달렸는데, 해가 지기 전 탄자니아-르완다 국경을 넘을 생각이었기 때문이다. 우리가 도중에 점심 도시락을 먹기 위해 잠시 쉴 때, 앞쪽 멀리로 르완다 쪽의 산이 보여 우리는 안전하고 즐겁게 여정을 마치게 된 것을 감사드렸다. 그날 저녁 우리는 국경을 통과하면서 곧 집에 도착해 샤워도 하고 침대에서 편안하게 잘 수 있을 것이라 기대했다.

그 후 내가 의식을 회복한 것은 벨기에의 수도 브뤼셀에 있는 한 병원이었다. 내가 어디에 있는 것인지 그리고 어떻게 거기에 있게 되었는지 전혀 알 수 없는 상태였다. 나는 붕대로 친친 싸매진 퉁퉁 부은 내 다리를 보면서도 그것이 내 것임을 인식하지 못했다. 함께 여행한 다른 친구를 통해 사건의 자초지종을 듣게 되었다. 우리 차가 국경을 통과하자마자 트럭과 정면충돌을 했다는 것이다. 내 남편은 그 자리에서 사망해 르완다에서 이미 장사를 지냈고, 3살난 내 아들은 나보다 4층 위에 있는 소아과 병동에 있다고 했다. 아이는 머리뼈가 골절되었고, 다리뼈가 으스러졌으며, 발가락 두 개가 잘렸다. 6살, 8살 난 두 아이는 별 상처 없이 르완다에 있다고 했다. 그 아이들이 남편의 장례식에 참석한 유일한 가족이었다.

어떤 상황이 실제로 일어났다는 사실을 현실로 인식하게 되자, 나는 격렬한 감정에 휩싸여 압도되고 말았다. 나는 평생 하나님을 나의 하늘 아버지로 바라보며 살아왔다. 나는 아프리카에서 하나님을 섬기기 위해 미국의 안락하고 안전한 생활을 기꺼이 떠났지만, 대신 하나님이 나와 내 가족을 돌보아주실 것이라고 굳게 믿었다. 내가 이 상황과 씨름하면서 가장 고통스러웠던 것은 이 끔찍한 사고에서 우리 몇 사람이 살아남은 것이었다. 앞으로 살아갈 일을 생각하면 차라리 죽는 편이 나아 보였다. 또한 내가 당하는 신체적인 통증이 극심해 어떻게 하면 이 상태에서 벗어날 수 있을까 하는 생각밖에 없었다. 나는 똑똑 떨어지는 수액 주사를 바라보며, 의사인 친구에게 내 인생을 끝내줄 무언가를 주사액에 넣어달라고 부탁하기도 했다. 나는 남편과 하나님 없는 미래를 마주하고 싶지 않았다.

이 사건이 있기 전에는, 그리스도인이 자살할 수도 있다는 상황을 나는 아예 인정하지 않았다. 나는 어떤 절망적인 상황도 그리스도 안에 있는 믿음으로 다 이겨낼 수 있을 것이라 믿었다. 그러나 고통이 너무 심하면, 하나님의 임재에 대한 인식이 막힌다는 사실을 나는 미처 깨닫지 못했다. 나는 마음속으로 이런 상상을 하곤 했다. 하나님은 하늘에서 나의 전 생애를 사랑과 돌봄의 눈길로 내려다보고 계셨는데, 우리 차가 그 모퉁이를 돌자마자 트럭이 우리를 향해 달려든 바로 그 순간 하나님은 갑자기 그분의 얼굴을 돌려 우리를 외면하셨다! 그 당시 나는 하나님이 그 절체절명의 순간에 계시지 않았다고 절규했다. 혹시 하나님이 그 자리에 계셨다 할지라도, 그분은 결국 우리를 돌보지 않으셨다. 이제야 내가 깨닫게 된 것은, 내가 그 당시 알고 있던 고통의 신학은 우리가 당면했던 위기를 설명해주지 못했다는 것이다. 내가 벨기에의 병원에서 보낸 두 주간은 내 생애에서 가장 어려운 시기였다. 그러나 하나님은 나를 버리지 않으셨다. 결국 그분은 그곳에 계셨고, 많은 사람을 통해 여러 가지 방법으로 나를 찾아오셨다.

이 사건은 내 인생에 결정적인 영향을 미쳤다. 나와 하나님과의 관계에서 이보다 더 도전적인 일은 이전에는 없었다. 반면 이 사건을 통해 그 어떤 것도 가능하게 할 수 없을 만큼 나와 하나님과의 관계가 깊어졌다. 내가 처해 있던 영적 위기는 나를 심각할 정도로 쇠약하게 몰아갔던 감정적인 위기와 한 치의 차이도 없이 맞물려 있었다. 애통해야 할 이유가 너무나 많았다. 한꺼번에 너무 많은 것을 잃었기 때문에 그것을 애도하는 과정도 혼란스러웠다. 가장 큰 손실은 두말할 나위 없이, 내 남편이자 가장 절친한 친구 그리고 우리 아이들의 아빠가 죽은 것이었다. 그를 잃는 것은 선교사로서 나의 정체성 그리고 르완다에서 우리가 함께 일구어온 가정과 삶을 동시에 잃는 것이었다. 선교사는 내가 대학을 졸업한 후 달려온 유일한 삶이었다. 나는 하나님이 그 일을 위해 나를 창조하셨다고 믿었다. 나는 결과적으로 우리가 속해 있던 동료 선교사들의 공동체가 나누어주던 사회적 지원 체계를 잃었다. 나는 우리보다 더 큰 공동체의 일원이 됨으로 얻게 된 자존감도 잃었다. 나는 또한 하늘 아버지인 하나님 안에 간직해온 어린아이와 같은 믿음도 잃었다. 나는 이제 새로 닥쳐온 도전들과 직면하기 위해 나를 지탱해줄 믿음을 새롭게 세워나가야 할 과업에 직면했다.

내 앞에 놓인 도전들은 엄청난 것이었지만, 그에 대응해 나갈 때 나를 도와준 많은 손길이 있었다. 우리를 파송한 교회에 결성된 지원 체제를 통해 사고 후 나는 지속적으로 필요한 의료적 지원을 받았다. 또한 재정적인 지원으로 나의 삶이 재건되도록 도와주었다. 그러나 하나님께 속한 가족의 일원으로서 받은 정서적, 감정적 지원은 그에 못지않게 중요했다. 내가 처한 상황 때문에 하나님이 그곳에 계시지 않는다고 울부짖을 때, 하나님은 많은 사람을 통해 내게 자신을 드러내시고 내 눈이 가시적으로 볼 수 있게 하셨다. 사고가 일어난 후 여러 달 동안 여러 사람, 때로 낯선 사람들까지 친절한 도움의 손길을 베풀며 그리스도의 사랑을 보여주었다. 또한 그리스도인 상담가들도 내가 겪은 다중적인 고통을 이겨나가도록 도와주었다.

내가 신체적, 감정적, 영적으로 회복되기까지는 상당한 시간이 걸렸다. 내 건강이 충분히 회복되어 처음으로 남편 무덤에 가기 위해 르완다를 방문하려 했을 때 그 나라에 내전이 터졌다. 우리가 그 땅을 다시 방문할 수 있을 만큼 나라가 안정된 것은 우리가 사고를 겪은 지 딱 1년만이었다. 그곳으로 돌아가, 그 땅에서 지내온 삶과 우리가 그토록 사랑했던 사람들과 작별을 고하는 것은 길고도 고통스러운 과정을 거쳐 새로운 삶을 재건하기 위해 내게 꼭 필요한 과정이었다. 나는 르완다에서 보낸 순례 여정을 마치고 미국에 돌아와 미시건 주 베리언 스프링스에 있는 앤드루스 대학교의 상담심리학 박사 과정에 등록했다. 내가 겪은 상실을 애도하는 과정과 내 인생의 새로운 의미를 찾게 된 것은 둘 다 치유의 중요한 국면들이었다.

르완다 내전은 그 이후 3년이나 계속되었다. 1994년 4월 6일 르완다 대통령이던 주베날 하비아리마나(Juveval Habyarimana)가 탄 비행기가 격추되었다는 뉴스가 전해졌다. 이 뉴스로 르완다는 상상할 수 없을 정도의 종족 간 살육과 폭력 상태에 빠져들었다. 나는 르완다 사람들을 보며 애통했다. 그 두 종족 모두 나의 가족이었다. 내가 아는 그들은 친절하고 온화했다. 나의 가슴은 그들과 연결되어 있었다. 르완다에서 일어난 사태로 나는 큰 충격을 받았다. 종족 학살 사태가 우리 대학 캠퍼스에까지 미치자 선교사들은 철수했고, 학교는 문을 닫았다. 우리는 그 캠퍼스 구내에 가장 먼저 들어가 정착한 가족이었다. 우리 막내아들은 그곳에서 태어난 유일한 선교사 자녀였고, 내 남편은 그곳에 묻힌 유일한 선교사였다. 이런 상황에서 내가 겪었던 개인적 아픔과 고통이 되살아났을 뿐만 아니라, 온 나라를 휩쓴 종족 학살의 참상으로 나의 고통은 몇 갑절로 증폭되었다. 르완다에 있던 많은 사람도 하나님이 그들을 버리셨다고 느꼈다.

다행히도 우리는 치유하시는 하나님을 섬기고 있다. 내가 나의 삶을 회복해주시고 순전케 해달라고 구하고 있을 때, 하나님은 나와 아이들에게 놀라운 사람을 보내주셨다. 우리 가족이 사고를 당한 지 5년 후 로렌이 내게 청혼했고, 우리는 모두 일곱 아이와 함께 한 가족으로 합쳐졌다. 최근 우리 가족은 다시 르완다로 돌아왔다. 사고 후 1년만에 이 땅을 찾은 이후, 우리는 새로운 가족으로 다시 이 땅을 밟은 것이다. 하나님은 르완다 땅에도 치유를 허락하셨다. 우리는 선교사로서 때로 우리가 섬기는 사람들의 고통에 동참하도록 요청받는다. 우리가 특권을 가지고 전하는 복음 속에는 우리가 섬기는 하나님이 치유하시는 분이라는 진리가 들어있다.

4장

스토리 4

사랑하는 사람들을 잃다

제럴드 싯처, 미국

내가 경험한 상실은 평범한 이야기일 수 있지만, 그러나 그 결과는 그리 간단하지 않다. 1991년, 우리 가족은 아이다호 주 시골에 있는 쾨르달렌(미국 아이다호 주 북부의 쾨르달렌 호 연안에 사는 아메리카 인디언 종족―역주) 인디언 보호 구역에서 열린 전통 집회에 참석했다 집으로 돌아오는 길이었다. 우리의 미니밴 안에는 내 아내 린다, 주말에 우리 집을 방문한 나의 어머니 그레이스 그리고 우리 집 네 아이(캐더린-8살, 데이비드-7살, 다이애나 제인-4살, 존-2살)와 내가 타고 있었다. 우리가 나중에 알게 된 사실이지만, 한 만취한 운전자가 아이다호 주 교외에 있는 한적한 고속 도로를 과속으로 달리다가, 차선을 벗어나 튕겨나가면서 반대편에서 달리던 우리 차와 정면으로 충돌한 것이다. 나의 어머니와 내 아내 그리고 셋째 딸 다이애나 제인은 현장에서 바로 사망했는데, 만취한 운전자의 아내도 뱃속의 태아와 함께 사망했다. 막내아들 존은 심각한 부상을 입었지만, 결국 회복되었다. 캐더린과 데이비드 그리고 나는 경미한 부상만 입었다. 생사의 경계선은 마치 수술용 메스로 자른 듯 날카롭고 분명하게 갈라졌다.

그 사건은 20년 전에 일어났다. 그러나 내가 아직도 그 사고 현장에 있는 것처럼 두 가지 기억이 생생하게 남아 있다. 아마도 그것은 내 뇌리에서 영원히 사라지지 않을 것이다. 첫째는 그 사고의 끔찍한 광경과 소리 그리고 냄새다. 나는 여전히 깨진 유리 조각들과 찢어진 신체들을 보고 있다. 나는 여전히 금속 조각들이 으드득거리고 사이렌이 웽웽거리는 소리를 듣고 있으며, 그 모든 참혹한 냄새를 맡고 있다. 사고 당시, 나는 거의 본능적으로 유일하게 열리는 운전석 문 밖으로 아이들을 끌어내고 있었다. 나는 신속하게 아이들의 부상 상태를 살피면서 맥박을 확인하고 인공호흡을 시도했다. 그러고는 도와달라고 울부짖었다. 이 기억들은 지금도 마치 나를 주먹으로 강하게 후려치는 것같이 다가온다. 그때마다 나는 몸서리를 치며 몸을 떨곤 한다. 지난 세월 동안 내가 할 수 있는 일은 이를 악물고 사고의 기억들을 직시하거나, 아니면 거의 미친 상태가 되는 것이었다.

또 다른 기억 하나는 구급차 속의 적막감이다. 어떤 목격자가 경찰에 신고한 것 같고, 얼마 지나지 않아 여러 대의 경찰차와 구급차가 현장에 도착했다. 사고가 난 지 대략 1시간이 지난 후 생존한 우리 아이 셋과 나는 약 70킬로미터 거리에 있는 인근에서 가장 큰 병원으로 가기 위해 구급차로 옮겨졌다. 구급차에 타고 있는 동안 우리를 둘러싼 모든 것이 마치 텅 빈 성당처럼 조용했다. 아이들이 훌쩍거리는 소리에도 불구하고, 이 비극의 중압감에 눌려 아무 소리도 들리지 않는 적막감이 우리를 감쌌다. 그런데 그 고요함이 내게 생각할 틈을 주었다. 그때 나의 뇌는 이성적인 사고를 할 수 있는 최후의 보루처럼 느껴졌다. 그 충돌 사고는 내 인생을 삼키기 위해 사나운 이빨을 드러내며 입을 벌리고 있었고, 나는 양자택일을 할 수밖에 없었다. 하나는 어쩌면 영원히 끝나지 않을 고통의 궤도 위에 머물거나, 아니면 이 상황을 정면으로 대응하면서 "이제 충분해! 출혈을 멈출 곳은 바로 지금, 여기야"라고 선언하는 것이었다. 나는 치열한 씨름 끝에 결국 전자를 선택했다. 내 생각에 그것은 마치 여성이 출산할 때 격렬한 사랑이나 결단 같은 감정에 휩싸이는 것과 매우 유사한 경험이었다고 본다.

　내 안에 감정과 이성이 나란히 동행하는 이 이상한 현상을 어떻게 설명할 수 있을까? 감정과 이성의 혼재에서 나는 결코 자유로울 수 없었다. 그 사고로 나는 극도로 감정적인 사람이 되었고, 동시에 극도로 이성적인 사람으로 변모했다. 내가 감정적인 이유는 그 참사가 내 내면을 깊게 베어 너무나 큰 고통을 안겨주었기 때문이고, 이성적인 이유는 내 마음속의 온갖 잡동사니를 정리해주었기 때문이다. 그것은 내가 믿고 있는 것이 진실인지를 숙고하게 만들었고, 내 삶에서 가장 소중한 것에 매달리도록 도전했다. 내 영혼의 두 가지 범주 곧 감정과 이성이 서로 조화를 이루며 작동할 수 있다는 것이다. 그것을 이렇게 설명해보겠다.

　첫째, 감정. 내 영혼을 가장 고통스럽게 한 것은 놀랍게도 당혹감이었다. 나는 내게 익숙한 언어를 듣고 있지만, 무슨 이유 때문인지 그 말을 알아듣지 못하고 있는 사람처럼 느껴졌다. 말하자면 단어나 글자, 말의 억양 등이 뒤죽박죽 헝클어졌다. 그 사고는 내게 설명이 되지 않았다. 나는 고개를 옆으로 삐딱하게 젖히고 눈썹을 찌푸리며 황당한 표정을 짓고는 이렇게 중얼거렸다. "도대체 무슨 일이 벌어진 거야? 말도 안 돼!" 다른 감정들도 역시 표면으로 떠올랐지만, 이 당혹감처럼 강하지는 않았다.

　내 친구들은, 물론 틀림없이 그런 유혹을 받기는 했겠지만, 내가 토해내는 감정을 고치거나 밀쳐내지 않고 지혜롭게 잘 경청해주었다. 친구들은 분노, 슬픔, 두려움 그리고 혼란과 같은 감정이 배고픔, 목마름, 혹은 피곤함 등과 같이 인간에게 찾아오는 자연스러운 현상인 것처럼 이해해준 것이다. 따지고 보면, 내가 이런 억센 감정에 휩쓸린 역사상 유일한 사람도 아니었고, 결국 나와 같은 사람은 부지기수라는 것을 인정하게 되었다. 성경 말씀은 감정을 타당한 것으로 인정하고 있다. 시편의 기도문은 경이로움과 기쁨 못지않게 슬픔과 좌절, 분노와 무력감에 대해서도 목소리를 높이고 있다. 성경은 느낌이나 감정을 외면하지 않는다. 하나님은 모든 것을 다 포용할 만큼 크신 분이기에 감정은 하나님께 나아가는 통로가 된다.

감정은 나를 긴장하게 하고 집중력을 요구하는데, 나는 그렇게 하고 싶지 않지만, 그렇다고 거부할 수도 없다. 그럴 때면 나는 정면으로 대응하면서 어둠 속으로 뛰어들어 나 자신을 헤쳐나갈 도리밖에 없었다. 친구들이 나를 도와주었고, 시간도 도와주었다. 물론 시간이 모든 것을 치유해주지는 않았고, 또 그렇게 할 수도 없다. 그러나 시간은 치유가 일어날 수 있는 공간을 마련해주었다. 내가 이 모든 강렬한 감정을 흡수해 친근하고 자연스러운 인생의 한 부분이 되게 하기까지는 길고도 많은 시간이 소요되었다. 그럼에도 그 감정들은 결코 나를 완전히 떠나지 않았다. 그러나 이제 그 감정들은 완연히 다르게 느껴지는데 덜 주제넘고, 덜 공격적이며, 덜 잔인한 편이다. 이제 그들은 내 적이 아닌 친구가 되었다.

둘째, 이성. 상실이란 단순하게 감정적인 경험만은 아니다. 그것 역시 지적인 것이다. 즉 우리에게 무엇이 진실이며 옳은 것인가, 또한 무엇이 실제인가를 생각하게 만든다. 누구나 상실에 직면하게 되면 무엇인가를 믿는다. 어떤 사람은 하나님의 존재를 부인하기로 작정하고, 삶이란 완전히 무의미하므로 닥치는 대로 사는 것이라는 결론을 내릴 것이다. 그러나 그것 또한 고통의 문제에 대한 이성적인 반응이라고 할 수 있다. 나는 그 사고 후 하나님에게서 돌아서거나 하나님을 원망하지 않았다. 그 대신 나는 모든 것에 대해 새롭게 질문했다. 이생을 떠난다는 것은 도대체 무엇을 의미하는 것인가? 하나님이 존재하거나 존재하지 않는다는 것은? 우주적인 도덕률이 존재한다는 것과 존재하지 않는다는 것의 차이는? 하나님이 통치하신다는 것과 인생이 제멋대로 흘러간다는 것 사이에 무슨 연관성이 있는가 등등. 그러나 내가 고통을 겪은 후 이 모든 문제에 대한 책임을 전적으로 하나님께만 돌리는 것이 사실은 정직하지 않고 무책임하다는 자각이 생겼다. 우리는 인생의 모든 중대한 문제를 심사숙고하고 잘 검토해야만 한다. 시간이 지날수록, 나는 새로운 자각과 확신을 가지고 그리스도인의 신앙으로 되돌아왔다. 왜냐하면 그것은 내게 일어난 가장 깊고도 심각한 문제들에 대해 최선의 해답을 주었기 때문이다.

가슴 없는 머리나 머리 없는 가슴과 같은 극단적인 현상은 위험하다. 내게 일어난 이 상황은 내 감정의 원초적인 신경망을 흔들었고, 또한 나의 신뢰 체계에 의구심을 일으켰다. 영혼, 감성, 혹은 이성적인 탐구의 역량은 우리가 인간이기를 원하는 한, 다른 한쪽 없이는 존재할 수 없다. 트라우마를 경험한 지난 수 년 동안, 나는 전보다 더 감성적인 사람이 되면서 동시에 더 사고력을 갖춘 사람이 되었다.

이제 나는 내가 당한 사고를 하나의 고립된 사건으로 보지 않고, 오히려 큰 이야기 속의 한 부분으로 보는 안목을 얻게 되었다. 그 사건 이후 많은 변화가 일어났다. 큰딸 캐더린은 결혼했고, 3년 전까지 남편과 함께 콜롬비아의 보고타에서 신교사로 일했다. 지금은 미국으로 돌아와 가르치는 사역을 하면서 포틀랜드에서 살고 있다. 작년에 나는 오랜 친구였던 패트리샤와 재혼했다. 지난 봄 데이비드는 듀크 대학 신학부를 졸업했고, 존은 시애틀 퍼시픽 대학을 졸업했다. 아이들은 각자 잘해내고 있고, 나도 그렇다. 우리가 겪은 사고는 이제 기억과 의미라는 큰 풍경 속의 한 부분이 되었지만, 비교할 수 없는 가치를 지니고 있다. 그 상처는 비록 깊고도 가혹한 것이었지만, 이제는 은혜의 흔적으로 남아 있다. 왜 그런 비극이 일어났는가에 대한 해답은 여전히 나를 비켜 가는데, 아마도 평생 그럴 것이다. 그러나 이 모든 일의 결과는 손에 잡힐 듯 분명하다. 나는 이 일로 인해 매일 하나님께 감사드린다.

5장

스토리 5

강도와 배신을 당하다

댄 크럼 Dan Crum, 케냐

아내 코니(Connie)와 나는 1988년부터 케냐의 마사이 부족으로 파송되어 장기 선교사로 사역했다. 1997년 8월에 우리 부부와 어린 세 아이는 본국에서 안식년을 가진 후 선교지로 막 돌아온 참이었다. 우리는 새로운 임기 동안 부족 마을 깊숙이 들어가 사역을 성장시키고, 현지인들과도 긴밀한 교제권을 형성할 수 있기를 기대하고 있었다.

그러나 그해 9월 어느 어두운 밤, 우리 세계는 완전히 곤두박질치고 말았다. 정글 칼(마체테)과 몽둥이로 무장한 4-5명의 무리가 마을 숲속에 있는 우리 집을 침입해 들어와서는 미화 1,500불을 강탈해간 것이다. 그들은 내 팔을 몽둥이로 내려쳤는데, 자상이 깊어 나중에 봉합수술을 해야 했다. 내가 몽둥이로 맞자 아내는 비명을 질렀다. 나는 그들에게 떠밀려 돈 있는 곳으로 안내했다. 나는 고개를 숙이고 눈을 바닥으로 내리깔고 있었는데, 만약 내가 그들 중 한 사람의 얼굴이라도 본다면 그들이 나를 죽였을 것이기 때문이다. 아내는 마체테 칼로 위협을 당하면서 아이들을 한 곳으로 모아야 했다. 아이들은 이 모든 광경을 목격했다. 그것은 끔찍한 경험이었다.

우리는 치료를 받기 위해 새벽녘에 마을을 떠났다. 우리 가족은 나이로비에 열흘간 머물면서 치료받고, 튼튼한 자물쇠도 새로 구해 마을로 돌아왔다. 나는 마을 교회 지도자들에게 우리가 괜찮다고 알려주고 싶었다. 마을 사람들은 온통 강도 이야기를 하면서, 그 도둑들을 어떻게 잡을지 궁리하고 있었다.

우리가 집으로 돌아왔을 때 대여섯 명의 사람들이 우리를 위로하기 위해 모여 있었는데, 우리가 어떤 반응을 보이는지 알고 싶어 하는 것 같았다. 나는 몇몇 교회 어른과 이웃 사람들을 찾아가 이 사건에 대해 이야기를 나누었다. 교회 지도자들은 이해심이 많았고, 동정적이었으며, 그 일에 대해 매우 분개하고 있었다. 그들은 우리 가족의 안전을 염려하면서 사랑과 지지를 보내주었다. 그러나 아무도 누가 이런 짓을 했는지는 모르는 것 같았다.

우리 이웃집 사람이 누가 이런 짓을 했는지 알려줄 수 있다고 우리를 설득했다. 다른 부족 출신의 시기심 많은 리더가 뒤에서 조종했다는 것이다. 그러나 이 사람은 우리 가족의 안전을 걱정하기보다는, 우리를 이용해 자신의 필요를 채우고 자기 위치를 확보하려는 속셈을 보였다. 나는 그가 강도 사건과 연관되어 있다는 느낌을 받았다. 나는 우리가 오래 알고 지내고 믿었던 사람이 다른 부족 사람과 경쟁하기 위해 나를 이용하려는 것을 보고 큰 충격을 받았다. 이런 시기와 경쟁심이 존재하는 한, 우리 삶이나 사역은 계속 위험에 처할 수밖에 없었다. 나는 우선 화가 났고 깊은 혼란에 빠졌다. 그러고는 우리 가족이 아무런 보호를 받고 있지 못하다는 생각이 들자, 즉시 이곳을 떠나야 한다는 생각이 들었다. 그러나 아내는 이 오지의 마사이 땅에 들어와 서로를 알게 되고 사랑하게 된 부족 공동체와 우리가 애써 가꾸어온 집을 버려야 한다는 생각에 슬픔에 빠졌다. 그녀는 좌절감을 이기지 못하고 "도대체 이 나쁜 사람들은 자기들이 온 마을 사람에게 얼마나 끔찍한 짓을 저질렀는지 알기나 하는 거야?"라고 소리를 질렀다. 우리는 얼마 지나지 않아 확실한 방향도 정하지 못한 채, 강탈과 배신이라는 이중의 위험이 도사리고 있는 그 마을을 떠났다.

우리는 동료 사역자의 집에 며칠간 머물면서 충격으로 멍한 상태에서도 사태의 의미를 파악하려고 노력했다. 우리는 우리 가족이 처음으로 소유하게 된 집을 잃었고, 우리의 사역, 우리의 결백함, 우리의 마사이 친구들 그리고 더 많은 것을 잃었다.

그 사건 후 두 달이 지났음에도 우리 생활은 여전히 뒤죽박죽이었다. 우선 우리는 살 집이 없었다. 우리는 이 사건이 정의롭게 해결되기를 바랐지만 아무런 진전이 없었다. 이때가 우리가 선교 현장에서 맞은 가장 깊은 암흑기였다. 우리는 결국 나이로비로 거처를 옮겼고 사역 방향도 바꾸었다. 그래도 우리는 이 사태를 쉽게 극복해낼 수 없었다. 그런데 우리의 임시 거처가 마침 연합 상담 센터 가까이에 있어서 우리가 당한 트라우마를 다룰 수 있었다. 그러나 현지 팀은 이런 위기 상황을 당한 사람들을 돕는 문제에 있어서는 별다른 경험이 없었다. 우리가 마을에서 철수하고 난 뒤 약 한 달간은 도움을 주었지만, 그 후에는 아무도 우리에게 관심 갖지 않았다. 물론 그들은 우리가 기도하면서 우리의 장래에 대해 생각할 여유를 주었다. 동료들은 우리가 속히 사태를 '극복하고' 다음 사역으로 매진하기를 기대했다. 그러나 우리가 연약한 사람들이라, 당면한 문제들을 다루는 데 필요한 시간이 각자 다르다는 점을 배려해주지는 못했다. 나중에 우리가 이 문제를 정리해나가면서, 우리 가족은 현지 팀이 우리를 좀 더 돌보아주지 않은 것에 대해 상처받고 분노하고 있었다는 사실을 인지하게 되었다. 무엇보다도, 우리 자신이 현지인들을 다시 신뢰하기 위해서는 시간이 더 걸렸는데, 우리는 누가 가장 신뢰할 수 있는 사람인지를 조심스럽게 선택하고 그 지점에서 출발할 수 있었다.

이런 갑작스러운 변화를 통해 여러 가지 요인이 우리에게 도움이 되었다. 첫째는 우선 3개월 동안 나이로비에서 살 수 있는 집을 찾은 것이다. 우리는 다시 침대에서 잠을 잘 수 있게 되었고, 요리할 수 있는 주방도 갖추게 되었다. 둘째는 아이들을 위해 홈스쿨링을 다시 시작할 수 있게 되었다. 셋째는 계속적인 상담을 통해 우리 감정 속에 자리 잡고 있던 문제들을 처리해나갈 수 있었다. 넷째는 내가 틈틈이 현지 교회 리더들과 만나 그들을 격려하는 시간을 가진 것이다. 이런 일련의 상황들을 통해, 우리가 정상적인 일상을 회복하고 있다는 느낌을 가지게 되었다.

이 사건에 대해 나는 하나님께 조금도 불평하지 않았다. 그것은 사건이 일어난 며칠 후, 하나님이 모든 상황 가운데 우리와 함께 계시면서 이 모든 일을 바라보고 계셨다는 생각을 내 마음속에 넣어주셨기 때문이다. "나는 그들이 너의 팔을 내려치는 것을 보면서 너를 위해 울었다." "나는 그들이 네 아내를 위협하는 것을 보고 내 심장도 찢어지는 것 같았다." 하나님이 그 자리에 임재하고 계시면서 우리 가족을 온전히 긍휼히 여기고 계셨다는 사실을 알게 되자, 그것이 바로 치유의 근원이 되었다.

그럼에도 불구하고 우리는 아직도 씨름하고 있다. 무장 강도의 손에 살해당할 수도 있었다는 사실이 떠오르면 정말 섬뜩해진다. 내가 이웃 사람의 배신으로 이 사건이 일어난 것을 알게 되었을 때, 믿기 어려운 사실이었지만, 나는 그날 밤 우리 목숨이 찰나에 달려 있었다는 상황을 충분히 이해하게 되었다. 참으로 그날 밤에 일어난 사건을 누가 알고 있으며, 누가 우리를 목격하고 있었단 말인가? 손전등 불빛을 보면 우리는 아직도 깜짝깜짝 놀라며 힘든 감정에 사로잡힌다. 언젠가 내가 출타하고 집에 없었을 때 새벽 두 시쯤 전기 회사의 수선용 트럭이 우리 집 진입로에 나타난 일이 있었다. (전기 수선을 위해) 한밤중에 아무런 예고도 없이 나타난 검은 그림자에 놀란 아내와 아이들은 안으로 문을 잠그고 한방에 몰려 있어야 했다.

그 사건 이후 우리는 결정하기 어려운 문제에 봉착했다. 부족 마을로 돌아가는 것이 아직 안전하다고 느끼지 못한 상황에서 우리는 앞으로 어떤 사역을 할지를 두고 기도하고 있었다. 우리는 우리와 비슷한 위기를 경험한 선교사들과의 교제를 통해 우리의 상처도 점차 완화되는 것을 느꼈다. 그들은 우리의 기분을 알고 있었고, 우리가 생각만 하고 있던 내용들을 실제로 말로 표현할 수 있는 사람들이었다. 우리에게 관심과 공감을 표현해준 그들은 하나님이 보내신 위로의 손길이었다. 만약 우리가 미국의 고향집으로 돌아가기로 작정했다면, 우리 가족이나 친구들에게서 더 많은 동정과 위로를 받았을 것이다. 그러나 아내와 나는 이 과정을 선교지에서 진행하는 것이 더 나은 방법이라고 생각했다. 결국, 선교 현장에 있는 사람들은 치유의 필요를 잘 아는 입장에서 우리를 보다 잘 이해하고 도와줄 것으로 생각했기 때문이다. 이것도 어려운 일이기는 했지만, 결국 하나님은 우리가 현장에 남을 수 있도록 힘을 주셨다.

내가 치유된 또 다른 요인은 정의가 구현되어야 한다는 나의 욕구를 내려놓고 나와 가족에게 해를 끼친 사람들을 용서하는 일련의 과정이었다. 그 사건이 일어난 지 여러 달이 지나도록 나는 여전히 범인 체포를 위해 골몰하고 있었는데, 그것은 내가 여전히 그 도둑들에게 붙들려 있는 것이라는 사실을 깨닫게 되었다. 그러던 중 현지 교회의 형제 하나가 이렇게 말해주었다. "그 도둑들의 문제는 언제나 돈이 궁한 상황에서 쫓겨 다니는 신세"라는 것이다. 나는 웃고 말았다. 그 말은 그 도둑들이 여전히 그들이 만든 악한 계략의 함정에 빠져 있다는 사실을 상기시켜 주었고, 내가 분노를 삭이기 위해 정의를 부르짖는 일을 어느 정도 멈추고 앞으로 나아갈 수 있도록 도와주었다. 나는 그 상황을 어느 정도 정의가 실현된 것으로 느꼈고, 그들에 대한 관심을 내려놓자 덩달아 자유를 누리게 되었다. 얼마나 큰 해방감인가! 비록 나를 배신한 이웃 사람과의 관계는 정리할 필요가 있다고 느꼈지만, 나는 우리를 지원하고 격려하는 일을 망설이지 않았던 마사이 교회의 지도자들은 계속 신뢰할 수 있었다.

하나님은 또한 내 마음을 움직이셔서 고통스러운 사건들은 쉽게 해결되지 않는 것이고, 상처가 치유되려면 시간이 걸린다는 사실을 깨닫도록 도와주셨다. 그 전에 나는 그리스도인이란 기도와 성경 읽기 그리고 약간의 시간적 여유만 가진다면, 힘든 도전이나 침체를 넉넉히 이겨낼 수 있고 또 그래야만 한다고 생각했다. 나는 본국에서 안전한 환경과 신앙 공동체 안에서 자랐고, 심각한 위기나 트라우마를 겪어본 일이 없었기 때문에 나의 관점은 단순했다. 어려움이 있을 때 "잘해봐!"라고 하는 것이 내 관점을 압축해주는 표현이었다. 그러나 여러 달에 걸쳐 내가 회복의 과정을 거치면서 깨우치게 된 것은, 트라우마를 통과하는 사람들을 쉽게 판단하지 말고 그대로 받아주어야 한다는 것이다. 그래서 나는 이제 그들에게 "잘 극복하세요!"라고 말하는 대신 "시간 여유를 좀 더 가지세요!"라고 말한다. 나는 또한 하나님은 결코 서두르는 분이 아니기 때문에 리더들은 사람들이 트라우마 과정을 겪고 있을 때 인내심을 발휘해야 한다는 원리를 배웠다.

끔찍한 강탈 사건과 믿었던 사람의 뼈아픈 배신, 뒤이어 일어난 모든 손실에도 불구하고, 주님은 이런 사건들을 사용하셔서 선을 이루셨다. 우리는 사역지를 옮긴 후 새로운 사역을 시작할 수밖에 없었는데, 그 결과는 우리에게 큰 유익으로 돌아왔다. 우리가 동역하는 교회는 이제 14곳이 되었고 성도는 1,000명이 훨씬 넘는데, 교회들은 계속 성장하고 있다. 그 사건이 일어나고 상당한 시간이 흐른 지금, 주님은 이제 트라우마를 겪은 선교사들을 돌보는 사역을 하도록 우리를 인도하셨다. 주님이 우리에게 베푸신 긍휼함을 힘입어 이제 우리는 다른 사람들에게 긍휼과 동정심을 나눌 수 있게 되었다.

3부

트라우마
회복을 위한
효과적인
지원 방법

/ **6장** /

트라우마 이후의
일반적 반응

카렌 카

정의

'정신적 외상' 혹은 '트라우마'나 '위기'란 용어는 때로 서로 교차로 사용할 수 있다. 실제로 목숨을 잃거나 살해, 신체 손상의 위협을 당하는 경우가 발생했다고 가정했을 때, 개인이 그 상황을 직접 경험했거나 목격한 경우라도, 그 사건은 전문가에 의해 트라우마 상황으로 정의된다(미국 정신과 협회, 2000). 개인이 정신적 외상을 초래할 정도의 사건이 일으킨 충격을 받았을 때, 그것을 심리적인 트라우마(psychological trauma)라고 부른다. 그러나 어떤 조건이 위기를 정의할 때 적합한지를 정하는 것은, 고통의 경험이 주관적이기 때문에 상당히 어려운 일이다. 위기를 이렇게 정의하기도 한다. "어떤 특정한 상황에 대처해야 할 때, 한 개인이 통상적 방법을 사용하여 문제를 해결할 능력이 없거나 혹은 극단적으로 긍정적이 되거나 부정적인 결과로 나타날 가능성이 보일 때 발생하는 일시적으로 혼란스럽고 무질서한 상태"(Slaikeu, 1990, 15). 그래서 트라우마란 위기의 부분 집합이다(예: 꽃은 식물이므로, 꽃들의 집합은 식물 전체 집합의 부분 집합이다—역주).

위기란 용어는 또한 어떤 사건에 대한 내부적인 반응을 묘사할 때 사용하기도 한다. 사람들은 보통 "내가 위기를 당했다"라고 하거나 "나는 위기 속에 있다"라고 말한다. 어떤 사람이 '위기 속에 있다'는 것은 어떤 끔찍한 일이 일어났는데 그 사태에 대처할 수 있는 능력이 통상적인 대응이나 회복을 위한 수준을 넘어간다는 의미다. 그런 의미에서 한 사건은 어떤 사람에게는 위기가 되지만, 다른 사람에게는 일상적인 일이 될 수도 있다. 언젠가 어떤 선교사와 함께 앉아서 이야기를 나누었는데, 그녀는 르완다의 인종 학살이 어떻게 시작되었는지 자신의 경험을 이야기했다. 그녀는 엄청나게 큰 폭발음을 듣고는 미국에 있는 가족에게 이렇게 편지를 썼다. "그건 일상적이고 일반적이며 평범한 수류탄 폭발음이 아니었습니다." 그러자 그녀의 가족이 이런 답장을 보냈다. "일상적이고 일반적이며 평범한 수류탄이 도대체 무슨 뜻이냐?" 그녀는 내전 상태인 선교지에서 수류탄과 같은 폭발음을 듣는 일에는 너무나 익숙했지만, 본국에 사는 가족에게는 이런 위험에 대한 감각이 전달되지 않았던 것이다. 그러나 이 거대한 폭발음은 바로 르완다 대통령이 탄 비행기가 총격을 받고 추락한 것으로, 그 선교사에게는 매우 강렬한 반응을 일으켰다.

트라우마의 유형과 발생률

대부분 사람에게 위기와 트라우마는 불가피하게 닥쳐온다. 믿음이 있는 우리도 고난당할 수도 있을 거라고 예상해야 한다. "사랑하는 여러분, 여러분을 시험하려고 오는 불같은 시련을 당할 때 마치 이상한 일이나 일어난 것처럼 놀라지 마십시오"(벧전 4:12, 현대인의 성경). 그러나 끔찍한 일이 일어났을 때 우리는 놀라게 된다. 우리가 전혀 예상하지 못한 일을 당했을 때 먼저 "이럴 수는 없어. 이건 올바른 일이 아니기 때문에 사실일 수가 없어. 이건 내가 믿는 옳고 선한 개념과는 맞지 않아!"라는 반응을 보이며 현실을 불신하고 부인한다. 더 나아가 어떤 사람은 하나님이 기독교 사역에 전적으로 헌신한 사역자를 더 보호하셔야 하고, 폭력의 위험에서도 기적적으로 도피시키셔야 한다고 생각한다. 이것은 정확하게 욥의 친구들이 주장한 신학이다. '만약 당신이 순결하고 거룩한 삶을 산다면, 고난을 당하지 않을 것이다'라는 주장은 욥의 친구 빌닷이 말하는 전형적인 고통의 신학이라고 할 수 있다. "또 네가 정말 깨끗하고 정직하기만 하면, 주님께서는 너를 살리시려고 떨치고 일어나셔서, 네 경건한 가정을 회복시켜 주실 것이다"(욥 8:6, 새번역).

  2005년에 실시한 조사 연구 결과에서 선교사와 일반 미국인에게 발생한 트라우마의 빈도수를 비교해보면, 이런 가정이 거짓된 믿음이라는 것이 증명된다. 이 연구에서 서아프리카와 유럽에서 사역하는 선교사들이 일반적인 미국인보다 훨씬 심각한 트라우마 상황에 부딪혔음을 밝혀냈다. 서아프리카에서 일하는 선교사는 유럽에서 사역하는 선교사보다 더 많은 트라우마를 경험했고, 유럽에서 일하는 선교사는 일반적인 미국인보다 더 많은 트라우마를 경험했다는 것이다. 서아프리카에서는 남성 선교사의 92퍼센트, 여성 선교사의 85퍼센트가 적어도 생애 중 한 번 이상 심각한 트라우마를 경험했다고 하고, 유럽에서는 남성 선교사의 82퍼센트, 여성 선교사의 73퍼센트가 한 번 이상 심각한 트라우마를 경험했다고 한다. 이에 비해, 미국 일반인의 경우, 남성 61퍼센트, 여성 51퍼센트가 한 번 이상 심각한 트라우마를 경험한 것으로 나타났다. 이 세 그룹을 세 번 이상의 심각한 트라우마를 경험한 기준으로 비교하면, 그 차이는 더 커진다[다음의 '선교사와 일반인(미국)의 트라우마 빈도수' 도표 참조].

선교사와 일반인(미국)의 트라우마 빈도수

대상	3회 이상의 남성 트라우마	3회 이상의 여성 트라우마
일반 미국인	10퍼센트	5퍼센트
유럽의 선교사	47퍼센트	30퍼센트
서아프리카의 선교사	71퍼센트	64퍼센트

※ Data according to National Comobidity Survey(Kessler, 1995)
　Missionary Study Results(Schaefer, 2007), N=250

　서아프리카 선교사의 가장 일반적인 트라우마는 심각한 질병(61퍼센트), 자동차, 기차 혹은 비행기 등의 교통사고(56퍼센트), 가족이나 가까운 친구의 예상치 못한 죽음(51퍼센트), 전투, 내전 혹은 전쟁 상태에 직접적으로 노출(48퍼센트), 강도나 절도(41퍼센트), 가족이나 가까운 친구에 대한 심각한 위협이나 위해(38퍼센트), 사고나 폭력으로 심각한 부상을 당하거나 사망하는 상황을 목격한 경우(34퍼센트), 긴급 철수(31퍼센트) 등이었다. 유럽에 있는 선교사의 경우, 자동차, 기차, 비행기 등의 교통사고(66퍼센트), 가족이나 가까운 친구의 예상치 못한 죽음(54퍼센트), 강도나 절도(38퍼센트) 순으로 나타났다.

트라우마의 전후 사정

한 사람의 트라우마에 대한 반응을 이해하기 위해서는 그 사람이 처한 전후 사정(context)을 이해할 필요가 있다. 가끔 나는 불어에 유창한 친구에게 특정 단어의 의미를 물어보곤 하는데, 항상 그는 "문맥이 어떻게 되나요?"라고 되묻는다. 한 단어라도 매우 다양한 의미를 품고 있기 때문에, 그 단어의 전후에 어떤 내용이 있는지를 모른다면, 엉뚱하게 해석할 수도 있다는 것이다. 트라우마와 관련된 맥락을 이해하는 것은 다음과 같다.

- 보기 트라우마를 경험하기 전에 그 사람이 어떤 삶을 영위했는지를 들여다본다.
- 묻기 트라우마 자체의 특정 국면에 대해 질문한다.
- 배우기 사람들이 트라우마 피해자에 대해 어떤 반응을 보이는지 인지한다. 이것은 또한 당사자에 대한 지원 시스템이 적절했는지에 대한 통찰력을 제공한다.

트라우마–이전 요인들

이전에 경험한 많은 사건이나 조건이 트라우마의 충격 정도에 긍정적 혹은 부정적인 영향을 미치는데, 그 요인에는 다음과 같은 것이 있다.

- 이전에 개인적으로 경험한 위기 상황(도움이 되거나 방해가 될 수 있다)
- 이미 겪고 있는 심리적 장애(우울증, 외상 후 스트레스, 불안 장애)
- 어떤 성격 특성은 도움이 될 수도 있다. 그러나 동시에 지나치게 꼼꼼한 것, 과시욕이 있는 성향, 통제욕이 강한 성격, 행동 지향형 혹은 모험 선호자, 지나치게 남을 도우려는 성향 등은 부정적인 영향을 미칠 위험성을 증가시킨다.
- 문제점을 지나치게 단순화하거나 실상을 과소평가하는 성향
- 문화나 개인적 배경과 관련해서 수치심이나 죄책감을 쉽게 느끼는 성향
- 과도하게 독립적이거나(다른 사람의 도움에 저항적) 과도하게 의존적인 현상(매달리거나 집착함)
- 파괴적인 습관 과식, 흡연, 음주
- 지원 체제에 대한 접근 태도 관계의 정도
- 의료적 건강 상태

- **호르몬의 변화** 사춘기, 임신, 폐경
- 영적 상태
- 에너지와 탈진의 정도, 한계치
- 부모-자녀 관계 혹은 가족 문제
- 본국에 있는 가족과 후원자들과의 관계성
- 최근에 경험한 상실, 중요한 변화, 변동 사항
- 고통의 신학에 대한 이해와 활용 정도
- 고난에 대한 이해와 고통을 표현하는 문제에서 문화적 혹은 가족적인 규범

내전과 긴급 철수를 경험한 내 이야기에서(스토리 1) 나는 이렇게 회고했다. "첫 2년 동안 우리는 매우 힘든 시기를 보냈다. 점점 증가하는 사회 불안과 폭력 사태로 나라는 매우 불안정한 상태에 있었고, 우리는 사역자로서 타 문화권에 적응하며 새롭게 사역을 시작할 때 겪는 일반적인 어려움과 씨름해야 했기 때문이었다. 나는…사역자들에게 닥친 고난으로 슬픔과 고통을 겪었다. 그것은 내가 상담하는 선교사들이 결국은 확장된 선교사 가족의 일원이었기 때문이다. 나는 훈련 프로그램을 진행하며, 또 개인적 교제를 통해 여러 선교사를 알게 되었는데, 그 중 어떤 사람들은 사랑하는 사람들의 죽음, 무장 강도, 납치, 폭행, 강간 등과 같은 심각한 위기로 고통당하고 있었다."

이 서술에 트라우마에 대한 사전 노출, 슬픈 감정, 스트레스의 증가 등을 포함한 여러 가지 트라우마-이전 요인들이 묘사되고 있다. 나는 이런 트라우마를 경험한 사람들과 친밀한 관계를 맺고 있었기 때문에, 무너져내리는 고통의 신학, 통제할 수 없는 대상을 통제하고 싶어 하는 개인의 욕망 그리고 점증하는 분노와 불의에 대한 감정 등과 같은 또 다른 트

라우마-이전 요인들을 찾아낼 수 있었다.

이 책의 앞부분에서 다룬 여러 트라우마 스토리를 되돌아보면, 한편으로는 긍정적이고 또 한편으로는 부정적인 트라우마-이전 요인들을 끄집어낼 수 있다. '스토리 5'에서 댄 크림 가족은 본국에서 안식년을 마치고 필드에 막 도착했고, 다음 단계로 옮겨가는 '전환기'에 놓여 있었다. '스토리 2'에서 앨런과 벳시의 결혼 생활은 기초가 튼튼했기 때문에, 그것이 후에 정서적 지원의 강한 원동력이 되었고, 그들 주변의 친밀한 공동체도 든든한 자원이 되었다. '스토리 3'의 앤에게는 쿠데타, 여행의 스트레스, 사역의 만족도 등이 트라우마-이전 요인이었다.

우리가 정신적 외상을 겪은 사람을 돕는 역할을 담당할 때, 당사자에게 의미 있는 트라우마-이전 요인들을 경청하는 것은 중요한 절차가 될 것이다. 또한 "이런 사건을 당하기 직전에 당신의 삶에서 일어난 중요한 일들이 있다면 무엇입니까?"라고 질문하면서 여러 요인을 찾아낼 수 있다. 우리는 부정적이거나 스트레스성 사건 위주로 이야기를 들으려는 유혹을 받을 수 있다. 그러나 관계적, 감정적, 영적인 측면에서 그 사람의 트라우마-이전의 강인함과 내적 자원을 인지하면, 치유 과정에서 어떤 것이 그에게 가장 도움이 될지 알 수 있다.

트라우마성 사건의 성격

사건 자체의 중요성과 함께, 그에 대한 당사자의 감정적 반응의 심각성에 영향을 미칠 수 있는 트라우마성 사건에는 매우 다양한 국면이 있다.

그것은 …였는가?
- 폭력적 혹은 비폭력적
- 인위적 혹은 자연적

- 의도적 혹은 우연성
- 예방 가능 혹은 예방 불가

…가 있었는가?
- 어린이 피해자가 연루된 경우
- 경고 부재
- 사건에 대한 근접성과 개인의 위험 정도
- 사건의 심각성과 지속 기간

얼마나 많이 …있는가?
- 그 사건에서 당사자의 역할과 책임(리더, 부모, 기숙사 부모)
- 개인의 책무나 실수
- 당사자와 피해자(들)와의 개인적 동일시

…은 무엇인가?
- 사건의 의미
- 장기적인 파급력(예: 강간으로 인한 임신, 사고로 인한 관절의 손실)

…은 어떠했는가?
- 사건 발생 기간 중 불확실성의 정도
- 사건의 빈도
- 당사자와 함께 위기를 겪은 다른 사람들의 행동
- 사건 발생 기간이나 그 후에 다른 사람들의 반응(예: 이웃, 동료, 리더, 멤버 케어 담당자, 본국의 친구들과 가족의 반응)

'스토리 4' 제럴드 이야기에서 아래와 같은 각 요인을 자세히 살펴보는 것이 위기의 심각성을 이해하는 데 도움을 준다.

- 폭력적 사람이 죽고 부상을 당함
- 인위적 상대방 차량의 운전자가 사고를 일으킴
- 우연성, 돌발적
- 예방 가능 상대 운전자가 음주에 대해 선택할 수 있었음
- 어린이 피해자의 연루 제럴드의 자녀
- 경고의 부재 회피하거나 대비할 여유가 없었음
- 사건에 대한 근접성과 개인적 위험의 정도 제럴드는 자동차 속에 있었고 심각한 부상을 당할 위험을 안고 있었음
- 사건의 심각성과 지속 기간 그의 어머니, 아내, 딸이 사망
- 그 사건에서 당사자의 역할과 책임 아들, 남편, 아버지, 피해자들의 운전자
- 개인의 책무니 실수 전무
- 당사자와 피해자(들)과의 개인적 동일시 매우 가까움
- 사건의 의미 그가 믿어온 것에 대한 의문
- 장기적인 파급력 사랑하는 사람들을 영구적으로 잃음
- 사건 발생 기간 중 불확실성의 정도 누가 부상에서 살아남을지에 대한 불확실성
- 사건의 빈도 일회적
- 당사자와 함께 위기를 겪은 다른 사람들의 행동 구급 대원, 친구들, 가족이 지원하고 도와줌

제럴드 싯처가 겪은 트라우마의 심각한 국면을 나열한 긴 목록은 제럴

드가 사고 이후에 경험하게 될 슬픔과 상실의 정도와 켜켜이 쌓이게 될 상처의 무게를 이해하는 데 도움이 될 것이다. 이 목록에서 '어린이 피해자 연루' 같은 경우, 객관적이고 측정할 수 있다. 그러나 다른 경우는 상당히 주관적이고 사람에 따라 다를 수 있다. 예를 들면, 발생한 사건과 관련해서 당사자가 책임을 져야 하는 한계가 있다면, 그것이 어디까지인가? 만약 제럴드가 그 사고에 책임이 있는 사람이라고 가정한다면, 그는 죄책감과 수치심은 물론 다른 사람들의 비판과도 씨름해야 하기 때문에, 회복 과정은 완전히 다른 양상을 띠게 될 것이다. 비록 생존하게 된 피해자에게는 아무런 잘못이나 책임이 없다고 할지라도, 많은 경우에 당사자는 죄책감과 수치심을 안게 된다.

트라우마성 사건에 대한 타인의 반응

트라우마성 사건의 상황 중이나 후에 다른 사람들이 보이는 반응은 때때로 피해자의 반응에 매우 중요한 영향을 미친다. '스토리 4'의 제럴드는 다음과 같이 말한다. "내 친구들은, 물론 틀림없이 그런 유혹을 받기는 했겠지만, 내가 토해내는 감정을 고치거나 밀쳐내지 않고 지혜롭게 잘 경청해주었다." '스토리 5'의 댄 크럼은 "나는 우선 화가 났고 깊은 혼란에 빠졌다. 그러고는 우리 가족이 아무런 보호를 받고 있지 못하고 있다는 생각이 들었다"라고 회고했고, 또한 그와 그의 아내는 이렇게 토로했다. "후에 우리가 이 문제를 좀 더 정리해나가면서, 우리 가족은 현지 팀이 우리를 좀 더 돌보아주지 않은 것에 대해 상처받고 분노하고 있었다는 사실을 인지하게 되었다." 나는 다음과 같은 사항을 주목하고 있다. "매일, 어떤 때는 시간마다, 선교 단체의 리더들이 전화해 우리가 안전하게 철수할 수 있도록 최선을 다하고 있다는 위로의 메시지를 전해주었다."

한 선교사가 차를 운전하고 아프리카의 시골 마을을 지나가고 있었는데, 어떤 젊은이가 달리는 차를 가로질러 뛰어가다가 차에 치어 죽고 말았다. 분노한 마을 사람들이 차를 뒤쫓아오자, 그 선교사는 경찰서로 뛰어들어서 몸을 피했다. 그렇게 하지 않으면, 차에서 끌려 나와 맞아 죽을 위험이 있었기 때문이었다. 또 다른 선교사도 아프리카의 오지에서 운전을 하다 어린아이를 치어 죽였는데, 아이를 피하려다 차가 뒤집히면서 개울에 처박히게 되었다. 그때 사람들이 달려 나와서 그를 구해준 기억을 떠올리며, 그 선교사는 마을 사람들의 친절과 관용에 놀라움과 감사를 표현했다. 만약 피해자가 트라우마 현장에 있던 사람들에게서 돌봄을 받거나 보호받고 있다는 사실을 느끼면, 파괴적인 충격이 많이 완화될 수 있다.

이와 같이 친구, 가족, 리더, 동역자 그리고 낯선 사람에 이르기까지, 사고 후에 주변 사람의 말과 행동은 상처에 소금을 뿌리는 역할을 하거나 치료용 향유의 역할을 한다. 욥이 그의 친구들 앞에서 그가 당하는 고통과 번민을 쏟아놓았을 때, 친구 빌닷은 이렇게 대답했다. "네가 언제까지 그런 말만 하고 있겠느냐? 마치 네 말은 세차게 몰아치는 바람과도 같구나"(욥 8:2, 현대인의 성경). 이런 말은 욥을 더 깊은 절망 가운데로 이끄는 충격을 주었는데, 그래서 욥은 이렇게 독백한다. "내가 어차피 죄 있는 자로 단정될 바에야 쓸데없이 헛수고를 할 필요가 무엇이겠는가?"(욥 9:29, 현대인의 성경). 고통 중에 있는 사람이 그리스도의 임재를 통한 치유를 경험하도록 돕기 위해서는, 먼저 함께 있어 주면서 사랑으로 경청하고, 때에 맞는 따뜻한 말을 해주어야 한다. 이사야 선지자는 "주 여호와께서 나에게 할 말을 가르치셔서 피곤한 자를 격려하고 도와줄 수 있게 하시며 아침마다 나를 깨우치셔서 그의 가르치심을 알아듣게 하시는구나"(사 50:4, 현대인의 성경)라고 고백한다. 위로는 지혜의 성육신이라고 할 수 있다.

우리의 전인적 반응

칼 슬레이큐(Karl Slaikeu)는 트라우마에 대한 총체적인 반응 시스템의 다양한 측면을 파악하는 데 도움을 주는 두문자어로 BASIC[행동적(Behavioral), 정서적(Affective), 신체적(Somatic), 대인 관계적(Interpersonal), 인지적(Cognitive)]을 설정했다(Slaikeu, 1990, 164-165). 우리 사역팀 MMCT에서는 영적인 반응 분야도 다루기 위해 두문자어 BASIC 끝에 S(Spiritual)를 덧붙였다. 이 각각의 분야마다, 우리는 성인과 아동에게 나타나는 공통적인 트라우마 반응을 살펴볼 것이다. 피해자들에게 공통적인 반응 목록을 보여주는데, 이것은 그들이 경험하는 것이 비정상적이거나 그들이 뭔가 잘못되었다는 것을 암시하는 것이 아니라는 점을 이해하도록 돕기 위한 것이다(부록 B '트라우마에 대한 공통된 반응' 참조). 비교적 단순한 이런 확인 작업은 '그냥 쉽게 극복하고 나아질 것'이라고 생각하지 않는 피해 당사자들이 두려워하면서 좌절감에 빠지지 않도록 위로와 안도감을 제공해주는 유익이 있다. 정신적 외상 피해자들에게 이런 정상적인 반응에 대해 교육하는 것은 그들이 트라우마의 충격을 인정하고 서로 논의할 수 있는 기회를 제공하는 것이고, 또한 그들이 회복 과정에서 자신에 대해 좀 더 관대하고 인내심을 보이도록 돕기 위한 것이다. 성인 피해자들에게 공통 반응(Common Reaction)을 제시할 때(부록 B), 대개 이런 내용을 이야기하게 될 것이다.

> 정신적 외상, 즉 트라우마에 반응하는 형태는 사람마다 독특합니다. 따라서 당신의 반응은 당신과 꼭 같거나 비슷한 상황을 경험한 다른 사람과 같지 않을 수도 있습니다. 치유를 받기까지는 시간이 걸린다는 점을 잊지 마십시오. 이런 반응의 과정을 잘 거쳐 나간다면, 이후에는 더 깊이 있는 이해심, 건강한 결말, 복원력, 깊이 있는 신뢰 그리고 폭이 넓어진 세계관 등

이 특징인 삶으로, 당신의 인생은 새로운 경지에 이르게 될 것입니다. 당신은 고통을 당했으나 이제는 번영을 누리는 사람이 될 것입니다. 이제 수많은 기억이 망각 속으로 사라지고, 당신은 훨씬 더 좋아졌습니다. 그러나 여전히 이런 증상과 고통스러운 기억을 촉발하는 요소들은 남아 있습니다. 만약 이런 증상이 매우 격렬해지거나 장기간 지속될 경우, 혹은 당신의 사역이나 대인 관계에 장애가 발생했다고 느끼는 경우에는, 트라우마 관리에 전문성이 있는 상담가와 면담하는 것을 고려할 필요가 있습니다. 이것은 당신이 정신적으로 이상한 사람이라는 의미가 아니고, 단지 약간의 도움이 필요하다는 상황이라는 점을 알려주려는 것입니다.

정신적 외상에 대한 아동의 공통 반응(부록 B) 목록은 부모, 교사 혹은 아동의 회복을 위해 동참하는 여러 사람에게 제공하여 아동의 반응을 정상화하는 데 그 자료를 활용할 수 있다. 그것은 또한 피해 아동의 주변 사람에게 트라우마성 사건에 대한 아동의 반응이 정상적이라는 점을 분명하게 납득시켜준다. 해당 아동이나 청소년의 회복 정도에 따라, 정상 반응 목록을 직접 당사자에게 주면서, 자신의 반응에 스스로 질문도 하고 이야기를 나눌 기회로 삼을 수도 있다.

성인의 행동

전형적인 외상 후 성인의 행동은 회피적인 경향과 함께 생리적 각성이 고조되는 상태로 분류할 수 있다. 아드레날린 분비의 지속적인 효과와 트라우마를 떠올리게 하는 것에 대한 지속적인 생리적 반응으로 당사자는 활동 과잉이 되거나 행동이 둔화되고, 쉽게 놀라며, 일에 대한 의욕이 없어지거나 목적 없이 방황하고, 자주 운다. 또 물건을 쉽게 잃어버리거나 물건을 찾지 못하는 증상을 보이기도 한다. 어떤 사람은 트라우마의 고통이 너무 커서 이런 격심한 상태에서 도피하기 위한 방법으로 술이나 마약을 사용하고, 일에 과도하게 몰두하기도 한다. 트라우마와 관련된 모든 것을 잊어버리기 위해 노력하고(다른 곳으로 이사하고 싶어 하는 것을 포함), 갑자기 생활 습관을 바꾸거나, 재미나 즐거움을 주는 행동을 포기하기도 한다. 이렇게 트라우마의 고통을 회피하기 위해 자신을 몰아치면, 지난 사건에 대해 이야기하기를 꺼리거나 도움을 받는 것조차 거절하게 된다. 그러나 역설적인 것은, 잘 훈련되고 믿을 만한 전문가 도우미와 이야기를 나눌 때 치유에 큰 도움이 되지만, 계속 회피하기만 하면 고통이 더 심해진다는 것이다.

고통을 피하기 위해 행하는 회피나 작별은, 위험한 상태가 지속되기 때문에 부득이하게 현장을 떠나는 것과는 그 성격이 다르다. 예를 들면, '스토리 5'에서 크롬 가족이 부족 마을을 떠난 것과 '스토리 1'에서 내가 포위 상황이었던 도시를 떠난 것은 신중한 검토 끝에 나온 생존을 위한 행동이었다. '스토리 3'에서 앤이 남편의 사망 후에 사역 현장을 떠난 것은, 그녀가 처한 상황의 실제적인 필요와 자라나는 아이들이 더 넓은 가족 공동체 속에 있어야 한다는 필요 때문에 결정한 것이었다. 이와 대조적으로, 어떤 사람은 트라우마성 사건을 겪은 후, 그 사건을 생각나게 하는 모든 것에서 도피하기 위해 자신의 사역과 사역지를 떠나려는 결정을 할 수도 있다. 이들을 돕는 조력자들은 트라우마 피해자들이 사역지 이동이나 사역의 종료와 같은 중요한 결정을 내리기 전에 외상 후 반응을 치유받기 위해 안전 지역에 와 있을 때 그들을 격려하고 도와줄 수 있다.

아동의 행동
가장 공통적인 어린아이의 트라우마 이후 행동은 퇴행으로 나타난다. 손가락을 빨거나 자다가 이불에 오줌을 싸고, 사람들에게서 떨어지지 않으려고 보채거나 아이답지 않은 행동을 하며, 학교 성적이 떨어지는 등의 증상을 보인다. 어른보다 언어 표현이 제한적인 아이는 트라우마성 경험을 폭력적인 의미가 담긴 놀이로 반복해서 발산하곤 한다. 이것은 자신의 무력함에 직면한 아이가 때때로 강한 지배력이나 권한을 발휘하고 싶어서 시도하는 현상이다. 이런 아이는 위험한 상황이 일어난 후에 구조나 안심할 만한 상황이 일어난 것처럼 연출한다. 자신의 감정을 말로 표현하는 능력이 아직 덜 발달된 아이는 말을 잘 듣지 않고 도망치거나 공격적이고 경쟁적이며, 반사회적인 경향을 띤 행동으로 분노를 표출하기도 한다. 슬픔을 반영하는 행동은 무관심, 금단 현상, 대인 관계 부조화, 자기 비하 등으로 나타난다. 두려움을 반영하는 행동은 자발성의 부족으로 나타난다. 학교에 가지 않으려 하거나, 부모로부터 떨어지지 않으려 하고, 혼자 자지 못하고 부모와 함께 자려고 하거나 밤에는 전등을 밝게 켜두도록 요구하는 등, 아이 수준에서 새로운 상황에 적응하는 스트레스 대응 능력이 감소하는 것으로 나타난다.

성인의 정서

정신적 외상을 입은 후에 일어나는 감정적 진폭은 얼마나 될까? 트라우마에 대한 가장 일반적이고 전형적인 감정상의 반응은 충격, 불안, 재발에 대한 공포, 과민함, 좌절감, 압도당한 느낌, 자신과 다른 사람 그리고 하나님에 대한 분노, 격노, 슬픔, 우울함, 무력감 혹은 부족감, 죄책감 그리고 유머 감각의 상실 등이다. 당사자 개인이 문화, 성별, 개성, 성장 배경의 영향을 받기 때문에, 이런 감정적 반응들의 특성을 정형화하는 것은 쉽지 않다. 앞에서 나온 트라우마 경험의 이야기들에서, 당사자들은 다양한 감정을 표출하고 있다. 애석함, 실망, 하나님께 버림받음(앤의 '스토리 3'), 황폐함, 공포, 하나님의 임재(앨런과 벳시의 '스토리 2'), 두려움, 분노,

깊은 상심, 비통함, 배신감, 상처(크럼의 '스토리 5'), 염려, 평안, 죄책감, 두려움, 무력감(카렌의 '스토리 1'), 당혹감, 분노, 슬픔, 두려움 그리고 혼란스러움(제럴드의 '스토리 4')이 있다. 이 감정 가운데서 가장 많이 나타난 것은 두려움(공포), 분노, 죄책감이다.

여러 가지 측면에서, 트라우마에 대한 감정적 반응은 애도 과정과 유사하다(Greeson, 1990, 68). 이것은 트라우마성 사건이 항상 어떤 유형의 상실을 동반한다는 점에서 서로 상통한다. 그것은 인명의 상실이나 우정, 역할 혹은 안전감이나 신뢰, 사역 등의 상실일 수도 있다.

애도 과정의 다양한 묘사는 다음에 나오는 애도-상실 주기(Grief-Loss-Cycle) 도표에 나타나 있는 바와 같이, 연속선으로 연결된다. 서구인들은 길의 시작과 끝이 분명하게 나타나는 것을 더 좋아하는 편이다. 그러나 비서구인들에게는 다양한 마을을 통과하는 길이 일직선이 아닌 것으로 묘사되는 것이 훨씬 더 자연스럽다. 이런 묘사는 피해자들이 치유와 회복을 통해 새로운 삶을 살기 전에 통과해야만 하는 깊은 죽음의 골짜기와 같은 고통의 과정을 이해하는 데 유용하게 사용될 수 있다. 존 번연의 『천로역정』(The Pilgrim's Progress)에서는, 주인공인 크리스천이 천성으로 들어가도록 허락받기 전에, '죽음의 그늘 골짜기'를 통과해야만 한다. 크리스천은 그 경험을 이렇게 표현했다. "그때 나는 죽음의 그늘 골짜기로 들어갔는데, 거의 중간 지점까지 가는 동안 빛이 전혀 없어서 깜깜했다. 나는 그곳에서 죽었어야 했다고 거듭 생각했다. 그러나 드디어 날이 밝아오고 해가 떠오르자 나는 한결 편안해진 마음으로 그곳을 통과했다"(Bunyan, 1968, 73). 처음에는 사고의 충격과 부인 현상을 겪었지만 서둘러 회복의 지름길을 택함으로 새로운 삶의 축복을 향해 직행한 사람들은, 치유 과정에서 필요한 분노, 두려움, 슬픔 등의 표출을 지연시키기 위해, 아니면 도피하거나 억제하기 위해, 정신적인 에너지를 너무 많이 소모했다는 사실을 점차 깨닫게 될 것이다.

실제 경험에 따르면, 외상 후의 감정적 여정은 간단명료하거나 직선형이 전혀 아니라고 한다. 당사자는 이미 통과한 감정의 주기가 자주 다시 돌아오는 것을 느끼거나 이미 지나온 감정을 재경험한다. 자신이 더 좋아

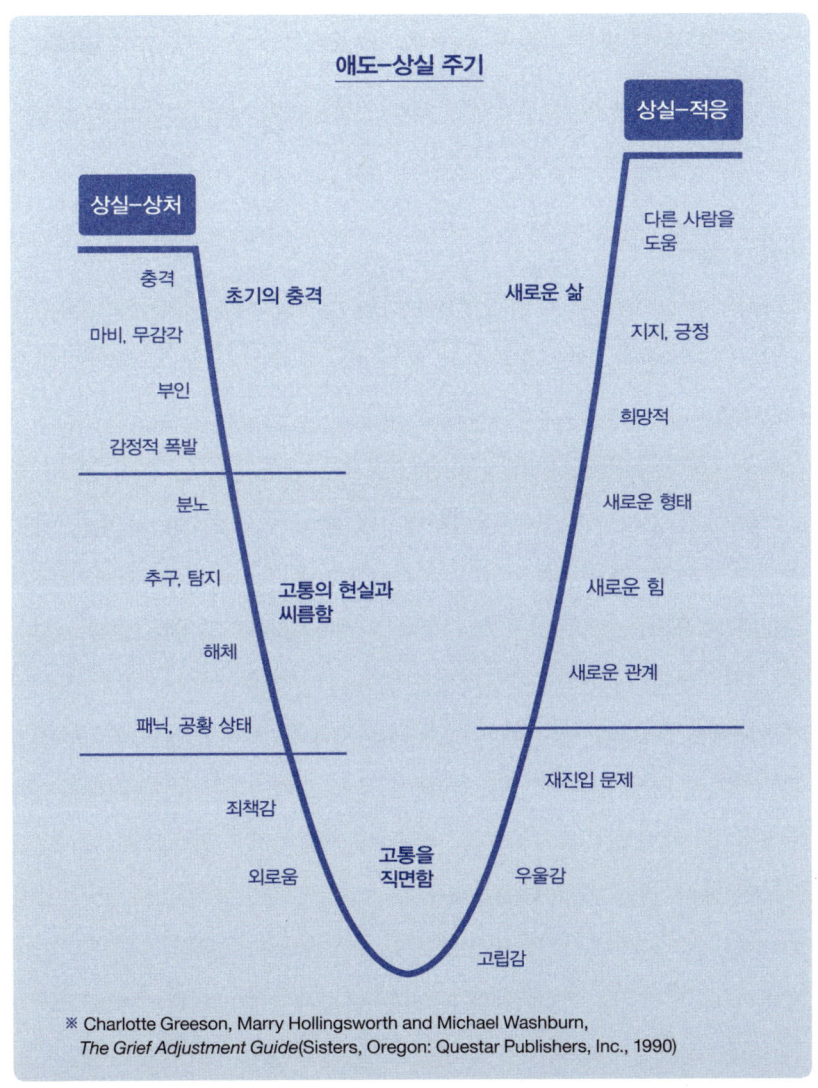

6장 트라우마 이후의 일반적 반응 / 111

지지 않을 거라고 느낄 수도 있다. 이런 현상을 이해하기 위한 한 가지 방안은, 트라우마성 사건에서는 그 강도와 의미의 정도가 다양한 다중의 상실(multiple losses)이 일어나기 때문에, 당사자는 동시에 애도 곡선의 여러 지점에 위치할 수 있다는 사실을 인정해야 한다는 것이다. 이런 원리를 사람들에게 설명하고, 그들이 애도 과정의 어느 지점에 와 있는지를 확인할 기회를 주는 것은 감정적 반응을 정상화하는 데 큰 도움이 될 수 있다. 이것은 당사자들이 불가항력적이고 수습 불가능한 상황이라고 느끼는 것을 조금이라도 완화하는 데 도움이 된다.

아동의 정서

성인이 느끼는 대부분의 감정을 어린이도 느끼지만, 표현 방식은 다를 수 있다. 어린이에게는 트라우마성 사건과 비교할 만한 삶의 경험이 많지 않다. 어린이가 사건을 이해하거나 처리하는 과정 자체가 잘 알려져 있지 않아서, 그것은 미지의 영역에 속한다.

어린이는 충격을 받아 무감각하거나 멍한 상태를 느끼면 오히려 아무런 일이 없었던 것처럼 행동한다. 예를 들면, 어떤 아이가 가족 중에 누가 죽었다는 끔찍한 소식을 듣고는 밖에 나가서 또래 친구들과 같이 놀면서 깔깔대며 웃기 시작했다. 이런 반응을 보이는 이유는 그가 평소 자신에게 익숙하고 위로가 될 만한 무언가를 찾아서 그 상태로 돌아가려고 하기 때문이다. 이런 어린이의 반응 때문에 성인 조력자는 어린이들이 감정적 충격을 잘 받지 않는다고 생각할 수 있다. 『잃어버린 세계』(*A World Lost*)라는 소설에서 웬들 베리(Wendell Berry)는 가장 좋아하는 삼촌이 막 살해당한 것을 본 아이의 느낌을 묘사했다. 아이의 맨 처음 반응은 친구와 함께 놀면서 시간을 보내는 것이었다. 아이는 나중에 이렇게 회상했다. "그러고는 그날 모든 것이 갑자기 내 주변으로 무너져내리는 것 같았다. 뭔가 일어나긴 했는데, 무엇이 일어났는지 확인할 길은 없었다"(Berry, 1996, 18).

한 선교사 가족이 자동차로 자신들의 집이 있는 마을로 가고 있었는데, 갑자기 총을 든 두 사람이 뛰쳐나와 앞을 막으면서 차를 세우려고 했다. 그러자 운전하던 남편 선교사가 최대로 가속 페달을 밟으면서 그들을 피해서 옆으로 빠져나갔다. 그런데 한 강도가 차를 향해 총을 겨누면서 "죽여버릴 거야!"라고 소리치는 것을 아내 선교사는 보고 들었다. 그때 선교사의 어린 두 자녀는 뒷좌석에 앉아 있었다. 그 사건 당시나 사건 이후에도, 두 아이는 무서워하는 기색을 보이거나 그 사건에 대해 어떤 이야기도 하지 않았다. 안전하게 돌아온 뒤 선교사 부부는 아이들이 듣지 못하는 곳에서 서로 그 사건에 대해 말했다. 자신들의 어린 자녀가 그 사건을 전혀 모르는 것 같아서 안도의 숨을 내쉬었다. 며칠 뒤 온 가족이 트라우마 상담가에게 상담을 받았는데, 부부는 다섯 살짜리 어린 딸이 혹시나 이 사건으로 영향을 받았는지 살펴봐달라고 부탁했다. 어쨌든 아이가 그 사건에 대해 아무런 내색도 하지 않으니, 무슨 일이 일어났는지 부모는 알 턱이 없지 않은가? 아이가 트라우마 상담가와 놀이 찰흙과 장난감을 가지고 놀 때 위험하고 두려운 상황을 가정하고 긴장하는 듯했지만, 입으로는 '괜찮아' 하면서 스스로 안심하는 듯한 태도를 보였다. 상담가가 45분 정도 함께 놀면서 이런저런 질문을 하자, 아이는 무심코 이런 말을 내뱉었다. "우리가 집으로 돌아오고 있었는데요. 어떤 나쁜 사람들이 우리한테 총을 겨누었어요. 아빠는 차를 빨리 몰았고 엄마는 기도했어요." 아이는 계속해서 자세히 상황을 묘사했다. 그것을 보고 아이가 누군가에게서 들은 이야기를 전달하는 것이 아니고, 바로 자신이 경험한 상황을 이야기하고 있다는 사실이 명백해졌다. 이렇게 되자 부모는 아이들에게 그 사건을 다시 자세하게 설명해주었고, 부모님이 그들을 보호하고 잘 돌봐주는 사람들이라는 확신을 주었다.

두려움과 염려는 때때로 악몽, 퇴행성 행동, 들러붙기, 징징거리기 그리고 사랑하는 사람들에게서 떨어지지 않으려는 현상으로 나타난다. 어린이는 부모의 안전에 대해 지나치게 신경을 쓰기도 하고, 트라우마 사건과 직접적인 연관이 있을 수도 있고 아닐 수도 있는 일들에 대해 일반화된 두려움을 품는다.

어린이는 또한 죄책감에 빠지기 쉽다. 죄책감은 아이 특유의 자아 중심적 세계관이나 성장 과정에서 결과에 대한 책임이 자기에게 있다고 오해하는 현상에 기인할 수 있다. 다른 말로 하면, 어린이는 어떤 사건이 발생하도록 자기가 어떤 역할을 했다고 믿는다. 그래서 아이에게 "너는 왜 이런 일이 일어났다고 생각하니?"라고 질문하는 것은, 아이가 자기 역할에 대해 어떤 결론을 내리고 있는지를 알아내는 데 도움이 된다. 한 여자아이가 자기 오빠의 죽음으로 인해 정신적인 외상을 입었다. 나중에 알게 된 사실이지만, 오빠와 심하게 다투면서 그 아이가 마지막에 한 말은 "널 다시는 보지 않았으면 좋겠어!"라는 것이었다. 비록 그녀는 오랫동안 이런 사실을 감추었지만, 자신이 오빠의 죽음을 촉발했다는 죄책감을 느끼고 있었다.

슬픔이나 우울한 감정이 특별히 10대에게는 무관심이나 웅크림 혹은 적개심이나 호전성으로 표출되기도 한다.

성인에게 나타나는 신체적 반응

위험에 직면하면 인간의 뇌는 위기에 대응하기 위해 사람의 능력을 극대화하는 방향으로 반응하도록 고안되었다. 위기 상황에서 활성화되는 뇌의 주요 영역은 대뇌 피질(cortex, 의식과 사고를 담당하는 부분—역주)과 변연계(limbic system, 공포, 고통, 즐거움 등과 같은 느낌을 통제하고 감정을 조절하는 부분—역주), 또한 시상 하부(hypothalamus, 심장 박동 수, 체내 화학 작용, 면역 체계, 호르몬 체계를 통제하는 부분—역주)를 포함한다. 이런 시스템들을 통해 6가지 주요 화학 물질(아드레날린, 코르티솔, 노르에피네프린, 세로토닌, 엔도르핀, 부신피질자극호르몬)이 체내에 분비되고 각각의 물질은 우리 몸의 적응을 돕는다. 하지만 특별히 상황이 계속 지연되거나 문제점이 충분히 해소되지 않으면, 오히려 부정적인 결과가 나타날 수 있다.

- **아드레날린**[Adrenaline, 혹은 에피네프린(epinephrine)] 신체적, 정신적 각성 상태를 높여준다. 아드레날린의 분비가 높아지면, 심장 박동 수의 증가, 가쁜 호흡, 근육의 경직, 혈당치의 증가, 동공 확장, 근육과 뇌에 혈류 증가, 소화 기능 저하 그리고 배변의 증가 현상 등이 일어난다. 이런 신체적 증상들은 긴급 상황에 대처하도록 일시적으로 몸을 불균형 상태로 만든다. 그러나 아드레날린 지수가 상승한 상태가 오랜 시간 지속되면, 불안, 좌절감, 조바심, 수면 장애, 과민함, 피로감, 신체 통증 등의 결과를 낳을 수 있다.
- **코르티솔**(Cortisol) 코르티솔의 분비가 많아지면 혈액에 더 많은 당을 공급하게 되는데, 이것은 에너지를 증가시키지만, 시간이 경과할수록 면역 반응을 감소시켜 탈진과 우울증을 일으킬 수 있다.
- **노르에피네프린**(Norepinephrine) 초각성 상태를 유발하고 대뇌 피질의 문제 해결 능력을 강화한다. 집중력이 증가된다.
- **세로토닌**(Serotonin) 안정되고 편안한 상태를 조성한다. 기분을 조절하는 데 도움을 준다. 흥미롭게도 많은 항우울성 약품은 뇌 속에 세로토닌을 증가시키거나 오래 머물도록 고안되었다.
- **엔도르핀**(Endorphins) 천연적인 진통제다. 이 물질은 단기간에 안정감, 편안함 그리고 행복한 느낌을 일으킨다. 어떤 사람이 초기 위기 단계에서 안정감과 행복감을 느끼는 이유가 바로 여기에 있다. 주님이

우리에게 "지각에 뛰어난 하나님의 평강"(빌 4:7)을 주실 때, 아마도 우리 몸속에 엔도르핀을 증가시키실 것이다!
- 부신피질자극호르몬(ACTH) 코르티솔 수준을 증가시켜 잠시 동안 면역 체계 반응을 감소시킨다. 이런 상태가 장기화되면 질병과 질환에 더 취약해진다.

트라우마 피해자들은 위에서 언급한 신체적 증상과 더불어, 호흡 곤란, 가슴 통증, 어지럼증과 구토, 난청, 조정 능력의 상실, 이갈이, 체중 변화, 불면증, 성욕과 성 기능 감퇴 그리고 생리 주기의 변화 등을 경험한다.

아동에게 나타나는 신체적 반응

앞에서 설명한 대로 성인에게 나타나는 대부분의 신체적 반응이 아동에게도 그대로 적용된다. 그러나 어린이는 고통을 표출하거나 표현하는 언어 능력이 아직 덜 발달되었기 때문에, 감정적 고통을 말로 표현하기보다는 몸으로 느끼는 경우가 더 많음을 주목할 필요가 있다. 만성적인 위경련이나 두통, 원인이 분명하지 않은 통증이나 불안 증세 등은 다루지 못한 트라우마성 감정에서 유발한 것일 수 있다. 아동에게 나타날 수 있는 또 다른 공통적인 신체적 반응은 식욕의 감퇴, 창백한 얼굴, 장이나 방광의 문제, 시력 감퇴, 수면 장애, 가려움증이나 발진 등이다.

성인에게 나타나는 대인 관계에 대한 반응

성인에게 트라우마에 대한 중요한 감정적 반응은 자신이나 타인에 대한 분노의 감정으로 나타날 수 있다. 자신이 연약하고 슬픈 상태라고 느끼는 경우에는, 사람들이 자기 자신에게 움츠러들게 됨으로써 대인 관계에도 다양한 영향을 미치게 된다. 전형적인 외상 후 반응은 부정적인 대인 관계로 나타나는 경우가 많다. 이 문제는 당사자를 돕는 지원 시스템의 효율성이나 역량에 따라 그 결과도 달라질 것이다!

대인 관계와 관련된 당사자의 공통적인 반응은 화를 잘 내고, 둔감하게 되며, 타인에 대한 흥미를 잃고, 사람들을 멀리하면서 고립을 자초하며, 자신감이 없이 불안해하고, 친밀한 관계를 회피하려 하며, 의심이 많고, 조화를 이루지 못해 다투기를 잘하며, 타인에게 비판적이 되고, 남에게 책임을 전가하며, 과민증이 있고, 충동적으로 말하는 현상 등이 있다. 어떤 사람은 사람들을 멀리하면서 고립을 자초하지만, 또 다른 사람은 사람들에게 들러붙으면서 더 의존적으로 변하거나 혼자 있기를 두려워한다. 이런 현상은 기존 인간관계에도 압박이나 긴장감을 준다. 그래서 트라우마를 겪기 전에 감정적 지원 시스템이 강력하게 형성된 사람일수록, 외상 후 나타나는 대인 관계에 대한 긴장 관계를 더 잘 헤쳐나갈 수 있다.

아동에게 나타나는 대인 관계에 대한 반응

트라우마에 대한 공통적 대인 관계 반응 중 하나는 자신을 향해 움츠러들거나 주변으로부터 고립되는 상태가 더 심해지는 것인데, 아동의 경우에도 동일한 현상이 나타난다. 가족 구성원이나 주된 케어 담당자들에게 강한 애착을 보이는 것은 불안감이나 적대감에서 나오는 반응이라고 할 수 있다. 어떤 아이는 주변 성인에게 들러붙는 태도를 보이거나 과도하게 애착을 보이기도 한다. 외상 후 반응의 혼란기에는, 아이들이 케어 담당자나 친구들과 건설적인 관계를 맺도록 도와줄 필요가 있다.

10대는 또래 친구들과 어울리는 것을 좋아하는 경향이 있는데, 친구들에게는 자기 문제를 쉽게 털어놓을 수도 있고 자신을 가장 잘 이해해 준다고 느끼는 관계에 자연스럽게 끌리기 때문이다. 심각한 트라우마를 겪은 일부 청소년은 '너무 조숙하거나 너무 노숙하게' 행동하려는 유혹을 받는다. 자신의 발달 단계 수준을 넘어서 어른스럽게 책임을 지려고 하거나 조숙한 성적 행동을 보일 수 있다.

성인에게 나타나는 인지적 반응

트라우마와 연관된 생각을 표현할 기회를 주는 것은 피해자가 정신적 외상 경험에 대한 중요한 측면을 이해하도록 돕는 것이다. 그가 트라우마 상황 가운데서, 그리고 그 이후에 무엇을 생각하고 있었는지는 삶의 모든 영역(행동, 감정, 신체, 대인 관계, 영적인 측면)에 대한 태도에 영향을 미친다. 트라우마 상황에서 피해자가 무엇을 어떻게 생각했느냐에 따라, 실제로 일어난 사태보다 훨씬 더 심각한 트라우마에 빠질 수도 있다. 예를 들면, 나의 이야기(스토리 1)에서, 폭도들이 점점 더 가까이 다가오고 있다는 생각을 묘사했었다. 나는 이 폭도들이 우리 센터를 뚫고 들어와서는, 우리가 숨기고 있던 라이베리아 출신 피난민들을 살해하는 장면을 상상했다. 이런 생각은 강력한 공포 반응을 유발해서, 그 사건은 내가 겪은 모든 위기 상황 가운데 최악의 경험이 되었다.

트라우마를 겪은 후에 당사자의 생각을 이해하는 것이 매우 중요하다. 앤은 '스토리 3'에서, 남편이 사망했다는 사실을 피부로 느끼고, 그 상황에 완전히 압도되면서, 자살할 생각을 했었다고 고백한다. 감사하게도 그녀는 이런 생각을 그녀의 친한 친구에게 털어놓았고, 그 친구가 이런 끔찍한 시간을 지나는 동안에 새로운 관점으로 보도록 그녀를 도울 수 있었다.

트라우마의 희생자는 대개 불신, 공포, 혼란, 집중력의 저하, 의사 결정 능력의 저하, 우선순위 선정의 곤란, 방향 감각 상실, 기억력 감퇴, 산만함 그리고 트라우마 기억에 대한 선입견이 생기는 경험을 한다. 무슨 일이 일어났는지 이해하고 갈래를 잡기 위해 두뇌의 모든 자원을 총동원하는 사태가 발생하는 것이다. 이것은 사람들이 트라우마를 겪고 난 후, 몇 시간이나 며칠 동안 자신이 들은 말을 기억하지 못하는 이유를 설명해준다.

이런 생각은 또한 편협하고 폐쇄적이어서, 당사자가 실상이나 진실에 바탕을 두지 않은 판단이나 가정을 하도록 이끈다. 트라우마성 상실을 경험한 사람들은 사고방식이 냉소적이거나 부정적이기 쉽다(예: '나는 결국 실패자야').

트라우마 후에 가장 공통적인 인식의 형태는 뒤늦게 깨닫는 생각이다. 이것은 대개 '그렇게만 되었더라면', '만약 그랬다면', '왜 그렇게 하지 않았을까' 그리고 '내가 했어야만 했는데' 등과 같은 말로 시작된다. 이런 현상을 이해할 수 있는 한 가지 열쇠는, 사람의 두뇌가 이미 일어난 일을 되돌리려는 해결 방안을 찾기 위해 애를 쓴다는 점이다. 트라우마를 유발하는 사건은 당사자가 정당하거나 수용할 만하다고 생각하는 인식의 범주에 들지 않기 때문에 받아들일 수 없는 것이다. 따라서 사람의 마음은 그 트라우마를 예방하기 위해서 어떤 조치를 취했어야 했는지 찾아내려 한다. 어떤 경우에는, 사람들의 잘못이 개입되어 있고, 그 사건을 분석하다 그 잘못이 드러나서, 당사자가 자기 자신이나 다른 사람을 비난하는 것이 정당한 경우가 있을 수 있다. 이런 경우에, 가장 어렵고도 도전적인 조치는 그 잘못이 의도적이 아니었을 때는 은혜를 베푸는 일이고, 또한 그 잘못이 의도적이라 할지라도 용서를 베푸는 일이다.

그러나 많은 경우에 자신이나 다른 사람들이 한 일이 실제로는 그 사건의 발생과는 아무런 관계가 없음에도, 사람들은 어떤 특정한 일에 집착한다. 다르게 선택할 가능성을 되짚어보면서, 예를 들어 '그 도로로 운전해서 내려가지 않았더라면', '떠나기 전에 점심을 먹지 않았더라면', '늦게 출발하지 않았더라면' 그 사고는 절대 일어나지 않았을 것이라고 결론

내린다. 이런 경우에, 그 사고를 유발한 것은 판단의 착오나 실수로 보이는 행동 때문이 아니라는 것을 알 수 있다. 그런데도 당사자는 대부분의 다른 환경에서는 트라우마성 사건으로 진행되지 않을 행동이나 선택을 그 사건의 주된 원인으로 돌리고 비난하게 된다. 만약 주변의 돕는 사람들이 당사자에게 그가 비난받을 사람이 아니며, 그렇게 생각하지 말아야 한다고 확신을 주기 위해 설득한다고 하더라도, 그 말은 그의 귀에 들어오지 않을 것이다. 이런 경우는 3부 7장에 나오는 '인정과 재구성'이라고 불리는 개입 조치가 가장 효과적인 지원 방안이 될 것이다.

아동에게 나타나는 인지적 반응

어린아이도 역시 트라우마 후에 겪는 주의력과 집중력 저하 문제로 씨름한다. 따라서 교사와 케어 담당자는 아동의 학습 과제물 수행 능력이나 학습 기대치를 너무 높게 잡아서는 안 된다.

어린아이가 트라우마 사건을 기억하거나 다시 이야기할 때, 그 아이는 그 사건의 세부 내용, 진행 순서, 발생 장소 등을 진술하는 데 혼란을 겪을 것이다. 만약 사망 사건이 트라우마의 주요 원인이라면, 어린아이는 죽음의 영속성에 대한 경험이나 이해가 없기 때문에, 그 사람이 잠시 떠났지만 후에는 돌아올 것이라고 잘못 이해할 수 있다. 그래서 어른들은 일어난 사건을 아이의 연령대에 적합한 용어나 표현으로 이야기해주어야 하고, 사실 관계와 의미에 대해 아이들이 던질 수 있는 질문에 답변해줄 수 있어야 한다.

성인에게 나타나는 영적 영향

우리는 고통에 대해 무엇을 믿고 있는가? 우리는 우리 자신과 사랑하는 사람들을 고통으로부터 방어하거나 보호하는 일에서 하나님이 하셔야 할 역할이 무엇이라고 믿고 있는가? 이 세상에 대해 우리가 믿고 있는 것은 무엇이며, 인간이 할 수 있는 일은 무엇이라고 생각하는가? 우리 자신과 우리의 운명, 우리의 미래에 대해 무엇을 믿고 있는가? 우리가 품고 있는 희망과 기대는 무엇인가? 문제는 이 모든 믿음이 위기의 한순간에 완전히 무너지고 산산조각이 날 수 있다는 것이다.

'스토리 3'에서 앤은 혼수상태에서 깨어났을 때를 이렇게 회상했다. "나는 평생 하나님을 나의 하늘 아버지로 바라보며 살아왔다. 나는 아프리카에서 하나님을 섬기기 위해 미국의 안락하고 안전한 생활을 기꺼이 떠났지만, 대신 하나님이 나와 내 가족을 돌보아주실 것이라고 굳게 믿었다…나는 마음속으로 이런 상상을 하곤 했다. 하나님은 하늘에서 나의 전 생애를 사랑과 돌봄의 눈길로 내려다보고 계셨는데, 우리 차가 그 모퉁이를 돌자마자 트럭이 우리를 향해 달려든 바로 그 순간 하나님은 갑자기 그분의 얼굴을 돌려 우리를 외면하셨다! 그 당시 나는 하나님이 그 절체절명의 순간에 계시지 않았다고 절규했다. 혹시 하나님이 그 자리에 계셨다 할지라도, 그분은 결국 우리를 돌보지 않으셨다."

비록 어떤 사람은 주님이 기적적으로 개입해서 구해주시는 경험을 할 수 있을지도 모르나, 또 어떤 사람은 죽음과 핍박 그리고 엄청난 상실을 경험할 수도 있다. 히브리서 11장 4-35절에는 믿음의 사람들이 보여주는 극적인 상황이 펼쳐져 있다. "그들은 믿음으로…약속된 것을 받았고 사자들의 입을 막기도 했습니다. 또 불 가운데서 구원을 받았고 칼날도 피했으며 약한 사람이 강해지고 싸움터에서 용감하게 외국 군대를 무찌르기도 하였습니다"(현대인의 성경). 그리고 숨 쉴 틈도 없이, 우리는 또 다른 믿음의 남녀 용장들이 그들의 믿음으로 말미암아 좋은 명성을 얻었지만, 아직은 '하나님이 약속하신 모든 것을 받지는 못했다'는 사실을 확인한다. 그들은 고문당하고, 조롱받으며, 매를 맞고, 사슬에 묶여 갇히기도

했으며, 돌로 맞기도 하고, 톱으로 몸이 잘리거나 칼날에 죽임을 당하기도 했으며, 가난과 고통에 시달리고, 온갖 학대를 받았다(히 11:35-40).

우리가 이 모든 것을 지식적으로는 알고 있지만, 여전히 많은 사람이 가슴으로 이렇게 절규한다. "하나님, 왜 당신은 이런 일이 일어나도록 허용하시는 겁니까?" 우리의 믿음과 신앙 체계, 우리가 정한 기대치가 산산조각이 나고 치유의 과정이 시작될 때 그것은 고통의 어깨 위에서 새로운 신앙 체계를 다시 건축해야 함을 의미한다.

이전 믿음과 삶에 대한 죽음을 선언하고 새로운 믿음과 삶을 향한 여정을 시작한다는 것은 더 깊고도 강력한 주님과의 관계를 세울 수 있는 잠재력을 나타낸다. 또한 하나님을 우리 자신의 관점에 가두기보다는 하나님이 하나님 되시도록 인정하는 능력을 얻을 수 있다. 앤은 '스토리 3'에서 계속 이야기한다. "내가 처한 상황 때문에 하나님이 그곳에 계시지 않는다고 울부짖을 때, 하나님은 많은 사람을 통해 내게 자신을 드러내시고 내 눈이 가시적으로 볼 수 있게 하셨다. 사고가 일어난 후 여러 달 동안 여러 사람, 때로 낯선 사람들까지 친절한 도움의 손길을 베풀며 그리스도의 사랑을 보여주었다."

내가 위기 현장에서 철수한 후(스토리 1), 고통의 문제와 하나님의 역할에 대한 나 자신의 신앙 체계를 점검하는 시간을 보내고 있을 때, 나는 우연히 놀라운 구약 말씀을 보게 되었다. 욥이 격렬하고도 부당한 고통을 당하면서도 복음적인 신앙을 고백하는 부분이다.

> 내가 알기에는 나를 구하실 분이 살아 계시므로 그가 결국 땅 위에 서실 것이다. 내 육체의 가죽이 썩은 후에는 내가 육체 밖에서 하나님을 볼 것이며 그때는 내 눈이 그를 보아도 낯선 사람처럼 하지 않을 것이니 내 마음이 한없이 설레는구나! 욥 19:25-27, 현대인의 성경

나는 무고한 희생자들을 죽이거나 강간하고 폭행하는 범법자들의 불의에 괴로워하며 씨름하던 그 상황에서, 비로소 하나님을 구속자로 묵상하게 되었다. 주님은 십자가 상에서 이미 우리의 구원을 성취하셨다. 우리가 악한 상황 속에서 선을 발견할 때, 현재의 구원은 일어나고 있는 것이다. 욥은 앤이 '스토리 3'에서 고백하는 것처럼, 19장 25-27절 말씀에서 미래의 구원에 관해 이야기하고 있는 것 같다. 이것은 악의 종말, 죄를 완전히 도말하는 구원을 의미한다. 이에 대해 예수님은 이렇게 말씀하신다.

그리고 해와 달과 별이 이상한 일이 일어날 것이며 땅에서는 성난 바다와 파도 소리에 놀라 민족들이 불안에 떨 것이다. 사람들이 세상에 닥쳐올 일을 생각하고 무서워서 기절할 것이니 이것은 천체가 뒤흔들릴 것이기 때문이다. 그때 사람들이 내가 구름을 타고 능력과 큰 영광으로 오는 것을 볼 것이다. 이런 일이 일어나기 시작하거든 너희는 일어나 머리를 들어라. 너희 구원이 가까웠다…너희는 조심하라. 그렇지 않으면 방탕하고 술 취하고 인생살이 걱정하다가 마음이 둔해져서 뜻밖에 그날이 너희에게 덫과 같이 덮칠 것이다. 그날은 지구 상에 있는 모든 사람에게 이를 것이다. 그러므로 너희는 앞으로 일어날 이 모든 일들을 겪지 않고 내 앞에 설 수 있도록 언제나 정신 차리고 기도하여라. 눅 21:25-28; 34-36, 현대인의 성경

'스토리 4'에서 제럴드는 자신의 신앙을 재건하면서, 비극적인 사고 속에 개입되었다고 생각한 하나님의 역할보다 훨씬 더 넓은 믿음을 가지게 된 것을 묘사하고 있다. 그는 그 문제를 이렇게 표현했다. "나는 그 사고 후 하나님에게서 돌아서거나 하나님을 원망하지 않았다. 그 대신 나는 모든 것에 대해 새롭게 질문했다. 이생을 떠난다는 것은 도대체 무엇을 의미하는 것인가? 하나님이 존재하거나 존재하지 않는다는 것은? 우주적인

도덕률이 존재한다는 것과 존재하지 않는다는 것의 차이는? 하나님이 통치하신다는 것과 인생이 제멋대로 흘러간다는 것 사이에 무슨 연관성이 있는가 등등. 그러나 내가 고통을 겪은 후 이 모든 문제에 대한 책임을 전적으로 하나님께만 돌리는 것이 사실은 정직하지 않고 무책임하다는 자각이 생겼다. 우리는 인생의 모든 중대한 문제를 심사숙고하고 잘 검토해야만 한다. 시간이 지날수록, 나는 새로운 자각과 확신을 가지고 그리스도인의 신앙으로 되돌아왔다. 왜냐하면 그것은 내게 일어난 가장 깊고도 심각한 문제들에 대해 최선의 해답을 주었기 때문이다."

트라우마를 겪기 전의 개인적 여건이나 신앙 형성의 경험 정도에 따라 재난을 겪을지라도 당사자의 신앙이 심각하게 흔들리지 않을 수도 있다. 사실은 그가 트라우마 상황을 통해서 오히려 하나님의 사랑으로 가득 찬 임재를 체험하고, 주님께 더 가까이 나아가는 결과를 얻을 수도 있다. 댄 크림은 '스토리 5'에서 자신의 상황을 소개한다. "사건이 일어난 며칠 후, 하나님이 모든 상황 가운데 우리와 함께 계시면서 이 모든 일을 바라보고 계셨다는 생각을 내 마음속에 넣어주셨기 때문이다. "나는 그들이 너의 팔을 내려치는 것을 보면서 너를 위해 울었다." "나는 그들이 네 아내를 위협하는 것을 보고 내 심장도 찢어지는 것 같았다." 하나님이 그 자리에 임재하고 계시면서 우리 가족을 온전히 긍휼히 여기고 계셨다는 사실을 알게 되자, 그것이 바로 치유의 근원이 되었다."

트라우마에는 우리의 신념 체계를 파괴할 수 있는 힘이 있다. 그 파괴를 재건하는 과정은 궁극적으로 하나의 구속 행위며 또한 고통 가운데서 의미와 목적을 발견하는 작업이다.

> 내 지평선을 컴컴하게 만든 바로 그 불이 나의 영혼을 따뜻하게 감싸고
> 내 마음을 억누르던 그 어둠이 나의 시각을 날카롭게 하네

내 가슴을 덮쳐 누르던 그 홍수 물결이 나의 갈증을 꺼주고
내 육체를 관통하던 그 가시들이 내 영을 더 강하게 하네
내 욕망들을 묻었던 그 무덤이 나의 헌신을 더 깊게 한다네
이런 하나님의 의도를 알아채지 못하는 인간들의 실패야말로,
인생의 진정한 재앙일세!

제임스 민(James Mean), "눈물 어린 축제"(A Tearful Celebration)

아동에게 나타나는 영적 영향

어린이 또한 트라우마에 깊은 영향을 받은 고통의 신학과 세계관을 형성한다. 나는 아버지가 무장 강도들에게 살해된 8살짜리 선교사 자녀를 상담하면서 놀란 적이 있다. 내가 그 여자아이에게 이런 경험이 어떤 의미가 있느냐고 묻자, 그 아이는 "나는 하나님이 나에게 그분을 더 깊이 신뢰할 기회를 주고 계신다고 생각한다"라고 말했다. 물론 그 아이는 영적으로 조숙한 편이었지만, 이 사례는 아이들이 트라우마 유발 사건에 대해 영적으로 깊이 있고 의미 있는 성찰을 할 수 없다고 속단해서는 안 된다는 것을 보여준다.

앞서 '정서' 항목에서 언급한 것처럼, 특정 사건에 대해 아이들이 어떤 의미를 부여하고 있는가를 이해하는 것은 중요하다. 어린이는 주술적인 요소를 띤 소위 '마술적 사고'(magical thinking)를 믿는 경향이 강하다. 예를 들면, 자신이 소원하고 믿으면 어떤 일이 그대로 일어난다는 것이다. 또한 이해력의 공백을 메우기 위해 상상력을 동원한다. 아이들은 그 사건에 대해 어른들이 하는 이야기를 듣지만, 전부가 아닌 일부만 주워듣는다. 그들은 또한 어른들이 느끼고 반응을 보이는 것들을 관찰하고는, 그것을 바탕으로 자신의 추정을 덧붙인다.

3부 7장의 '아동을 위한 공동체의 지원'에서, 어린이들이 경험한 사건

을 이해하기 위해, 또한 외상 후의 영적인 반응과 관련해서 고심하고 씨름하고 있을 때 아이들을 어떻게 도와야 하는지에 대해 더 많은 통찰력을 제공할 것이다.

회복의 과정

정상적인 진전

이본느 돌런(Yvonne Dolan)은 회복의 정상적인 진전 과정을 능숙하게 설명하고 있다. 즉 트라우마의 피해자 단계에서 생존자 단계로 옮겨가는 고통을 겪는 사람들이, 마침내 활기차고 제대로 된 삶을 살아가는 자신의 역량을 축하하는 자리에까지 이르게 된다는 것이다(Dolan, 1998, 4-7). 그녀는 많은 사람이 트라우마 회복의 마지막 단계를 피해자에서 생존자로 옮겨질 때 일어난다고 추정하는 점을 문제로 지적한다. 오히려 그녀는 조사연구와 자신의 경험을 통해, 생존자 단계에 머무는 사람들은 삶에 대한 태도에서 경미한 정도의 우울증과 보통 정도의 비관주의적 관점을 보인다는 점도 밝혀냈다. 그래서 생존자 단계에서 한 걸음 더 나아가, 당사자가 진정한 즐거움을 경험하도록 허용하는 단계로 진행할 수 있다고 생각한 것이다. 피해자-생존자-축하자 이동 도표는 왼쪽에서 오른쪽으로 이동하는 정상적인 치유 과정의 흐름을 보여주고 있다. 그런데 각 단계마다 목적과 과업이 정해져 있다.

피해자 단계(Victim stage) 당신에게 뭔가 끔찍한 일이 일어났다는 것을 인정할 때, 당신은 피해자 혹은 희생자 단계의 목적을 충족하기 시작한 것이다. 치유의 과정을 시작하기 위해서는, 당신에게 나쁜 일이 일어났다는 사실을 스스로 직면해야 하고, 그와 관련된 느낌도 인정해야 한다. 이 단계의 과업은 먼저 당신에게 무슨 일이 일어났는가를 다른 누군가에게 이야기할 수 있는 용기를 발휘하는 것이다. 그리고 이 일에 대한 당신의 책임이 무엇이었는가를 정직하고도 공정하게 평가하고, 또한 책임질 일이 아닌 것이 무엇인지를 확인하여 그 일과 관련된 수치심을 떨쳐버리는 것이다.

생존자 단계(Survivor stage) 생존자 단계의 목적은 당신이 트라우마 경험이 일어난 기간을 버티면서 지내왔다는 것을 이해하는 것이다. 이 단계의 과업은 당신이 생존하면서 점진적으로 건강해지도록 만들어준 힘과 자원의 존재를 인정하고 감사하는 것이다. 또한 어떤 잘못이 있었다면 용서하고 용서받는 것을 포함한다.

축하자 단계(Celebrant stage) 끔찍한 트라우마를 통과한 사람에게 축하할 일이 어디 있겠는가? 그러나 생존자 신분을 넘어 감사와 즐거움의 자리로 옮겨가는 것은 삶의 진정한 본질을 껴안고 축하할 수 있는 방향으로 문을 여는 것이다. 축하자 단계에 왔다는 것은 곧 당사자가 고통이나 트라우마 자체를 즐기고 기념한다는 의미가 아니다. 물론 어떤 사람은 그 사건 때문에 생긴 성품의 변화 때문에, 트라우마를 경험한 것을 감사하다고 말한다. 그러나 축하자 단계의 목적은 충만함과 기쁨, 진정성 등이 특징인 참된 인생을 사는 데 있다. 이 단계의 과업이나 도전은 여전히 불편하고 생소한 삶의 영역에 머물러 있음에도, 계속해서 위험을 감수하면서 긍정적이고 건강한 삶을 선택하기 위해 시간과 에너지를 바치는 것이다.

여러 가지 측면에서, 생존자에서 축하자로 이동하는 것은 외상 후의 성장 현상과 유사하다는 점을 유의하라. 이 문제는 3부 11장에서 더 탐구하게 될 것이다.

마리에타 재거(Marietta Jaeger)는 가족과 캠핑 여행을 할 때, 딸이 납치되어 살해를 당했다. 2006년 1월 6일자 ABC 뉴스의(인터넷 판) 소식란에 그녀의 글이 실렸다. 그녀는 피해자에서 생존자로, 더 나아가 축하자로 이동한 여정을 묘사했다. 사건 초기에 딸을 살해한 범인이 확인되지 않았지만 체포되기만 하면, 그녀는 그를 직접 죽이겠다고 결심했다. 시간이 흐르면서, 점차 그 범인을 위해 기도하고 용서하는 일을 시작했다. 사건이 있고 1년 정도가 흐른 뒤에, 그 범인이 그녀를 더 고통스럽게 만들기 위해 전화를 걸어왔는데, 그녀는 오히려 그 남자를 위해 무엇을 도와줄 수 있는지를 되물었다. 이런 태도에 그 남자는 마음이 녹아서 자신의 행방을 밝혔는데, 그렇게 하면 금방 체포될 수도 있었다. 살인을 고백한 후 그는 결국 자살을 선택했다. 그러나 이것은 마리에타에게 어떤 기쁨도 주지 못했다. 오히려 그녀는 그의 죽음을 애도했고, 그 살인범의 어머니를 찾아가서 그녀를 위로했다. 이 모든 과정이 비록 점진적이고 고통스러운 여정이었지만, 마리에타는 '축하자'라는 단어의 의미를 보여주는 귀감이 되었다.

피해자–생존자–축하자 이동 도표

피해자의 행동	생존자의 행동	축하자의 행동
자기 연민과 제한적 활동, 수동적	자기 통제를 하기 시작, 몸을 풀거나 치유 시작	자기 장악을 이루어냄, 능동적
피해자의 정서	**생존자의 정서**	**축하자의 정서**
무력감, 통제 불능을 느낌, 분노, 망연자실, 감각 회피, 과거를 기억하면 고통스러움, 우울감, 염려, 증오심 등에 휘둘림, 비통함, 쓰라림, 수치심, 자기혐오	생존에 대한 만족감, 자기 강화를 느끼기 시작함, 자원이나 선택에 대한 희망, 고통스러운 기억에 대해 덜 심각하게 느낌, 과거에 영향을 받지만 휘둘리지는 않음, 수치심이 해결됨	앞으로 나아가기로 다짐함, 미래를 계획함, 유머 감각의 회복, 현재와 미래에 대한 흥분을 느낌, 자신의 힘을 느낌, 상처를 받았음에도 평안, 행복, 재활, 낙관주의 상태임, 수치심에서 해방

피해자의 신체 상황	생존자의 신체 상황	축하자의 신체 상황
신체적 불편함에 시달림, 중독, 자기 파괴적	불편함이 줄어들고 신체적으로 힘을 얻게 됨, 신체적 건강에 힘을 씀	신체적으로 건강해서 건강 문제에 신경을 덜 쓰게 됨, '아드레날린 복용' 없이도 일상생활이 흥미로움
피해자의 대인 관계	**생존자의 대인 관계**	**축하자의 대인 관계**
구조되기를 희망함, 피해자 역할에 머물면서 부가적인 이득을 기대함	변화하고 성장할 수 있다는 잠재력을 인정함, 관계가 상호적이 되고 만족스러워짐	건강한 관계를 위한 자기 결단, 다른 사람에게 다가감: 동정심을 느낌, 고통 속에서도 숨길 필요 없이 다른 사람과 연결됨, 새로운 관계 형성을 통해 경이로움과 경외감을 느낌
피해자의 인지 상태	**생존자의 인지 상태**	**축하자의 인지 상태**
선택 사항 부족에 대한 인식, 과거에 초점을 맞춘 생각들, 과거의 기억에 지배당함, 미래의 희망이 없다는 생각	대응 기술이 잘 작동됨, 현재에 생각의 초점을 맞춤, 기억들을 통합하기 시작함, 새로운 가능성에 마음을 열기 시작함	창의적인 대응이 증가함, 현재와 미래가 과거보다 더 분명해짐
피해자의 영적 상황	**생존자의 영적 상황**	**축하자의 영적 상황**
피해자로서의 정체성, 여전히 트라우마 가운데 있는 것처럼 생활, 아직 경험에서 배우지 못함 (트라우마를 반복하려는 성향이 있음)	트라우마에 대한 승리와 개선, 트라우마를 직면함, 치유와 하나님에 대한 믿음의 헌신	삶에서 의미와 즐거움을 발견함, 트라우마에서 성장해서 나옴, 다시 사랑하는 일에 헌신함, 회복 탄력성

트라우마성 합병증: 외상 후 스트레스 장애

외상 후 스트레스 장애[Post-Traumatic Stress Disorder(PTSD)]는 당사자 자신이나 다른 사람에게 실제적인 사망이나 심각한 상해가 일어났거나, 혹은 이와 동일한 위협을 당한 정신적 외상성 사건을 경험한 후, 수 주 혹은 수개월 내에 발생할 수 있다. 만약 당사자가 트라우마 상황에서 격심한 두려움이나 무력감, 공포를 느낀다면, PTSD의 위험은 더 높아진다. 그러나 트라우마를 경험하는 사람은 대부분 PTSD로 발전하지 않은 채 회복될 것이다. PTSD로 발전되는 비율은 트라우마의 성격에 많이 좌우된다.

PTSD의 증상은 그 사건의 재경험과 회피 반응, 생리적 각성 상태(arousal)의 증가 등으로 나타난다. 사건의 재경험은 그 사건을 기억나게 하는 것들과 유발 요인(triggers)에 노출될 때, 생생한 기억과 장면의 회상(flashbacks), 격심한 고통과 함께 찾아오고, 또한 그 사건을 상징하는 내외부적인 단서나 암시에 대한 생리적인 반응으로 나타난다. 회상 작용은 트라우마성 사건을 매우 강렬하고 생생하게 기억하는 것으로, 당사자가 트라우마 사건 현장으로 돌아가 있다는 감각을 느끼게 한다.

PTSD로 고통당하는 사람들은 우선 망연자실하여 멍한(numbing) 상태가 된다. 그리고 트라우마와 연관된 생각이나 느낌, 대화 등과 함께 그 사건의 기억을 떠올리게 하는 행동이나 장소, 사람을 완강하게 회피하려고 할 것이다. 또한 대조적으로, 그들은 트라우마의 여러 측면을 차분하게 되돌아볼 능력이 없고, 중요한 활동에 대한 관심도 약해져서 고립감을 느끼게 될 것이다. 각성 상태가 고조될 때 나타나는 증상에는 잠들거나 수면 상태를 유지하는 데 어려움을 겪고, 화를 잘 내고 분노를 폭발시키며, 집중이 어렵고, 극도로 민감해지며, 과도하게 놀라는 반응을 보이는 것이 있다. 초민감성(hypervigilance)이란 용어는 항상 위험한 환경을 예상하고 살피는 마음 상태를 묘사하는 데 사용된다. 초민감성 상태에 있는 사람은 언제나 사태에 대응할 수 있도록 고도의 경계 태세를 갖추고 준비한다. 물론 이런 상태가 지속되면, 쉽게 소진되어버리고 사람들과의 관계에 집중하기가 어려워진다.

PTSD는 그 근원이 두려움을 바탕으로 하는 무질서 상태다. 두려움이란 위험하거나 위협적인 상황에 대한 자연스러운 감정 반응으로, 우리에게 잠재적 해악을 경고하는데 도망가거나 싸워서 우리 자신을 보호하도록 준비시키는 하나의 적응 반응(adaptive response)이다.

트라우마성 합병증: 기타의 불안 반응

성경에서 가장 자주 나오는 명령이 "아무것도 염려하지 말라" 혹은 "두려워하지 말라"라는 것은 흥미로운 일이다. 이것은 우리 삶에서 많은 일이 우리를 염려하게 만드는 점, 그런 염려가 우리에게 상당한 해를 끼친다는 사실을 주님은 알고 계신다는 사실, 주님께서는 고통에서 우리를 자유롭게 하실 수 있는 방안이 있다는 점을 반영하는 것으로 보인다. 여기서 불안의 공통적인 증상을 도표로 정리해보았다.

불안의 공통적인 증상

- 불안감
- 긴장을 느끼고, 조마조마함
- 짜증과 화를 냄
- 멍해지고 기억이 나지 않음
- 식은땀이나 진땀을 흘림
- 숨이 차거나 가쁨
- 근육의 경직
- 피로감
- 심장이 쿵쾅거림
- 집중하기 어려움
- 최악의 상황을 예견함
- 차분하지 못하고 마음이 동요됨
- 위험 징후를 살핌
- 잦은 소변이나 설사
- 떨리고 두근두근함
- 두통
- 불면증

불안 장애(anxiety disorder)에는 여러 가지 유형이 있는데, 압도적인 트라우마 사태 후에 발현될 수 있다. 아래와 같은 유형을 포함한다.

- **통상적 불안(Generalized Anxiety)** 과도한 염려와 불안 상태가 적어도 6개월 정도 지속되는 특징이 있다. 증상으로는 마음의 동요, 피로감,

집중 장애, 짜증과 화냄, 근육의 경직, 수면 장애 등이 나타난다. 이것은 성인은 물론 아동에게도 일어날 수 있다.
- **공황 발작(Panic Attacks)** 단기간의 격렬한 공포나 불안이란 특징이 있는데, 이 상황에서는 당사자가 빠른 심장 박동 수, 식은땀과 떨림, 숨이 가쁘고 질식당하는 느낌, 가슴 통증, 메스꺼움과 어지러움, 비현실감, 통제 불능이나 정신 이상에 대한 두려움, 죽음의 공포 등을 경험하게 된다. 이런 증상은 어린이에게는 드물게 나타난다.
- **분리 불안(Separation Anxiety)** 어린이들은 적어도 4주 정도 집이나 부모 혹은 케어 담당자에게서 떨어지게 되면 과도한 불안에 빠진다. 이런 상황에서 어린이는 친근한 사람들을 잃게 될까 봐 지속적이고 과도하게 염려하게 되고, 학교 가기를 주저하거나 거부하며 밤에는 친구들과 함께 지내기를 원하거나 이별과 관련된 일에 집착한다. 분리가 실제 상황이 되거나 예측이 되면, 아이들은 이별이 주제가 되는 악몽을 꾸거나, 배나 머리가 아프고 메스껍다는 신체적 증상을 반복해서 호소할 수 있다.
- **특수 공포증(Specific Phobias)** 어떤 특별한 대상이나 상황(예: 뱀, 곤충, 피를 보는 것 등)의 출현이나 예견으로 촉발되는 과도하고도 비이성적인 공포가 지속될 때 나타나는 현상이다.

트라우마성 합병증: 우울증

우울한 느낌은 트라우마 반응이나 애도 과정의 정상적인 부분이다. 그러나 이런 기분이 지속되고 더 심해져서 한 사람의 세계가 쪼그라들고 희망이 사라진다면, 그것은 임상적인 우울증(clinical depression)으로 발전한 것이고, 전문적인 치료가 필요하다. 외상 후에 어떤 사람이 임상적인 우울 증세를 보였다면, 거기에는 여러 가지 이유가 있을 것이다. 어떤 사람은 가족력이나 이전의 우울증 경험으로 인해, 다시 우울증에 취약하게 되는 경우도 있다. 트라우마의 자연적 특성 때문에 만성 스트레스에 시달리게 되면 정상적 대응 기제(coping mechanisms)가 와해되는 결과가 나타날 수도 있다. 어떤 사람은 용서하지 못하는 문제와 마음속 응어리 때문에 지속적인 갈등을 겪을 수 있는데, 그런 문제 때문에 우울증으로 발전할 수 있다.

임상적 우울증의 증상

- 암울하고 슬프며 공허한 느낌
- 활동하는 일에 흥미나 재미를 별로 느끼지 못함
- 체중, 식욕의 증가나 감소
- 수면 부족이거나 수면 과다
- 초조하고 안정감이 없으며 기력이 매우 약해짐
- 피로감 혹은 에너지가 매우 낮음
- 무가치한 느낌 혹은 과도한 죄책감
- 집중하거나 의사를 결정할 능력 부재
- 죽음에 대해 생각하거나 계획, 무계획적으로 자살할 생각을 함

트라우마를 겪은 후에 느끼는 우울한 기분은 정상이다. 그러나 임상적 우울증은 적어도 2주 동안, 거의 온종일 우울한 기분이나 과민성에 의한 기분 장애를 겪는 증상인데, 이것은 결국 기능 장애를 유발한다. 전형적인 임상적 우울증의 증상은 앞의 도표에 정리되어 있다.

남성의 우울증은 진단 과정에서 슬픔보다는 분노로 보이는 경우가 많기 때문에, 진단 미확정(undiagnosed)이 되는 경우가 더러 있다. 자주 나타나는 남성 우울증의 특성은 다음 표에 정리되어 있다(Hart, 2001, 29).

빈번한 남성 우울증의 특성

- 화를 잘 내고 민감함
- 적개심이나 분노
- 성마르고 급한 성격
- 성미가 까다롭고 변덕스러움
- 분노를 분출함
- 기분을 말로 표현하기보다는 행동으로 나타내 보임
- 말하기를 거부함
- 일상적인 스트레스(예: 아이들이 내는 소음 등)에 대해 과도하게 반응함
- 사랑하는 사람들에게서 물러나 웅크림
- 친밀한 관계를 회피함
- 묵살, 무시
- 도피적인 행동(텔레비전 시청, 알코올 남용)
- 배우자에게 폭력을 행사함
- 성 중독
- 일중독
- 빈번하게 직업을 바꿈
- 고위험 활동(과속 운전, 위험에 자신을 노출함)
- 두통, 만성 통증, 소화 불량 등과 같은 신체적 증상

아동의 우울증은 때로 성인 우울증과는 다른 양상을 보인다. 어린이는 그들이 느끼는 것을 어른처럼 표현할 능력이 없다. 아동의 우울증은 부모, 교사, 상담가가 빈번하게 나타나는 아동 우울증의 특징과 지표를 잘 알고 있지 않으면, 알아채지 못하고 지나가거나 버릇없이 구는 것으로 치부되기 쉽다(다음 도표 참조).

아동 우울증의 특징과 지표

특징

- 슬프거나 민감하게 느낌
- 지루해하고 흥미를 느끼지 못함
- 수면 장애
- 피곤해하고 매우 낮은 에너지
- 아무도 자기를 사랑하지 않는다고 느낌
- 죽음을 생각하고, 자기가 죽었으면 좋겠다고 생각함
- 울고 싶고, 평소보다 더 심하게 욺
- 자신 때문에 나쁜 일이 일어났다고 생각함(죄책감)
- 해결책은 없지만 문제가 많다는 점을 이야기함(무력감)

지표

- 학교나 가정에서 행동 문제를 일으킴
- 주의력결핍장애(ADD)로 진단받음
- 불안과 두려움을 안고 있음
- 도피적인 행동(텔레비전 시청, 알코올 남용)
- 외롭다고 느낌
- 자신이 어리석고 나쁘다고 여김
- 학습 능력과 성적 저하
- 교우 관계에 문제가 있음

좋은 소식은 우울증은 치료가 잘된다는 것이다! 우울 증상이 2주 이상 나타났을 때, 의료적인 검진과 함께 심리적 검사를 진행하는 것이 중요하다. 우울증은 약물 처방과 단기간의 심리 요법을 병행할 때 가장 효과적으로 치료된다. 또한 우울 증상을 약화시킬 수 있는 영적 방안으로, 기도와 성경 암송, 경배와 찬양 등이 있다. 그러나 개인의 재활 기능에 강한 영향력을 미치는 우울증이나 자살 충동과 연관된 경우에는, 즉각적으로 의료적 조치를 포함한 전문가의 개입이 필요하다.

트라우마성 합병증: 중독

트라우마의 감정적 고통이 억제되거나 봉합되면, 자연스러운 치유 과정은 효력이 약해진다. 그래서 어떤 사람은 임시로 통증을 완화하거나 인위적 행복감을 주는 행동으로 격심한 고통을 마비시키려는 시도를 한다. 일단 임시적 조치의 효력이 떨어지고 더 격심해진 통증이 다시 찾아오면, 이전 해결책으로 다시 돌아가려고 하는데 이런 시도 때문에 중독에 빠진다. 그리고 건강의 붕괴, 영적, 신체적으로 괜찮은 척하려는 가장된 태도, 관계의 쇠퇴 같은 새로운 문제들이 떠오른다. 트라우마의 피해자는 알코올이나 마약과 같은 물질 중독에 취약한 상태가 된다. 우리는 일반적으로 마약을 불법적인 물질이라고 생각하지만, 치료를 위한 처방약 중에도 중독성 물질이 있다[예: 바리움(Valium), 아티반(Ativan)과 같은 항우울제 혹은 옥시코돈(Oxycodon), 퍼코세트(Percocet)와 같은 진통제]. 해결되지 않은 트라우마나 슬픔 때문에 나타나는 또 다른 중독 현상은 인터넷을 통한 포르노 중독이다. 이것은 선교 인력을 포함한 그리스도인 사이에서도 점차 일반화될 만큼 증가하고 있는데, 비밀스러움과 수치심이 그 특징이다. 또한 자신의 신체를 스스로 훼손하는 자해와 자상 행위는 정신적 고통을 말로 표현할 수 없거나 스스로의 힘으로는 극복할 수 없는 중독 상태에 빠졌을 때 발생할 수 있다.

마지막으로, 거식증(절식, anorexia)이나 과식증(폭식과 구토, bulimia)과 같은 식이 장애 역시 해결되지 않은 감정적 고통과 연관이 있다. 케어 담당자는 중독이 트라우마 후 오랜 시간에 걸쳐 발전된다는 점과 이런 증상을 겪는 피해자에게 따뜻한 애정과 확고한 결단으로 접근해야 한다는 사실을 깨닫는 것이 중요하다. 중독에서 치유되려면, 당사자의 의지만으로는 충분하지 않다. 중독자를 돕기 위해서는 다차원적 지원이 필요하다. 또한 그를 사랑하는 사람들이 그가 중독에서 오는 고통을 해결하도록 울타리를 쳐주고 안전한 환경을 조성하는 것이 중요하다.

/ **7장** /

공동체의 지원

카렌 카

삼위일체의 심원한 공동적 역동성(communal dynamic)은 하나님이 관계성을 얼마나 중요하게 여기시는지를 증명한다. 우리는 트라우마와 홀로 씨름하도록 부름 받지 않았다. 오히려 하나님과 다른 사람들 안에서 그리고 그 관계를 통해서, 우리는 회복되고 정련되었으며, 본질적으로는 하나님의 형상으로 지어졌다. 성경 말씀은 믿는 자들의 공동체에게 사랑하고 참으며 지원하고 서로의 짐을 지라고 호소한다. 서로에 대한 사랑과 회복력을 지닌 공동체를 통해, 우리는 증거와 사역을 지속할 수 있고, 우리 자신의 행복을 유지할 수 있다.

히브리서 기자는 우리보다 앞서간 그리스도인들의 고난과 신앙에 대해 묘사하고 그것을 우리 삶에 적용한다. "이렇게 많은 증인들이 우리를 지켜보고 있습니다. 그러므로 우리도 모든 무거운 짐과 얽매이기 쉬운 죄를 벗어 버리고 목표를 향해 꾸준히 달려갑시다. 그리고 우리 믿음의 근원이시며 우리 믿음을 완전케 하시는 예수님을 바라봅시다. 그분은 장차 누릴 기쁨을 위하여 부끄러움

> *삼위일체 하나님의 능력인 공동체의 힘은 우리의 심령 깊은 곳을 관통하고, 우리가 당면한 엄청난 고통과 상처와 희생에도 경주를 계속하도록 우리를 움직이기 때문이다.*

과 십자가의 고통을 참으셨으며 지금은 하나님의 오른편에 앉아 계십니다"(히 12:1-2, 현대인의 성경).

이 말씀이 우리 마음에 다가오는 이미지는, 탈수로 인한 경련과 근육의 피로로 기진맥진하여 경기를 중단하고 바닥에 드러눕고 싶다는 생각과 씨름하는 마라톤 선수가 떠오른다. 나는 1992년도 바르셀로나 올림픽에서 달리던 데릭 레드몬드(Derek Redmond) 선수의 비디오를 본 적이 있다. 그는 400미터 준결승 경기에서 달리다가, 허벅지 뒷부분의 햄스트링에 심각한 부상을 입고 쓰러졌다. 수년 동안 각고의 노력으로 연습한 결과가 이렇게 끝나고 말 것 같았다. 그러나 그는 다시 일어나 절뚝거리며 달리기 시작했다. 그때 나이 들어 보이고 약간 뚱뚱한 그의 아버지가 경비원들의 제지를 뚫고 아들 곁으로 달려 나왔다. 그는 아들의 어깨를 감싸면서 "아들아, 내가 여기 있다. 함께 끝낼 수 있어"라고 속삭이며 격려했다. 아들은 통증으로 일그러진 얼굴을 들고 흐느꼈지만, 인내하며 앞으로 나아갔다. 아버지가 사랑스러운 팔로 아들을 감싼 채 함께 달리자, 수천 명의 관중이 그들을 향해 손뼉을 치고 환호하며 응원했고, 데릭은 드디어 결승선을 넘었다. 왜 이런 광경에 우리는 가슴 깊이 감동할까? 왜 나는 이 글을 쓰면서 눈물을 흘리는 걸까? 왜냐하면 삼위일체 하나님의 능력인 공동체의 힘은 우리의 심령 깊은 곳을 관통하고, 우리가 당면한 엄청난 고통과 상처와 희생에도 경주를 계속하도록 우리를 움직이기 때문이다. 만약 이 선수에게 아버지가 없었고 거대한 무리의 증인이 없었더라면, 아마도 그는 땅바닥에 드러누워 포기하고 말았을 것이다.

지도자와 동역자를 위한 훈련

조사 연구에서 제시하는 바에 따르면, 외상 후 스트레스를 감소시키는 핵심적인 방안은 트라우마 발생 이전부터라도, 스트레스 관리를 강화하고 사회적 지원의 질을 높이는 활동 체계를 개발하는 것이다. 위기 상황과 위기 후의 사회적 지원 수준과 단체 지원에 대한 인식은 당사자의 대응 능력과 전반적인 회복력에 영향을 미친다(Forbes & Roger, 1999; Keane, Scott, Cavoya, Lamparski, & Fairbank, 1985). 모든 위기에 대한 개입과 예방 프로그램의 특정한 목표는 당사자에 대한 지원 체제를 개선하고 격려하는 것이 되어야 한다. 대인 관계 기술의 발전, 갈등 관리, 팀 세우기, 위기 대비 그리고 스트레스 관리 등에 관한 훈련은 외상 후 스트레스를 줄일 수 있는 효과적인 전략이다. 또한 이것은 타 문화권 사역자가 국제적인 선교 환경에서 일할 때, 불가피하게 당면하게 되는 트라우마 유발 요인들에 대응할 능력을 강화하는 데 효과적이다. 선교 단체의 리더들이 트라우마 피해자들이 도움을 받도록 인도해주는 일이야말로, 훈련된 케어 담당자들이 타 문화권 선교 환경에서 가장 효과적으로 기여할 수 있는 독특한 방법이다.

공동체를 기반으로 트라우마에 대한 케어를 제공하려고 할 때는, 지도자와 동료 사역자와 정신 건강 전문가가 함께 공동 사역을 하면서 위기 속에 있는 당사자를 돕게 된다. 그들은 당사자가 어떤 사건을 겪었고, 또 그것이 그에게 어떤 영향을 미쳤는지 충분히 이야기할 기회를 준다. 이런 형태의 케어는 강제로 어떤 절차를 거치거나 이행하라고 요구하는 것이 아니고, 당사자가 원할 때 언제든지 활용할 수 있도록 문을 열어두는 것이다. 사람들은 자신의 관심사를 표현할 수 있고, 지원을 받으면 방어 기제의 하나로 회피하는 대신 오히려 트라우마에 대응하도록 격려를 받는다. 회피는 외상 후 스트레스 장애(PTSD)의 유발 과정에서 중요한 위험 인자로 확인된 바 있다. 기동 멤버 케어팀(MMCT)은 단체와 필드 팀의 지도자와 동료 사역자가 자연스러운 케어 담당 능력을 확보하도록, 위기

대응 훈련 프로그램을 개발해왔다. 이런 훈련은 선교 공동체들이 더 많은 회복 탄력성 혹은 회복력을 갖추는 데 기여한다. MMCT는 트라우마 상황에서 효과적인 케어를 제공하는 데 필요한 케어 담당자들의 태도와 신앙, 지식, 기술에 초점을 맞추면서 훈련 사역을 진행하고 있다.

공동체 지원을 위한 태도와 신조

공동체 내에서 케어 제공자 혹은 케어 담당자의 태도와 동기는 극히 중요하다. 고난과 고통, 치유에 관한 케어 제공자의 핵심적인 신조는 케어의 질이나 수준에 영향을 미친다. 케어 제공자가 이런 지원 사역에 진입하기 전에 스스로 질문해야 할 주제는 다음과 같다.

- 이 사람을 도우려는 나의 동기는 무엇인가?
- 고통에 대한 나의 태도와 신조는 어떤 것인가?
- 나는 고통과 함께 지낼 수 있는가, 아니면 그것을 고쳐야 하는가?
- 나는 모순되는 상황, 대답해줄 수 없는 질문에 확실하게 말해줄 수 없는 상황을 잘 견뎌낼 수 있는가?
- 나는 사람들이 하나님에 대해 격노하는 것을 화내지 않고 들을 수 있는가?

욥의 친구들은 욥이 고난을 당하고 있다는 소식을 듣자, 공동체적인 지원을 제공하기로 작정했다. 그러나 궁극적으로 그들의 신앙 체계로는 감정적인 치유를 돕기 위해 지원을 제공하는 일에는 오히려 걸림돌이 되었다. 7일간의 놀라운 침묵 후에 나온 그들의 대답은 욥에게 아무런 위로가 되지 않았다.

그들은 이미 욥이 지식적으로 알고 있는 것들을 이야기했지만, 정작 욥은 해결책을 제시할 진리의 말씀에 굶주리고 허기져 있었다. "너희가 말한 그 모든 것은 내가 전에 다 듣고 보았으며 또 깨달아 알고 있다. 너희가 아는 것은 나도 알고 있으며, 내가 너희보다 못한 것은 아무것도 없다"(욥 13:1-2, 현대인의 성경). 이런 충고들은 고통당하는 사람에게, 그가 당하는 고난 때문에 혹 잊었거나 희미해질 수 있는 진리를 상기시키는 일에는 도움이 될 수도 있다. 그렇다고 해도, 당사자의 경험과 이해력을 인정해주는 겸손하고 존중하는 태도가 오히려 신선한 영감을 주는 명확하고 권위 있는 말을 하는 것보다 더 낫다.

욥의 친구들 역시 하나님을 방어해드릴 필요가 있다고 생각했기 때문에, 회개하지 않는 죄인이라고 욥을 비난하고 강하게 훈계했다. 고백하고 회개하라! 그렇게 하면 마치, 바로 즉각적인 치유가 일어날 것처럼! 그러나 욥은 이렇게 대답한다. "너희는 거짓말을 지어내는 자요 아무 데도 쓸모없는 돌팔이 의사에 불과하다. 제발 너희는 조용히 해다오. 그것이 오히려 너희에게 지혜가 될지 모른다. 이제 너희는 내 주장과 변명을 들어보아라. 너희가 어째서 거짓말을 하느냐? 너희 거짓말이 하나님에게 유익을 주리라고 생각하느냐? 너희가 하나님을 변호하려고 하느냐? 그를 위해 논쟁하려고 하느냐?"(욥 13:4-8, 현대인의 성경).

월터 웽거린(Walter Wangerin)은 깊은 고통에 시달리는 사람들의 입장을 대변해서 그들이 하고 싶은 말을 웅변적으로 서술하고 있다. 그는 케어 제공자들에게 하나님의 위로에 대해 자신이 성찰한 내용을 조언했다. 즉 고통 중에 있는 사람이 격정에 찬 질문을 던질 때, 그 질문은 "뭘 알고 싶어 하는 탐구심에서 나온 것이 아니고, 실망한 영혼에서 나온" 것임을 기억하라는 것이다. 분노하면서 하는 질문에 대해서는 때로 답이 없는 법인데, 왜냐하면 "그건 질문이 아니고 비난하고 고발하는 것이기 때문이다."

당신은 비탄에 잠긴 사람이 자신의 분노를 잘못된 방향으로 표적을 삼아 분출하다가, 점차 조심스럽게 다시 자신에게로 돌리는 상황을 알아챌 것이다. 그때 그것을

❝ 그 질문은 "뭘 알고 싶어 하는 탐구심에서 나온 것이 아니고, 실망한 영혼에서 나온" 것임을 기억하라! ❞

주님께로 가져가도록 그들을 격려해주라(Wangerin, 1992, 216-221).

나는 언젠가 은혜를 애매모호하게 여기는 한 목사를 만난 적이 있다. 그는 우울증이란 본질적으로 자기 연민이라고 믿었기 때문에, 목사의 기본적인 역할이란 당사자를 '사랑스럽게 뒤에서 한 대 걷어차서 정신이 번쩍 들게 하는 것'이라고 생각했다. 그런데 하나님은 욥의 친구들이 하나님을 가혹하고 판단만 하며 벌을 내리는 신으로 잘못 전달했기 때문에 하나님을 기쁘시게 하지 못했다고 생각한 욥의 주장을 지지해주셨다. 하나님이 엘리바스에게 말씀하신다. "나는 너와 너의 두 친구에게 분노를 금할 수 없다. 너희가 나에 대해서 말한 것이 내 종 욥의 말만큼 진실하지 못하다…내 종 욥이 너희를 위해 기도할 것이다. 그러면 내가 그의 기도를 듣고 너희 어리석은 소행대로 갚지 않겠다"(욥 42:7-8, 현대인의 성경). 얼마나 흥미로운 역전의 상황인가? 가장 깊은 고통 속에 있던 사람이 '위로자'보다 더 정확하게 하나님에 대해 말하고, 오히려 그가 친구들을 위해서 기도하는 것으로 끝나게 된 것이다.

욥기서는 욥의 친구들의 동기를 문제 삼기보다는, 오히려 그들의 행위를 지적한다. 우리는 어떤 사람이 무력감과 끔찍한 고통을 직면할 때, 공포에 빠지고 망연자실하며 도피하려는 욕구에 빠지게 된다는 사실을 쉽게 추정할 수 있다. 결국 욥의 친구들이 했던 차가운 위로는 시대가 변해도 변함없이 존재한다. 그래서 우리가 판단하고 비난하는 말을 하며 피해자를 참아주지 못하면, 그는 우리와 더 멀어지게 되고 우리는 그의 아픔을 진심으로 느낄 수 없게 된다. 논리와 이성이 슬픔의 긴 여정을 단축

하는 지름길을 열어준다고 착각하면, 진부한 해결책만 나오게 된다. 여기에 『애도에서 춤으로』(*From mourning into Dancing*, Wangerin, 1992)라는 책에서 저자가 언급한 추가적인 원리가 있는데, 이 원리는 진정성이 있고 효과적인 도움을 주려는 케어 제공자가 어떤 태도를 지녀야 할지 통찰력을 제시한다.

- 자신의 치명적인 고장 상태를 고쳐줄 것으로 기대하는 것이 아니라 이미 고장 난 자신에게 동반자가 되어달라는 것이다.
- 당사자에게서 고마움의 표시, 유순하게 말을 잘 듣는 것, 이성적인 행동 혹은 감사의 표현 같은 것이 돌아올 것이라고 아예 기대하지 말라!
- 애도의 과정을 잘 이해하되 슬퍼하는 사람 자체를 더 잘 이해하라.
- 당신 자신의 죽음과 화해하고, 죽음 자체와 화해하라.
- 당신의 존재가 당신이 제안하고자 하는 그 어떤 해결책보다 더 중요하다. 그와 함께 지내며 그냥 머물러 있으라.
- 당사자가 스스로 되뇌거나 같은 이야기를 반복할 때, 그런 표현을 통해서 치유가 일어난다는 사실을 기억하라. 요점은 당신이 전에 모르던 이야기들을 새로 알아듣도록 하는 데 있지 않다는 것이다.

하나의 선제적인 방안으로, 트라우마를 경험한 사람들을 돌보는 환경을 조성함으로, 치유를 촉진하는 건강한 공동체를 세우는 데 기여할 수 있다. 진 버니어(Jean Vanier)는 진정한 기독교인 공동체의 강력함에 대해 글을 쓴 적이 있다(Vanier, 1989). 그녀가 정리한 '건강한 그리스도인 공동체의 특징'은 다음에 요약되어 있다. 이런 요소들을 개발하고 육성하는 공동체는 트라우마의 희생자들이 속히 치유되고 회복될 수 있는 안전한 장소가 될 것이다.

교회와 선교 공동체들이 더 강건하게 성장하도록 돕기 위해, MMCT는 선교사들에게 자신들이 속한 공동체에서 가장 잘하고 있는 세 가지 요소를 선택하도록 요청했는데, 그 결과를 정리한 것이 많은 도움이 되었다. 이 연구로 지금 잘되고 있는 일을 긍정적으로 확인하고, 반면에 개선과 발전이 필요한 영역도 주목하게 되었다. 내부적으로 '축하자'의 능력을 갖춘 공동체는 불가피하게 닥쳐오는 폭풍을 헤쳐나갈 역량을 키워나간다.

건강한 그리스도인 공동체의 특징

1. **소속감** 소외감이나 거부감을 느끼는 대신 이해받고 받아들여지며 자신에게 잘 들어맞는 곳
2. **개방성** 정직하고 솔직해질 수 있으며, 진심으로 나눌 수 있는 곳, 새로운 사람을 환영하는 분위기
3. **돌봄** 친절하고 자상하며 온화하고 필요가 있는 사람을 배려함
4. **협력** 기술이나 자원을 공동 목표를 위해 사용함, 즉 팀워크
5. **치유와 성장** 슬픔이나 고통을 당한 사람들에게는 위로를 베풀고, 분투하는 사람들에게는 힘을 북돋아주며, 각자의 강점과 능력을 개발해줌
6. **친구와 적과의 관계** 서로 다른 사람들과도 기꺼이 친구가 될 수 있음, 홀대나 무시를 당한 후에도 화해하고자 노력함
7. **용서** 상대방이 마음을 상했을 때 용서를 구함, 상대함이 잘못했을 때 용서함
8. **인내** 사소한 일로 다른 사람이 성가시게 굴 때나 자기 방식대로 일이 잘되지 않을 때도 참고 견딤, 불평을 잘하거나 다른 사람과 형편 탓을 하며 비난하지 않음
9. **상호 신뢰** 서로 의존함, 최선을 다하기 위해 다른 사람이 당신을 의지할 수 있는 것처럼 당신도 다른 사람을 의지할 수 있음, 누구나 다른 사람을 폄하할 수 있다는 것을 이해하고, 이런 일이 일어나면 은혜를 베풀어야 함
10. **은사 활용** 공동체의 선을 위해 은사와 재능으로 기여, 또한 다른 사람들이 은사를 사용할 수 있도록 격려함

공동체 지원을 위한 지식과 기술

이상적인 위기 훈련은 관련 지식, 기술 체계 수립, 물질적 지원, 심리적 응급 처치, 위기 예측, 위기 디브리핑 그리고 아동을 위한 지원 등을 포함한다.

물질적 지원

크럼 가족은 폭력적인 강도 사건을 겪은 후, 무엇이 가장 도움이 되었는지를 '스토리 5'에서 이야기하고 있다. 가장 먼저 언급한 것은 나이로비에서 자신들이 지낼 수 있는 집을 찾게 된 것이다. 앤은 '스토리 3'에서, "우리를 파송한 교회에 결성된 지원 체제를 통해 사고 후 나는 지속적으로 필요한 의료적 지원을 받았다. 또한 재정적인 지원으로 나의 삶이 재건되도록 도와주었다"라고 기록하고 있다.

경제적 지원, 의료적 케어, 주거 문제, 음식, 어린 자녀 케어, 사역의 지속 여부 검토, 향후 사역 방향 선정, 각종 문서 작업 등과 같은 실제적이면서 물질과 관련된 지원은 안전, 보안, 기타 일상적인 사안들과 더불어 치유 과정에 지대한 영향을 미치고, 당사자에게 마음 따뜻한 케어로 전달된다. 이런 상세한 지원 목록들은 당사자가 트라우마를 제대로 감당할 수 있는 정신적, 감정적 에너지를 갖추기 전에 미리 정리되어 있어야 한다.

트라우마를 겪은 후, 여러 날이나 여러 주 동안 수면 장애를 겪는 일이 자주 있다. 그러면 적절하고 충분한 휴식을 취하는 것이 매우 어렵다. 피해자는 신체적으로 탈진된 상태지만, 여전히 쉴 수도 없고 불안한 상태에서는 잠들지 못한다. 따라서 적절한 수면 위생(sleep hygiene) 요령을 제공하는 것은 실제적으로 큰 도움이 된다. 의료진은 적절한 수면 보조 약품에 대해 조언해줄 것이다. 많은 개발도상국에서는 수면 보조 약품이 일반 의약품으로 처방되기 때문에 쉽게 얻을 수 있지만, 감정 조절을 위해 스스로 약물을 남용하지 않도록 주의해야 한다. 잠자리에 들 때 종이와 펜을 침구 옆에 준비해두면, 잠들지 못하게 하는 생각들을 기록할 수 있다. 깊은 복식 호흡과 부드러운 스트레칭을 하면 생리적으로 이완되고 긴장이 감소한다. 이른 아침이나 잠들기 몇 시간 전에 정기적으로 운동하는 것은 억눌린 긴장 상태를 푸는 데 도움이 되고 수면 습관을 개선하게 해준다. 목이나 다른 긴장된 부위에 높은 온도의 증기를 쐬거나 뜨거운 목욕을 하는 것도 근육 전반의 긴장을 풀어줄 것이다.

심리적 응급 처치

'심리적 응급 처치'[Psychological First Aid(PFA)]에는 트라우마를 경험하고 있는 사람들에게 케어 담당자가 제공하도록 권장하는 일련의 대응 조치가 정리되어 있다(The National Child Traumatic Stress Network and National Center for PTSD, 2006). '심리적 응급 처치'는 위기 대응에 참여하는 누구나 활용할 수 있는 지침이다. PFA의 기본적인 목적은 다음과 같다.

- 상대방을 거슬리게 하지 않으면서 따뜻한 태도로 인간관계를 구축한다.
- 즉각적이고 지속적인 안전을 강화하고, 신체적이고 감정적인 위안을 제공한다.
- 감정적으로 압도당하고 심란한 생존자를 안정시키고 제자리를 찾도록 돕는다.
- 생존자가 자신의 즉각적인 필요와 관심사가 무엇인지 케어 담당자에게 구체적으로 이야기하도록 도와주고, 추가적인 정보를 적절하게 수집한다.

- 생존자가 일차적인 필요와 관심사를 잘 표현하도록 실제적인 지원책과 관련 정보를 제공한다.
- 가능하면 속히 가족, 친구, 이웃, 공동체의 지원 자원 등을 포함한 사회 지원 네트워크에 생존자를 연결해준다.
- 적용 가능한 대응책을 지원하고, 당사자의 대응 노력과 역량을 격려하면서 힘을 북돋아준다. 그들의 회복을 위해 어른이나 아이, 모든 가족이 각자 적극적인 역할을 맡는다.
- 생존자가 재난으로 인한 심리적인 충격에 효과적으로 대응하는 데 도움을 주는 정보를 제공한다.
- 생존자가 케어 제공자를 언제 어떻게 활용할 수 있는지 명확하게 알려주고, 그를 재난 대응 팀의 다른 요원이나 지역별 회복 시스템, 정신 건강 서비스, 공공 부서나 관련 조직 등과 연결해준다.

위기의 평가와 예측

트라우마 피해자의 행동적, 정서적, 신체적, 대인 관계적, 인지적 그리고 영적(BASICS) 반응을 관찰하고 파악하는 평가와 예측의 기술은, 피해자가 어떻게 행동하며 앞으로 어떤 도움이 필요할지를 확인하는 데 돕는 이들을 준비시키는 도구다. 트라우마에 수반되는 당사자의 합병증 위험을 평가하고 예측하는 것은 위기관리의 핵심 요소가 된다(더 자세한 BASICS 평가를 위해서는 3부 6장 '우리의 전인적 반응'을 참조하라).

심각한 사고 후 스트레스 디브리핑

'심각한 사고 후 스트레스 디브리핑'[(Critical Incident Stress Debriefing(CISD)] 혹은 '위기 후 디브리핑'은 트라우마 생존자를 도우려는 비전문 케어 제공자들을 위해 조직화된 방법이다. 그것은 피해자가 사건의 충격을 감당해내고 추가적인 사회 지원을 받도록 돕는 방안으로, 지속적으로 트라우마 상황에 노출되는 소방대원, 경찰관, 구조 대원, 선교사를 위해 오랫동안 사용되어왔다. CISD는 가장 일반적으로 미첼 모델과 연결되어 있다 (Mitchell, 1983). 이 모델은 집중적으로 훈련된 정신 건강 전문가는 아니지만, 심리적으로 트라우마 상황에 신속하게 배치될 수 있는 훈련된 담당자(facilitators)가 이끌어갈 수 있도록 조직된 절차다. CISD 절차에는 트라우마 상황을 이야기하기, 피해자의 생각과 감각적 경험을 탐지하기, 감정적 반응을 나누기, 외상 후의 일반적인 반응에 대해 가르치기, 대응 기술을 코칭하기 등이 포함된다. CISD의 목적은 "불필요한 후유증을 방지하고, 정상적인 회복을 가속화하며, 집단 응집력을 촉진하고, 반응을 정상화하며, 감정적인 환기를 촉진하고, 상황에 대한 인지력을 높이는 것이다"(Dyregrove, 1997). 그러나 이것이 치료를 대체하는 것은 아니다. 이는 위기에 대한 한 가지 지원 방안으로, 심각한 사고 후의 스트레스를 더 포괄적으로 관리하기 위한 프로그램의 한 부분으로 계획된 것이다. 동료 사역자이면서 동시에 케어를 담당하는 사람(peer caregiver)은 현장에서 즉각적으로 케어를 제공할 수 있고, 만약 병리적인 징후가 나타난다면, 정신 건강 전문가에게 의뢰할 수 있다.

어떤 조사 연구에서 CISD가 도움이 되지 않고 오히려 해가 될 수 있다는 결과를 발표하여 논쟁이 벌어진 적이 있었다. 이런 종류의 많은 조사 연구는 방법론에 오류가 있을 수는 있지만 그럼에도 이 유력한 도구를 조심스럽고 지혜롭게 사용해야 한다는 점을 다시 한 번 상기시켰다. 우리는 수년 동안 동료 사역자들이 서로 디브리핑하는 훈련을 진행했는데, 이를 통해 디브리핑을 받는 상대방에게 해를 끼칠 수 있는 다섯 가지 영역을 확인했다. 즉 선택 사항의 결여, 좋지 않은 타이밍, 트라우마의 재발, 대리 외상 그리고 피상적인 접근이다. 특별히 타 문화권 환경에서 진행되는 디브리핑에서는 이런 잠재적인 함정을 피해야만 한다. 만약 다음과 같은 권고 사항을 준수한다면, CISD는 사회적 지원, 감정적인 표출의 기회, 평가와 예측, 다양한 지원 관련 자원들과의 연결 등을 통해 트라우마 피해자에게 유익을 줄 수 있을 것이다.

1. 당사자들(리더와 피해자)에게 무엇이 CISD이며, 또 아닌지를 효과적으로 교육하는 절차를 개선하고, 트라우마 피해자들에게 디브리핑 받을 수 있는 기회를 일정 기간에 걸쳐 여러 번 주도록 하라.
2. CISD를 제공하는 올바른 타이밍을 결정하기 위해, 디브리핑 담당자들은 피해자의 피로도, 실제적인 지원의 필요성, 압도당하는 기분 그리고 불안 지수 등을 평가해야 한다. 불안 지수에 대해 질문이나 의문 사항이 있을 때는 정신 건강 전문가들과 상의해야 한다.
3. 디브리핑을 받는 사람들이 매우 격렬한 감정을 표출한 경우에는, 그들이 그 과정을 끝내고 돌아가기 전에, 안전과 보안과 안정감을 심어주어야 한다. 디브리핑 담당자들은 당사자가 격한 감정을 표현하도록 강제해서도 안 되지만, 감정의 표출을 중단시키거나 그런 표현이 나쁘거나 해롭다고 느끼게 해서도 안 된다. 집단 디브리핑을 진행할 때는, 트라우마에 대한 노출의 정도에 따라, 소그룹으로 나누는 것을 고려하라. 그렇게 하는 것은, 직접 사건을 대면하지 않은 사람들이 그 사건의 세세한 상황까지 다 들을 필요가 없기 때문이다. 또한 어린이들이 나눔 시간에 참여해서 어른들의 생각이나 공포심에 대해 자세하게 들을 필요가 없다.
4. CISD는 광범위한 위기 개입의 한 부분에 불과하다. 어떤 당사자가 한 번의 디브리핑 진행 이후에 추가적인 개입이 필요한지 후속적으로 평가해보라. 실제적이고 지속적인 지원의 가치를 과소평가하지 말라.

5. 단체의 리더들이 피해자들에게 지원을 제공할 수 있는 자신들의 핵심적인 역할을 인지하게 되면, 그들은 영적이고 실제적이며 정서적인 케어를 동원할 수 있는데, 이것은 단순한 디브리핑보다 훨씬 더 장기적으로 영향력을 미치는 조치가 될 수 있다.
6. 타 문화권 사역 환경에서 디브리핑을 제공하는 우리(동료 케어 제공자)는 트라우마 피해자에 대한 CISD의 타당성과 가치에 대해 더 많은 조사와 연구를 할 필요가 있다.

CISD에 관해 더 많은 논의와 심도 있는 연구를 하기 원하면, 다음의 자료를 참조하라. "타 문화 사역자들을 위한 CISD: 도움인가, 해로운 일인가?"(http://www.mmct.org/#/resources/crisis_response)

인정과 재구성

위기 상황에 놓인 사람들은 때로 부정적이고 절망적이며 폄하하는 언사를 내뱉기도 한다. 그들이 왜곡된 자기비판적 관점을 계속 유지하면, 제대로 치유 과정을 진행할 수 없다. 이 문제를 도와줄 수 있는 기술을 '인정과 재구성'(Acknowledge and Reframe)이라고 한다. 이 기술을 적용하는 방법은 당사자가 자기비판적으로 말하는 것을 케어 제공자가 들었을 때 케어하는 사람이 새로운 관점을 보여주거나 비합리적인 사고를 '재구성'해 주는 것이다. 이렇게 해서 당사자가 정확하지 않은 판단에 기초를 둠으로 해를 끼치는 태도나 행동을 보이는 것을 예방하게 된다. 이 기술의 핵심은 왜곡된 언사가 나타났을 때는 반드시 조치를 취해야 한다는 점이다. 심각한 사건의 생존자는 다음과 같은 특성을 보인다.

- 과도하게 자기비판적이 된다.

- 사건에 대해 최악의 상황을 상상한다.
- 부정적인 측면을 고수하며 그곳에 머물러 있다.
- '만약 …했더라면' 하는 생각에 사로잡혀 있다.
- 자신감을 상실한다.

"이봐, 그 문제에 대해 당신이 해놓은 게 아직 아무것도 없잖아"라고 말해주는 것이, 때로는 당사자가 자기비판을 넘어 자신감을 되찾도록 도와주는 유일한 방안일 때도 있다. 그러나 때로는 이런 유형의 말이 도움이 되지 않을 때도 있다. 자신이 어떤 종류의 감정은 느끼지 말아야 한다고 생각하는 사람에게는 대화를 유보하는 것이 도움이 되기 때문이다. 그러면 그는 자신이 사람들의 관심을 끌지 않는다고 느낀다. 그의 감정이 정상적이라고 선언해주는 것은 윗사람이 아랫사람에게 생색내는 것으로 비치는 경우도 있다. 이렇게 각 개인마다 그 기질이 독특하기 때문에, 왜곡된 사고에 대한 반응을 나타내는 것은 절대 쉬운 일이 아니다. 어떤 경우에는, 우리가 그냥 자연스럽게 이야기한 것도 당사자에게는 소귀에 경 읽기 식이 되기 때문에, 더 사려 깊은 반응이 필요하다.

당사자의 일에 '인정과 재구성'의 기술로 개입할 경우에는, 비판 없이 들어주고 주변 환경을 감안하여 감정을 수용해주며, 더 균형 잡히고 이성적인 관점을 제공하되 융통성 있게 대응해야 한다. 이런 개입은 당사자의 감정을 긍정적으로 인정해주면서, 동시에 그의 인식 범위의 틀과 의미에 변화를 주게 된다. '인정과 재구성'의 개입 단계는 다음과 같다.

1. 감정이나 믿음이 표현되고 있는지 확인하라.
2. 당사자가 이런 감정을 경험한 환경을 상상해보라.
3. 어떤 방법으로든, 주어진 환경 속에서 당사자가 느낀 감정이 정상

적이고 이해할 만하다고 구두로 인정하라. 당사자들이 경험한 바를 다른 각도에서 바라볼 수 있도록, 추가적인 전망을 제공하라.
4. 일단 당신이 케어 제공자로 개입했으면, 당사자가 납득할 수 있는 말을 하라. 그것은 꼭 구두로 반응을 요구하는 것은 아니다. 침묵할지라도 당신이 한 말을 그들이 생각하고 있다는 의미일 수도 있다. 또는 당신이 그들의 관점을 바꿔놓았다는 기대를 할 수도 있다. 만약 침묵이 오래간다면, 이렇게 말할 수도 있다. "그다음에는 무슨 일이 일어났나요?" 혹은 "당신에게 또 어떤 일이 일어났는지 말해주세요."

예를 들면, 강도를 당한 사람은 이렇게 이야기할 것이다. "그놈들이 강도 떼인 줄 알기만 했더라면, 내가 차를 멈추지 않았을 거야. 내가 그놈들이 입은 옷을 알아봤어야 했는데…" '인정과 재구성'에 따른 반응은 이렇게 나타날 수 있다. "이런 일이 일어나면, 우리 자신을 탓하기가 쉽지요. 또한 합법적인 검문소에서 군인 복장을 하고 있으면 정말 구분하기가 어렵습니다. 검문소에서 멈추어야 할지 그냥 달려야 할지 결정하기란 정말 어려운 일입니다."

'인정과 재구성'의 또 다른 개입 사례를 보자.

- 우리가 아는 한, 할 수 있는 일은 다했는데 결국은 결과가 이렇게 나오니 참 고통스럽습니다.
- 지금은 상황이 매우 험난합니다. 사람들이 의도한 대로 일이 풀리지 않으면, 누구라도 이 문제를 해결하기가 어렵습니다.
- 이렇게 혼란스러운 상황에서 신속한 결정을 내리기란 쉽지 않은 일입니다.

유발 요인과 안착에 관한 교육

트라우마에 몸과 마음이 어떻게 반응하는지 더 많이 알게 되면, 사람들이 이해할 수 없는 무서운 일에 직면할 때, 그들의 힘을 북돋아주는 역할을 한다. 트라우마에 대한 일반적이고 전형적인 반응에 대해 잘 알고 있는 케어 제공자는 당사자를 안심시키고 안정감을 주며 그에게 새로운 방향을 설정해줄 수 있다.

유발 요인(Triggers) 이것은 트라우마의 어떤 측면과 연관성이 있는 경험을 말하는데, 침투성이 강한 기억이나 불안에 대한 반작용 등과 같은 외상 후 반응을 활성화할 수 있다. 유발 요인을 이렇게 설명하는 의견도 있다. "이와 같이 강력한 사건을 경험하면 우리 두뇌는 그 사건에서 발생하는 장면, 소리, 냄새 등을 기록해둔다. 우리가 후에 유사한 감각적 경험에 직면하게 되면, 마치 조기 경보 장치와 같이, 우리 내면의 한 부분은 최악의 상태를 대비하려고 한다. 그것을 촉발하는 요인이 어떤 것이 될지 우리가 항상 알 수 있는 것은 아니지만, 그 요인들을 예측하는 데 도움을 줄 수 있다"(Schiraldi, 2000; Snelgrove, 1999). 유발 요인의 예가 아래 도표에 열거되어 있다.

> **유발 요인**
> - **시각적** 어떤 사람이 손을 보이지 않은 채 접근하는 것을 보면, 자동차 탈취 사건의 강도 중 하나를 연상하게 된다.
> - **소리** 불꽃놀이 소리를 총소리로 오인한다.
> - **냄새** 어떤 사람이 풍기는 술 냄새는 성추행한 사람을 떠오르게 한다.
> - **맛** 중국 음식을 먹으면, 아내의 사망 소식을 들었을 때 자신이 하고 있었던 한두 가지의 일이 생각난다.

- **몸이나 신체** 뒤에서 누가 붙잡는다고 느끼면, 공격당한 기억이 생생하게 떠오른다.
- **중요한 날짜나 계절** 사망의 추도일. 트라우마 이전에 일어났던 특별한 의미를 담은 날이 다가오고 지나간다. 어떤 계절은 트라우마를 상기시키는 기억과 느낌을 전달한다.
- **스트레스를 주는 사건** 증가하는 정치적 긴장 상태는 전에 일어났던 쿠데타나 긴급 철수의 기억을 촉발한다.
- **강력한 감정** 아이가 아직 집에 돌아오지 않아서 염려할 때면, 남편이 전에 납치당했던 기억이 떠오른다.
- **생각** 좋지 않은 수행 평가는 '나는 실패자'라고 생각하는 유발 요인이 되고, 사고 현장에서 '내'가 아무런 도움을 주지 못할 때와 같은 생각이 일어난다.
- **행동** 자동차 안에 들어가면 자동차 사고를 기억하게 된다.
- **마른하늘에 날벼락** 피곤하거나 일반적인 스트레스를 받았을 때, 특별한 자극을 받은 것도 아닌데, 갑자기 특정한 생각이 침투해 들어온다.
- **복합적 요인** 다양한 분야에서 동시적으로 유발 요인의 자극을 받을 수 있다. 군복을 입고 총을 든 사람이 어떤 날 특정 시간에 운전하는 것을 보고, 그가 소리 지르는 것을 듣는 것은, 전에 겪었던 치안 부재와 폭동 사태의 기억을 촉발하는 요소들이 된다.

안착(Grounding) 만약 이런 유발 요인이 트라우마를 재현하거나 심리적으로 환기시키는 역할을 한다면, '안착'은 사람들을 현재적인 실재(present reality)에 다시 정착하도록 돕는 기술이다. 당사자들이 보고 들으며 느끼는 실제적인 주변 환경에 집중하도록 의도적으로 그들을 안정되게 하는 교습 행위다. 그들에게 주변의 사물들을 꼼꼼하고 자세하게 묘사해보라고 하라. 예를 들면, "나는 천정에 붙은 갈색 타일과 창문에 쳐진 푸른색 커튼 그리고 바닥에 깔린 여러 가지 색깔의 타일을 보고 있다. 나는 방에서 선풍기 돌아가는 소리와 창문 밖 새들이 지저귀는 소리를 듣고 있다. 나는 부드러운 천이 내 다리에 닿는 감촉을 느끼고 있고, 산들바람이 내 얼굴을 스치고 있다." 이런 작업은 당사자를 트라우마 기억보다 더 안전하고 안정된 현재의 실재에 정착하게 한다. 이런 기술에 대한 더 자세한 내용은 3부 10장의 '감정 통제의 기술'을 참조하라.

아동을 위한 공동체의 지원

아이들은 트라우마 후에 보이지 않는 피해자가 되는 경우가 자주 있는데, 이는 아이들이 무엇이 일어났는가에 대해 이야기하지 않고 정상적인 활동을 이어가기 때문이다. 그래서 어른들은 때때로 아이들이 심각하게 영향을 받지 않았다고 잘못 단정 짓는 경우가 있다. 따라서 부모와 케어 담당자들은 아이들이 당연히 나타내야 할 반응에 성공적으로 대처하도록 돕는 과정에서, 결정적인 역할을 맡고 있다. 아래에서 아동에게 도움이 되거나 도움이 되지 않는 행동 목록을 열거할 것이다. 더 정교한 자료는 지금 소개하는 책에서 확인할 수 있다. Ruth J. Rowen & Samuel F. Rowen, *Sojourners: The Family on the Move, A Book of Resources*(Farmington, Michigan: Associates of Urbanus, 1990), 165-176.

도움이 될 일

1. 아이들이 무심코 두려움을 표현하고 그것에 대해 이야기하고 싶어 할 때는 주의 깊게 경청하라.
2. 트라우마 반응의 감정적, 인지적, 신체적 징후를 잘 관찰하라. 이런 징후의 사례에는 낮은 수행 능력, 움츠러들기, 성급함, 악몽 등이 있다.
3. 비록 상상일지라도, 아이들에게 두려움은 매우 실제적이라는 점을 이해하라. 아이들이 그런 느낌을 느끼도록 허용하라. 실제든 상상이든 관심을 보일 필요가 있다. 아이들이 느끼는 공포와 현실적인 위험의

실제적 간극을 잘 구분하는 것이 도움이 된다.

4. 상황을 인식하도록 아이들을 교육하라. 아이들은 대개 정보가 부족하다. 만약 그 상황이 아이들의 학교생활, 친구, 음식 혹은 야생 동물 등과 직접적인 관련이 있는 것이라면, 아이들에게 그 상황을 알려주라. 모르는 사실이 두려움을 만들어낸다. 아이들이 잘 이해할 수 있도록 책, 그림, 비디오 등을 활용하라.

5. 아이들이 두려움을 느끼고 있다면, 편안하게 해주고 그들이 바라는 지원을 제공하라. 대부분 공포심은 몇 주나 몇 개월 정도 지나면 극복할 수 있다. 그러나 이 기간에, 특별히 아이들의 기분을 민감하게 보고 추가적인 지원을 제공하라.

6. 하나님이 우리와 함께하시겠다고 한 약속을 아이들에게 가르치라. 이사야서 43장 5절에는 이렇게 나온다. "너는 두려워하지 말아라. 내가 너와 함께한다. '내가 내 백성을 동방과 서방에서 이끌어낼 것이며'"(현대인의 성경). 그 약속은 어려운 상황이라고 해도 하나님이 언제나 우리와 함께하신다는 것이다.

7. 아이들의 두려움에 대해 그들과 함께 기도하라.

8. 이 기간에는 더 사랑과 안전을 느끼게 하라. 가족과 좀 더 특별한 시간을 함께 보내는 것도 유익할 것이다.

9. 두려움과 관련된 좀 더 긍정적인 경험을 찾아낼 수 있다면, 그 강도를 희석할 수 있다. 만약 개에 대한 공포심이 있다면, 온순하고 사랑스러운 친구의 개와 함께 시간을 보내게 해보라. 점차 아이가 자기 방식대로 개와 함께 놀도록 환경을 조성해보라.

10. 관련 상황을 어떻게 처리할지 부모 양쪽이 모두 동의해야 한다.

11. 유사한 공포심을 경험한 아이들의 부모와 함께 이야기해보고, 그들은 그것을 어떻게 처리했는지 알아보라.

12. 특별히 수면이나 식이 장애를 유발하는 공포심을 극복하는 최선의 방안을 찾는 데 도움이 된다고 생각하면, 당신 가정의 주치의와 상의하라. 때로 야뇨증과 악몽은 아이들에게 심화된 공포심의 결과로 나타난다.
13. 모든 어린이가 성장해나가면서 두려움도 함께 커진다는 사실을 기억하라. 두려움이 더 심각한 문제로 발전하느냐 아니냐는 문제는, 대부분 부모가 그 상황을 어떻게 다루느냐에 달려 있다.
14. 위기 후에, 아이들이 어떤 형태로든 잘못된 상상이나 두려움 혹은 자책을 느끼면, 그것을 드러내고 자기 이야기를 하도록 유도해보라. 부모나 다른 어른들은 그들의 자녀가 다른 시각으로 위기를 바라보도록 도와줄 수 있다.
15. 아이들이 자신의 행동을 통해 스스로 안전감을 개발하도록 도와주라. 예를 들면, 어두움을 무서워하는 아이는 손전등으로 어둠을 비추는 놀이를 하면서 도움을 받을 수 있다.

도움이 되지 않을 일

1. 그렇게 느끼는 것은 바보 같은 짓이라고 말하거나 웃어넘긴다.
2. 아이의 트라우마 반응을 무시하고, 곧 사라질 거라고 기대한다.
3. 공포심을 느끼는 것에 대해서 야단스럽게 반응하거나 엄청난 관심을 보인다.
4. 별로 무서워하지 않는 형제자매와 그 아이를 비교한다.
5. 이 세상에서 매일 일어나는 모든 비극적인 사건을 이야기해주면서 아이에게 공포심을 더욱 심어준다.
6. 아이에게 이런 상태는 본인이 공포심을 잘 억제하지 못해서 생긴 것이라고 알려주고, 공포심은 실제와는 다르게, 단지 두렵다는 흉내를 내

는 것이라고 말한다.
7. 다양한 염려와 불안을 설명하여 아이가 자신의 공포심을 더 확인하게 한다.

소통에 도움이 되는 다른 정보

1. 학령 전 아이는 자신의 트라우마 반응을 말로 표현하기가 어려울 것이다. 그래서 간접적인 접근이 더 효과적이다. 당신은 무슨 일이 일어났는지 재현하기 위해 아이에게 그림을 그리게 하거나, 장난감 놀이를 하게 하거나, 인형극 놀이를 하도록 도울 수 있다. 또 다른 아이디어는 아이가 느끼는 것을 나타내도록 잡지 같은 것에 그림을 그리게 하거나 관련 내용을 오려내게 할 수 있다.
2. 직접적으로 많은 질문을 하기보다는, 아이가 자기 식으로 이것저것 단편적으로 이야기하도록 유도하라.
3. 아이가 어떤 일에 관심을 보이지 않는다고 해서, 영향을 받지 않았다는 것을 의미하는 것은 아니다.
4. 아이가 어떻게 대처하는가는 부모를 관찰하고 느끼는 것에서 크게 영향을 받는다. 그러므로 부모가 아이의 정서적 회복과 안정을 위해 노력하도록 도움을 받는 것이 중요하다.
5. 아이들은 해답을 받지 못한 질문에 대해서는 공상적인 답을 찾는다. 만약 부모가 화를 내고 있는데 아무도 그 이유를 설명해주지 않으면, 아이들은 자기가 뭔가 잘못했고, 그에 대한 책임이 있다고 생각한다. 어린아이가 뭔가 나쁜 일이 일어났다는 이야기를 들었지만 그 내용을 잘 모를 때는, 실제 상황보다는 훨씬 더 나쁜 쪽을 상상하게 된다.
6. 무슨 일이 일어났는지 분명하고 간단하며 진실된 설명을 해주라. 만약 (가족 중에) 누가 죽었다면, 아이에게는 그 사실을 차차 알려주는 편이

낫다고 생각할 것이다. 하지만 '그가 잠이 들었다'거나 '멀리 떠나버렸다'거나 '예수님께는 우리보다 그가 더 필요하시다'는 식의 표현은 유익보다는 해를 끼칠 수 있다. 죽음을 자는 것과 동일시하는 아이에게는 자러 가거나 잠드는 것이 매우 불안한 일이 될 수 있다. 아이들은 슬퍼하는 것을 뒤로 미루면, 죽은 사람이 다시 돌아올 것으로 믿는다. 아이에게 '예수님께는 우리보다 그 사람이 더 필요하시다'라고 이야기하는 것은, 그 아이가 하나님께 분노를 품게 만들 수 있다.

7. 아이들이 트라우마에 반복적으로 노출되지 않도록 보호하라. 어른들이 그 사건에 대해 거듭 이야기하거나 폭력적인 텔레비전 영상을 보는 데서도 트라우마에 노출될 수 있다.

8. 어떤 잘못된 연관성이나 결론을 내리고 있는지 확인하기 위해, 아이들에게 무슨 일이 왜 일어났는지 물어보라.

9. 일어난 사건에 아이들이 자책감을 느끼는 징후가 있는지 관찰하라.

10. 할 수 있으면 속히, 일상적이고 정돈되어 있는 상태로 돌아가도록 돕고, 안전감과 신뢰를 재정립하기 위해 노력하라. 아이가 다시 등교할 수 있겠지만, 집중력이나 성적과 관련해서는 부모나 교사가 기대치를 낮추어야 할 것이다. 식사 시간 지키기, 잠들기 전에 엄마나 아빠가 책 읽어주고 기도하기, 훈육의 실천, 가사 분담하기 등 일상적인 가정생활도 다시 정돈되어야 한다.

11. 심각한 사건을 겪으면서 부모와 임시로 떨어져 지내는 것이 후에 분리 불안 증세로 발전할 수 있다. 부모와 떨어지는 상황과 더불어 엄마 아빠에게 어떤 나쁜 일이 일어날 것이라는 생각 때문에 극심한 공포를 느낄 수 있다.

12. 대응 기술을 개발하고 불안을 줄이며 공포심을 관리하는 역량(성경 암송, 음악 청취, 기도)을 키우기 위한 과정에 아이들도 참여하도록 초청하라.

13. 아이들과 그룹으로 만날 때는, 나이나 성장 단계(학령 전, 초등학교, 10대)에 따라 나누라.

단체의 지원

리더의 역할

지도자들은 예방 분야에서 결정적인 역할을 담당한다. 제이 포셋(J. Fawcett)은 팀의 결속력과 역량 있는 지도력에 대한 신뢰가 위기 이전에 단체가 구비해야 할 요소로, 위기 후에 건강한 적응력을 증진하는 데 중요한 요건이 된다고 주장한다. 포셋은 지도자들에게 위기 전 훈련을 할 것을 권장하면서, 팀의 결속력, 사역자들의 사기, 협의를 통한 리더십 유형의 중요성을 강조했다. 이런 덕목들이 사회적 지원은 확장하고 스트레스는 감소시킨다는 것이다. 신뢰를 구축하고 스트레스를 잘 관리하며 경청하고 관계의 갈등을 잘 풀어내도록 참석자들을 돕는 것에 초점을 맞춘 워크숍 프로그램은 지도자와 스태프 사이에 양질의 관계와 팀워크를 구축하는 데 크게 기여할 것이다. 지도자들을 위해 고안된 위기관리 워크숍에서 일반적인 위기 대응 원리, 위기 시 케어 제공, 구성원 상호 간 선행적인 신뢰의 구축과 강화, 스트레스 감소 등에 대한 이해를 바탕으로 대처 기술을 가르칠 수 있다. 월드비전은 단체의 단계적인 조직적 지원이 피해자에 대한 디브리핑보다 더 중요한 역할을 한다는 점을 발견했다(J. Fawsett, 2002). 특별히 책임자인 관리자가 심각한 사건이 진행 중이거나 끝난 후에 현장에 나와 있다는 것은 단체의 조직적인 지원과 케어가 이루어지고 있다는 의미이므로, 이것은 모든 당사자가 사태를 대처하는 데 중요한 지원 요소가 된다. 지도자들은 전화 통화나 이메일, 직접적인 방문, 지원 약속의 전달, 관심과 배려의 표현, 지원의 서약 등으로 결정적인 영향력을 미칠 수 있다. 한편, 지도자들이 져야 하는 책무와 압력을 고려할 때, 위기의 진행 시기와 상황에 따라 그들의 정서적인 필요를 배려하는 예방 프로그램의 운영도 고려해야 한다. 이 문제에 대해 론 브라운(Ron Brown)은 이렇게 기술한다.

만약 선교회의 리더십이 어떤 형태로든 사역자들이 감내하고 있는 트라우마에 대해 잘 인지하지 못한다면, 그것은 코끼리가 방 안에 들어오는 것과 같다. 한 사역자가 트라우마로 고통을 당하게 되면, 그것은 당사자 개인으로는 엄청난 영향을 받는 것이다. 그러나 동일한 사건을 보고서로 요약한 이메일을 빠르게 훑고 지나가는 선교회의 리더십에게는 감정적으로 상당히 미약한 영향만 미치게 될 것이다. 그렇다고 하더라도, 그 사건을 인지하고 당사자가 트라우마 이후에 어떻게 대처하고 있는지를 적극적으로 파악하는 것은 지도자의 책무다. 매우 극심한 트라우마 유발 사건을 경험한 후, 한 선교사 가족이 단기간 머물기 위해 본국으로 돌아갔다. 그들은 선교 단체의 책임자가(먼 거리를) 그의 부인과 함께 찾아온 것에 대해, 나중에 극찬하는 표현을 했다. "그것은 이메일로 위로의 말을 전하는 것과는 비교가 되지 않았다. 부부가 함께 우리를 찾아온 것이다." 그런 행동은 많은 것을 대변했는데, 그 선교사 가족은 핵심 지도자의 방문으로 그들이 감당해야 했던 고난이 이해되고 인정받았다고 느꼈다. 이것은 또 다른 한 가족의 이야기와 대조된다. 이 선교사 가족은 강도를 당하면서 매우 격심한 트라우마에 시달렸는데, 이후에 소속 단체의 지도자에게서 아무런 연락도 받지 못했다. 이런 상황은 "리더들이 전혀 관심을 갖고 있지 않은 것처럼 보였다." 그 가족은 결국 외톨이가 된 것 같은 느낌을 받았고, 리더십의 무반응 때문에 깊은 상처를 받았다(Brown, 2007, 316).

트라우마 후의 상황에서도, 리더들은 당사자에게 휴식을 허락하고, 더 많은 재정을 염출하기 위해 예산을 조정하며, 후원자들에게 서신을 발송하고, 당사자를 위해 숙식 문제를 주선하는 등 매우 독특한 역할을 담당하는 위치에 있다. 내가 일하던 단체인 MMCT가 코트디부아르에서 긴급 철수를 할 때, 우리는 가구, 사무기기, 개인 소지품 등 모든 것을 버려두고 떠나야 했다. 그래서 가나에서 새로 거처를 구하고 사무실을 정비하려고 했을 때, 재정과 물품이 없어서 어려움을 겪었다. 그때 우리 단체의 지도자들이 여러 면에서 도움을 주었는데, 그중 두 가지 실제적인 도움이 나에게 와 닿았다. 한 가지는 코트디부아르에서 내야 했던 3개월 치의 활동비를 긴급 재정 수요를 위해 전용하도록 허락해준 것이었다. 또 다른 리더와 동역자들은 코트디부아르의 아비장으로 다시 돌아가서, 우리의 모든 물품을 포장해서 가나로 탁송해주었다. 이런 조치들은 말로 표현하기 어려운 실제적인 케어와 배려였으며, 우리의 치유 과정에서 확실한 역할을 담당했다.

단체의 계획

"슬기로운 사람은 위험을 보면 피하지만 어리석은 자는 그대로 나아가다가 어려움을 당한다"(잠 22:3, 현대인의 성경).

최근에 서아프리카 카메룬 출신의 여성 위기관리 담당자가 나에게 하소연을 해왔다. 위기 시에 사역자들을 케어할 수 있도록 책임자에게 예산을 요청하는 데 어려움을 겪었다는 것이다. 그 책임자는 "우리가 위기라도 당하기를 바라는 거요?"라며 거절했다. 그러나 얼마 후, 그 팀 전체 사역자가 전쟁 지역에서 철수하게 되었고 사역자들의 이탈 규모가 커지자, 그 책임자는 자신의 근시안적 판단을 후회했다.

전향적이고 선제적인 선교 단체들은 비상 계획(contingency planning), 신뢰 구축, 스트레스 관리, 멤버 케어를 위한 예산 배정, 사역자들의 휴가 계획, 고위험 지역 파견 사역자에 대한 엄격한 심사 그리고 모든 사역자에 대한 위기관리 훈련 등과 같은 위기 대비책을 강구할 것이다. 단체의 리더와 관리자는 '타 문화권 사역자 스트레스 목록'(부록 B)을 참조할 수 있고, 또한 위기 상황이나 전환기에 직원이나 사역자들의 스트레스 수준을 평가하기 위해서는, '헤딩턴 연구소의 셀프 케어 목록'(Headington Institute Self Care Inventory)을 인터넷을 통해 참고할 수 있다 (http://headington-institute.org/Portals/32/Resources/Test_Self_care_inventory.pdf).

단체들이 위기를 대비하려고 할 때, 비상 계획과 안전 교육 역시 좋은 조직적 도구다. 미국의 위기관리 기관인 CCI[Crisis Consulting International (www.cricon.com)]는 선교 단체들을 위해 지속적인 자문, 인질 사건의 협상, 위기관리에 대한 훈련 등을 제공하고 있다.

단체마다 위기에 대한 모든 정보와 기술, 위기 상황을 관리할 수 있는 전문 스태프를 보유하고 있기를 기대하기는 어렵다. 그러므로 상호 협력하여 케어하는 네트워크를 구축하는 것을 적극적으로 권장한다. 이것은 그동안 선교사 자녀(MK's) 학교와 멤버 케어 운동을 통해 구현되었다. 현장의 멤버 케어 사역 공동체인 MMCT는 이런 네트워킹의 한 예라고 할 수 있다. 사역자, 스태프, 자문 위원회 위원, 이사회가 각각의 역할을 담당하고, 재정 지원은 서로 다른 여러 선교 단체에서 나온다. 또한 '아동 안전 네트워크'(the Child Safety Network)는 자원봉사 도우미들을 훈련하고, 실제로 아동 학대가 의심스러운 곳에서는 구체적인 지원을 제공하기도 한다.

혹 양질의 사역자 케어를 제공하는 자료들을 찾는 단체가 있다면, 부록 C를 참조하라.

전문적인 지원

훈련

알렉산더 포프(Alexander Pope)는 그의 글 『비평에 관한 소고』(*An Essay on Criticism*, 1709)에서 이렇게 말한다. "얕은 지식이란 위험한 것이다. 더 깊게 들이 마시라. 아니면 피에리아(Pieria)의 샘물을 맛보지도 마라. 그곳에서 샘물을 얕게 한 모금 마시면 뇌가 마비되지만, 충분히 마시면 다시 깨어날 수 있다"(피에리아 샘물은 그리스 신화의 뮤즈가 사는 피에리아 산의 샘으로 예술적 영감의 원천이다—역주). 상처받은 사람들의 이야기를 경청하고 그들과 함께 동행하도록 위탁받은 케어 제공자들은 신성한 직무를 위임받은 사람들이다. 하나님은 위기 가운데 있는 사람들을 도울 수 있도록 우리에게 은사와 능력, 무엇보다도 가장 소중한 존재이신 성령님을 인도자로 보내주셨다. 그러나 어떤 선교지에서는 상황이 여의치 않아 훈련의 기회가 제한될 수 있다. 단체의 리더들과 케어 담당자들은 케어를 제공하는 기술을 습득할 때 수준 높은 훈련이 이루어지도록 전향적인 조치를 취해야만 한다. 이런 훈련에는 MMCT가 동부와 서부 아프리카의 선교 현장에서 진행하는 '위기 대응 워크숍'[Crisis Response Training(CRT)], 목회적이고 임상적인 상담 과정, 통신 훈련 과정, 선정된 자료의 숙독, 훈련된 전문 상담가가 제공하는 단기 워크숍 등이 해당할 수 있다.

컨설팅

만약 어떤 당사자가 스트레스와 트라우마에 대해, 일반적이고 정상적인 반응의 범위를 넘어서는 증상을 보이는 것을 케어 제공자가 관찰했다고 하자. 그때는 전문가와 이메일이나 전화, 인터넷을 통한 화상 회의를 통해 도움을 받거나, 직접적인 방문을 통해 최상의 대응 방안을 결정할 수 있다. 상담가-컨설턴트는 케어 제공자가 자료를 채집하고, 비상 계획을 수립하며, 치료를 의뢰하는 과정을 도와줄 수 있다. 케어 담당자들이 위기 발생 이전에 전문 상담가와 관계를 잘 맺어두면, 관련 정보를 항상 얻을 수 있고, 전문가가 언제 틈이 나는지 혹은 즉시 활용 가능한 전문 분야가 무엇인지 등을 미리 파악할 수 있다.

평가와 상담

많은 선교 단체가 선교사 후보자의 심리적인 적합성을 판단하기 위해, 사전 평가 과정에서 전문 상담가를 활용한다. 평가 작업은 본국에서 안식년을 보낼 때나 사역의 전환기에도 동일하게 적용되는데, 당사자가 얼마나 스트레스를 잘 관리하고 있는가, 혹은 트라우마 이후의 영향이 여전히 지속되고 있는가의 여부를 판단하기 위한 것이다. 이런 조치들이 선행적으로 시행되면, 장기간의 회복이 필요한 심각한 합병증을 미리 예방할 수 있다.

어떤 선교사의 본국에는 전문 상담가가 많이 있다. 그러나 또 다른 사역자의 본국에서는 특별히 그리스도인 상담가를 찾는 일이 어려울 수도 있다. 세계적으로 몇몇 지역에 타 문화권 선교사들을 위한 상담 센터가 있기는 하지만, 문제는 그 수가 많지 않다는 것이다(부록 C 참조). MMCT는 아프리카 권역에서 단기간의 상담 서비스를 제공하고 있다. 그러나 영적으로 성숙하고 충분히 타 문화권에 노출되었으며 풍부한 인생 경험을 한 그리스도인 전문 상담가가 자신의 전문 직업을 떠나 모금을 하면서 선교지에서 생활하기란 쉽지 않은 일이다. 그래서 어떤 사람은 단기로 와서 봉사한다. 만약 전문 상담가가 매년 정기적으로 사역 현장을 방문한다면, 상주하는 전문 케어 팀과 서로 신뢰 관계를 쌓을 수 있을 것이다. 전문가가 도움을 주면, 사역자들이 상담을 통해 '검진'을 받을 수 있고, 동료 케어 담당자들이 감당하기 어려운 심각한 사안을 해결해나갈 수 있다.

전문적 지원의 필요성

어떤 트라우마성 상황은 PTSD로 전이될 위험이 높아서, 전문 상담가의 개입이 필요하다. 이런 대상으로는 성폭행과 같은 모든 유형의 성적 공격, 살인 사건, 생명을 위협하는 공격을 당한 사람, 자살 충동을 느끼는 사람 혹은 트라우마의 충격을 받은 어린이 등이 있다. 상담이 필요한 증상에는 자살 충동이나 행동, 확연한 자해 행위, 심각한 심리 상태를 나타내는 여러 증상(심각한 우울증이나 조울증, PTSD, 정신병, 약물 남용이나 중독, 아동 학대나 방치, 일의 수행이나 관계 문제를 심각하게 악화시키는 지속적 혹은 만연한 행태)이 있다. 전문 상담가가 없을 경우에는, 관찰 기술을 잘 연마한 케어 제공자가 비정상적으로 행동하며 지원에 반응하지 않는 대상자를 주의 깊게 살펴보고 잘 기록해두어야 한다. 상담 작업은 이런 의미 있는 관찰을 규명해줄 것이다.

/ **8장** /

개인적 회복력

카렌 카

회복 탄력성, 복원력 혹은 회복력이란, 비록 그것이 고통스럽고 어려울지라도, 하나님이 우리에게 부여하신 소명을 성취하기 위해 우리 자신을 강화하는 힘이다. 회복력은 하나님의 사랑과 친구들의 지지에 힘입어, 이웃과 세상을 향한 더 높은 목표에 우리 자신을 고정시키는 것이다. 다른 사람들은 우리를 실망시킬지라도, 우리는 우리를 부르신 이를 힘입어 사명을 감당해낸다. 무엇이 우리에게 이런 힘을 부여하는가? 내가 경험한 위기 시 반응과 서아프리카에서 상담 사역했던 경험을 돌아보면, 몇 가지 주제가 떠오른다. 이 주제는 기본적으로 예방에 관한 것으로서, 우리가 성장하고 발전하면서 트라우마를 더 잘 이겨낼 수 있다는 것이다. 그것은 또한 치료와도 관련이 있는데, 외상 후에 더 깊이 있고 말끔한 치유 과정의 토대를 제공한다.

우리의 부르심 알기

한 연구 결과에서 '하나님의 인도하심에 대한 강력한 개인적 확신'이 선교사가 선교지에서 더 오래 사역하는 핵심 요소가 된다는 사실을 보여주었다. 론 브라운은 이 문제를 다음과 같이 기술하고 있다.

파송 선교 단체들은 '부르심(소명)'의 개념이 오늘날 어떻게 표현되고 있는지 지속적으로 고심하고 씨름해야 할 것이다. 후보자들이 선교사로 지원하는 이유는 무엇일까? 이 세상을 위해 뭔가 좋은 일을 하려는 열망 때문인가, 아니면 그들이 기여해야만 하는 현장의 환경 때문일까, 혹은 정의롭지 못한 세상을 바꾸기 위해서인가? 만약에 이런 유의 동기가 더러 있다고 한다면, 어떻게 그것을 역경과 시련을 당했을 때 굳건하게 버틸 수 있는 강한 확신으로 전환하거나 변화가 일어나게 할 수 있을까? 결국 이런 부르심은 어떻게 확인할 수 있는가? 새로운 선교사 후보자들은 어디서 이런 소명을 발전시키는가? 좀 더 심도 있는 질문을 하자면, 하나님은 오늘날 어떻게 사람들에게 말씀하시고, 어떻게 그들을 불러내어 하나님의 선교 사역에 참여시키시는가 하는 것이다. 어떤 표현이나 의미를 부여하든지 파송 단체에서 안전에 대한 고도의 경계가 필요한 나라에 사역자들을 배치할 때는, 후보자 심사 절차를 통해 그들이 이런 지역에서 사역하도록 부르심을 받았다는 사실을 확인하고 납득할 수 있어야만 한다. 초반에 그 부르심이 분명하다는 확인을 하고, 후속적인 사역을 통해 검증된다면, 비록 사역자가 트라우마를 겪는다고 하더라도, 그가 회복력을 발휘하는 데 케어 제공자들이 확실하게 기여할 수 있을 것이다(Brown, 2007, 318).

헨리 나우웬(Henri Nouwen)은 말한다. "당신이 사는 장소와 하는 일이 단순히 당신 스스로 선택한 것이 아니고, 사명의 한 부분이라는 사실을 아는 것은 중대한 차이를 낳는다. 어려운 일이 닥쳤을 때, 내가 보냄을 받았다는 사실을 깨달으면, 도망치지 않고 신실하게 견딜 수 있는 힘을 얻게 될 것이다. 일이 사람을 지치게 하고, 장비도 빈약하며, 더구나 관계도 실망감을 줄 때, 나는 '이런 어려움들이란 내가 떠나야 할 이유라기보다는, 오히려 내 마음을 정화할 수 있는 기회야'라고 말할 수 있다"(Nouwen, 1990, 109).

"우리는 모두 특별한 일이 아닌 매우 평범한 일을, 하나님의 심장에서 흘러나오는 비범한 사랑으로 수행하도록 부르심을 받았다"(Vanier, 1989, 298). 우리 팀은 코트디부아르에서 철수한 후 가나에 다시 정착해서, 새로운 나라에서 사역을 재개하는 과정을 시작했다. 그런 성찰의 시기에, 내가 다소 두려워하고 있었던 일(극심한 스트레스에 노출되는 것)이 나에게도 일어난 것을 실감했다. 그럼에도 나는 이전과 동일하게 사랑의 힘으로 지탱해나가고 있었다. 당시에는 내 인생에 대한 하나님의 부르심이 변함없었기 때문에, 외부 환경이 나를 흔들지 못한다는 것을 깨달았다. 때로는 내 면적인 갈등 때문에 나의 부르심에 대한 의문이 생기긴 했지만, 트라우마 자체는 내가 그곳에 있어야만 한다는 이유를 오히려 더 확고하게 해주었다. 강한 모험심이 동기가 되거나, 흥분시키는 아드레날린에 중독되었거나, 죄책감 때문이거나 아니면 재미를 위해 고위험 지역에 들어가기를 선택하는 사람들은 빠른 시간 내에 그 환상에서 깨어나게 될 것이다. 이런 동기는 고난 앞에서 떠나지 않고 머물게 하는 지구력이나 회복력을 뒷받침하는 데는 도움을 주지 못한다.

찬양, 감사, 기쁨

역대하 20장에는 유다의 여호사밧 왕을 향해 거대한 군대가 진격하고 있는 상황이 전개된다. 이 소식은 그를 공포에 떨게 만든다. 위기 속에서 여호사밧은 흥미로운 일을 시도한다. 그는 하나님께 지침을 내려주실 것을 애걸하는 한편, 전 국민의 금식을 선포한다. 그는 공개적으로 기도하며 하나님의 능력과 권능을 인정하고, 지난 역사를 통해 하나님의 신실하심을 기억나게 하는 동시에, 자신의 부족함과 무력함을 고백한다. 하나님은 여호사밧과 유다 백성들에게 하나님의 임재와 격려와 승리를 확신하고, 전투에 나아가라고 말씀하신다. 여호사밧과 그의 백성들은 하나님에 대한 찬양으로 응답한다. 그들은 안전한 지대에서 하는 것같이 노래하는 자들을 뽑아 성가대를 조직하고, 곧바로 전장으로 내보냈다. 그들은 부대의 전면에서 부대를 이끌면서 "여호와께 감사하세 그의 인자하심이 영원하도다"(대하 20:21)라고 노래했다. 그들이 노래와 찬양을 시작한 바로 그 순간에, 하나님은 암몬과 모압 군대와 세일 산의 부족들을 자기들끼리 싸우게 하셨다.

진멸의 위협에 대응하는 여호사밧의 반응을 살펴봤을 때 내가 가장 공감하는 부분은 그가 처음에 느낀 공포와 두려움이다. 그러나 나 또한 언제나 위기 한가운데서 찬양으로 되돌아감을 경험했고, 실제로 전투의 양상이 바뀌는 것을 자주 감지했다. 복음송 작가인 커트 카(Kurt Carr, 저자와는 인척 관계가 아님)의 찬송 가사에 찬양의 무장을 통해 발견할 수 있는 위로가 표현되었다(www.lyricsmania.com).

> 나는 인생길에서 좋은 친구들을 잃었네
> 사랑하는 사람들 몇은 천국에서 살고 싶어 먼저 떠났지
> 그러나 내가 모든 것을 잃은 것은 아니라서 하나님께 감사하네
> 돌봐준다는 사람들에 대한 믿음은 잃었네
> 내가 위기 속에 있을 때, 그들은 결코 거기에 없었지
> 그러나 내가 고통당하던 시절, 절망 속에 있을 때도
> 절대 흔들리지 않고, 절대 변하지 않는 한 가지가 있었다네

후렴
나는 내 소망을 결코 잃지 않았네
나는 내 기쁨을 결코 잃지 않았네
나는 내 믿음을 절대 잃지 않았네
그러나 이 모든 것 중에서도
나는 내 찬양을 절대 잃지 않았네

나는 내가 받은 축복을 흘려보내고 말았지
나는 목표를 잃고 엉뚱한 길로 빠지기도 했었지
그러나 내가 모든 것을 잃은 것은 아니라서 하나님께 감사하네
나는 그렇게도 소중히 여겼던 재물을 다 잃어버렸지
두려움 때문에 많은 전투에서 패배했었지
그러나 내가 고통당하던 시절, 고군분투하는 중에서도
절대 흔들리지 않고, 절대 변하지 않는 한 가지가 있었다네

은혜 대 실적

예수님은 어떻게 탈진을 피하실 수 있었을까? 우리가 다른 사람들을 멘토링하기 위해 주님께 배울 수 있는 것은 무엇일까? 예수님은 '은혜의 순환'(the Cycle of Grace)으로 표현할 수 있는 일정한 유형을 보여주셨다(Lake, 1966, 133).

은혜의 순환

'은혜의 순환'이란 우리가 생각하는 목표나 의미의 근원을 보여준다. 그것은 우리를 향한 하나님의 사랑을 긍정하고 우리 자신을 받아들이는 것에

서 출발한다. 우리는 웰빙을 위한 지속적인 양육과 영적 생활을 통해 우리 생존을 유지해나간다. 이것은 우리 신분에 대한 중요한 자각과 연결되고, 이 자각은 다른 사람을 양육하고 치유하는 일을 성취하기 위한 방향을 제시하고 힘을 북돋아준다.

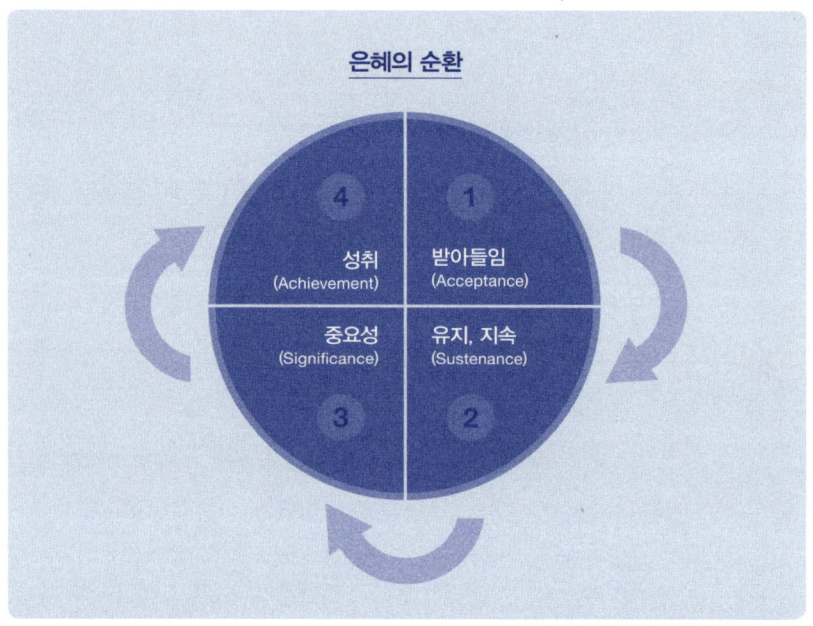

예수님은 자신이 지극히 사랑받는 아들이며 또한 큰 기쁨이 된다고 말씀하신 하나님 아버지께 받아들여진 사실을 아셨다(눅 3:21-22). 우리 또한 사랑받고, 택함을 받은 보배로운 사람들로, 하나님이 기뻐하시고 즐거워하시는 존재들이다(엡 1:4-8; 습 3:17; 마 6:25-27).

예수님은 아버지 안에 거하시고, 아버지의 계명을 순종하시며, 그분의 사랑 안에 머물러 계심으로 보존되신 것이다(요 14:10; 15:10). 우리도 생명의 떡과 생수가 되시는 예수님을 통해서만 보존될 수 있다. 주님께로 나가기만 하면, 우리는 결코 배고프거나 목마르지 않을 것이다. 또한 주님은 우리의 모든 필요를 공급하고 우리 생각과 심령 속에 평강을 주겠다고 약속하신다(요 6:35; 계 22:17; 빌 4:18; 요 14:27).

예수님이 사역하셨을 때, 그분의 신분과 사역의 성취는 예수님과 아버지와의 관계에서 직접적으로 나온 것이었다. 동일하게 트라우마에 대한 우리의 반응과 그 대응 체제를 포함해서 우리가 성취하는 것이 있다면, 그것은 우리가 공급받은 것에서 흘러나온 것이다.

예수님은 그분 자신이 하나님의 아들이라는 중대한 신분을 깨닫고, 자신이 길이요, 진리요, 생명이며, 자신을 통하지 않고는 아무도 아버지께로 올 수 없다는 사실을 담대하게 선포하셨다(요 14:6). 우리도 상속자, 양자, 그분의 영광과 고난에 참여하는 특권이 있는 친구로서 우리의 중요한 신분을 확인하게 된다(롬 8:15-17; 요 15:15).

예수님이 그분의 가르치심과 행하신 기적과 기타 위대한 사역을 통해 이루신 성취는 아버지와의 관계와 연결되어 있다(요 5:19, 30, 36). 예수님은 그분의 제자들(우리)이 심지어 자기 자신보다 더 큰일을 할 것이고, 우리가 그분 안에 거하면 많은 열매를 맺을 것이라고 말씀하셨다(요 7:38; 14:12; 15:5).

이 '은혜의 순환' 구도가 트라우마를 당한 사람들을 돕는 일과 무슨 관계가 있을까? 대부분 그리스도인 전임 사역자는 주님을 위해 많은 열매를 맺기 위해, 강한 사역 윤리와 추진력으로 무장되어 있다. 파송, 후원 교회들과 선교 단체들도 때때로 사역자의 영적인 수행(spiritual walk)보다는 사역자가 이루어내는 실적(회심자, 교회 개척 숫자)에 더 집중하도록 내부적인 압력을 가하기도 한다. 이런 시도는 사역자로 하여금 성취에 몰두하도록 몰아감으로, 이 '은혜의 순환' 구도에서 다른 측면을 소홀하게 만든다.

많은 사람이 성취에서 출발해서, 중요한 신분(업적을 통한)으로 옮겨가고, 그다음에는 유지, 보존 단계로 가는데(때로는 탈진 지점까지), 최종적으로 수용 단계에 이른다(그들은 하나님의 인정을 받을 가치가 없다는 실패감에 직면한다). 이렇게 '순환' 구도가 역전되면, 그것은 '좌절의 순환'(Cycle of Frustration)이 되거나, 아니면 '반-은혜의 순환'(Anti-Grace Cycle) 구도가 될 것이다. 예를 들어, 토머스란 사람이 선교사가 되려고 할 때 하나님이 자신을 받으신다는 강한 느낌을 받았다고 하자. 그는 그리스도인이 거의 없는 어려운 지역을 선교지로 선택하여 사역을 시작한다. 수년간의 수고를 통해서 작은 변화가 일어나고 있다고 느끼기 시작한다. 그러나 그는 결실을 보지 못하고 있었는데, 아직은 회심자가 한 명도 없다! 그러자 파송 교회에서 재정 지원에 걸맞은 회심자의 숫자를 알려달라고 압박한다. 그는 수고로 열매 맺는 여부와 상관없이 하나님이 자신을 사랑하신다는 사실을 잊어버리고, 하나님 앞에서 실패했다고 느끼기 시작한다. 자신의 중요성과 지속성을 아버지의 사랑이 아니라 수행 실적에서 찾으려 했기 때문에 고갈돼버린 것이다. 그는 아내가 잠든 심야에 인터넷 포르노에 빠지게 되었다. 이것은 그에게 일시적 위안을 주었지만, 동시에 수치심과 발각될 수 있다는 두려움에 빠지게 했다. 자기가 만든 함정의 포로가 된 상황에서, 그는 자신을 위해 대신 죽으신 하나님께 자신의 값어치를 증명해 보여야만 한다고 스스로 속는다.

만약 누군가가 '은혜의 순환' 대신 '좌절의 순환' 구도 속에 살고 있는 상황에서 트라우마가 닥친다면, 그는 무너져내리게 될 것이다. 만약 선교 현장에서 긴급 철수, 관계의 갈등, 누군가의 죽음 혹은 만성적인 스트레스나 탈진이 일어나는 상황에서, '좌절의 순환' 구도가 작동된다면 어떻게 될까를 상상해보라. 우리의 원수는 우리가 누구며, 우리가 왜 이곳에 와 있는지에 대해, 우리의 머릿속을 거짓말로 채울 수 있을 것이다.

리더와 케어 제공자로서 우리는 사역자들이 '좌절의 순환' 구도에서 '은혜의 순환' 구도로 돌아오도록 따뜻하게 도와주는, 적절한 멤버 케어를 제공할 수 있다. 우리는 그들이 하나님의 말씀으로 되돌아오도록 이끌 수 있다. 수용과 지속성은 주님께로부터 오는 것이고, 신분의 중요성과 성취의 결과도 같은 근원에서 흘러나온다. 좋은 리더십과 멤버 케어에서 이 사실을 확인할 수 있다.

용서

여성을 강제로 매춘시키는 소굴에서 탈출한 여성들을 돌보는 한 선교사가 나에게 이런 요청을 했다. 어떻게 하면 여성들을 유린하는 사람들에 대한 증오심에 불타지 않고, 잘 버텨내면서, 사람들을 돌볼 수 있을까 하는 것이었다. 나의 선교사 여정에서도, 직접 보고 들은 불의와 유린으로 인한 트라우마 유발 사건이 너무 많아서, 나도 정의로운 분노로 꽉 차 있을 때가 있었다. 한 남성은 권총으로 얻어맞고 납치당한 후, 도망치려 하다가 총에 맞아 숨졌다. 한 여성은 납치당한 후, 선교사 팀의 기금을 다 내놓으라고 협박당하다가 흉기에 머리를 맞았다. 집 안에 침입한 강도의 무리에게 소녀였던 딸이 윤간을 당한 사람도 있었다. 사건과 사건을 이어서, 나는 내가 사랑하게 된 선교사들을 해친, 알지도 못하고 만날 일도 없는 이 낯선 사람들 때문에 너무나 비통한 심정이 되었다. 나는 이 범법자들에 대한 분노를 멈출 수가 없었다. 더 나아가 이들에게 분노를 쏟아부을 모든 권한이 나에게 있다고 생각했다.

이런 유독성이 있는 감정이 누적된 2년을 보낸 후, 나는 난소암 진단을 받았다. 수술과 화학 요법 치료를 거친 후에 완치 판정을 받긴 했지만 여전히 나는 영적으로 병에 걸려 있었다. 그런데 어느 날 교회당에 앉아 있었는데, 성령님이 내 옆구리를 살짝 찌르시며 "그런 일들을 저지른 사람들을 용서하라"고 하셨다. 나는 그들이 누구인지 알지도 못하고 내가 해를 입은 사람도 아닌데, 왜 그들을 용서해야 하느냐고 따졌다. 그러자 "그것이 네 암이고, 그들을 용서하기까지 너는 나은 게 아니야"라는 응답을 받았다. 나는 눈물로 순종했다. 그들과 나 자신을 위해 만든 감옥에서 그들을 놓아주면서, 말로 용서를 표현했다. 그 즉시 종양이 있었던 복부가 타는 듯한 느낌을 받았다.

그 이후로 매일은 아니지만, 끔찍한 소식을 들을 때마다 정기적으로 용서를 실천하려는 노력을 계속하고 있다. "두고두고 꾸짖지 않으시며, 노를 끝없이 품지 않으신다. 우리 죄를, 지은 그대로 갚지 않으시고 우리 잘못을, 저지른 그대로 갚지 않으신다"(시 103:9-10, 새번역). 우리가 자격이 없음에도 감당할 수 없는 은혜를 입었기 때문에, 우리도 그럴 자격이 없는 사람들을 용서할 수 있는 것이다. 이것은 인간적으로는 가능한 일이 아니다. 그러나 하나님의 은혜로 말미암아, 우리는 우리가 사랑하는 사람들을 해치고도 용서를 구하지 않는 사람들을 용서할 수 있다. 나는 이것이 나를 직접 해친 사람을 용서하는 것보다 더 어려운 일이라는 것을 알게 되었다.

강제 매춘의 희생자들을 위해 어떻게 계속 일할 수 있겠느냐고 질문한 그 선교사의 질문에 나는 이렇게 대답했다. "매일 용서하세요."

전향적으로 공동체 세우기

이 장의 제목인 '개인적 회복력'이란 표현은 자칫 오해의 소지가 있다. 그것은 마치 공동체 밖의 개인적인 일로 들릴 수 있기 때문이다. 그러나 회복력이란 하나님과 다른 사람들과의 관계라는 맥락 속에서만 일어날 수 있다.

MMCT는 공동체 구축에 관해서는 의도적인 목적을 지니고 있다. 우리는 공동체 구성원 모두가 핵심이라고 생각하는 특정 이념을 발전시켜 왔다. 이런 아이디어의 상당 부분은 팀 사역에 적용되고 있다. 많은 사람이 친구나 부부 관계에 이를 적용하고 있다.

태도
- 선택의 기회를 줌 다른 사람을 위해 내 방식이나 선호도를 양보하는 것
- 가정사에 대해 서로 나눔 이름을 불러주고, 기도해주며, 서로 만남
- 관대함
- 포괄적 수용성
- 은혜 가운데서 진실을 말함

실천
- 기도
- 마음에서 우러나오는 기도
- 기도와 초점의 수정을 위한 시간 주일 저녁에 우리 각자는 다음과 같은 네 가지 질문에 답한다. 잘된 것은 무엇인가? 잘되고 있지 않는 것은 무엇인가(지난 주간에)? 내가 원하는 것은 무엇인가? 내게 필요한 것은 무엇인가(다음 주에 대비해서)? 그런 후에 우리는 서로의 관심사를 위해 기도한다.
- 분기별 기도 수련회
- 아프리카와 우리가 섬기는 선교사들, 기타 사역의 문제들을 위한 금요 기도회
- 오락 시간 같이 놀면서 웃기
- 몸이 아플 때는 서로 돌보아주기
- 만져주기 자주 껴안기, 악수, 하이파이브, 격려할 때 어깨를 토닥이기

- 섬김 때로 내가 원하는 것을 포기하면서까지 실제적인 문제에서 서로 도와주기
- 점심 전에 함께 성경 낭독하기
- **친절한 행동** 아침에 커피 배달하기, 식사 대접하기, 다른 사람이 여유 시간을 보내도록 대신 일해주기
- **환송과 환영** 사람들이 떠나거나 돌아올 때 "그리스도의 평강이 당신과 함께하기를"이란 찬양이나 다른 축복송을 불러주기
- (때때로) 함께 휴가 보내기
- 함께 운동하기 워킹, 자전거 타기, 수영하기
- 용서 실천하기
- 저녁 식사에 가족이나 지인들을 초대하기 때로 공동으로 준비
- 사역 여행에서 돌아온 후에는 상호 디브리핑 해주기
- **팀 서약서** 우리는 정기적으로 함께 서약서를 낭독한다. 이 문서는 의사 결정의 요소, 의사소통, 사역에 대한 충성과 헌신, 갈등의 해결 그리고 신뢰의 구축 등에 관한 지침을 제공한다.

침잠과 순복

마이크 메이슨(Mike Mason)은 『욥의 복음』(The Gospel According to Job)이라는 책에서 고통과 순복에 대해 이야기하고 있다.

> 지난날을 되돌아보면, 내 염려의 많은 부분은 나에게 일어나는 일에 내가 통제할 수 있는 것이 실제로 아무것도 없다는 사실에 그 뿌리를 두고 있었다. 나로서는 전적으로 무력한 상태였는데, 아마도 이런 상황, 이 무서운 무력감을 '고통의 혼'이라고 할 수 있을 것이다. 우리 그리스도인들은 하나

님의 손길 안에 있음에도, 우리가 완전히 무력한 존재가 된다는 생각을 하기 싫어하는 것 같다. 우리의 모든 믿음과 그분의 모든 은혜를 힘입어, 우리는 삶이 어느 정도라도 통제할 수 있다는 모양새를 갖추기를 여전히 좋아한다. 어려운 문제가 발생하더라도, 우리가 취할 수 있는 조치의 단계가 있고, 우리가 선택할 수 있는 태도가 있으며, 우리의 염려를 경감함으로써 행복을 유지할 수 있다고 생각하고 싶어 하는 것이다. 그러나 고통에 대한 쉬운 해답이란 없다. 자신을 억제할 수 있거나 스스로 곤경을 벗어날 길이란 없다. 그리스도인의 삶에서 유일한 독자적 생존 도구가 있다면, 그것은 바로 십자가다(Mason 1994, x-xi).

그리 심각하지는 않았지만, 나는 가벼운 알레르기와 천식으로 항상 시달렸다. 아프리카에서 선교사로 일하게 되자, 고향 버지니아의 꽃가루와 알레르기 항원에서 멀어지게 되었고, 증상도 사라졌다. 그러나 서아프리카 가나에서 6년간 사는 동안, 습도 높은 열대 기후의 곰팡이 균에 대한 저항력이 약화되기 시작했다. 알레르기 증상이 재발되더니, 곧 가벼운 천식도 따라왔다. 그러나 항히스타민제를 쓰고 가끔 벤톨린을 분무해주면 쉽게 해결되었다.

2010년 초에, 내 기관지 계통은 더는 버티기가 어렵게 되었다. 폐에 염증이 생기면서 호흡 곤란이 오고 숨 쉬는 것이 힘들어졌다. 내 면역 체계는 격무와 잦은 여행 등으로 약화되어 있었다. 나는 아프리카에서 10년 동안 살았지만, 그때 처음으로 말라리아에 걸렸다. 현지 병원에서는 천식 발작, 말라리아, 상기도 감염 부분을 치료한 후에 나를 집으로 돌려보냈다. 그다음 날 호흡 곤란이 더 심해졌고, 나로서는 전혀 생소한 경험을 하게 되었다. 그것은 패닉이었다. 숨을 헐떡였지만, 나로서는 그 원인을 알 수가 없었다. 아무리 숨을 들이쉬어도, 만족하게 산소를 들이마셨다는 감각을 느낄 수가 없었다. 어지럽고 약해지면서, 손과 손가락은 얼얼하고 감각이 없어졌다. 친구들이 나를 다시 병원에 옮기자, 나는 내가 죽게 될 것이라고 생각했다. 사람들은 산소마스크를 쓰고 주사 몇 대를 맞은 뒤 정맥 주사를 매달고 있는 나를 염려스럽게 바라보며 둘러싸고 있었다.

그날, 내가 반 강제적으로 병원에 입원했을 때 여러 생각이 떠올랐다. 나는 문 밖 복도에서 사람들이 근심과 염려에 차서 나를 바라보고 있다는 사실을 알게 되었다. 그리고 주로 떠오른 생각은 '뭐가 잘못된 거야? 너 약해지지 마'였다. 그렇지만 나의 나약함과 무력감에 당혹스러웠다. 이런 생각을 하는 동안에도 잠시 뒤로 물러나서, 위기의 순간에 나 자신에 대해서 자기비판적이 될 수 있다는 사실에 한편으로는 연민을 느끼고 또 한편으로는 쓴웃음을 지을 수밖에 없었다. 나야말로 위기를 당한 사람들에게 자기 자신을 은혜롭게 대하라고 간곡하게 권하던 사람이 아니던가? 또 다른 종류의 전투가 내 안에서 벌어지고 있었다. 수개월이 지난 후에야, 나는 그 전모를 더 잘 이해하게 되었다.

상태가 안정되고 난 후에 나는 중환자실에서 입원실로 옮겨졌다. 의사와 간호사들은 친절했지만, 그들 중 어떤 사람은 나와 접촉하거나 너무 가까이 다가오는 것을 두려워한다는 사실을 눈치챘다. 동료들이 내가 있는 입원실에 진을 치고는 교대로 밤을 샜다. 내가 호흡을 잘 못하면, 팀원 중 한 사람이 간호사를 찾으러 갔다. 첫날 밤이 가장 힘들었는데, 나는 한잠도 자지 못하고 매번 숨을 쉴 때마다 온 힘을 다 모아야 했다. 그날 밤을 넘길 수 있을까 하는 불안감이 찾아왔다. 그다음 날 아침, 나는 다시 패닉 상태에 빠져 숨을 헐떡이며 호흡 곤란을 겪었다. 아무리 숨을 들이마셔도 충분한 공기가 들어왔다는 감각을 느끼지 못했기 때문에, 내 몸이 나를 배반하고 있는 것 같았다. 나중에야 나는 '공기 기아'(air hunger)나 '공기 트래핑'(air trapping) 같은 용어를 알게 되었는데, 그것은 내 폐 속에서 무슨 일이 일어났는지 이해하는 데 도움을 주었다.

병원에서 퇴원한 후에도, 나는 계속해서 호흡하는 데 어려움을 겪었다. 그래서 가나와 미국에 있는 흉부외과 전문의들과 상의했다. 혈액 검사를 해보니 내가 2차 감염에 노출되었는데, 입원했던 병원의 비위생적인 환경이 주된 원인일 가능성이 높다는 것이었다. 나는 수 주간 부신피질 호르몬제인 프레드니손(Prednisone)과 항생제를 고용량으로 복용했다. 이 질병 때문에 끝이 없는 여행을 하는 것 같았다. 질병에 걸린 내가 팀 동료들에게 타격을 주는 것을 바라보았고, 그것은 나에게 죄책감과 좌절감을 안겨주었다. 나는 증상이 호전되는 것보다 이 같은 문제들을 더 민감하게 느끼고 있었다. 평소 같으면 쉽게 털어버릴 수 있는 상황에 대해 절망감을 안고 울었다. 조바심이 나서 쉼을 얻지 못했고, 건강과 관련해서 뭔가를 이루어내야 한다는 생각에 쫓기고 있었다. 그러나 내 몸과 감정은 내 통제 밖에 있었다. 이런 현상은 일부 약물의 부작용 때문에 일어난 것이지만, 또한 그런 증상에 스스로 부정적인 자기비판을 하고 있었기 때문이기도 했다. 상황이 이렇게 되자 수석 정원사이신 하나님이 내 심령의 딱딱한 땅을 기경하시고는, 나와 동행해주시기 위해 더 깊은 친밀함의 씨앗을 뿌릴 준비를 하셨다. 병 때문에 얻게 된 고요함과 쉼의 시간이 나는 읽고 기도하며 묵상했다. 나는 성경에서 숨 쉬는 것과 호흡에 관한 사례가 많은 것에 강한 호기심을 느꼈다.

어느 날 심호흡을 하려고 씨름을 하고 있었는데, 열왕기하 4장 32-37절의 엘리사 이야기가 떠올랐다. 과부의 아이는 죽었고, 엘리사는 어린아이 위에 올라 엎드려 자기 입을 그의 입에, 자기 눈을 그의 눈에, 자기 손을 그의 손에 대었다. 그 아이는 회복되고 다시 살아났다. 나는 기도하면서 주님이 나에게 호흡과 생명 주시는 일을 동일하게 행하신다는 느낌을 받았다.

윌 콜리어(Will Collier)가 페늘롱(Fenelon)의 글에 대해 쓴 『하나님으로 하여금』(Let God)이란 책은 하나님이 나를 교훈하고 계시다는 주제를 분명하게 해주었다. 우리는 모두 생명의 요소인 호흡을 하고 살지만, 그것을 너무나 당연시하고, 그것에 대해 별다른 생각조차 하지 않는다. 하나님이 땅의 흙으로 인간을 조성하실 때, 인간의 코에 생명의 기운을 불어넣으시자, 인간은 살아 있는 생명체가 되었다(창 2:7). 깊고도 만족할 만한 호흡이란, 마치 잠자는 것처럼 완전한 순복을 요구한다. 페늘롱은 다음과 같이 기록한다.

> 당신 자신을 완전히 하나님께 떠맡겨버리라. 당신이 이 지구 상에서 숨 쉬고 있는 한, 무모할 정도로 하나님 앞에 당신을 포기하라. 느슨하게 풀어놓아 보라. 당신은 이제 좋은 위치에 있는 것이다. 당신은 결코 하나님이 포기하는 존재가 아니므로, 자기 포기를 할 수 있는 것이다…하나님께 항복하라. 굴복하라. 당신이 수많은 시간을 소비해서 만들어낸 그 아름다운 자아상을, 이제 그분이 깨뜨려버리시도록 허용하라. 자기 집착이 숨어 도사리고 있는 당신 내면의 가장 은밀한 곳을 하나님이 파고 들어가시도록 허용하라…이제 더는 당신 자신의 멋에 매달리지 말고, 그 대신 예수님의 아름다움을 깊이 소망하는 생생한 기쁨을 맛보라(Collier, 2007, 5).

죽어야 할 내 자아상의 한 부분은 내가 강하고, 용기가 있으며, 염려에서 자유로운 사람이라는 것이었다. 그러나 일단 나 자신이 염려와 불안이 있는 사람이라는 것을 인정하고 허용할 수 있게 되자, 이전의 자아상이 어떻게 내 삶의 전 영역에서 작용했는지, 또한 어떻게 나와 하나님과 다른 사람들과의 관계를 손상하도록 몰아갔는지를 자유롭게 탐구하게 되었다. 때때로 높은 생산성, 성취 지향성, 일을 끝내야 한다는 욕구 때문에 나 자신을 불안으로 내몰았다. 이런 상황을 깨닫자, 나는 더 천천히 숨을 쉬게 되었고 자발적으로 쉼과 고요함 속으로 들어갔다. 이런 노력은 나에게 치유와 자유로움을 가져다주었다. 페늘롱은 너무 열심히 하는 것을 중단할 필요가 있는 한 친구에게 권유한다.

> 자네가 비록 통찰력이 있고 잠재력이 매우 큰 사람이라고 할지라도, 하나님은 자네의 타고난 재능들이 아무런 도움이 되지 않는 상황이 되도록 혼란을 허락하실 걸세…지금은 어떤 결정을 하거나 행동을 취할 때가 아니네. 하나님은 자네에게 뭘 하라고 요구하시지 않네. 그냥 기다리게. 지금은 아무것도 하지 말게. 나중에 문제가 어느 정도 가라앉고 자네도 편안해지면, 자네의 주변 환경을 조용하고 평온하게 둘러보고 자네가 처한 상황의 실상을 평가할 수 있을 것이네. 그때 자네가 너무 헝클어진 상태가 아니라면, 무엇이 최선인지 간단하게 분별할 수 있을 것이네. 다시 말하지만, 이건 아주 단순한 일일세. 그러고는 차차 단순한 생활, 단순한 청취, 단순한 기도, 단순한 겸손함으로 돌아가게나. 서둘지 말게. 자네 자신에게 여유를 주게. 하나님에 대해서는 귀를 활짝 열어두고, 자신에 대해서는 귀를 아예 닫아버리게나!(Collier, 2007, 56-58).

웬들 베리의 책 『하얀 발』(Whitefoot)에서, 그는 홍수에 갇힌 쥐 한 마리에 대해 이야기한다. 그 쥐는 불어난 강물을 떠다니다가 재빠르게 통나무 꼭대기 위로 올라가서 바싹 엎드려 있었지만, 포식자에게는 매우 취약한 상태였다. 베리는 이렇게 표현한다. "만약 당신이 그 쥐를 보았다면, 당신은 그 쥐가 인내심이 있다고 생각할 것이다. 물론 그 쥐에게 인내하는 능력이야 있었겠지만 내가 생각하기로는, 지금 그 쥐로서는 단순하게 아무것도 하지 않고 있는 것이다. 사실은 할 수 있는 게 그것뿐이었다"(Berry, 2009, 30).

다시 내 투병의 여정으로 돌아가서, 나는 그 당시 일기에 이렇게 썼다. "우리가 안절부절 못하고 동요하며 불안해할 때 하나님은 뭐라고 하실까? 아마도 이렇게 말씀하실 것이다. '잠잠히 하고 내가 하나님인 것을 알아라. 이 고요한 물가에 누워라. 내 앞에서 마셔라. 심지어 네가 아무 것도 하지 않고 있을 때라도, 열매를 맺게 하는 나를 신뢰해라. 내가 너에게 하도록 원하는 일을 나에게 구하고, 그 이상도 그 이하도 구하지 말아라. 너의 영혼 속에 평강과 기쁨이 있다면, 네가 나의 뜻을 행하는 줄로 알아라. 그것이 너에게는 리트머스 시험지다. 네가 염려와 불안에 쫓기면, 그것은 나에게서 온 것이 아니다.'"

미국으로 돌아와 몇 개월을 보낸 후에, 나는 아프리카로 돌아가서 다시 전임 사역을 시작할 만큼 충분히 회복되었다. 나는 지금도 기관지 계통의 면역 기능을 유지하도록 유의하면서 살고 있다. 또 천식이 재발할 것을 대비해 항상 조기 증상을 민감하게 주시해야 하고, 예방 약물을 복용해야 하며, 어떤 종류의 알레르기 항원은 피해야 한다. 그러나 두려움 속에서 살아야 할 필요는 없다. 그래서 나는 순복과 신뢰 가운데 위험을 감수하면서 최대한의 인생을 누리고 산다. 나는 숨 쉬고 있다.

9장

건강한 스트레스 관리법

프로케 쉐퍼

톰과 낸시(가명)는 첫 선교 사역으로, 자신들이 사랑하고 돌보기를 원하는 선교사 자녀들을 위한 기숙사 부모(house-parents)로 섬길 계획을 하고 있었는데, 그 나라는 가난하고 교육 수준도 낮은 곳이었다. 그들은 열악한 생활 환경에서 문화 적응을 해야 하리라고 예상하고 있었다. 그러나 처음 1년간 치열한 적응 기간이 지난 후에, 그 지역을 초토화시키는 대지진이 닥칠 줄은 미처 예상하지 못했다. 또한 현지 프로젝트 책임자가 자신의 직책을 더는 수행하지 못하게 되자, 톰에게 그 리더십을 대신 맡아 달라고 할 것이라고는 상상도 하지 못했다. 톰이 처음부터 이런 일을 맡아야 한다고 요청받았다면, 미리 거절했을 것이다. 그럼에도 그는 모든 노력을 다해서 그 일을 성공적으로 해나갔다. 그러나 이 프로젝트에서 요구하는 것은 끝이 없었고, 부부는 그때마다 일에 뛰어들었으며, 잠자는 시간 빼고는 항상 일에 매여 있었다. 톰과 낸시는 곧 한계를 넘어 소진되었는데, 만약 그들이 좋아하는 사역을 계속하려고 한다면, 효과적인 스트레스 관리가 시급한 상황이 되었다.

국내외 선교지에서 톰과 낸시와 같은 사례는 흔하다. 헌신되고 때로는 영웅적인 사람들이 수단과 인력에 한계가 있음에도 인류의 필요를 채우기 위해 노력한다. 이런 사명감을 가진 사람은 어려운 환경 속에서도 사람들을 돕고, 정의를 진작하며, 하나님 나라를 확장해나가는 일을 쉬지 않는다. 그러나 이런 고도의 요구와 심각한 트라우마 상황이 장기간 지속되면, 비록 천국의 목적을 품었다고 할지라도 질그릇 같은 인생들은 심각한 타격을 받게 될 것이다. 그 결과 탈진, 우울증, 외상 후 스트레스 장애가 일어날 수 있다. 그러나 다행히도 사역에서 스트레스를 줄일 수 있는 실제적인 방안들이 있다.

회복력이 있는 사람들을 위한 건전한 실행

신체적으로 건강한 사람은 대부분의 환경에서 스트레스 관리 전략을 실천할 수 있다. 건강한 사람은 일반적이거나 특수한 삶의 여러 도전에도 '좋은 모습'을 유지할 수 있다. 다음에 제시하는 전략들을 규칙적으로 실행하면, 격심한 어려움이 다가올 때도 감정적인 완충 장치가 생성된다. 과도한 스트레스를 받고 이미 소진한 상태라 하더라도 계속해서 이런 실천을 유지할 수 있는 충분한 에너지와 동기가 남아 있다면, 이런 실천을 통해 대개 그 심각성이 감소된다. 그러나 에너지와 동기가 부족하고, 당사자가 너무 압력을 받거나 압도당하거나 자살 충동을 느낀다면, 이런 상황을 효과적으로 개선할 수 있는 유일하고도 실제적인 선택은 약물 처방을 포함해서 전문가의 도움을 받는 것이다.

많은 목회자와 선교사가 스트레스 관리 전략에 대해 더 많이 알고 싶어 한다. 사실 이 단순한 실천 방안은 일상에서 통합적으로 실천할 수 있다. 그것이 웰빙을 증진하기 위한 것이든, 일반적인 스트레스나 트라우마성 스트레스나 불안이나 우울증을 감소시키기 위한 것이든 스트레스를 관리하면 중요한 차이를 이룰 수 있다. 스트레스 관리는 '좀 더 기분이 좋아지기 위해, 그냥 약을 먹는' 것을 꺼리는 사람에게 적절한 대안이 된다. 만약 이 스트레스 관리 전략을 여러 주간 적용한 후에도 분명한 완화 작용이 없다면, 전문 의료인을 찾아야 할 것이다. 그런 상황이라면 자기 자신을 탓하거나 비난하지 말고, 약물 치료를 고려해보는 것이 좋다. 나름대로 최선을 다했다는 사실을 안다. 그래서 때로는, 스트레스 관리만으로는 충분하지 않고 전문 상담가나 의사가 즉시 개입해야 하는 경우도 있다.

안전하게 적용된 스트레스 관리 전략

안전
- 탄력성을 강화한다.
- 정상적으로 활동하는 사람들의 정신적 고통을 줄여준다.
- 충분한 에너지와 동기를 갖춘 사람들이 이 전략을 적용하도록 지원한다.
- 불면증이 있는 사람이 수면을 취할 수 있게 한다.
- 슬픈 감정을 줄이고 감소된 기쁨과 에너지를 증진한다.
- 불안, 성급함, 분노 등과 같은 감정의 통제가 어려운 부분을 개선한다.

혼자서는 안전하지 않다*
- 만약 인생에 싫증을 내거나 자기 자신을 해칠 생각을 하고 있다면,
- 만약 파괴적이고 다른 사람을 해칠 생각을 하고 있다면,
- 만약 실제로 있지 않은 일을 보고 듣는다면, 또한 누가 자신을 쫓아온다고 느끼거나 그들을 잡으러 밖으로 나가거나 실체가 없지만 강한 두려움을 느낀다면,
- 만약 알코올이나 마약을 남용한다면(처방된 마약류, 신경 안정제, 수면제나 진통제 등을 포함하여),

* 이 사람은 즉시 전문 의료인을 만나야 한다.

회복력과 그 의미

복원력, 회복 탄력성 혹은 회복력 등으로 번역할 수 있는 이 용어는 최근에 더 많이 사용되고 있다. 회복력에는 어떤 의미가 있을까? 이것은 원래 물리학에서 사용하는 용어로, 이렇게 정의된다.

> 외부의 힘에 의해 변형된 물체가 원래 모양으로 되돌아가려는 특성…단, 탄력성의 한계를 초과하지 않았을 때(wordnetweb.princeton.edu/perl/webwn).

이 표현에 따르면, 어떤 물질에 외부의 힘이 가해지면 그 충격이 온 지 너무 오래되지 않았을 때 그 물질은 이전 형태로 되돌아가려고 하며, 그 힘을 탄력성이라고 한다. 물리학에서 사용된 이 용어는 심리 분야에서도 사용할 수 있다. 회복력 센터(The Resiliency Center)에 따르면, 탄력성 혹은 회복력이란,

> 파괴적인 변화에서 회복하는 능력…압도되거나 혹은 역기능적으로 행동하거나 혹은 해를 끼치는 방법이 아닌 상태에서(www.resiliencycenter.com/definitions.shtml).

파괴적인 변화가 일어난 후에, 회복력이 있는 사람은 잠시 동안은 충격을 받는다. 그러나 그런 다음에는 회복 상태로 나아가 곧 정상적인 기능을 되찾는다. '현대적 회복력 모델'을 제안한 리처드슨(Richardson, 2002)은 트라우마 영향을 받은 사람이 어떻게 이전보다 좀 더 낮은 혹은 심지어 더 높은 수준의 기능적 단계로 돌아오게 되는가를 보여주고 있다. 트라우마는 사람의 심리적 항상성(homeostasis)에 충격을 준다. 이런 충격은 파

괴적 분열성의 정도를 정하는데, 그 심각성은 방어적인 요소들로 완화될 수 있다. 방어적 요소들이란 공동체의 지원 체제, 좋은 정신 건강과 스트레스 관리 체제, 견고한 고통의 신학 등을 말한다. 복원 과정은 다양한 기능적 결과로 나타나는데, 심리적, 영적 요소에 좌우되고, 지원 수준에 따라서도 영향을 받는다. 연구자들은 어떤 사람이 트라우마 경험 후 이전 상태보다 더 약해지거나 다시 원상 회복되는 것과는 또 다른 형태로, 역경과 씨름하는 과정에서 이전보다 더 강해지고 더 높은 수준으로 회복되는 것을 관찰했다. 성경은 이런 가능성을 묘사하고 있다. "모든 은혜를 주시는 하나님, 곧 그리스도 안에서 여러분을 자기의 영원한 영광에 불러들이신 분께서, 잠시 동안 고난을 받은 여러분을 친히 온전하게 하시고, 굳게 세워 주시고, 강하게 하시고, 기초를 튼튼하게 하여 주실 것입니다"(벧전 5:10, 새번역). 회복이란 궁극적으로 하나님이 하시는 일이지만, 우리가 '복원'되고 강하게 되는 것을 돕는 생물학적인 조건도 있다(다음 리처드슨의 회복력 모델을 참조하라).

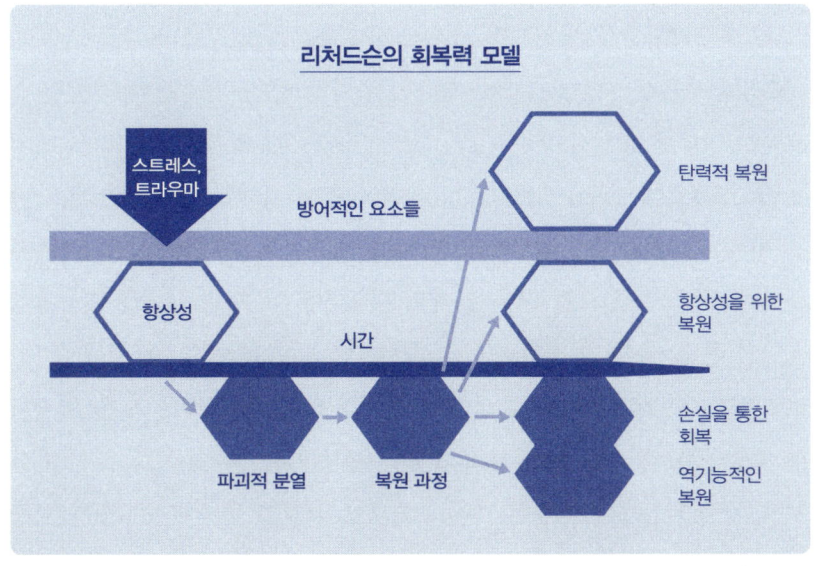

건전하거나 불건전한 스트레스 대응

자연적이고 효과적인 '스트레스 반응 메커니즘'은 사람의 몸이 스트레스에 적응하도록 도와준다. 만약 그것이 신체적 공격과 같은 위협을 감지했다면, 뇌에서 호르몬 신호가 뇌하수체로 전달되고, 그것은 부신으로 보내는 신호를 만들어낸다. 그래서 자율 신경 조직은 순식간에 활성화될 수 있다. 스트레스 호르몬(코르티솔, 아드레날린, 노르에피네프린)은 즉시 가용 상태가 된다. 신체적인 스트레스 반응은 에너지를 동원하고, 집중력을 제공하며, 각성 상태를 증가시킨다. 몸은 싸우거나 도망가거나 어느 쪽이든 적절한 쪽을 택할 준비가 되어 있다.

위협이 감소되고 난 후(위험이 지나갔거나 당사자가 공격자에게서 도피했거나 혹은 자기방어 전략을 사용했을 때)에는, 스트레스 호르몬 반응은 폐쇄되고 정상 상태로 돌아가야 한다. 효과적인 회복은 우리 몸을 탄력적으로 만들고 적응력을 더 높여준다. 그러나 스트레스 반응이 활성화된 상태가 계속 유지되면, 우리 몸은 고도의 스트레스 호르몬 단계에 지속적으로 노출된다. 과학자들은 신체적 스트레스의 축적을 '알로스타 부하'(allostatic load)라고 부른다. 이 '알로스타 부하'가 증가하면, 사람의 몸은 격상된 스트레스 상태에 만성적으로 노출된다. 이런 상태에서 새로운 곤경이 닥치면, 스트레스 반응이 약해지고 효율성이 떨어지는데, 이미 스트레스 반응 자체가 부분적으로 활성화되어 있기 때문이다. 만성적인 스트레스가 축적되면, 반응 체계의 적응 능력은 떨어진다. 따라서 충분한 스트레스 호르몬을 추가적으로 생산해낼 수 없게 된다. 스트레스에 대한 조절 능력이 무력해지면, 몸과 마음의 탄력성이나 회복력이 떨어진다. 효과적인 스트레스 관리는 스트레스 반응의 차단 과정(shutting-down process)을 도와주는 것이다. 효과적인 차단은 만성적으로 격상된 스트레스나 '알로스타

부하'를 감소시키는데, 대신 이것은 새로운 스트레스 요인에 적응할 능력을 향상시킨다. 이런 적응력으로 고도의 스트레스 유발 환경에서도 회복력이 증가되는 것이다.

만약 스트레스 반응이 지속적으로 과열 가동되면, 몸과 마음은 만성적인 고도 스트레스의 신호를 보여주기 시작할 것이다. 면역 방어가 약해져서 감기, 설사, 말라리아와 같은 질병과 싸워 이기는 것이 더욱 어려워질 것이다. 혈압과 심장 박동이 상승 상태를 유지하고, 콜레스테롤 수치가 올라가게 될 것이다. 수면 장애도 유발된다. 그뿐 아니라 복잡한 문제에 대해 명료하게 생각하고, 집중력을 발휘하며, 좋은 결정을 내리는 기능에 타격을 받을 것이다. 이 사람에게 일어나는 증상은 기억력이 감퇴되고, 근육이 긴장되며, 더워서 땀을 흘리거나 어지럽고, 두통이나 위장 장애가 생기며, 불안하고 초조하며 성급해지고, 감정 상태가 급변하지만 통제하기가 어렵게 되며, 또 갑자기 눈물을 흘리거나 화가 나서 소리를 지르게 될 것이다. 이런 만성적인 고도 스트레스의 증상과 신호는 탈진의 위험을 증가시킨다.

네팔에서의 험난한 첫 임기 말쯤에, 나에게도 만성적인 스트레스가 축적되었다. 처음에는 목과 어깨에 근육이 뭉치는 정도였지만, 계속 감정적 스트레스를 받고 있음을 감지했다. 그다음에는 잠을 이루는 것이 어려워지기 시작했다. 점차 집중하는 것이 어려워졌지만, 그래도 여전히 맡은 일은 해낼 수 있었고, 계속 어려운 일도 감당해냈다. 그러나 어느 날 진료소에서 일하고 있었는데, 갑자기 쏟아지는 눈물을 억제할 수가 없었다. 검진 결과, 심장 박동 수와 혈압이 높아져 있었다. 스트레스가 축적되었지만 적절한 관리를 하지 못했기 때문에, 치료가 필요한 탈진 수준으로 발전된 것이었다.

국내에서나 해외에서의 사역에 대한 도전은 스트레스 반응을 예민하고 적응력이 있도록 유지함으로 감당해낼 수 있다. 트라우마와 위기를 경험한 후에라도, 양질의 자기 케어를 통해 두뇌와 몸이 신체적, 정서적으로 복원력을 갖게 하고, 영혼은 영적으로 성장함으로 스트레스 반응을 감소시킬 수 있다.

생물학적 회복력의 강화

스트레스 단계의 기준치를 낮추어주는 모든 활동은 생물학적인 적응력과 복원력을 증가시킨다. 가장 효과적인 스트레스 관리 전략은 규칙적인 유산소 운동, 충분한 수면, 회복력 강화를 위한 음식의 섭취 그리고 균형 잡힌 생활 양식과 정기적인 정지 시간을 가지는 것이다.

규칙적인 유산소 운동

빠른 걷기, 조깅, 자전거 타기 혹은 수영 후에, 당신의 몸이 얼마나 이완되는지 확인해본 적이 있는가? 신체적으로나 정서적으로 휴식과 이완을 얻는 것은 유산소 운동을 통해 얻는 공통적인 유익이다. 유산소 운동은 편안하게 호흡을 하면서도 심장과 기관지의 활동을 일정 시간 동안 지속적으로 올려주는 유형의 운동이다. 예를 들어 조깅이나 자전기 타기 같은 유산소 운동을 하면서 친구들과 이야기를 나눌 수 있다. 운동이 불안, 우울증, 스트레스 민감성 등에 미치는 영향을 연구한 결과에 따르면, 정기적으로 유산소 운동을 하는 사람들은 정신 건강에도 유익을 얻는 것으로 나타났다(Salmon, 2001). 그러나 너무 과도하게 운동하거나 자신을 너무 몰아붙이는 사람은 오히려 무산소 효과를 일으킨 운동을 하게 되어, 실제로 정신적으로도 악화될 소지가 있다. 신체적으로 단련되어 있는 사람은 향상된 회복력을 분명히 보여주면서, 스트레스에서 훨씬 더 빨리 회복된다. 흥미로운 실험 결과가 있는데, 바퀴를 돌리는 실험 쥐는 중대한 스트레스를 경험한 후에도 스트레스 반응이 감소했다(Mills and Ward, 1986; Starzec, Berger and Hesse, 1993). 이런 결과는 인간에게도 적용할 수 있다. 규칙적인 운동은 뇌세포에 대한 스트레스의 손상 효과를 저지하는 방어적 요소를 증가시킨다. 그러나 운동을 중단하게 되면, 약 2주 내에 유익 효과를 잃게 된다(Salmon, 2001).

간단한 유산소 운동은 동네에서 빠르게 걷기, 조깅이나 달리기, 자전거 타기, 수영, 줄넘기(실내에서도 가능한 운동), 테니스 등을 들 수 있다. 많이 뛰어야 하는 배구, 농구, 배드민턴, 축구, 미식축구 등과 같이 좀 더 큰 규모의 유산소 팀 운동도 있다. 주 중에 매일 30분 정도만 운동해도 회복력이 증가되고, 불안과 우울증이 가볍게 지나가거나 그 수준이 감소하는 효과가 있다. 운동에 익숙하지 않은 사람은 무엇이든지 자신이 편하게 할 수 있는 것부터 시작한 후에, 조금씩 시간과 강도를 늘려나갈 수 있다. 스트레스 관리를 목적으로 할 때, 유산소 영역에 머무는 것이 운동의 속도보다 더 중요하다. 근육의 힘과 유산소 영역의 한계점이 만나면 점진적으로 부드러운 추진력을 형성하게 되는데, 유산소 영역에 머물러 있으면서도 속도가 빨라지도록 허용한다. 충분히 휴식하고 수분을 공급한 뒤에 지치는 것 대신에 활력을 느꼈다면 성공적인 유산소 운동을 한 것이라고 볼 수 있다.

우울 증세가 있는 사람은 에너지의 부족 때문에 운동에 '뛰어들기'가 어렵게 느껴질 것이다. 이런 사람은 짧은 시간 하는 가벼운 운동부터 시작할 수 있는데, 10분 정도 걷다가 점차 늘려서 30분 정도까지 시도할 수 있다. 케어 담당자가 스트레스 혹은 우울증이 있는 사람이 운동에 참여하도록 돕는 아주 좋은 방법은 짧은 거리를 함께 걷는 것이다. 우울증이 있거나 불안 증세가 있는 사람은 운동으로 인한 눈앞의 불편함에만 신경을 쓰기 때문에, 케어 제공자가 전에 그런 유익이 있었거나, 앞으로 얻게 될 유익에 초점을 맞추는 것이 도움이 된다. 이것은 도와주려는 사람에게 동기를 부여해줄 것이다. 추가적으로, 음악 듣기, 친구들과 이야기하기, 좋은 경치 감상 같은 기분 좋은 활동을 운동과 결합한다면, 당사자의 동기를 강화하는 데 도움이 될 것이다.

충분한 수면

사역에 대한 압력은 수면 시간을 줄여 '시간을 확보'하도록 우리를 유혹할 수 있다. 때로는 수면 시간을 줄이는 것이 불가피할 때도 있지만, 장기적으로 보면 위험한 짓이다. 며칠만 잠을 줄여도, 신체적, 정신적인 여파가 오게 된다.

수면 장애를 일으키는 요인은 매우 다양하다. 사역자의 일정은 대개 꽉 차 있다. 거기에 급한 일이 생기면 몇 시간을 특별하게 할애해야 한다. 저개발 국가의 외진 지역에서 일하는 의료 선교사들은 대개 위급 상황에 대처할 수 있는 유일한 인력인 경우가 많다. 그들은 자신의 건강 상태와는 상관없이, 문제가 생기면 달려가야 한다. 또한 수면 장애는 더위, 소음, 모기, 어린아이의 육아 문제, 갱년기(여성)의 일과성 전신 열감 등의 이유로 올 수도 있다. 자면서 기도가 폐쇄되는 폐색성 무호흡증은 코를 골거나 과체중인 사람에게 공통적으로 나타나는 증상이다. 이런 경우, 숨을 쉬기 위해 노력해야 하고 충분한 산소 공급이 되지 않아, 수면을 통한 휴식에 방해를 받게 된다. 불면증이 있을 때는, 수면 연구를 통한 의료적인 상담이 그 원인을 밝히는 데 도움이 될 것이다.

성인은 정상적으로는 하루에 7시간에서 9시간의 수면 시간이 필요하다. 일반적으로 성인은 30분 이내에 잠들고, 하룻밤에 한 번에서 두 번 정도 잠을 깨며, 30분 이내에 다시 잠이 든다. 대부분 좋은 컨디션을 유지하고 스트레스에 빠지지 않기 위해서는, 자신이 몇 시간을 자야 하는

지 알고 있다. 수면 시간에 관한 경험 법칙은 며칠간의 휴가를 끝낸 후, 자고 나서 기분 좋게 일어날 수 있는 수면 시간을 측정하는 것이다.

연구자들은 충분한 수면을 취한 사람과 그보다 몇 시간 덜 잔 사람의 스트레스 호르몬 수치와 스트레스-반응 회복 시간을 비교해보았다. 충분한 수면을 취한 사람은 스트레스 호르몬 수치가 현저하게 낮았다. 한편 잠을 덜 잔 사람은 스트레스 호르몬 수치가 정상으로 돌아오기까지 시간이 더 많이 걸렸다. 회복 시간이 지연되는 것은 수면의 단축이 회복력을 감소시킨다는 분명한 지표가 된다(Leporult, et al., 1997).

수면 장애는 스트레스 상태에 있거나, 트라우마를 겪었거나, 탈진 상태에 있을 때 공통적으로 나타나는 현상이다. 잠을 이루지 못한다는 것은 대개 스트레스가 몸과 마음에 타격을 주고 있다는 일차적인 지표가 된다. 스트레스의 정도가 높은 역할을 맡고 있거나 그런 환경에 놓인 사람들을 케어하는 담당자라면, 먼저 수면 형태에 관심을 갖고 질문해봐야 한다. 장기간의 영적 전투에서 탈진 상태가 된 엘리야 선지자에게 하나님이 처방하신 치료제는 바로 잠이었다. 하나님은 그가 잠자고 먹으며 마시게 하시고, 그의 기력이 회복될 때까지 다시 잠자게 하셨다(왕상 19:5-8).

수면 문제를 개선하기 위한 간단하고도 실용적인 전략으로, 밤에 숙면을 취하기 위한 행동과 원칙을 제시하는 소위 '수면 위생'에 관한 자료가 많이 있다. 수면 강화 전략에 대한 온라인 자료를 찾기 위해서는 부록 C를 참조하라.

회복력 강화를 위한 음식의 섭취

음식이 회복력을 강화할 수 있을까? 어느 정도 가능하지만, 유산소 운동이나 충분한 수면에 비할 정도는 아니다. 바빌론 포로 시대에 다니엘과 그의 친구들은 우상으로 가득 찬 환경에서 살고 있었다. 그들은 느부갓네살 왕이 제공하는 고기와 포도주로 자신을 더럽히지 않기 위해서, 오직 채소와 물만 먹을 수 있도록 허락을 구했다. 그들을 관리하는 환관장의 우려와는 달리, 그들은 주변의 다른 사람들보다 더 아름답고 강해졌다(단 1:8-16). 인구 기반의 조사 연구에서 '지중해 식단'(Mediterranean diet)을 따르는 사람이 다른 사람보다 우울 증세가 덜 하다는 것을 알 수 있다. 지중해 식단은 과일과 채소, 곡물류, 빵, 견과류, 콩류, 생선 그리고 올리브 오일과 같은 낮은 포화 지방에 소량의 육류 혹은 전지 우유 등을 섭취하는 것이다(Sanchez-Villegas et al., 2009). 또한 연구 결과에 따르면 엽산(Folic Acid)이 정신 건강에 유용하다고 한다(약 400mcg/매일; Coppen and Bailey, 2000; Coppen and Bolander-Gouaille, 2005). 하루에 30분 이상의 일광욕을 겸하여 오메가 3 지방산(주당 2회 지방 많은 생선을 섭취, 오메가 3 지방산은 생선 기름, 호두, 아마 씨 등에 풍부함)과 비타민 D(400-1000 IU)를 섭취해야 한다.

높은 당분을 포함한 음식(사탕, 케이크, 도넛, 아이스크림, 백색 빵, 감자류 등)은 스트레스 호르몬 수치를 증가시킨다. 왜 그럴까? 급격한 혈당의 증가는 강한 인슐린 반응을 유발한다. 이것은 결과적으로 혈당의 '충돌'(과혈당 혹은 저혈당)을 일으키고, 다음 단계로 스트레스 반응과 매우 유사한 형태로 호르몬을 활성화시킨다. 이것은 고당분이나 탄수화물 식사를 한 사람이 약 1시간 정도가 지난 후에, 막연하지만 불안하거나 불안정을 느끼고 동시에 배고픔을 느껴 다시 같은 음식을 더 찾게 되는 이유가 된다. 당분이 낮은 식품이나 탄수화물이나 섬유질이 많은 식품에 건강한 지방을 곁들이면, 혈당이 천천히 증가하고 인슐린 분비의 속도가 조절되어 혈당의 '충돌'을 피할 수 있다. 사람들의 스트레스 호르몬의 기준 수치를 감소시키기 위해서는 과일, 채소, 통곡물류와 같이 섬유질이 풍부한 복합 탄수화물을 더 많이 먹을 필요가 있다. 그러나 외진 선교지에서 이런 식품을 구하는 것이 항상 가능한 것은 아니다. 그래서 많은 선교사가 채소밭을 가꾸면서 큰 유익을 얻고 있다. 덩달아 주변의 현지인들도 채소를 재배하게 돼서 공동체의 건강을 개선하기도 한다.

스트레스를 겪고 있는 사람들은 소진되었다는 느낌이 들고 쉽게 피곤해진다. 그럼에도 계속해서 지탱하기를 결심하는 사람들에게 빨리 힘을 얻게 해주는 선호 식품은 카페인 성분의 음료다. 카페인은 몇 분 내에 각성 작용을 증가시키고 새로운 에너지를 느끼게 한다. 그러나 여기에는 대가가 따른다. 카페인은 우리 몸의 스트레스 호르몬을 분해하는 '아데노신'(adenosin) 효소의 효과를 감소시킨다. 아데노신이 부족하면 '카페인성 느낌'이 유발되는데, 높은 스트레스 수치의 스트레스를 겪는 사람이 불안정하고 신경과민을 겪는 것과 같은 것이다. 이런 흥분된 기분은 정상적으로 분해되지 못하는 스트레스 호르몬의 축적에 기인한다. 스트레스 기준치가 높아질수록, 카페인의 부작용을 확연하게 느낄 수 있다. 카페인은 높은 스트레스 호르몬 수치를 지속시키면서, 우리 몸속에서 12시간 정도 머문다. 그래서 오후나 저녁 시간에 마시는 카페인 음료는 수면에 영향을 미친다. 특별히 외상 후의 상황에서 카페인을 줄이거나 피하게 되면, 기존의 높은 스트레스 수치를 최소화하는 데 도움을 줄 것이다. 카페인에 의존하지 않으면서 통상적인 오후 시간의 피곤을 풀기 위해서는, 몸을 좀 움직이거나 물을 마시거나 적은 양의 초콜릿을 먹는 방법이 있다.

균형 유지하기

스트레스 반응은 사람들이 여유가 생기고 교제하며 재미있게 놀기도 하는, 일과가 끝나는 시간쯤에 완화된다. 좋은 시간을 보낼 때, 스트레스 시스템이 회복되는 것이다. 일의 성과로 사람의 중요도를 측정하고, 점점 더 쉼 없이 돌아가는 우리가 사는 이 세상에서 안식일 준수는 믿는 자들의 관심을 더 끌고 있다. 목회자에게 주일은 주 중에서 가장 바쁜 날이다. 목회자와 선교사는 주 중에도 사역적 책무를 지지만, 특별히 주말에도 교회 사역에 대한 부담이 있다. 일 자체는 결코 스스로 쉬는 법이 없다. 그러나 이것은 분명히 우리를 조성하신 '순리에 어긋나는' 것이고, 우리 창조주의 생명 원리를 거역하는 것이다. 그분은 집중적이고도 창의적으로 일하셨지만, 일곱째 날에는 쉬기 위해 일을 그치셨고, 그분의 창조 세계를 즐거워하셨다. 창조주는 아버지와 아들과 성령으로 스스로 변화하셔서, 그분이 만드신 사람과 사물들과 관계를 맺으셨다. 그분은 깊은 즐거움과 연결성을 경험하셨다. 이처럼 우리도 일과 쉼 그리고 즐거움의 리듬을 존중하라는 승인을 받았다!

주 중에 쉼과 즐거움을 누리기 위해 일을 중단하는 것은 도움이 되기도 하고, 어떤 경우에는 구명 효과를 낸다. 그것은 스트레스 반응을 역전시켜 사람 몸이 회복력의 기준치에 더 잘 적응하도록 만들어준다. 연례 휴가는 훨씬 더 심도 있게 스트레스를 줄여준다. 어떤 사람은 자신이 정기적으로 일을 쉬어서 다른 사람들이 '감당할 수 없는' 상황이 되는 것이야말로, 자신이 매우 중요하고 대체 불가한 사람이라는 증거라는 자부심을 가지려고 한다. 그러나 시간이 지나면서, 지속적인 스트레스의 영향에서 회복되도록 하나님이 예정하신 시간을 스스로 박탈함으로 말미암아, 점차 적응력과 회복력을 잃게 된다. 사역자들에 대한 양질의 지속성 있는 케어란, 그들이 쉼을 위한 시간을 자주 낼 수 있도록 격려하는 데서 출발한다. 다시 말하자면, 이런 격려는 정기적인 회복과 갱신을 위해 필요한 자원(시간과 재정 등)을 구체적으로 할당해주는 것에서 출발한다. 핵심은 그들의 부재가 '감당할 수 없는' 상황이 되지 않게 해야 한다는 것이다.

정지, 휴식 시간

트라우마를 겪고 난 후, 사람의 몸은 스트레스 호르몬으로 넘치게 된다. 그 사건을 상기시키는 요소들은 마치 지진 후의 여진과 같이 원래의 공포를 똑같은 힘으로 되돌린다. 유대인 심리학자인 자하바 솔로몬(Zahava Solomon)은 이스라엘 군인들의 전투 스트레스를 전방에서 치료하는 효과에 대해 연구한 적이 있다. 스트레스 반응으로 인해 고통당했던 군인들은 그 스트레스 반응이 일어난 후, 즉각적으로 그들이 복무하는 지역의 인접 현장에서 처치를 받았고, 빨리 회복되리란 기대를 할 수 있었다. 전투 스트레스 반응을 경험한 지 20년이나 지난 시점에서, 이 도움을 받은 사람들은 매우 낮은 정도의 정신적 고통을 호소했고, 이 처치를 받지 못한 동료들에 비해 더 높은 수행 능력을 보였다(Solomon et al., 2005).

그러므로 사역자들이 외상 후 스트레스로 고통당할 때, 그들에게 휴식을 허락하는 것은 그들의 건강과 사역 능력 모두에 장기적인 유익을 줄 것이다. 어떻게 이런 근접성, 즉시성, 기대성의 원리가 스트레스 반응과 관련해서 선교사들에게 적용될 수 있을까? 어떤 선교 단체는 트라우마를 겪었거나 특별히 사역 중에 어려움을 겪은 사역자에게 휴식을 허락하는 방안을 이미 실행하고 있다. 이런 단체들은 사역자의 탈락률 증가나 탈진 대신, 사역자가 건강하고도 효율적인 수행 능력을 보여주는 유익을 얻고 있다. 남부 수단에서 일하는 일부 사역자는 몇 달에 한 번씩, 높은 스트레스 환경에서 나와서 좀 더 안전한 이웃 나라에서 휴식을 취하고 재충전한다. 휴식을 취하는 장소는 충분히 안전하고 쉴 만한 곳이어야 하고, 그 대신 사역지와 가까운 곳이면 최상의 위치라고 할 수 있다. 휴식을 위해 선교사들을 파송 본국으로 보내는 것은, 당사자가 후원자들에게 자신의 형편을 설명해야 하는 등의 부담이 있고, 이는 새로운 스트레스 요인이 될 수도 있다. 또한 선교사들이 즉각적으로 도움을 받을 수 있는 현지의 지원 체제에서 멀어지게 하거나, 사역지로 금방 귀환하는 것을 어렵게 만들 수도 있다.

특별한 스트레스 관리 도구

축적된 스트레스는 이완하고 여유를 가지는 것을 어렵게 하기 때문에, 자주 근육의 긴장 상태를 일으킨다. 이런 상황에 대응할 수 있는 몇 가지 쉽고도 효과적인 기술을 여기에 소개하려고 한다.

천천히 근육 풀기

점진적인 근육의 이완 활동은 스트레스에서 유발되는 근육의 긴장을 줄이는데, 긴장 상태에 대해 더 잘 이해하고 그것을 해소하는 기술을 습득하는 것은 유용하다. 근육 그룹들은 짧은 시간에 긴장하여 팽팽해지고(한 그룹에서 다른 근육 그룹으로 전이된다) 그러고는 이완되는데, 당사자는 근육이 이완될 때 근육 그룹들이 어떻게 느끼는지 알 수 있다(Jacobson, 1938; Rim and Masters, 1979). 근육의 긴장 상태를 감지하는 것이 의도적으로 그것을 풀어낼 수 있는 첫 단계가 된다. 스트레스를 받는 사람은 대개 어깨, 목 혹은 등 아래쪽 근육에 긴장을 느낀다. 신체적으로 이런 긴장 상태를 풀게 되면, 동시에 마음도 즉각적으로 안정되고 이완 상태를 경험할 수 있다.

문서로 된 지침은 인터넷에서 찾아볼 수 있다(www.amsa.org/healing-thehealer/musclerelaxation.cfm).

오디오로 된 지침서는 특별히 실습하는 데 도움을 준다. 오디오 지침서들도 인터넷에서 검색할 수 있다(www.cmhc.utexas.edu/stressrecess/Level_Two/progressive.html 혹은 www.youtube.com/watch?v=HFwCKKa—18).

느린 박자의 음악 듣기와 노래하기

연구자들은 심장 절개 수술을 받은 환자들이 조용한 음악을 듣는 동안, 스트레스 수치를 측정했다. 그들이 음악을 들을 때, 코르티솔(스트레스 호르몬) 수치가 그냥 휴식만 취한 환자에 비해 현저하게 낮아졌다(Nilsson, 2009). 어떤 종류든지 조용하고 느린 박자의 음악이 스트레스 반응을 낮추는 것으로 나타났다. 이런 음악은 듣는 사람은 조용한 내면의 공간을 찾게 된다. 즐거운 소리와 리듬과 가락에 주의하게 되고, 흥분된 신체가 안정되며, 기분이 좋아진다. 음악의 진가를 아는 사람이라면, 특별히 스트레스가 심할 때, 자신이 가장 좋아하는 느린 박자의 음악을 충분히 많이 듣는다. 트라우마성 기억이 스트레스 반응을 유발할 때 느린 박자의 음악을 듣게 되면, 그런 기억을 감정적으로 퇴출시키고 편안하게 이완하는 하나의 전략이 된다.

심호흡 운동과 같이, 노래하는 것 또한 호흡을 이완하고 횡격막을 지지해주며, 호흡의 형태를 편안하게 해준다. 노래는 목소리로 발산하는 예술적인 한 방법이다. 고통 중에 있을 때 그것은 '신음을 아름답게 표현하는' 통로가 될 수 있다. 음악은 우리의 영혼과 연결되어 있으므로 느리게 발산되는 목소리는 우리 몸에 영향을 미친다. 미국의 트라우마 전문가인 베셀 반 더 콜크(Bessel van der Kolk)는 최근에 나도 참여한 한 워크숍에서, 노래 부르기(교회 성가대에서)가 트라우마에 대한 회복력을 증가시키는 좋은 방법이라는 가설을 제기했다. 어떻게 일반 노래, 성가, 콧노래로 흥얼거리는 가락이 트라우마를 경험한 사람에게 유익한지 검토해볼 가치가 있다. 그리스도인 공동체는 찬송가와 현대적인 복음성가 등 방대한 음악적 전통을 보유하고 있는데, 이것을 잘 활용하면 스트레스가 쌓일 때 위로와 위안과 안정을 얻을 수 있다.

이미지의 형상화

형상화는 감성적으로 여유와 위안을 주는 경험 속으로 들어가는 방법이다. 적절한 이미지의 형상화 연습을 할 때 안전하고 느긋한 분위기의 휴가 시설, 즐겁고 쉼을 주는 공원이나 정원, 영적으로 중요한 의미가 담긴 광경 혹은 성경적인 이미지(예를 들면 시편 23편의 푸른 초장에서의 쉼) 등을 활용할 수 있다. 이런 힐링을 위한 형상화를 시도한다면, 특별한 광경, 소리, 향기, 신체적인 감각 등을 생생하게 상상할 필요가 있다. 이런 감각이 당사자의 마음에 강하게 와 닿을수록, 느긋하고 편안한 형상화의 효과는 더 커질 것이다.

약물 요법과 회복력

그리스도인들은 가끔 향정신성(psychotropic) 약물이 사람들을 '응석받이'로 만들어 결국 '목발'에 의지하게 만든다고 염려한다. 미국 듀크 대학의 연구원인 조너선 데이비슨(Jonathan Davidson)은 항불안제(anti-anxiety)와 항우울제(antidepressant) 약물인 설트랄린(Sertralin 혹은 Zoloft)과 세로토닌 재흡수 억제제(SSRI)가 회복력에 미치는 영향을 조사했다. 그런데 회복력의 어떤 측면은 약물을 통해 개선된 것으로 나타났다. 즉 약을 복용한 사람은 확신을 가지고 자신감을 더 느끼게 되었다. 동시에 통제를 더 잘하게 되었고, 자신과 자신의 감정을 다루는 능력이 향상되었다. 또한 변화에 적응하는 능력도 향상되었다. 상황에 덜 압도되기 때문에, 스트레스에 대처하는 과정에서 자신이 더 강해졌다고 느낀다. 데이비슨은 또한 어떤 회복력의 측면은 약물 사용 여부와 관계없이, 그대로 유지되는 것을 발견했다. 이렇게 약물에 영향을 받지 않는 특징은, 놀랄 것도 없이 하나님에 대한 믿음, 의미에 대한 인식, 결정을 내리는 능력 그리고 확고한 감각 등이었다(Davidson et al., 2005).

일반적으로, 대응 기술을 적용하기 위한 에너지 혹은 감정적 통제가 작동하지 않을 때 약물 처방이 필요하다. 약물 치료를 하기에 적절한 상황은 다음과 같다. 어떤 사람이 개선을 위해 노력했음에도 장기간 억눌린다고 느낄 때 혹은 감정을 통제하지 못할 때다. 분노가 폭발하거나 반복적으로 우는 경우 혹은 '환각 증상'을 보일 때도 약물 치료를 하는 것이 좋다. 만약 자살 의도가 보이는 경우라면, 훈련된 전문가에게 의뢰할 필요가 있다. 약물은 당사자가 건전하게 처리할 수 없는 강력한 감정의 '양을 줄여주는' 일을 돕는다. 이렇게 약물은 통제 감각을 바로 세우고 기능성을 향상시키는 데 도움이 된다. 여전히 감정이 남아 있을지라도 더는 억눌리고 압도당하는 정도의 느낌은 들지 않게 된다.

약물 치료를 받는 사람은 여전히 자신의 감정적 주제를 해결해나가야 하지만, 이 문제를 피하거나 저항하는 경향이 훨씬 덜하게 될 것이다. 일단 의사가 항불안제나 항우울제에 대한 사용 방안을 정하면, 당사자는 적어도 6개월에서 12개월 동안 지속적으로 그 지침을 따라야 한다. 이렇게 함으로써 당사자는 스트레스 성향의 문제들을 헤쳐나가면서, 장기적으로 심리적 회복력을 향상시킬 수 있다. 약물 복용은 또한 우리 뇌가 고도의 만성 스트레스 영향에서 회복되는 시간의 틀을 제공하며, 장기적으로 생물학적인 회복력을 증가시킨다. 의사가 약물을 점진적으로 줄여나가도록 제안한다면, 그것은 당사자가 이 모든 문제를 성공적으로 대응하기에 더 좋은 위치에 와 있다는 것을 의미한다. 당사자가 새로운 심리적, 생물학적인 회복력을 얻었기 때문에, 이제 '목발'을 걷어치울 수도 있게 되었다. 앞에서도 언급한 것처럼, 영적인 회복력은 약물의 영향을 거의 받지 않기 때문에, 우리는 이런 측면의 능력이 더 강하게 회복되고 활력을 얻도록 '더 깊이 파고 들어갈' 필요가 있다. 11장의 '영적 씨름을 위한 자원' 항목이 효과적으로 '파들어가는' 작업에 도움을 제공할 것이다.

/ 10장 /

심각한 트라우마성 스트레스 관리법

프로케 쉐퍼

뇌는 트라우마에 반응한다

트라우마에 대한 우리 몸의 대응은 생물학적인 스트레스 반응을 뛰어넘는다. 신경 생리학자들(Neurobiologists)은 근래의 수십 년 동안 어떻게 인간의 뇌가 심각한 트라우마에 대응하는가에 대해 더 많은 것을 밝혀냈다. 이런 연구에서 우리는 심각한 스트레스성 스트레스를 어떻게 관리할지에 대한 통찰과 귀중한 이해를 얻을 수 있다.

  뇌의 심층 구조인 대뇌의 편도체(amygdala)와 해마(hippocampus)는 생존을 위한 상황에서 핵심적인 위치를 차지한다. 변연계의 한 부분으로서, 그것들은 안전과 생존을 위해 감정과 행동을 이끈다. 또한 본능적이고 무의식적인 단계에서 작동하고, 언어나 의식적인 사고보다는 감각적인 것에 반응한다. 편도체는 우리 몸에서 감각적 지각(sensory perception)의 의미를 분석하고 감정이 탐지한 의미를 밝혀준다. 즉 위험이 닥치면 몸에 경고를 보내고, 필요할 때 '싸움 혹은 도망' 반응을 보이게 한다. 위험한 상황에서 편도체의 기능은 경보 장치와 같다. 또한 강한 감정과 연결된 기억 영상(memory image)으로, 특별히 위험스러웠던 경험을 비축해둔다. 강력한 감정과 결부되어 있는 이런 기억 영상들은, 위협에 즉각적이고 효과적으로 대응하도록 우리의 신체를 지원한다.

해마는 기억과 세부적인 사실(언제, 어디서, 무슨 일이 일어났는가)을 되살리고 분류한 후 단기 기억으로 저장한다. 그러고서 의식적인 작업을 허용하는 고등(대뇌) 피질 구조에서 기억을 활용하게 한다. 경험에서 배우기 위해서는 적어도 단기 기억이 작동해야 한다. 그러나 불행하게도, 편도체가 고도로 자극되면 해마에서 기능하는 것을 방해한다. 편도체가 많이 자극이 된 사람은 강한 감정적, 신체적 고통(흥분, 갑자기 매우 생생하게 떠오르는 회상)을 겪게 되기 때문에 더는 어떤 일을 진행할 수 없다(Van der Kolk, Psychobiology, 2007). 일단 흥분이 통제가 되면, 해마는 그 사태를 분류하고 저장하며 정보를 대뇌 피질에 연결해서 인지적이고 언어적인 처리를 진행한다. 이것은 이해하고 통합하며 의미를 생성하는 데 필요한 작업이다. 현대의 다양한 치료적 개입과 치유적 기도의 전략에서는 안전과 연결성(배경, 영상)에 대한 신체적, 감정적 경험들을 창출해냄으로써 이완 상태를 지원하는데, 이것은 편도체의 흥분과 각성을 감소시키고, 감정이 북받쳐 있는 트라우마성 기억을 효과적으로 처리하도록 길을 열어준다.

심리적 트라우마는 감정적 상처 같은 것으로서, 뇌의 평가 체계가 자극에 과잉 반응을 하게 하고, 신체적 스트레스를 유발하며, 회상(flashback, 스트레스 유발 이미지) 작용을 일으키고, 마치 중대한 트라우마가 발생한 것처럼 신체가 감각하도록 만든다. 당사자는 그 유발 요인에 대해서는 눈치채지 못하겠지만, 몸과 마음의 대응에 대해서는 의식한다. 사실 트라우마성 기억을 고등 뇌 구조에 저장하지 않은 사람들은 트라우마-연관 감각이 자신의 몸에 경보를 울린다는 사실을 알아채지 못할 것이다. 트라우마의 요소들에 대한 의식적인 기억이 없는 사람들은 기억의 공백으로 인해 혼란에 빠질 수 있다. 흥분이나 각성, 트라우마성 스트레스를 관리하는 능력이 향상되면, 그런 공백을 회복하는 길이 열리게 된다.

연구자들은 당사자가 트라우마 스토리를 스스로 판독할 때 트라우마성 회상이 활성화되는 사람의 두뇌 활동을 연구한 적이 있다. 감정적 특성을 평가할 때, 우뇌 영역이 매우 활발하게 활동했다. 반면에, 언어를 관장하는 부문을 포함한 좌뇌 영역은 거의 활동을 보이지 않았다(Van der Kolk, *Psychobiology*, 2007). 트라우마성 기억에 노출되면, 두뇌가 너무 지나치게 자극될 수 있다. 그렇게 되면 경험을 이해하고 통합하기 위해 필요한 단계에 와서는 문자 그대로 '사고(思考) 불능' 상태가 될 수 있다. 이런 연구를 바탕으로, 트라우마성 사건을 언어적 절차로 다루기 위해 준비하려면, 과도한 자극, 과잉 각성(hyperarousal) 회상을 관리할 수 있는 도구를 제공할 필요가 생긴다. 트라우마를 겪은 사람과 접촉하기 위해서는 부드러움과 존중감, 안정성 그리고 필요하다면 확고한 태도가 당사자의 흥분 상태를 감소시키는 첫 단계가 될 것이다.

감정 통제의 기술

트라우마의 효과적인 처리는 당사자가 과잉 각성, 회상을 충분히 관리할 능력이 있을 때만 가능하기 때문에, 감정 통제의 기술은 필수적이다. 다음 기술들은 트라우마성 스트레스에 기인하는 강한 감정에 대처할 때, 성공적으로 사용해온 방법이다.

심호흡

트라우마 관련 유발 요인들에 의해 활성화되는 '싸움 혹은 도망' 반응으로 몸 안에 스트레스 호르몬이 분비된다. 불안감 때문에 호흡이 얕고 급해진다. 이때 가슴 근육이 움직이면서 위쪽으로 확장된다. 얕지만 급한 호흡은 과호흡 증상이나 어지러움을 일으킬 수 있다. 깊고 느리게 복식 호흡을 하는 것이 빠르고 안전하며 효과적으로 스트레스 반응을 감소시키는 방법이다. 이것은 자동차의 가속 페달만 계속 밟다가 브레이크를 밟는 것과 같다. 그냥 간단하게 몇 번, 천천히 복식 호흡을 하면서 격렬한 흥분을 가라앉힐 수 있다. 심호흡은 스트레스 상황에 활용하기 전에 연습을 거쳐야 한다. 여기에 그 방법을 소개한다.

1. 의자에 편안하게 앉아 발은 바닥에 확실하게 붙이고, 두 손은 복부에 댄다(심호흡은 서 있거나 누워 있을 때도 할 수 있다).
2. 공기가 복부 아래쪽으로 흘러들어 온다고 상상하면서, 숨을 들이마신다. 잠시 동안 숨을 멈춘다.
3. 천천히 입으로 숨을 내쉰다. 숨을 천천히 내뱉기 위해서 속으로 8까지 센다. 다음 숨을 쉬어야 할 때까지 잠시 숨을 멈춰보라.
4. 심호흡을 여러 번 하면서 몸의 변화를 감지해보라. 일단 숙달이 되면, 심호흡은 어떤 환경이나 자세에서도 활용할 수 있다.
5. 부가적인 도움을 얻기 위해, 들숨을 새로운 (하나님의) 힘을 흡입하는 것으로 생각하고, 날숨을 긴장을 내보내고 발산하는 것으로 생각해보라.

긴급한 상황에 있는 사람을 도와줄 때는, 당사자와 함께 심호흡을 시도해보라. 위기 상황에서는 세세한 안내나 지시를 할 시간이 없기 때문에, 옆에 있는 사람이 그냥 시범을 보여주는 것이 큰 도움이 된다.

착륙 기법

착륙 기법(Grounding Techniques)은 트라우마 관련 유발 요인들과 회상에 맞대응할 때 도움이 된다. 마음과 몸이 기억 이미지(회상), 격렬한 감정, 편도체에 따른 신체적 주의 경보 등에 의해 공중 납치된 상태가 되면, 당사자는 감각을 즉각적으로 안전한 환경에 착륙시키는 조치를 취하여 현재의 순간(지금, 여기)으로 되돌아올 수 있다. 착륙 과정은 이렇게 작동된다.

- "당신의 발이 바닥에 닿는 느낌을 감지해보라. 의자에 앉을 때, 당신의 몸이 얼마나 편안해지는지 느껴보라. 어떤 신체적 감각이 덜 자극적이고 편안한지 감지해보라."
- "당신이 지금 그리고 여기에서 보고 있는 것을 확인해보라(구체적으로 확인한다, 어떤 것이 초록, 파랑 혹은 노랑인가). 당신이 듣고 있는 것이 무엇인지 확인하라(구체적으로). 의자, 탁자, 천을 만질 때 촉감이 어떤지 확인한다(구체적으로). 그리고 무슨 냄새를 맡을 수 있는지도 확인해본다. 오늘은 무슨 날인가? 주 중의 요일, 날짜, 장소 등. 이곳은 안전한 곳이다."
- 추가적으로 계피, 라벤다, 향기, 향수 혹은 커피와 같이 좋아하는 냄새를 맡는 것을 고려해보라. 어떤 사람은 핸드백이나 주머니에 작은 샘플을 지니고 다니면서, 트라우마 유발이 있을 때마다 코로 흡입한다. 냄새를 감지하는 후각 기관은 대뇌 변연계의 한 부분이므로 긍정적인 면과 연관된 냄새는 회상 작용을 감소시킬 수 있다. 반면 연기 냄새, 자동차 연료, 불타는 냄새, 성폭행과 연관된 향수 냄새 등과 같이 트라우마와 연결된 냄새들은 회상 작용을 유발할 수 있다. 따라서 당사자에게 도움을 주기 위해서는, 본인이 좋아하고 기분을 안정시키는 냄새가 어떤 것인지 확인하고 선택하는 것이 중요하다.

상상 기법

상상 기법(Imagery Techniques)은 당사자의 주의를 이완하고, 안전감을 주며, 즐거움을 느끼도록 의도적으로 유도하기 위해 사용한다. 트라우마 관련 감각들이 불안감을 일으킬 때 즐거운 감각으로 마음의 방향을 전환하는 것은, 여유를 갖고 스트레스 반응을 감소하는 데 도움을 준다. 트라우마 생존자는 회상 때문에 고통당할 필요가 없다는 사실과, 오히려 회상 작용을 통제하거나 줄이거나 더 나아가 중단할 수 있는 도구를 갖고 있다는 사실을 깨달으면 자유를 얻게 된다.

다음과 같은 상상 기법의 실제적인 적용으로 좋은 결과를 보았다.

안전한 장소 상상

안전한 장소를 상상하는 이완 운동(Safe-place Imagery)은 특별히 트라우마성 스트레스 극복에 유용하다. 이것은 마음을 즐겁고 느긋한 기분으로 채우고, 문자 그대로 불쾌했던 트라우마 관련 기분들을 밖으로 몰아내는 것이다. 이것은 회상 작용을 줄이거나 중단시킬 수 있다. 다음은 안전한 장소를 상상하기 위한 지침이다.

- "당신이 경험한 마음의 장소 중에서 완전히 안전하다고 느끼고, 몸이 편안하고 느긋했던 어떤 기억을 찾아내라. 당신은 그곳에 혼자 있다. 그런데 하나님이 그곳에 함께 계실 것이다. 그런 장소를 찾는 것은 시간이 좀 걸릴 수 있다. 그곳에서 당신은 완전히 안전하고 편안할 수 있다는 점을 확신하라."
- "일단 당신이 안전하고 편안한 장소를 찾았다면, 그곳으로 들어가는 것을 상상해보라. 당신이 '보고' 있는 것에 주의하라. 세밀한 부분을 의식하라. 당신이 '듣고' 있는 것을 감지해보라. 그 소리에는 어

떤 특성이 있는가? 아니면 아무런 소리도 나지 않는가?
- "당신의 피부에 와 닿는 감촉을 '느껴'보라. 그것은 따뜻한가 아니면 차가운가, 공기의 흐름을 느끼는가? 당신은 주변의 물체를 '만져'볼 수 있는가? 그것은 어떤 느낌인가? 당신은 기분 좋은 '향기나 냄새'를 감지할 수 있나? 그것은 어떤 것인가?"
- "당신의 안전한 장소에서 얼마 동안 머물러보라. 당신의 몸이 건강하고 편안하게 느껴질 때까지 느긋하고 즐거운 기분을 누려보라. 그런 느낌을 당신의 마음에 가득 채워서 강력하게 작용하도록 하라."
- "안전한 장소를 떠날 준비가 되면, 심호흡을 하고 눈을 뜨며 당신이 지금 있는 곳으로 돌아오라."

안전한 장소 상상 기법을 시행하려면, 먼저 회상 작용이나 트라우마 유발 요인들이 없어야 한다. 일단 이런 기술을 습득하면, 회상 작용이나 유발 작용을 중단하는 데 적용할 수 있다.

이미지 중지 기법

이미지 중지 기법(Image-Stop-Technique)은 트라우마성 회상이 짧은 순간을 넘어 계속 진행되는 현상을 통제하기 위해 사용한다. 회상이란 정지된 이미지일 수도 있고 혹은 동영상일 수도 있다. 억눌리고 압도된 상황에서 일어나는 회상 작용, 즉 끔찍하고 도피할 수 없는 이미지를 거리를 두고 다소 무심하게 관찰하면, 상당한 관리 감각을 이끌어낼 수 있다. 이것은 정신적인 충격을 줄여준다.

- "회상의 영상을 당신이 집에서 항상 보는 이미지나 영화와 같다고 마음속에 그려보라(스크랩북, 텔레비전, 컴퓨터의 화면)."

- "당신이 감지하는 회상 이미지의 중심에서 가장자리로 주의를 돌려보라. 그림의 액자나 텔레비전의 스크린 혹은 컴퓨터 화면의 테두리로 둘러싸인 그것을 상상해보라."
- "회상 작용의 이미지를 스크랩북 안에 있는 사진으로 상상해보라. 머릿속으로 일단 그 스크랩북을 닫고는, 당신이 준비가 되면 언제든지 그 이미지를 다시 찾아볼 수 있도록, 표지에 연도와 날짜를 기록해두라." 혹은 "만약 회상 작용이 영화와 같은 동영상이면, 원격 조정 장치나 컴퓨터의 키보드를 사용해서 영상을 바꿀 수 있다고 상상해보라. 4배속으로 앞으로 가기, 뒤로 가기, 음성 끄기, 색깔 바꾸기 혹은 포토숍 프로그램을 사용해서 편집하기 등을 시도해보라."

이미지 예행연습 기법

이미지 예행연습(Imagery Rehearsal)은 악몽에 시달리는 트라우마 생존자들을 대상으로 연구되었다. 이것은 약간의 집중적인 훈련 기간을 보내면 효과가 있는 것으로 나타났다. 그 결과는 매우 인상적이어서, 미국 의료 협의 기관지에 발표되었다(Krakow, 2001). 이 영상 리허설 기법은 깨어 있을 때 의도적으로 형상화한 것들이 밤에 악몽의 형태와 빈도에 영향을 미칠 수 있다는 가정에서 진행된다. 이미지 예행연습의 핵심 요소는 다음과 같다.

- 불안감이나 괴로움을 안겨주는 악몽의 내용을 적어보라(정도가 덜한 것부터 시작한다).
- 그 악몽의 내용을 당신이 원하는 긍정적인 방향으로 전환해보고, 바뀐 꿈의 내용을 기록해보라.
- 바뀐 꿈을 생생하게 형상화해서 10분에서 15분 정도 실제로 연습해보라.

- 이전 꿈과 새롭게 변형된 꿈에 대해 다른 사람과 나누어보라(믿을 만한 케어 담당자, 동료 사역자, 상담자 혹은 정신 건강 전문가).
- 매일 5분에서 20분 정도 새로운 꿈을 예행연습을 해보되, 한 주에 내용이 서로 분명하게 다른 두 개 이상의 꿈을 적용하지 않도록 하라. 가장 괴로움을 덜 주는 악몽부터 시작해서, 점차 더 많이 시달리는 꿈을 다루라.
- 만약 이 이미지 예행연습이 예상 외로 감정적 불안감을 더 증가시킨다면, 이 시도를 중단하고 정신 건강 전문가와 상의하라.

악몽 상태가 덜 심각한 경우에는, 당사자가 꾼 나쁜 꿈을 간단하게 자신이 좋아하는 어떤 것으로든지 바꾸게 하고, 새롭게 만든 각본을 기록하게 한다. 그런 다음에, 악몽이 그를 더 이상 성가시게 하지 않을 때까지, 매일 이 새로운 꿈의 내용을 예행연습하게 한다.

전략적 기분 전환

사람들에게 격심한 고통이나 상처 혹은 염려나 불안이 밀려오지만 그것들을 효과적으로 대처할 수 없을 때 단순한 기분 전환은 도움이 된다. 기분 전환이 아예 습관이 되어서는 안 되지만, 불안을 관리하는 면에서는 효과가 있다. 신체적인 감각을 촉진하는 안전한 활동은 현재의 순간에 자연스럽게 자신을 착륙시킨다는 점에서 특히 적합하다. 담요를 몸에 두르고 따뜻하거나 찬 음료수 홀짝이기, 한가하게 독서 즐기기, 따뜻한 물로 샤워나 목욕하기, 아름다운 광경 바라보기, 마음을 안정시키는 소리 듣기(폭포 소리, 개울물 흐르는 소리, 부드러운 음악) 등과 같은 활동을 할 수 있다.

사람이 화가 나고 짜증이 날 때 신체적 활동을 하게 되면, 스트레스를 덜어주고 다소 벅차지만 정상적인 신체 감각을 일으킨다. 정원 일, 잔디 깎기, 장작 패기, 화초 가꾸기, 집안 청소, 빵 굽기와 요리하기 등을 예로 들 수 있다. 집중력이 그리 많이 필요하지 않은 놀이나 게임도 역시 좋은 기분 전환 대상이 될 수 있다. 영화도 추천할 수 있지만, 문제는 다수의 영화가 폭력과 트라우마 유발 요인을 포함하고 있기 때문에, 상당히 조심스러운 검증 과정을 거쳐야 한다. 만약 교제권이나 사교상의 문제가 유발 요인이 된다면, '안전한' 사람과 이야기하는 것이 내면의 격동을 진정하는 데 도움이 될 것이다.

기본적인 분노 조절

분노는 트라우마 후에 나타나는 일반적인 걱정거리다. 어떤 사람이 1초의 몇 분의 1사이에 '0에서 100까지' 분노 지수를 돌파한다면, 분노를 통제하는 것이 어려운 일이 된다. 다행히도 사람은 대부분 분노가 올라오는 것을 알려주는 신체적 감각을 확인할 수 있다. 이 감각에는 근육의 긴장, 열감 혹은 맥박이 급하게 뛰는 것 등이 있다. 일단 이런 지표를 감지하면, 현장에서 스스로 떠나 다음 행동을 취하기 전에 자신을 안정시킬 수 있다. 경기 중 '잠깐 중지'와 같은 '타임아웃'은 간단하게 조절할 수 있는 수준으로 분노를 가라앉힐 때까지, 그 공간을 떠나면 되는 것이다. 잠시 현장을 벗어나 심호흡을 몇 번 하는 것만으로도 내적인 긴장을 줄일 수 있다. 규칙적인 운동은 때로 격렬한 분노 반응을 감소시키는 데 도움을 준다.

유발 요인의 확인

유발 요인이란 사람의 '싸움 혹은 도망' 반응을 활성화하는 감각이다. 이것은 강도를 기억나게 하는 복장을 보는 것, 자동차 사고와 연관된 소리와 냄새, 성폭행과 관련된 촉각이나 다른 감각 등과 같이, 과거의 트라우마와 연관이 있는 모든 종류의 감각이 될 수 있다. 그러나 유발 요인을 효과적으로 '특정화'(spotting)하는 것은 그것이 유발하는 영향을 극복할 수 있는 한 방안이 된다.

반응을 일으키는 트라우마 유발 요인을 더 많이 파악하고 감지할수록, 앞서 설명한 착륙 기법, 심호흡, 전략적 기분 전환 등을 효과적으로 사용하여 '싸움 혹은 도망' 감각을 조절하는 작업을 활성화할 수 있다. 최근에 트라우마에 노출된 사람들을 대상으로 이루어진 유발 요인과 그에 대한 공통적 반응이 무엇인지에 대한 교육은, 그들에게 유발 요인들을 '알아채도록' 준비시키기 위한 것이다. 이 교육으로 그들은 신체적, 정신적 각성과 흥분에 대해 정확하게 이해할 수 있고, 앞의 기법들을 효과적으로 활용하여 대응할 수 있다. 이런 모든 정보와 지침을 알고 착륙 전략 등으로 무장된 사람은 트라우마 극복을 더욱 확신할 수 있을 것이다.

회피의 방지

앞에서 언급한 것처럼, 대뇌의 편도체는 심각한 위협을 감지하면 효과적으로 '싸움 혹은 도망'을 준비하기 위해 몸과 마음을 생존 모드로 배열한다. 그 반응은 심사숙고보다는 본능적이고 물리적이다. '싸움 혹은 도망' 반응이 진정되고, 단기 기억(해마)과 복합적인 처리(실행적인 전두엽 대뇌 피질)와 같은 다른 두뇌 기능을 활용할 수 있게 되면서, 심도 있는 이해와 일관성, 의사 결정 등이 가능해진다. 사람이 '싸움 혹은 도망' 모드에 머물러 있는 상황에서는, 더 복합적인 용어나 수단을 생각하는 것이 불가능하다. 신체적 흥분의 불안함과 더불어 두려움과 위험을 강하게 느끼는 상태에 있기 때문이다. 이것을 견뎌내는 것은 어려운 일이다. 본능적인 충동을 느끼면 위협을 극복하거나 피하기 위해서 행동으로 뛰어들게 된다.

반사적인 행동이나 회피가 즉각적인 위험에는 도움이 되지만, 유발 요인이 회상으로 유도할 때 그것은 '거짓 경보'가 된다. 트라우마와 관련된 광경, 소리, 냄새 그리고 다른 감각들에 대한 반응이 불편할수록, 당사자는 이런 자극을 더 피하려고 한다. 어떤 사람이 심각한 자동차 사고를 겪었다면, 얼마 동안은 운전하기를 회피하거나 자신이 교통사고를 당한 길로 운전하는 것을 피할 것이다. 만약 교통사고의 대상이 트럭이라면, 모든 트럭이 유발 요인이 될 수 있다. 트럭 곁을 통과하는 것이 너무 싫어서, 아예 운전을 포기하는 경우도 있을 수 있다. 이런 불안 요인을 다룰 수 있다는 확신을 할 때, 비로소 이 회피 문제를 점진적으로 극복하게 될 것이다.

유발 요인들이 일으키는 고통을 감안하여, 어떤 사람이 매우 불안하고 쉽게 억눌리는 상황 속에 있다면 특정 광경이나 소리, 신체적 감각 혹은 트라우마성 사건에 대한 언급을 피하는 것이 바람직하다. 필요한 관리 도구도 없는 상태인데 트라우마성 기억을 떠오르게 하는 환담이나 활동에 피해자를 참여하도록 밀어넣는 것은, 아무런 유익도 없이 그를 다시 트라우마 상황에 빠지게 하는 것이기 때문이다. 그러나 만약 그 사람이 확신을 가지고 유발 요인에 대응할 수 있는 준비를 갖추었다고 느끼면, 그는 트라우마에 대해 이야기할 수 있고, 회피 행동을 극복하기 위한 조치를 취할 수 있는 좋은 여건에 있다. 트라우마는 조만간 치유가 일어날 수 있도록 직면해야 할 필요가 있기 때문이다. 전도서 3장의 지혜를 적용해보자. 트라우마성 기억을 피할(기분 전환, 안정) 때가 있고, 그것을 대면해야 할 때가 있다. 트라우마를 겪은 사람이 그 후유증에 압도되었을 때, 그때는 피하면서 기분을 전환하고 안정을 찾아야 할 때다. 그러나 자연적인 혹은 습득된 대응 기술을 갖추고 트라우마와 연관된 유발 요인들을 직면할 준비가 되었다면, 바로 그렇게 할 때다. 제럴드 싯처는 『하나님 앞에서 울다』(*A Grace Disguised*, 좋은씨앗 역간)에서 강력한 은유를 통해 트라우마성 상실에 직면해야 할 필요성을 증언하고 있다.

누구든 태양과 새날의 빛을 가장 빨리 보고 싶어 하는 사람은, 지는 해를 뒤쫓아서 서쪽으로 달려가서는 안 된다. 오히려 동쪽으로 방향을 잡고, 해가 떠오를 때까지 어둠 속으로 뛰어들어야 한다(Sittser, 2004, 42).

계속해서 어둠(감정적 고통)을 피할 때, 태양(치유와 웰빙)을 향해 가는 여정은 그만큼 늦어지게 될 것이다. 즉각적인 고통을 완화하기 위해 회피하는 대신 불편함을 직면해야겠지만 더 깊고 장기적인 안도감과 회복을 얻기 위해 의도적인 결정을 내릴 필요가 있을 것이다. 트라우마성 스트레스를 관리하는 방법은 당사자가 이런 단계를 밟아가는 데 도움을 줄 것이다. 싯처는 자신이 한 선택에 대해 이렇게 묘사했다.

바로 그 순간에, 앞으로 인생에서 나아가야 할 방향을 선택할 권한이 나에게 주어졌다는 사실을 발견했다. 적어도 그 첫 단계에서는, 내가 선택할 수 있는 길이 달리 없는 것처럼 느껴졌다. 즉 나는 그 상실에서 도망치든지 아니면 최선을 다해 직면하든지 둘 중 하나를 선택해야 했다. 나에게 닥쳐온 이 어둠이 불가피하고 회피할 수 없는 것임을 알았기 때문에, 그 순간부터 어둠에서 달아나려고 애쓰기보다는, 오히려 그 어둠 속으로 걸어 들어가기로 마음을 정했다. 내가 겪은 상실의 경험은 그 여정이 어디가 되었든지 나를 그 길로 인도해주었다. 나는 그것을 어떻게든 회피하겠다는 생각보다는, 고통이 나를 바꾸도록 허용하겠다고 결심했다. 나는 얼마나 비틀거리든 고통을 직면하고, 상실을 그대로 받아들이기로 선택했다. 그러나 그 당시에는 그것이 무엇을 의미하는지 잘 알지 못했다(Sittser, 2004, 42).

감정상의 고통을 직면하는 것이 중요하다고 확신하기 때문에, 상담자나 다른 도우미들은 당사자가 미처 준비되기도 전에, 트라우마나 상실에 대해 이야기하도록 그를 끌어내고 싶어 할 수도 있다. 그러나 그 사람이 기꺼이 이야기하려고 할 때까지 기다리는 것이 중요하다. 과도기를 지나는 동안은 지지해주고, 안정시키며, 위로해주고, 다른 방법들을 모색하는 기회로 활용하는 것이 최선이다. 일단 그 사람이 트라우마에 대해 이야기할 준비가 되면, 이야기하는 도중에도 잠시 멈추면서 심호흡을 하게 하거나, 필요할 때는 언제든지 휴식 시간을 보내도록 격려해주라. 치유 과정에서는, 억눌리거나 압도되지 않고 트라우마의 기억 사이를 넘나들며 확신을 얻는 것이, 단순히 전체 이야기를 다 풀어내는 것보다 훨씬 더 가치 있다.

　　어떤 사람은 꾸준히 일기를 쓰는 것이 도움이 되었다. 일기 쓰기는 굉장한 도구다! 회피 성향이 있는 사람은 일기를 쓰도록 유도할 필요가 있다. 그러나 어떤 사람은 자신의 경험에서 어려운 측면을 기록하기보다는, 먼저 다른 사람들과 이야기하고 싶어 할 수도 있다. 또 다른 사람은 위안, 느긋함, 지원 그리고 일상적인 삶의 활동 등을 다루기 위해 필요한 시간을 갖지 못한 채, 자신이 겪은 사건을 다루는 작업을 열심히 하라는 요구를 받을 때도 있다. 후자의 경우에는 그들에게 있는 한정적 감정 자원을 소진할 위험이 있다. 그는 좀 더 속도를 늦추어 먼저 자신을 위한 시간을 보내고 정상적인 활동을 하며 안정을 취하고 위안이 되는 활동을 하도록 격려를 받아야 한다. 그다음에 다시 치유 과정에 들어가야 할 것이다. 고통에 직면하면 육체적 손상을 입는데, 신체 활동을 더 활발하게 하여 그 부담을 상쇄할 필요가 있다. 우리 몸이 일과 쉼의 리듬이 필요하듯이, 영혼도 같다. 우리 영혼도 고통을 직면하기 위해서 리듬의 변화가 필요하고, 활성화와 기분 전환도 필요하다.

고통을 피하는 방법은 여러 가지가 있다. 어떤 사람은 어떻게 했으면 그런 상황을 막을 수 있었을까 하는 생각에 계속 사로잡혀 있다. 이런 생각들은 항상 '하기만 했더라면'라는 문구로 시작하며, 결국 자책감이나 죄책감으로 진행된다. 이런 생각이 마음을 지배하게 되면, 고통을 직면할 여지를 없애버리게 된다. 회피의 또 다른 수단은 과도하게 기분 전환이나 곁길로 빠지도록 허용하여, 결국 고통 자체를 밀어내거나 무감각하게 만들어버리는 것이다(텔레비전, 게임, 과식, 음주, 마약, 부적절한 관계나 성적 유희 등을 통해). 또 어떤 사람은 자신이 취약하다고 생각하기보다는 분노를 표출하는데, 분노가 고통의 방향을 바꿔주기 때문이다. 잠시 동안 가장 가깝고 안전한 친구나 가족 외의 사람들과 거리를 두는 것은 필요하겠지만, 그런 격리가 지속되면 고통이나 고뇌가 이어지게 된다.

다행히 트라우마로부터 돌아오는 회복은 그 빈도수가 지속적인 외상 후 스트레스 사례보다 높아서, 회복이 더 일반적인 현상임을 알 수 있다(Bonnano, 2004). 다수(50-60퍼센트)의 미국인이 일생에서 한두 번 이상의 심각한 트라우마를 경험하지만, 그중 단지 5-10퍼센트만 외상 후 스트레스 장애(PTSD)로 발전된다고 한다(Ozer, 2003). 서아프리카에서 일하고 있는 선교사 그룹 중에서는, 85-90퍼센트가 한두 번 이상의 트라우마를 경험했는데, 그중에서 5퍼센트만 PTSD로 발전되었고, 그중에서도 다시 20퍼센트만 정식으로 PTSD 진단을 받았거나 혹은 외상 후 스트레스 증상을 보였다(Schaefer, 2007). 이런 연구는 서아프리카에서 일하는 선교사들이 일반 미국인보다 더 탄력적인 회복력을 갖추었음을 보여준다(신체 공격, 성폭행, 전쟁 상황 등과 같은 요인으로 인한). 특정한 형태의 트라우마는 PTSD로 발전할 확률이 더 높다. 또한 고위험 환경도 하나의 요인이 된다. 빈곤 지수가 높거나 범죄율이 높고 사회 상황이 불안정한 지역에서 일하는 선교사는 더 자주 PTSD 증상을 보일 수 있다. 이것은 매우 높은 단계의 스트레스가 지속되면, 비록 고도로 탁월한 대응 기술을 익힌 사람이라도, 점진적으로 대응 역량이 소진될 수 있다는 사실을 보여준다. 이 모든 지표는 많은 숫자의 트라우마 경험자가 충격 시점으로부터 3개월에서 6개월에 걸쳐 점진적으로 좋아진다는 사실을 말하고 있다. 또한 여전히 증상이 남아 있고 그것과 씨름해야 하는 사람도, 그다음 6개월 어간에 더 좋아지리란 기대를 할 수 있다. 사람은 대부분 위기를 경험한 지 1주년 혹은 2주년이 되었을 때, 더 많이 좋아지고 '새로운 정상' 생활로 돌아가는 전환점을 맞게 된다. 각 상황과 사람마다 특성이 있고 서로 다르기 때문에, 회복에 더 많은 기간이 필요한 사람을 비판적인 시각으로 봐서는 안 된다. 사실 장기간 고통에 시달리는 사람은 그리 많지 않다. 이런 사람들도 지원과 지지가 잘 이루어지면 그 기간이 단축될 수 있다. 어떤 사람이 외상 후에 잘하고 있는 것같이 보여도 3개월 정도는 잘 회복되고 있는지 살펴보는 것이 좋다. 만약 그렇지 않다면, 훈련된 상담자나 전문가의 후속적인 도움이 필요할 것이다.

해리-무감각, 기억 상실증

해리(解離, dissociation)는 뇌가 감당할 수 없는 고충에서 마음을 보호하려는 기제로서, 당사자가 트라우마의 어떤 측면에서 분리되는 현상을 말한다. 해리가 일어나는 동안, 중뇌의 한 부분인 시상의 활동이 감소된다. 정상적으로는, 중뇌의 시상 부위는 몸이나 외부에서 들어오는 감각 입력을 받아들인다. 그리고 이 정보를 대뇌 피질에 연결해서 의식의 과정이 일어나게 하는 것이다. 이런 시상-피질의 상호 작용은 사람이 감각적(신체적), 감정적, 인지적인 자료들을 효과적으로 처리하여 통합하게 해서 일관성을 잃지 않도록 돕는다. 해리는 마음을 보호해주기는 하지만, 지각,

기억, 자의식이 해체되는 대가를 치러야 한다(Frewen, 2006; van der Kolk, *Dissociation*, 2007). 사람이 해리 상태에 빠지면, 자아에 대한 정상적이고 통합적인 의식 경험이 흐트러질 수 있다. 그 과정에서 이탈 현상이 일어나 분화된 마음 상태가 계속된다. 외상 후 즉각적인 반응 단계를 넘어서 해리 상태가 계속된다면, 효과적인 재통합 작업이 방해를 받을 것이다. 이 단계에서의 회상 작용은 지각 혹은 인식 능력의 해체 현상으로 간주될 수 있다. 해리를 경험하는 또 다른 일반적인 현상은 건망증과 무감각이다.

해리가 일어나면, 어떤 경험은 떠오르지 않는다. 따라서 그 트라우마 사건의 어떤 부분은, 당사자가 아무리 열심히 애를 써도 기억할 수가 없다. 이것은 기억 상실증으로 상당한 문제와 혼란을 일으킬 수 있다. 위기 담당자들은 이런 기억 공백이 어떤 이유 때문에 일어났는지를 이해할 필요가 있다. 그것은 당사자가 사건 당시에는 직면할 수 없었던 트라우마 이야기의 한 부분이다. 일단 당사자가 자신의 고뇌와 고통을 통제할 수 있는 도구를 습득하고 안정을 되찾으면, 기억의 공백을 채우려 하고 자신의 경험을 재통합하는 방향으로 나아가게 된다. 만약 이런 기억의 공백 상태가 계속되어 어려움이 생긴다면, 전문적인 상담을 통해 도움을 받아야 한다.

감정적인 무감각은 외상 후 해리의 다른 형태로 일어난다. 사람의 두뇌는 이런 형태의 해리를 매우 다른 방법으로 처리하는데, 고도의 각성과 고통의 감수를 증가시키는 상태로 나타난다(Frewen, 2006; van der Kolk, *Dissociation*, 2007). 감정적 무감각을 경험하는 사람은 자신이 떨어져 나와서 실제로 존재하지 않는다고 느낀다. 그는 마치 "몸에서 떠나 '동결'되고, 감정적으로는 '차단'된 것같이" 느낀다. 이런 유형의 해리 과정은 '비인격화'(depersonalization)라고 불리는데, 마치 마취제와 같은 역할을 한다. 비인격화는 당사자로 하여금 다른 사람들은 심각하게 느끼는 고통을 느끼지 못하게 막는 것이다. 도우미는 이 사람이 현재 일어나고 있는 일이나 토의 중인 의제들에 대해서, 유별나게 멍하게 바라보거나 입을 다물고 있는 모습을 발견할 것이다. 그는 이 사건과는 관련이 없는 것같이 보인다. 아니 아예 그 자리에 없는 사람 같다. 어떤 사람이 끔찍한 사건을 아무런 감정이 없는 투로 이야기한다면, 그것은 그 사건에 '대응'하는 것이 아니고 '해리' 상태에 있는 것이다. 이런 상황에서는, 통상적인 대응이나 처리 과정을 진행할 수 없다. 마음의 비상 상태에서 이런 '차단'으로는 과부하된 고통을 피할 수 있지만, 재통합을 할 수는 없다. 비록 해리는 급성 위기 때문에 생긴 고통을 완화해주지만, 지속적으로 문제를 일으키는 사건을 건설적으로 처리해나갈 수 있는 마음의 상태가 되게 하지는 않다.

공황 상태에 있는 사람 돕기: 단계적-축소 기술

급작스럽게 당한 사랑하는 사람의 죽음, 폭행, 성적 침해, 치명적인 재난 혹은 이와 유사한 격심한 트라우마를 겪은 후에, 고통스러운 감정이 너무 격렬해서 당사자가 스스로 통제하기가 불가능한 상황에 빠지는 일이 흔히 있다. 어떤 사람은 자제할 수 없을 정도로 통곡하거나 공황 상태에 빠지기도 한다. 패닉 속에 있는 사람은 불안하고 초조해서 이리저리 서성이거나 흐느끼거나 통곡하고, 울부짖으며 과호흡증을 보인다. 심장은 빨리 뛰고, 근육은 긴장되며, 땀을 흘린다. 어떤 사람은 메스꺼워서 구토를 하기도 한다.

 공황 상태에 있는 사람들을 돕기 위해서는 우리 자신이 먼저 안정되어 있어야 한다. 우리는 몇 번 심호흡을 하면서 스스로 스트레스를 조절할 수 있고(10장 '심호흡' 참조), 짧게 기도하면서 우리 마음을 하나님의 임재와 도우심과 능력에 초점을 맞출 수 있다. 우리는 위로와 안전을 공급해주시도록 구하면서 하나님께 조용히 기도할 것이다. 우리가 이렇게 조용하게 움직이면서 지원하고 안내해주면, 패닉 상태에 있는 사람에게 안정감을 주게 된다. 도우미의 감정은 좋은 쪽이든 나쁜 쪽이든, 도움을 받는 사람의 감정에 직접적인 영향을 미친다.

우리는 패닉에 빠진 사람들에게 몇 차례 심호흡을 하도록 권유함으로 도움을 줄 수 있다. 돕는 사람이 함께 심호흡을 해주면 효과적이다. 만약 그 사람이 계속해서 급하고 얕게 숨을 헐떡거린다면, 우리는 종이봉투를 열어서 그 안에 숨을 불어넣으라고 할 수 있다. 이것은 과호흡을 동반한 신체적인 감각의 동요를 진정시키는 데 도움이 된다. 당사자가 숨을 천천히 쉬기 시작하면, 그다음 이렇게 질문할 수 있다. "당신 몸의 어떤 부분이 이제 좀 편하게 느껴집니까?" 이것은 당사자의 주의를 신체적인 압박에서 긍정적인 감각으로 옮기면서, 점차 이완 효과를 얻도록 하기 위한 것이다.

다음의 단계적-축소 기술(de-escalation techniques)이 어려운 상황에서 도움이 될 것이다.

- 당신이 비록 그런 기분이 아닐지라도, 조용하고 확신에 찬 모습을 보이도록 노력하라. 의식적으로 목소리 톤을 낮추고, 느리지만 분명한 어조로 말하라.
- 어떤 지시를 내리거나 한계를 정해줄 때도, 항상 상대방을 존중하는 태도를 보이라. 불안정한 사람은 수치심을 느끼거나 무시당하는 감정에 매우 민감하다.
- 미소를 짓지 마라. 상대방은 이것을 모욕이나 압박으로 오해할 수 있다.

- 신체에 대한 접촉을 조심하거나(먼저 허락을 구하라), 아예 하지 마라. 이것은 불안정한 사람에게 불편한 느낌이나 침범당한다는 느낌을 줄 수 있다.
- 그 사람이 걸어 다닐 수 있는 개인 공간을 제공하라. 그리고 신체적인 상해를 방지하기 위해 조치를 취하라.
- 소리를 지르는 사람을 향해 덩달아 목소리를 높이지 마라. 그 사람이 숨을 내쉴 때까지 기다렸다가 이야기하라. 평상시의 목소리로 조용하게 이야기하라.
- 권위 있고 확고하게 이야기하되, 언제나 상대를 존중하는 톤을 유지하라.
- 절대로 상대와 논쟁하거나 상대를 설득하려고 하지 마라. 불안정한 사람은 합리적이거나 이성적인 상태가 아니다.
- 깨지지 않는 용기에 물을 담아서 주고, 담요를 제공하는 것과 같이 단순한 단계부터 시작하며, 행동 단계에 주의를 기울이도록 부드럽게 지침을 주라.
- 가능하면, 불편한 자극 요인을 피하고 보호 시설이 있는 곳에서 지내게 하라.

약물 치료 적용의 시기

감정 관리와 단계적-축소 기술은 시간이 많이 걸리는 과정이어서, 때로는 약물 치료가 필요하기도 하다.

패닉

만약 이런 도움을 받는데도, 패닉 상태가 진정되지 않거나 혹은 더 심하게 반복된다면, 진단을 맡은 의사가 진정제를 처방할 수 있다[알프라졸람(alprazolam), 로라제팜(lorazepam), 클로나제팜(clonazepam) 혹은 디아제팜(diazepam) 등]. 이런 약품들은 중독성이 있기 때문에 단기간만 사용해야 한다.

불면증

위기 후에 따라오는 불안으로 몸과 마음은 밤새 각성 상태일 수 있다. 만약 불면증이 여러 날 계속된다면, 몹시 피곤하고 대응 능력이 떨어질 것이다. 수면의 질을 향상시키기 위해서는 잠들기 전에 활동을 중단하고 몸을 이완하는 것과 함께, 카페인과 알코올을 피하는 것이 중요하다. 만약 이런 방법이 충분한 효과를 발휘하지 못했다면, 처방전 없이 살 수 있는 약품[베나드릴(Benadryl), 멜라토닌(Melatonin), 쥐오줌풀 뿌리(Valerian Root)] 혹은 수면을 강화하는 허브 차를 활용할 수 있다. 만약 이런 것들을 활용했는데도 평상시 6시간에서 7시간 정도 수면을 이루지 못한다면, 적절한 수면제를 사용하기 위해 의사와 면담해야 할 것이다. 그러나 일반적으로 수면 관련 약물은 장기 복용해서는 안 된다. 수면을 방해하는 주요 요인을 점검하고, 건강한 수면 습관을 개발해야 한다('수면 위생' 참조).

고통, 불안, 외상 후 스트레스

더 심각한 우울증이나 불안 혹은 외상 후 스트레스 때문에 당사자가 집이나 일터에서 자신의 역할을 담당하는 데 중대한 어려움을 겪을 때, 건강 전문가의 도움을 받아 항우울제나 항불안성 약물의 사용을 검토할 수 있다. 대부분 SSRI 혹은 SNRI를 처방할 것이다. 처방 약품은 설트랄린(sertraline, 혹은 Zoloft), 시탈로프람(citalopram, 혹은 Celexa), 에스시탈로프람(escitalopram, 혹은 Lexapro), 플루옥세틴(fluoxetine, 혹은 Prozac), 파록세틴(paroxetine, 혹은 Paxil), 벤라팍신(venlafaxine, 혹은 Effexor), 데스벤라팍신

(desvenlafaxin, 혹은 Pristiq) 혹은 미르타자핀(mirtazapine, 혹은 Remeron) 등이다. 이런 약물들을 2주에서 4주 정도 정기적으로 복용하면, 우울증, 불안과 염려, 외상 후 증상이 개선된다. 이 기간은 뇌 속에서 세로토닌 혹은 노르에피네프린의 수치가 증가하는 데 필요한 시간이다. 건강 케어 전문가는 최상의 약품을 선택하기 위해 잠재적인 부작용 문제를 점검하면서, 정신과 육체의 건강을 전반적으로 고려해야 할 것이다.

자살 충동의 관리

남편이 사망하고 아들과 자신이 중상을 입은 엄청난 사고가 탄자니아에서 일어난 후, 앤 하멜(Ann Hamel)은 이렇게 술회한다.

> 어떤 상황이 실제로 일어났다는 사실을 현실로 인식하게 되자, 나는 격렬한 감정에 휩싸여 압도되고 말았다. 나는 평생 하나님을 나의 하늘 아버지로 바라보며 살아왔다. 나는 아프리카에서 하나님을 섬기기 위해 미국의 안락하고 안전한 생활을 기꺼이 떠났지만, 대신 하나님이 나와 내 가족을 돌보아주실 것이라고 굳게 믿었다. 내가 이 상황과 씨름하면서 가장 고통스러웠던 것은 이 끔찍한 사고에서 우리 몇 사람이 살아남은 것이었다. 앞으로 살아갈 일을 생각하면 차라리 죽는 편이 나아 보였다. 또한 내가 당하는 신체적인 통증이 극심해 어떻게 하면 이 상태에서 벗어날 수 있을까 하는 생각밖에 없었다. 나는 똑똑 떨어지는 수액 주사를 바라보며, 의사인 친구에게 내 인생을 끝내줄 무언가를 주사액에 넣어달라고 부탁하기도 했다. 나는 남편과 하나님 없는 미래를 마주하고 싶지 않았다(스토리 3).

무슨 일이 일어났는지 깨닫고 난 직후, 앤은 고통, 상실 그리고 죽는 것이 사는 것보다 더 낫겠다는 영적인 투쟁으로 격한 감정에 휩싸였다. 그녀는 죽기를 원했을 뿐만 아니라, 죽기 위한 구체적인 방법까지 생각했다.

파괴적이고 엄청난 위기를 당하면, 가장 강인하고 가장 영적인 사람이라도 자살 충동을 느낄 수 있다. 의로운 욥도 삶에 닥쳐온 엄청난 고통 때문에 애통했다. 연속적인 재난을 당한 후에, 생에 대한 그의 혐오감은 참으로 심각한 정도였다. 그는 격렬하게 자신이 태어나지 않았기를 바랐고, 자신이 태어난 날과 상황 자체를 저주했다(욥 3장).

도우미는 고통, 상실, 우울감과 불안감 때문에 격한 감정에 압도된 사람이 자살에 대한 생각과 충동을 구체적인 행동으로 옮기려는 수순을 이해할 필요가 있다. 그래서 자살을 생각하는 암시적인 말을 잘 듣는 것이 중요하다. 케어 도우미는 '혹시 사는 데 지쳤나요?' '정말 죽고 싶은 심정이신가요?' 등 항상 당사자에게 직접적으로 이런 질문을 해야 한다. 직접적으로 이런 내용을 물어본다고 해서, 사람들의 마음에 위험한 생각을 심어주는 것은 아니다. 실제로 따뜻하게 돌보는 태도로 이런 질문을 하게 되면, 당사자가 의논하기가 너무 두렵거나 부끄러운 생각이나 충동을 자연스럽게 드러내어 이야기할 기회가 된다.

자살하는 사람들은 주어진 상황이나 자신의 격렬한 감정 때문에 덫에 걸려 헤어날 수 없다고 느낀다. 만약 누가 자살할 생각을 말로 표현한다면, 즉시 안전 조치를 취해야 한다. 위험의 심각성을 판단하기 위해서는 전문가의 도움을 받을 필요가 있는데, 미국의 경우는 정신 건강 전문가들이 담당한다. 자해의 위험이 긴급한 상황으로 보이면, 당사자를 지역 응급실로 데려가거나 911로 연락해야 한다(한국의 경우 119, 생명의 전화 1588-9191 — 역주).

전문가가 부재하거나 연락이 지연되는 경우에는, 믿을 만한 성숙한 도우미나 케어 제공자 팀이 당사자와 항상 함께 있어 주어야 한다. 지원자들이 함께 있어 주는 그 자체가 때때로 자해에 대한 생각이나 충동을 완화해준다. 이때 지원자들은 자해할 수 있는 어떤 수단도 당사자의 손에 닿지 않도록 확실한 조치를 취할 필요가 있는데, 특별히 당사자가 염두에 두고 있는 도구는 더욱 그렇다. 잠재적으로 위험성이 있는 약물, 칼, 총기, 줄, 기타 자해에 쓰일 수 있는 도구는 모두 치워야 한다. 자제력을 약하게 할 수 있는 알코올에 대한 접근도 역시 살피고 있어야 한다. 일반적으로 곤경에 빠진 사람은 둘 중에 하나, 죽음을 통하거나 아니면 살아남아서 이 엄청난 고통에서 벗어나고자 한다. 자살 의식은 그런 생각을 하는 사람 자체도 겁먹게 한다. 그래서 도우미들은 일반적으로 당사자의 살려는 의지와 연결해서, 이런 경향을 강화하는 노력을 할 수 있다. 이렇게 함으로, 지원하는 사람들은 자살 기도를 하는 사람과 함께 싸워 이기려는 연대감을 구축할 수 있다.

결론

심각한 트라우마성 스트레스 상황에 있는 사람들을 돕는다는 것은 벅찬 과업이라고 할 수 있다. 정신 건강을 포함하여 건강 관리 체계가 잘 갖춰진 나라에서는, 대부분 건강 관리 전문가나 응급 혹은 재난 전문가가 지원을 담당한다. 대조적으로, 전문적인 지원이 제한적인 나라에서는, 동료 사역자, 멤버 케어 담당자, 단체의 팀 리더 혹은 동역자가 '심리적 응급조치'를 담당하는 전방에 서게 된다. 외상 후 지원에 특별한 관심을 갖고 있는 목회자와 성도들을 포함하여, 모든 사람이 트라우마성 스트레스 관리에 대한 원리를 이해할 수 있다면, 때로 전문가의 도움을 받아 회복 중인 사람의 동반자가 되어줄 수 있을 것이다.

저개발 국가에서 일하는 많은 타 문화권 사역자는 의료적 응급조치를 위해, 데이비드 워너(David Werner)가 쓴 『건강한 생활』(*Where There Is No Doctor*, 한국장로교출판사 역간)이라는 책을 활용한다. 이 책은 일반인 수준에서 쉽게 이해할 수 있으며, 핵심적인 건강 관리에 대한 정보를 제공한다. 지난 2003년에는, 이와 비슷한 개념으로, 비크럼 파텔(Vikram Patel)이 『정신과 의사가 없을 때』(*Where There Is No Psychiatrist*)라는 책을 내놓았다. 이와 같이 위기관리에 초점을 맞춘 유사한 책은 매우 유용하므로 더 많이 필요한 상황이다.

11장

트라우마를 다루기 위한 영적 자원

프로케 쉐퍼 · 찰스 쉐퍼

한 음주 운전자가 제럴드 싯처 가족을 덮쳐 세 명을 죽이고 여러 부상자를 내 그의 삶을 완전히 파괴했을 때 그는 큰 혼란과 당혹감으로 갈피를 잡을 수 없었고, 동시에 격렬한 감정에 사로잡혔다(스토리 4 참조). 고통, 슬픔, 분노, 두려움, 당혹감이 그를 억눌렀다. 그러나 그를 지원한 어떤 힘으로 그는 이 위기에서 천천히 회복되었다. 제럴드의 믿음은 강했다. 그는 또한 굳건하고 친밀한 우정에 의지하면서 그리스도인 공동체와 강한 유대감을 가졌다. 친구들은 그의 느낌을 그대로 잘 받아주면서 그를 바꾸려고 애쓰지 않았다. 제럴드는 시편에 있는 애가들을 떠올리면서 하나님 앞에 강하고 거친 감정을 토로하는 것이 허용된다는 것을 알았다. 또한 트라우마를 유발한 이 사건과 그 충격이 그의 삶과 하나님에 대한 이해에 미친 여파를 전면적으로 다시 성찰할 필요가 있었다. 그는 이런 심각한 질문들과 씨름했다. '하나님은 과연 존재하시는가?' '하나님은 정말 세상을 주관하시는가?' '우주적이고 보편적인 도덕률이란 것이 존재하는가?' 그는 그의 마음을 휩쓸아쳐 심도 있게 변화시킨 세계와 부딪치는 과정에 돌입했다.

사고 후 여러 해가 지났을 때 제럴드는 그의 삶에 트라우마를 유발한 상처가 은혜의 흔적이 되었다고 회상한다. 그는 자신의 내면적 정서가 깊어진 것을 자각했고, 진정으로 중요한 것이 무엇인지 깨닫게 되었다. 그리고 가장 중요한 일에 자신을 헌신할 것을 새로 다짐하였다. 수많은 회의와 씨름 끝에 제럴드는 새로운 믿음의 확신을 얻었다. 그는 새롭고도 더 깊은 방법으로 하나님과 그분의 은혜를 깨닫게 되었다.

제럴드의 경우처럼 심각한 트라우마는 개인의 감정적, 지적 안정권에서 사람들을 갑자기 몰아낸다. 칼훈(Calhoun)과 테데쉬(Tedeschi)는 『트라우마 이후 성장의 촉진』(Facilitating Posttraumatic Growth)이란 책에서 심각한 트라우마는 마치 지진의 충격파처럼 한 사람의 세계관과 감정적인 기능을 흔들어놓는다고 은유적으로 묘사한다(Calhoun and Tedeschi, 1999, 2). 트라우마는 지진처럼 맹렬하게 흔드는데, 때로는 이 세상에 대한 한 사람의 이해 체계를 산산조각내기도 한다.

이번 장에서 다루는 트라우마는 심각한 부상이나 죽음, 혹은 죽음의 위협을 통과하거나, 아니면 그런 상황을 목격하는 사람들의 경험과 연관되어 있다. 이것은 당사자 자신들이 직접 당면한 것이거나, 아니면 가족이나 친한 친구들의 경험일 수도 있다. 심각한 트라우마에 대한 전형적인 반응은 두려움, 무력감 혹은 공포다. 이런 트라우마성 사건의 사례들은 신체적인 부상이나 사망, 혹은 부상이나 사망의 위협을 초래하는 자연재해, 생명을 위협하는 질병의 진단, 임산부의 유산이나 사산, 강도, 자동차 탈취, 성폭행 그리고 전쟁이나 폭동의 경험 등이다. 그 외에도 실직, 재산 손실, 노숙자 신세, 이혼 그리고 심각한 타격을 가하는 지속적인 고도의 스트레스 등이 트라우마를 유발하는 상황이라고 할 수 있다. 물론, 우리가 이런 상황 자체를 여기서 다루는 것은 아니다. 그러나 우리가 논의하게 될 주제의 상당 부분은 이런 고통스러운 문제들에도 그대로 적용된다.

트라우마는 한 사람의 삶의 목적과 의미에 대한 가장 깊은 내면의 신념을 흔들고, 그가 갖고 있는 하나님에 대한 관점에 의문을 제기하게 한다. 특별히 하나님과의 관계가 삶의 기반인 전임 사역자들에게 이런 상황은 매우 도전적이다. 그래서 이런 질문들이 제기될 수 있다. '하나님은 왜 고통을 허락하시는가?' '하나님은 악을 허용하실 때에도 정말 선하신가?' '이 세상의 고통 속에서도 사랑 많으시고 전능하신 하나님께 대한 믿음을 가질 수 있는가?' 필립 얀시(Philip Yancey)는 2007년 버지니아 공대에서 일어난 살인극을 포함해 전 세계적으로 벌어지는 비극들을 신학적으로 이해하기 위해 노력하는 가운데 이렇게 질문한다. "하나님은 어떻게 선하신가?"(What good is God, Yancey, 2010, 버지니아 공대 사건: 이 학교 학생인 한국계 영주권자 조승희가 2007년 4월 16일 총기로 무장한 채 알 수 없는 이유로 학생과 교수 32명을 살해하고 29명에게 부상을 입힌 후 자살한, 미국 역사상 최악의 총기 사고 중 하나—역주). 비극적인 사건들은 우리가 알고 의지해온 하나님에 대한 개념에 도전을 던진다. 하나님은 과연 돌보시는 분인가? 그분은 우리의 필요와 우리가 돌보는 사람들의 필요에 응답하시는가? 우리는 우리가 겪는 혼란과 절망, 혹은 좌절을 하나님 앞에 가지고 나올 수 있는가? 혹은 우리가 가장 뼈저린 고통 속에 있을 때 그것은 하나님이 진노하시거나 우리를 벌하시거나, 아니면 포기하시는 것 때문이 아닌가? 하나님은 여전히 우리가 오직 하나님만 믿고 따르기를 원하시는가? 우리는 여전히 정직하고 존엄한 태도로 하나님을 대면할 수 있는가? 트라우마는 이렇게 우리의 사역과 관련된 비전과 목표를 변화시킬 수 있다. 상실과 상처, 혹은 배반을 경험한 후 이런 회의를 갖게 되는 것은 그리 이상한 일이 아니다. '이 일이 정말 가치 있는 일인가?' '우리가 사역하는 이들이 그럴만한 가치가 있는 사람들인가?' '우리가 이런 엄청난 희생을 치르는 것이 맞는가?' '우리가 여기서 하는 사역이 조금이라도 의미 있는 영향을 미치거나 할까?' '나는 지금 매우 취약한 상태고 실패를 거듭하고 있는데, 어떻게 하나님은 내게 계속하라고 요구하실 수 있는가?'

트라우마가 우리의 근본을 흔들면서, 우리 생의 가장 내밀한 질문들을 제기하며 우리를 감정적인 혼란으로 몰아넣을 때 우리는 취약해질 수밖에 없다. 이전에 위안이 되었던 믿음들이 이제는 참패를 당할 수도 있다. 우리가 당혹감 속에서 씨름하고 있을 때, 우리의 신앙 체계를 이루는 부분들이 점차 다시 재편되는 것이다. 그래서 한편으로는. 위기가 새로운 구조와 더 견고한 기반을 창출할 수 있는 기회가 된다. 자연적인 재난이 휩쓸고 지나간 후라고 생각하고 집을 새롭게 건축하는 그림을 그려보자. 옛 집의 어떤 부분은 새로운 집을 짓는 데 유용하게 쓰일 수 있다. 그러나 어떤 부분은 더 이상 용도가 없어진다. 어떤 기초는 새롭게 세워야 한다. 재건축은 이전보다 덜 견고하거나, 전과 같거나, 혹은 전보다 더 견고한 결과를 이룰 수 있다. 이와 유사하게, 위기로 인해 개인적이고 영적인 재건축 과정을 거친 사람들은 전보다 더 유약한 모습으로 드러나거나, 전과 동일하게 힘이 있거나, 혹은 더 강해지고 탄력적으로 변화될 수 있다. 부서지고 투쟁하고 다시 건축하는 과정을 생각할 때 이렇게 질문할 수 있다. '어떤 특성들이 트라우마를 유발하는 감정적이고 영적인 도전들 앞에서 오히려 회복력을 증진시켜주는가?' '이런 일들에 더 잘 대비할 수 있는 비결이 있는 것일까?' '감정적이고 영적인 취약점들을 더 잘 헤쳐나갈 수 있도록 도와주는 요인들이 있는 것일까?'

회복력(resilience)이란 어떤 충격 후 '복원'(bounce back)되는 개인의 능력을 의미한다. 그것은 트라우마가 유발하는 '형체의 상실'(loss of shape)을 가정하고, 후에 그것이 회복되는 것을 기대한다. 회복력이 있는 사람들은 충격 이후 그들의 이전 구조를 되찾는다. 매우 다양한 요소가 회복력을 결정한다. 곧 생물학적, 심리학적, 사회적, 영적 요소가 있다. 이번 장에서는 회복력을 강화시키는 영적 요소들에 초점을 맞추려고 한다.

우리의 기독교 신앙이란 본질상 관계적이고, 개인적이며, 우리를 창조하시고 사랑하시는 하나님과 우리 사이의 언약적 결합이다. 예수 그리스도 안에서 하나님이 우리 죄를 위해 십자가 위에서 고난을 당하시고 죽으심으로, 우리는 새로운 영적 생명을 부여받게 되었다. 하나님은 성령을 통해 우리 안에 살아 계시고 우리를 변혁시키신다. 우리가 성령의 능력 안에서 하나님 나라의 목표를 추구할 때 우리는 하나님을 사랑하고 존귀하게 섬기기를 원한다. 우리는 궁극적으로 사랑과 예배 가운데서 하나님과 영원히 연합되기를 기대한다. 우리 삶의 목적과 의미는 바로 하나님과의 이런 관계를 바탕으로 그 위에 세워져 있다. 이것을 학문적으로는 '본질적 혹은 내재적 종교성'(intrinsic religiosity)이라고 표현한다. 트라우마는 이런 핵심적인 관계성을 깨뜨릴 수 있다. 그리스도인들에게는 이런 파국이 마치 서양 속담의 표현처럼 "발밑의 깔개를 잡아당겨" 모든 것을 망가뜨리는 것과 같은 경험이 될 수 있다. 영적 회복력이란 사건의 충격 후 그 사람과 하나님의 관계가 회복되거나, 심지어 더 강화될 수 있다는 개연성 혹은 가능성으로 결정된다.

어떤 영적 특성들은 우리가 더 탄력적이 되도록 만들어준다. 고통의 문제에 대한 건강한 성경 신학의 습득은 외상 후 일어나는 불가피한 투쟁 과정에서 견고한 지원 체제를 제공해준다. 험악한 위기 상황을 겪은 후 훈련을 통해 용서할 수 있는 힘을 얻은 사람은 상황을 악화시키는 분노, 상처, 비통함 그리고 분개 등의 감정을 완화하는 촉진자 역할을 담당할 수 있다. 하나님과 사람들과의 관계 속에서 일어나는 강한 감정을 친밀감 있게 수용하고 표현하게 되면, 역경을 겪은 후 상호 연결, 치유 그리고 희망을 되찾는 일이 더 신속하게 일어난다. 한정된 소수의 사람들과 이어주는 관계망, 특별히 성도들 속에서 안전감과 개방감을 누릴 수 있다면 그것은 특별히 취약성이 높은 시기에 절실하게 필요한 안전지대가 된다.

외상 후 '지진 충격' 여파의 와중에서 투쟁 중인 사람에게는 어떤 영적 자원들이 재건 과정에 도움을 주고, 때로는 더 견고한 기초를 세워주기도 한다. '어두움의 골짜기'에서 하나님의 임재를 경험하는 것은 그들이 아무리 연약하고 가리어져 있는 존재라 할지라도, 그들의 창조자이며 동시에 생명을 지속시키는 분과 든든한 관계에 있음을 확신하게 하는 열쇠가 된다. 애통해하면서 하나님께 강한 감정을 표현하는 것은 그분과 다시 연결되는 통로가 된다. 고통스러운 과거와 자기 파괴적인 속박 관계에 지속적으로 묶여 있는 사람을 자유롭게 하는 길은, 분노와 비통함에서 진정한 용서로 향하는 통로를 발견하게 하는 것이다. 하나님의 은혜를 경험할 때 트라우마가 유발하는 자기 정죄에서 뛰쳐나올 수 있다.

투쟁하면서 이 재건의 여정을 잘 통과한 사람은 성장의 열매를 거둔다. 외상 후 성장(posttraumatic growth)은 트라우마 이후의 긍정적인 변화, 즉 우리가 우리 자신과 우리가 맺고 있는 관계들을 어떻게 보는가, 하나님과 세상, 혹은 삶의 목표와 의미를 어떻게 이해하는가에 대한 변화를 가리키는 것이다.

이번 장에서는 그리스도인들이 고도의 위험 상황에 뛰어들기 전에 그들의 탄력성을 키워주는 영적 특성들을 먼저 살펴볼 것이다. 그리고 이러한 특성들이 어떻게 강화될 수 있는지를 검토해볼 것이다. 또한 영적 자원들이 트라우마 이후 영적 씨름의 와중에 있는 사람들을 어떻게 돕는지 살펴볼 것이다. 사람들을 사역자로 준비시키는 훈련자들에게는 252쪽에 나오는 '영적 회복력 점검표'가 오리엔테이션 프로그램이나 사역 후보자들의 영적 복원력을 평가하는 유용한 도구가 될 것이다. 트라우마 이후 사람들을 케어하는 도우미나 담당자들에게는 이 책의 3부 7장에 나오는 자료들이 도움이 될 것이다. '영적 특성'과 '영적 자원'은 서로 영향을 미치기 때문에 양쪽을 명확히 구분하는 것이 쉽지 않다. 영적 특성은 사람들이 투쟁하는 와중에서 그들이 풍성한 자원과 자료들을 얻을 수 있도록 영향을 미친다. 또한 애통이나 용서의 과정 같은 영적 자원들과 친숙해지면 영적 회복력이 증대될 수 있다.

1. 회복력이 있는 사람들의 영적 특성

건전한 고통의 신학

예기치 못한 고통을 당한 후 사람들은 즉각적으로 닥쳐오는 불안정과 실제적인 문제들을 처리해야 하는 부담뿐만 아니라, 일의 자초지종에 대해 어떻게든 스스로 '납득해야' 하는 필요를 안고 있다. 그러나 문제는, 일어난 사태가 그 사람의 신념이나 기대의 관점에서 볼 때 도무지 납득이 되지 않는다는 것이다. 기본적인 가정은 일반적으로 폭넓은 체계에서 끌어내 특정한 사안에 대해 의미를 부여하는 데 도움을 준다. 이런 가정은 세계관의 한 부분으로서 질서, 안전, 오리엔테이션(방향 설정) 그리고 통제 등에 대한 의식과 감각을 부여해준다. 그것은 새롭고도 흔치 않은 경험들을 해석하는 데 도움을 주는데, 이를 통해 조정과 적응이 이루어진다. 종교적인 신앙은 신자가 이것을 통해 세상을 이해하고 의미를 찾아야 하는 매우 중요한 체계다. 그것은 사건들과 삶의 전체적인 목적을 이해할 수 있는 렌즈를 제공하는 것이다. 이런 이해는 목적 있는 삶을 위한 동기와 활력을 창출한다.

　어떤 사건이 한 사람의 현재적인 이해 범주 안에서 '납득'이 되지 않을 때 그것은 혼란, 방향 감각 상실, 불공평하다는 생각, 예측 불가 그리고 취약성 등으로 나타날 것이다. 한때는 분명했던 삶의 목적이 불확실성으로 바뀌는 것이다. 그 사람은 결국 돛을 단 범선이 망망대해에서 나침반도 없이 표류하는 것과 같은 느낌을 갖게 될 것이다.

트라우마에 대한 종교적인 대응 모델 연구

외상 후 대응에 대한 연구 기반의 모델들은 종전의 가정들과 새로운 사건에 대한 이해 사이에 생긴 차이와 불일치가 고통을 일으킨다는 점을 확실하게 밝혔다. 가정과 이해 사이에 간격이 크면 클수록, 더 많은 고통을 겪게 될 것이다. 이것은 이 세상에 대한 방향 감각 상실, 통제력과 예측 가능성, 혹은 이해 가능성의 상실을 매우 민감하게 감지하는 것을 의미한다. 종교적인 대응을 연구하는 크리스탈 파크(Crystal Park)는 양자 사이의 불일치를 줄여주면 회복 가능성이 더 높아진다는 결과를 발견했다. 양자의 불일치 감소는 해당 사건 자체에 대한 이해 방법, 보편적인 신념과 목표의 조정, 혹은 양자 모두를 변화시킴으로 가능해진다(Park, 2005). 양자의 간격이나 불일치가 아주 클 때, 사람들은 그들이 종전에 가졌던 많은 가정을 재정의하고 개편하도록 도전을 받는다. 재정의는 새로운 적응을 촉진하고, 어떤 특별한 부정적인 경험을 당사자의 보편적 이해 속에 통합하도록 허용한다. 통합이 잘 진행되면 우울감이나 침체 의식의 지수는 낮아지고 내적 웰빙 지수는 올라감으로, 외상 후 성장이 이루어지게 된다.

고통의 신학과 불일치

건전한 고통의 신학이 있을 때 하나님에 대한 성경적이고 실제적인 기대치를 통해 이런 불일치를 줄여나갈 수 있다. 그것은 또한 궁극적인 안전감과 통제 감각을 회복하도록 도와준다. 그리스도인들에게는 이런 안전감이 대개 하나님이 궁극적으로 통제하신다는 사실을 받아들임으로 확보된다. 성경적인 고통의 신학은 하나님이 여전히 '선하시고', 또한 '선을 위해 일하고 계신다'는 사실을 재확인해준다. 목회자, 선교사 혹은 그리스도인 제자들은, 만약 자신들이 이미 개인적 차원에서 고통의 신학과 씨름해왔다면 위기가 닥쳤다고 할지라도 덜 혼란스러울 것이다. 선교사나 목회자 후보생들에게 고통의 신학을 가르치는 것은 좋은 시도다. 그들이 고통에 대해 개인적이고 심정적인(heart-level) 탐구를 통한 믿음을 가지게 될 때, 그것은 그들의 회복력에 가장 견고한 기초가 될 것이다. 이를 위해 성경 본문에 대한 개인적 연구, 소그룹 토의 그리고 어렵고 논쟁적인 주제에 대한 질문의 과정이 필요하다. 만일 그렇게 하지 않으면, 그것은 머리로만 이해하는 깊이가 얕은 지식으로 남게 되고, 나중에 충분한 감정적, 영적 지원을 제공하지 못하게 될 것이다. 이런 과정을 돕기 위해 스콧 숌은 부록에 실습 자료를 준비해두었다(부록 A 참조).

비록 최고 수준의 '고통의 신학'으로 무장했다고 할지라도 사역 현장에 있는 사람들이 심각한 트라우마를 겪고 나면, 심정적인 투쟁에 직면하게 된다. 이러한 투쟁과 씨름의 와중에서 일반적으로는 그들의 자아 이해와 삶의 목적에 대한 파악이 더 깊어진다. 그러나 이런 투쟁 기간에 하나님과 멀어지고 소외될 위험도 있다. 하지만 다행히도, 대부분 사역자는 하나님을 새롭고도 더 깊은 방법으로 알게 되는 가능성을 발견할 것이다.

내재적인 신앙적 동기

트라우마는 우리의 믿음과 우리가 알고 있는 하나님에 대해 도전한다. 그 결과는 그 사람의 삶에서 믿음이 어떤 위치를 차지하고 있었느냐로 영향을 받는다. 그리스도인의 믿음이 강하게 성장하게 되면, 그 믿음은 트라우마를 바라보는 렌즈가 된다. 믿음은 또한 우리가 필요로 할 때 영적 자양분을 공급하는 깊은 저수지기도 하다. 그리스도인에게는 하나님께 대한 사랑의 정도와 하나님과의 관계 속에서 인식하는 자기 삶의 목적 그리고 의미의 정도가 회복력의 열쇠가 된다.

신앙적 동기는 그리스도인들이 트라우마를 어떻게 경험하느냐를 결정짓는 가장 중요한 영적 특성이다. 동기는 비록 서로 상관관계가 있기는 하지만, 포괄적인 믿음을 구성하는 신념이나 그 실행과는 구별된다. 동기는 하나님께 대한 그리스도인의 믿음 뒤편에 있는 추진력을 의미한다. 그리스도인들은 매우 다양한 이유로 믿음을 추구한다.

두 가지 종류의 종교적 동기가 있다. 종교를 목적 그 자체로 보거나, 혹은 또 다른 목적을 위한 수단으로 보는 것이다. 내재적인 신앙적 동기는 하나님과의 관계 그리고 그 목적이나 의미를 최종 목표나 결과 그 자체로 본다. 이런 동기를 가진 그리스도인들은 그분이 하나님이시기 때문에 하나님을 사랑하고, 또한 하나님이 그들을 사랑하시며, 그들을 위해 죽으셨기 때문에 사랑한다는 것이다. 이러한 생각들은 그들의 선택을 결정한다.

그리스도인들이 그들의 신앙을 추구하는 또 다른 동기는 그것이 또 다른 개인적인 욕구를 충족시키는 수단이 되기 때문이다. 그들은 종교에 참여하는 것을 삶의 일부분으로 보고, 그로 인한 유익을 중요하게 여긴다. 예를 들면, 종교적인 행위와 헌신은 안전, 공동체, 행복, 위로, 건강 그리고 번영을 가져온다는 것이다.

이 두 종류의 동기는 연속선상에서 양쪽 끝에 위치하거나, 혹은 서로를 완전히 배제하는 배타성을 갖지는 않는다. 그리스도인들은 양쪽 면을 동시에 다 가지고 있을 수도 있다. 이 경우에는 한쪽이 다른 쪽보다 더 강한 경향을 가진다. 견고한 신념을 가지고 그들의 신앙에 대해 헌신적인 사람에게는 내재적인 신앙이 더 강하게 나타나는 경향이 있다. 반면, 신앙 행위를 통해 다른 욕구 충족을 추구하는 경우에는, 개인적인 믿음이

나 헌신의 강도가 신앙과 연결되지 않는다(Donahue, 1986).

사드락과 메삭과 아벳느고가 느부갓네살 왕의 명령에 대응한 사건은 신앙적 동기가 사태의 결정에 어떻게 영향을 미치는지를 보여주는 좋은 사례다(단 3장). 이 세 젊은이는 다니엘이 하나님이 보여주신 계시를 통해 왕의 꿈을 해석한 후 바벨론의 정무를 관장하는 자리에 임명되었다. 그들은 그들이 누리는 권력과 부가 하나님 그리고 다른 믿는 자들과의 관계를 통해 온 것이고, 하나님이 사태에 개입하시고 모든 것을 공급하실 수 있다는 사실을 알았다. 그런데 느부갓네살 왕은 만약 그들이 왕의 신을 섬기지 않거나 그가 만든 금 신상에 절하지 않으면 맹렬한 풀무 불에 그들을 던져 넣겠다고 위협했다. 그러나 사드락과 메삭과 아벳느고는 그들이 하나님을 섬기는 가장 중대한 동기가 내재적이고 본질적인 것이지, 어떤 신분이나 안전 때문이 아니라는 것을 보여주었다. 그들은 하나님이 그들을 건져주실 수 있다는 믿음이 있었지만, 그러나 그 결과와는 관계없이 하나님을 섬길 수 있었다. 그들의 동기는 예배를 받기에 합당한 분은 오직 하나님뿐이라는 사실을 믿는 믿음에 있었다.

왕이 그들에게 이렇게 말하였다. '사드락과 메삭과 아벳느고야, 너희가 내 신들을 섬기지 않고 내가 세운 금 신상에게 절하지 않는다는 말이 사실이냐? 그렇다면 이제라도 너희가 나팔과 피리와 수금과 그 밖의 악기 소리를 듣거든 내가 만든 신상 앞에 엎드려 절하라. 만일 이번에도 너희가 절하지 않는다면 너희를 뜨겁게 타는 용광로에 던져 넣을 것이다. 그렇게 되면 그 어떤 신이 너희를 내 손에서 구해 내겠느냐?' 그러자 사드락과 메삭과 아벳느고가 왕에게 이렇게 대답하였다. '느부갓네살 왕이시여, 우리는 이 문제에 대해서 우리 입장을 변호할 필요를 느끼지 않습니다. 만일 우리가 뜨겁게 타는 용광로 속에 던져진다고 해도 우리가 섬기는 하나님은 우리를 그

용광로에서 구해 내실 수 있습니다. 그리고 그분은 반드시 우리를 왕의 손에서 건져내실 것입니다. 비록 하나님이 우리를 구해 내지 않으실지라도 우리는 왕의 신들을 섬기지 않을 것이며 또 왕이 세우신 금 신상에게 절하지도 않을 것이니 왕이시여, 그런 줄 아십시오. 단 3:14-18, 현대인의 성경

어떤 심원한 영적 자원이 사드락과 메삭과 아벳느고에게 하나님은 어떤 상황에서도 그들과 함께하신다는 확신을 주었다. 그들이 상처 하나 없이 불 속에서 나오자, 느부갓네살 왕도 하나님을 예배하기 시작했다. 이는 그가 거짓 신을 섬기기보다는 죽기를 택한 이들을 건져내신 분을 인정했기 때문이었다.

우리 삶이 통제 불능에 빠지게 될 때에도, 우리 안에 있는 하나님의 목적과 약속에 대한 믿음(내재적인 신앙적 동기)이 우리에게 안정감과 위로를 공급해줄 수 있다. 카렌 카는 코트디부아르의 내전으로 긴급하게 철수한 후 여러 주 동안 다음과 같은 경험을 하였다. 그녀는 그때를 이렇게 회상한다.

나는 울면서 "하나님은 왜 이런 일들이 일어나도록 허용하시는 건가요?"라는, 대답이 따로 없는 질문을 던졌다. 나는 내가 왜 이렇게 험악한 지역에 와 있는지 그 근본 문제로 돌아가보았다. 하나님은 내게 선교사들에 대한 특별한 사랑을 심어주셨고, 그래서 이 일을 하도록 허락하셨다. 이 생각은 뿌리가 깊고 지속적이어서, 하나님이 나를 불러 하게 하신 이 일을 잘 감당하도록 앞으로도 나를 구비시켜주실 것이라는 확신을 갖게 되었다. 그것은 나의 능력이나 에너지 혹은 의지로 되는 일이 아니었다. 그것은 바로 내가 감당해야 할 사명임을 깨닫는 데서 출발했다. 내가 돕는 사람들에 대한 사랑이 동기가 되었고 그리고 그 일을 하는 것이 즐거워 나는 계속 일할 수 있었다(스토리 1).

트라우마가 우리를 무력하게 할 때 우리는 하나님의 다스리심과 돌보심, 사랑을 의지하면서 안전을 구하게 된다. 때로는 폭력, 상실 그리고 비극적 상황이 일어난 것 자체가 도저히 이해되지 않을 때도 있다. 그런 상황들은 제럴드 싯처가 세 식구를 잃은 경우처럼 하나님의 사랑과 도무지 조화를 이루기가 불가능한 것처럼 보인다(스토리 4). 그러나 하나님이 우리를 사랑하시고, 우리 삶에서 그리고 우리를 통해 그분의 목적을 이루어가신다는 우리의 믿음이, 우리가 고통을 감내할 수 있는 위로와 소망 그리고 목표 의식의 지속적인 원동력이 된다.

트라우마는 우울증, 불안, 무력감의 형태로 고통을 유발하는 잠재력을 지니고 있다. 연구에 의하면, 내재적인 종교적 동기를 가진 사람들이 트라우마로 인한 우울증상이 덜하고, 더 빨리 회복되는 경향을 보인다(Smith, McCullough and Poll, 2003). 또한 그들은 어떤 사건의 결말에 대해 무력감을 느끼기보다는 더 원대한 목표나 영향력을 체감한다. 사람의 종교성과 정신적 건강은 어떤 사람이 제도적 종교성(외형적 동기, 교회의 예배나 활동 참여, 문서로 예전화된 기도문)에서 개인적인 경건(내재적 동기, 하나님께 대한 감성적 연합, 경건의 강렬함, 자유로운 기도)으로 옮겨갈 때 더 강력하게 연결된다.

내재적 종교성의 활용

내재적인 신앙적 동기는 고도로 스트레스를 유발하는 상황 속에서 지내온 사람들에게 장기적으로 양호한 정신 건강을 제공하는 데 크게 기여한다(Smith, McCullough and Poll, 2003; Schaefer, Blazer and Koenig, 2008). 강한 내재적 동기를 가진 사람들은 트라우마 이후의 투쟁 기간 동안, 긍정적인 변화와 성장을 더 잘 이루어내는 것으로 보인다. 그들은 더 강한 개인적 의지력, 더 깊은 대인 관계, 삶에 대한 더 큰 경외심 그리고 더 많은 영적 성장을 이루는 경향이 있다. 이러한 유익이 너무 뚜렷해 미국의 군사당국

자들은 군인들이 외상 후 스트레스 장애(PTSD)를 겪을 때 영성에 관심을 가지도록 지원하고 있다(Pargament and Sweeney, 2011). 이것은 트라우마를 겪은 그리스도인들을 케어할 때, 탄력성의 회복과 치유를 위해 영적 자원을 활용하는 것이 중요하다는 점을 지지해준다.

사역에 참여하는 대부분 그리스도인은 매우 강한 내재적인 신앙적 동기를 가지고 그들의 사역을 시작한다. 그들의 역할은 그들의 신앙이 제시하는 목적과 의미를 실현하는 것이다. 그러나 어떤 사역 환경에서는 여러 가지 도전과 압력들이 이런 힘을 침식하기도 한다. 내재적인 신앙심이 탄력성과 회복력을 신장시키므로, 그리스도인 사역자들은 그것을 평가하고 유지하고 강화할 필요가 있다. 선교 단체의 지도자들은 선교사 후보자들에게 소명감과 그들이 헌신하려는 이유와 배경에 대해 질문하여 그들의 내재적 동기를 점검할 수 있다. 그들은 후보자들이 하나님과의 관계를 통해 우러나오는 사역의 목적과 의미에 대해 들어볼 수 있다. 리더들은 내재적 신앙심을 유지하고 강화하기 위해 공동체 예배, 찬양, 기도 등과 같은 활동으로 후보자들이 하나님께 대한 사랑과 하나님의 임재를 알아가도록 격려할 수 있다. 또한 하나님이 하시는 일들에 대해 단체 스태프들이 서로 나누도록 격려할 수 있다. 상호간 지원과 케어는 하나님의 사랑을 일깨우고 그 사랑을 가시적으로 표현하는 방안이다. 개인적인 경건 생활을 우선순위의 모범으로 삼아 촉진시킬 수도 있다. 하나님의 속성, 용서, 은혜 등과 같은 주제로 성경 공부를 하면 하나님의 사랑을 상기하게 되고, 사역자들이 그러한 원리들을 실천적으로 통합하도록 도전할 수 있다. 그리스도인 전임 사역자들은 예배, 성찰하는 기도, 영적 지향성 추구 그리고 성경 연구의 적용 등과 같은 내용을 가지고 정기적으로 영적 수련회를 가지는 것이 바람직하다. 금식하면서 기도하는 것은 분주함 속에 있는 우리가 하나님께 초점을 맞추도록 이끄는 또 다른 훈련이다.

이렇게 할 때, 비록 트라우마를 겪게 될지라도 내재적 동기는 더 강화될 수 있다. 케어 담당자로서 사람들의 경험이 그들의 믿음에 어떻게 영향을 미치는지 특별한 주의를 기울여보라. 그 당사자가 이전에는 어떻게 영적인 집중과 위로를 찾을 수 있었는가? 케어 제공자는 그 당사자 자신에게 익숙한 방법을 활용하도록 격려할 수 있다. 케어 제공자는 당사자에게서 건강한 신앙적 신념과 실천 방안에 대해 듣고, 그 안에서 피난처를 찾도록 권고할 수도 있다. 예배, 기도, 개인적인 경건 생활을 지속하는 것은 매우 바람직하다. 또한 당사자가 하나님을 찾기 위해 애쓸 때 다른 사람들은 예배와 기도, 경건 생활에 함께 참여하면서 지원할 수 있다. 케어 제공자들은 트라우마를 겪은 사람들에게서 비록 그들이 고통 중에 있었지만, 그들의 삶에서 하나님을 믿는다는 사실이 어떤 역할을 했는지에 대한 반응을 이끌어낼 수 있다. 하나님과의 관계에 대한 자신의 경험을 이야기할 때 사람들은 하나님의 임재를 더 잘 깨달을 수 있다. 돌보는 사람들이 자신들의 영적 삶에서 겪는 실제적인 관심사를 드러내 보이고, 문제점들도 숨기지 않고 나눈다면, 트라우마를 겪은 사람들이 자신의 이야기를 나누고 성장하도록 초대하는 기회가 된다.

내재적 신앙을 촉진하는 활동

- 공동체의 예배와 기도회에 참여함
- 자기 삶에 나타난 하나님의 역사를 공동체 안에서 나눔
- 상호 지원과 돌봄으로 하나님의 사랑을 경험함
- 개인적인 경건 생활을 추구함
- 하나님의 속성, 용서, 은혜 등을 더 잘 알기 위해 성경 공부에 참여함
- 예배, 기도, 영적 지향성 추구 그리고 성경 연구를 위한 영적 수련회에 참여함
- 개인적으로 혹은 공동체로서 금식 기도회에 참여함

불편한 기분을 대면하고 나누기

불편한 기분을 인정하고 그것에 대해 목소리를 내는 것이 트라우마와 관련된 고통을 건설적으로 다루는 핵심 요소다. 하지만 불행하게도, 이것은 오늘날의 모든 보수적인 교회나 기독교 기관들이 취하지 않는 태도다. '그리스도와 올바른 관계'에 있거나 '안정된 믿음을 가진' 사람들은 부정적인 기분을 느끼지 않을 것이라는 기대치가 있는 것 같다. 결과적으로, 슬픔이나 고통, 서러움, 의심, 혹은 분노를 표출하는 사람들은 다른 사람들의 불신을 사거나 심지어 동료 그리스도인들의 정죄를 받을 수도 있다 (미국적인 상황에서는 이 느낌들을 대개 부정적인 감정이라고 표현한다). 불편한 감정과 씨름하는 신자들은 이런 주변 분위기를 눈치채고는 자신들이 이런 기분을 느끼는 것은 믿음이 연약하거나, 아니면 자신들이 '나쁜' 그리스도인이기 때문이라고 생각한다. 또 다른 사람들은 그들의 기분이나 감정이 죄스럽거나 부끄럽다고 받아들일 수도 있다. 이런 사람들은 부정적인 감정을 숨기거나, 더 나쁘게는, 아예 부인하기도 한다.

이번 장 후반부에서 우리는 이스라엘의 영적 전통 속에서 애통함을 어떻게 다루고 있는지 탐구할 것인데, 좀 더 넓은 의미에서 다양한 하나님의 사람들의 입장을 살펴볼 것이다. 이 애통함 속에는 믿는 자들이 고뇌와 슬픔, 서러움, 분노 그리고 복수에 대한 열망을 하나님 앞에 토로하는 것이 포함된다. 이것은 사적으로도 이루어지고, 혹은 공동체적으로도 나타난다. 애통과 관련된 영적 전통은 고통을 느끼거나 표현하는 것이 믿음이 연약하거나 '나쁜' 신자가 되는 것, 죄스럽거나 부끄러움의 표시가 아님을 보여준다. 사실은, 그분의 신실함 속에 닻을 내린 하나님과의 관계를 통해 우러난 용기와 신뢰가, 하나님의 면전에서 우리가 고통스러운 감정과 대면하고 소통할 수 있도록 하는 덕목들이다.

모든 종류의 감정을 표현할 수 있도록 환영하는 진정한 그리스도의 교회와 선교 단체들을 응원하는 것은, 이 험난한 세상에서 사역자들의 생존을 위해 견고한 기초를 놓는 작업이다. 이것은 영적 성장이 정직한 씨름을 통해 이루어질 수 있음을 인정하는 것이다. 이런 일은 소그룹 활동, 중보기도팀 그리고 치유를 위한 기도 사역 등의 실천으로 정착될 수 있다.

용서에 대한 이해와 실행

폭행, 강도, 자동차 탈취, 성폭행, 혹은 테러와 같은 대인 관계의 범죄는 분노와 함께 정의를 실현시켜야 한다는 강력한 감정을 유발한다. 일차적으로 자기방어를 위한 확고한 '전투 반응'(fight response)이 필요한 것이다. 그러나 사라지지 않고 오래 버티는 적대감은 치유를 위해 필요한 감정적, 신체적 자원들을 고갈시킨다. 연구에 의하면, 장기적인 적대감과 분개심은 훨씬 더 심한 정신적, 감정적, 신체적 고통과 연결된다(Luskin, 2002, 77-93). 이와는 대조적으로, 격렬한 트라우마를 겪고 난 후 용서를 실행할 수 있는 사람들은 고통을 덜 당하게 된다.

사람들은 어떻게 용서를 실행할 수 있게 될까? 그리스도인들은 예수 그리스도가 모든 죄의 형벌을 그분 자신에게 돌리셔서 자신들의 죄과를 용서받았다고 믿는다. 죄가 용서되었음을 받아들였기 때문에, 이제 자신의 마음과 심장을 열고 다른 사람들에게도 동일한 용서를 베풀 수 있는 것이다. 주님이 가르쳐주신 기도는, 다른 사람을 용서하는 것이 자신이 먼저 용서받은 것과 연결되어 있다는 사실을 일깨워준다. 평소에 '빚진 자'와 '불법을 행하는 자'들을 용서하는 일에 헌신되어 있다면, 용서하는 일이 시금석이 되는 극심한 상황이 일어났을 때, 이에 대처하는 놀라운 준비 작업이 될 것이다. 대부분 사람은 부모, 형제, 배우자 혹은 친구들에 대해 어떤 형태로든 불만과 원망을 품고 있는데, 이것은 용서를 실습할 수 있는 좋은 기회다.

> **용서할 수 있는 능력**
>
> 만약 다음과 같이 한다면, 용서를 위한 좋은 준비가 된 것이다.
> - 하나님과 다른 사람들에게 받아들여지고, 계속해서 용서를 받는다면.
> - 용서의 과정에 대해 성경적으로 잘 이해한다면.
> - 분노를 가슴에 품지 않고 정기적인 실천 사항으로 용서를 베푼다면.

은혜에 대한 이해와 수용

그리스도인 사역자들은 전형적으로 하나님을 기쁘시게 하겠다는 강한 열망을 품고 있다. 그들은 대개 강인하고 '확고한' 사람들이다. 많은 사역자가 자신을 고도의 전문성까지 끌어올리려 하고, 개인적인 수준도 높이 두고 있다. 그들이 우리의 구원이 구주의 은혜와 능력 없이도 이루어질 수 있다는 영웅주의나 완전주의에 휩쓸리지만 않는다면, 이것은 좋은 일이다. 문제는 이러한 독립형 영웅주의는 일이 잘못되면 자신이 실패했다고 느끼는 취약성을 증폭시킨다. 이것은 "잘했어" 혹은 "그래도 잘한 거야"라는 결말로 끝나지 않는다는 의미다. 그 결과 수치, 죄책감 그리고 하나님과 사람들에게서 도피하는 현상이 일어난다. 사실상 그들은 그 이전보다 더 연약한 상태에 이르게 된다. 그래서 지나친 자기 비하에 빠지지 않고, 자신의 취약성과 연약함을 받아들이는 것이 합리적이고 탄력성 있는 태도다.

은혜를 알고 받아들이는 것은 사람들이 재도약할 수 있도록 돕는다. 만약 파송 교회나 후원 교회나 선교 단체가 사람들의 일반적인 실패나 연약함을 인정하고 연민을 품고 사역자들을 지원해주려고 한다면, 비록 실패 중에도 그들이 은혜를 누릴 수 있는 환경을 제공해주어야 한다. 이와 함께 사역자들은 자신의 한계를 잘 인식할 필요가 있다. 이러한 한계를 받아들이고 하나님의 은혜를 구하게 되면, 어려움에서 더 빨리 도약할 수 있고, 하나님을 더 깊이 신뢰할 수 있도록 도움을 받을 수 있다. 지나치게 가혹한 자기비판은 감정적인 역량을 좀먹는다. 그리스도인의 관점에서 보는 진정한 완전성이란, "내 은혜가 너에게 충분하다. 내 능력은 약한 데서 완전해진다"(고후 12:9, 현대인의 성경)고 말씀하신 분에게서 나오는 것이다.

다른 성도들과의 지원 관계

인간의 회복력은 적어도 소수의 다른 사람들과 긴밀하게 연결할 수 있는 능력으로 검증된다. 사람들 사이에서 관계의 깊이는 상대방의 개방성과 취약성에 따라 달라질 수 있는데, 이런 관계는 문제를 진정으로 대면하게 하고, 갈등을 넘어 진전하도록 격려해준다. 이런 친밀한 연결 관계는 우정, 기도 파트너 제도, 영적 멘토링 그리고 소그룹 모임 등을 통해 성장한다. 이런 관계에서는 사람들이 '한창 열심일 때' 서로서로 돕는다. 연구에 의하면, 그리스도인들은 예배와 케어하는 일을 통해 신앙 공동체의 활동에 정기적으로 참여함으로 더 큰 회복력을 얻는다.

회복력이 있는 사람들은 독립적이기보다는 상호 의존적이다. 삶에 어려움이 닥칠 때 그들은 자신을 다른 사람들에게 의탁하고 도움과 지원을 받는다. 사역자들은 대개 '무대 위'에서 활동하는데, 이런 환경 때문에 그들은 유약해 보이는 것을 위기로 인식한다. 그들 대부분은 업무량이 과도해 친구들과 우정을 쌓을 시간을 갖지 못한다. 그들 대다수는 관계의 진가를 알고 친밀한 관계를 맺기 원하지만, 그런 유대 관계를 맺고 유지하는 것을 우선순위에 두기가 쉽지 않다. 그럼에도 불구하고, 요즈음은 개인적인 삶이나 사역에서 균형을 이루는 것이 중요하다는 점을 이해하기 때문에, 더 많은 전임 사역자들이 소수의 지인들일지라도 그들과 친밀한 관계를 유지하기 위해 시간을 내고 교제의 즐거움을 찾고 있다. 이런 형태의 관계 속에서는 자신의 연약함을 드러내 보이는 취약성이 살아나고 작동될 수 있다. 친밀하고 좋은 관계의 특징은 도움과 위로를 제공한다는 것이다. 그런데 특별히 진정한 삶의 목적과 신앙을 나눌 수 있는 관계는, 비록 트라우마가 믿음의 기초를 흔드는 질문을 던질 때에라도 그리스도인들이 가장 솔직하게 씨름하면서 기도하고, 더 깊은 이해를 추구할 수 있는 곳이 된다.

위기 대처를 위한 영적 회복력의 강화

이번 장에서 우리는 트라우마에 당면했을 때 회복력이 더 강한 사람들의 중요한 영적 특성을 검토했다. 이러한 자질들을 사역자 개인, 교회 그리고 선교 단체에 적용하고 증진시키는 것은 트라우마의 감성적, 영적 충격파에 대비하도록 그들을 더 효과적으로 준비시키는 조치다. 이런 특성들을 요약해놓은 아래의 내용은 부록에 실린 '영적 회복력 점검표'에서 발췌한 것이다.

> **영적 회복력 점검표**
>
> **건전한 고통의 신학**
> ☐ 그는(나는) 자신의 고통의 신학과 씨름한 적이 있고, 결과적인 추론은 성경적인가?
> ☐ 우리(나의) 선교 단체는 건전한 고통의 신학을 권장하고 추진하고 있는가?

내재적인 신앙적 동기

- [ ] 그는(나는) 공동체 예배와 기도회에 참석하는 습관이 있는가?
- [ ] 그는(나는) 서로 돕고 열린 마음으로 깊이 나눌 수 있는, 적어도 두 사람의 친한 그리스도인 친구가 있는가?
- [ ] 이 사람은(나는) 개인 기도와 성경 공부를 정기적으로 하고 있는가? 그는(나는) 정기적으로 영적 리트릿, 성찰하는 기도, 영적인 방향 설정 등을 실행하는가?

불편한 기분을 대면하고 나누기

- [ ] 그는(나는) 진정으로 그리고 솔직하게 어려운 삶의 경험과 불편한 기분을 이야기하는가?
- [ ] 우리(나의) 선교 단체는 불편한 기분을 솔직하게 나누는 것을 지지하는가? 아니면 '좋은 그리스도인'은 이런 감정을 갖지 말아야 한다고 간접적으로 암시하는가?

용서에 대한 이해와 실행

- [ ] 그는(나는) 하나님과 다른 사람에게서 용서받은 경험적 지식이 있는가?
- [ ] 그는(나는) 용서의 절차를 알고 있고, 용서와 변명 혹은 피해에 대해 얼버무리는 것의 차이를 구별할 수 있는가?
- [ ] 우리(나의) 선교 단체는 용서를 알고, 경험하고, 촉진하는 일을 격려하고 있는가?

은혜에 대한 이해와 수용

- [ ] 그는(나는) 하나님께 사랑받고 존중받은 깊은 경험을 해본 적이 있는가?
- [ ] 그는(나는) 인간의 공통된 경험으로서 상심(brokenness)을 받아들이고, 그런 상심을 볼 때 과도하게 정죄하기보다는 다른 사람들을(나 자신을) 사랑할 수 있는가?
- [ ] 우리(나의) 선교 단체는 개방성과 취약함의 문화를 권장하고, 멤버들이 그들의 상심과 씨름할 때 지원하는가?

다른 성도들과의 지원 관계

- [ ] 그는(나는) 적어도 두 사람의 친한 그리스도인 친구가 있는가?
- [ ] 그는(나는) 친밀한 관계를 키우고 유지하는 것을 사역보다 더 우선하는 조치로 삼는가?

2. 영적 씨름을 위한 자원

영적 회복력을 강화하는 것은 앞으로 닥쳐올 상황을 탁월하게 대비하는 것이다. 준비를 잘한다는 것은 고통의 신학에 대한 개인적 성찰, 영적 삶과 동기를 심화시키기, 용서를 이해하고 실천하기, 편안한 기분을 나눔으로 성장하기 그리고 다른 그리스도인들과 우정을 쌓는 일에 우선순위를 두는 것 등을 포함한다. 그러나 시험과 시련의 와중에서는 훨씬 더 많은 것이 요구된다.

트라우마성 위기를 겪은 후의 취약함과 혼란 속에서는, 일이 순조로울 때 자연스럽게 이루어지는 것과는 전혀 다른 새로운 방법으로 하나님과 다른 사람들에게 의존해야 할 필요가 생긴다. 이러한 필요들 때문에 항상 새로운 길을 추구하게 된다. 그러나 어떤 사람들은 시련 속에 갇히기도 한다. 고통은 사람들을 영적으로 불사르거나, 아니면 믿음을 심화시키는 성지(Holy Ground)를 만들어주기도 한다. 이 땅은 산산조각 난 파편들이 새롭게 하나님을 경외하는 질서로 재조립되는 변혁의 장소가 될 수 있다.

사람들은 어떻게 위기로 인한 도전에 대응하고 변혁을 경험하며 영적으로 성장하는가? 영적 투쟁의 '어두운 골짜기'를 통과하는 사람을 지원하기 위해서는 신뢰할 만한 영적 자원들이 필요하다(시 23:4). 이 항목에서는 트라우마 이후의 투쟁을 위한 핵심적인 영적 자원들에 대해 다룰 것이다.

하나님의 임재를 깨달음

그리스도인들에게 위기 때 하나님이 그들과 함께 계신다는 것을 깨닫는 것보다 더 중요한 사실도, 더 위로가 되는 것도 없다. 성경은 하나님이 언제나 우리와 함께 계신다는 사실을 상기시키는 말씀으로 가득 차 있다. 그러한 수많은 성경 구절은 인생들에게 이런 확신이 얼마나 절실하게 필요한가를 보여주는 증거라고 할 수 있다. 그러나 인생들이 곤경에 처했을 때, 하나님의 임재를 깨닫는 것이 결코 쉽지 않은 때도 있다. 트라우마에서 생존한 사람들은, 하나님이 그들과 함께 계시다는 확고한 믿음을 지니고 있음에도 불구하고, 그 확신을 계속 붙들고 또한 실제로 느끼면서 버텨나가는 것이 매우 어렵다는 사실을 알고 있다. 어떤 사람은 자기 생애의 특정한 시기에 하나님의 임재를 발견하지 못할 수도 있고, 또 다른 사람들은 하나님과 연결되었다는 감각을 영원히 잃어버리는 것처럼 보인다. 다행스럽게도, 대부분 사람은 얼마 지나지 않아 하나님의 임재를 다시 회복한다. 위기 상황에서 그리스도인들을 지원해온 사람들은 사람마다 하나님의 임재를 경험하는 방법이 매우 다양하다는 사실을 인정한다.

앨런과 벳시(스토리 2)가 생명을 위협하는 건강의 위기를 맞았을 때, 친구들과 교회 공동체가 즉시 그들 주변에 모였다. 그들은 실제적인 지원과 함께 기대어 울 수 있는 어깨가 되어주었고, 기도해주었으며, 외로운 순간에 한 팀이 되어주었다. 친구들은 때로 그냥 그들과 함께 있어주기만 했다. 친구들은 그들의 아픔을 이해했고, 위기의 때를 함께 살아냈다. 돌보는 사람들로 둘러싸여 있다는 것은, 벳시에게는 가장 확실하게 경험할 수 있는 하나님의 임재였다. 앨런에게 하나님의 임재는 그의 시선이 거룩한 삼위일체의 성상에 고정되었던 그 고독한 순간에 시작되었다. 그 순간은, 앨런이 끝이 보이지 않는 불확실한 여정을 시작할 때 자신이 거룩한 삼위일체의 교제 속으로 초청되었다는 비전과 약속으로 그를 인도하였다.

또 다른 시나리오를 보자. 아만다(가명)와 그녀의 남편은 한 개발도상국에서 의료 선교사로 일했다. 부부는 그들의 아이들을 끔찍이 사랑했다. 그런데 갑작스러운 질병으로 아이 하나를 잃었을 때 혼란과 암흑이 아만다를 덮쳤다. 그녀는 먼저 하나님과의 연결 관계를 잃었다. 나아가 사역 환경 속에서 그녀를 돌봐주던 사람들과 친구 집단과도 친밀한 관계를 잃었다. 그녀에게 가까이 다가가려던 사람들 대부분이 가로막혔다. 단지 몇 사람만 그녀의 상처, 절망, 비통함의 내면세계에 접근할 수 있었다. 남편은 가까이 갈 수 있었으나, 그녀는 남편마저 의심의 눈초리로 보았고, 때로는 그가 짜증의 대상이 되었다. 아만다는 상처와 분노 속에서 이 상황을 납득하기 위해 울부짖었지만, 스스로 해답을 발견하기는 어려웠다. 그래서 그녀는 누구와도 말하고 싶지 않았고, 음울한 생각과 어두움에 자신을 가두었다. 그녀가 아이의 죽음을 인정하지 않고 그 아이에 대한 갈망의 고통을 붙들고 있던 그 어둠의 장소만이, 그녀가 잃어버린 아이와 연결될 수 있는 곳처럼 보였다. 그래서 마음을 다잡고 자신을 다른 방향으로 통제한다는 것은 그녀의 손길을 벗어난 일인 것처럼 보였다. 그녀는 자신의 고통에서 벗어나는 것은 자기가 사랑했던 아이를 배신하는 것이 아닐지 고심했다. 드디어 아만다가 하나님이 바로 그녀의 고통과 함께하셨고, 아이의 죽음을 애통해하셨으며, 그녀의 아픔을 마음 깊이 이해하고 계시다는 사실을 깨닫게 되었을 때 한줄기 빛이 그녀의 어둠 속을 뚫고 들어와 비치기 시작했다.

하나님의 임재는 우리가 가장 혼란스럽고 고통스러운 상황에 있을 때라도, 우리를 내버려두지 않으신다는 신호를 보낸다. 그것은 인간의 생각으로는 모든 상황이 조정 불가능하게 보일지라도, 우리 삶이 하나님의 신적 통제 아래 놓여 있다는 사실을 확인해준다. 하나님이 함께 계신다는 사실을 깨닫게 되면, 그분이 우리의 고통을 아신다는 확신도 가질 수 있다. 그러나 트라우마에 뒤이은 혼란과 어둠 속에서 하나님의 임재가 어떻게 실상이 될 수 있겠는가? 상상조차 할 수 없을 정도로 어려운 상황 속에서 그분의 실존을 어떻게 경험할 수 있겠는가?

하나님의 임재 깨닫기: 다른 사람을 통해

많은 사람이 돌봄의 공동체가 베푼 도움으로 하나님이 그들과 함께 계심을 느낄 수 있었다고 강하게 간증한다. 눈에 보이고 손에도 잡히는 돌보는 사람들의 실재가 사랑과 위로를 전해줄 때, 그것을 통해 하나님의 사랑에 초점이 맞추어지는 것이다.

케어 제공자들의 역할

많은 사람이 트라우마 피해자들과 함께하면서 그들을 돕고 싶어 한다. 그러나 그들의 세계 속으로 들어가는 것은 여전히 벅찬 일이다. 고통 속에 있는 사람과 함께한다는 것은, 비록 정도는 덜할지라도, 우리 자신이 피해자들이 느끼는 고통과 혼란에 영향을 받도록 허용하는 것이다. 이런 상황 때문에 케어 제공자들은 그 고통을 '고치려'(fix) 하는 유혹을 받는다. 문제가 해결될 때 도우미들은 사람들을 지속적으로 도와야 한다는 압력에서 놓여나고, 기분도 좋아진다. 또한 자신들이 누군가에게 큰 도움이 되고 대상을 관리할 수 있는 여지가 생겼다고 느끼게 된다. 그러나 그런 결과를 본다고 해서, 그 영향이 치유에 이를 만큼 깊이 가 닿지는 않는다. 우리 대부분은 좋은 뜻을 가진 사람들이 트라우마를 겪은 사람을 찾아와 위안을 줄 목적으로 영적으로 들리는 충고나 얄팍한 위로를 신속하게 건네는 상황을 경험한 적이 있다. 그러나 사실 그런 노력은 별로 도움이 되지 않는다. 그런 말을 들을 때마다 우리는 답답한 기분이 된다. 동시에 문제의 근본적인 실상이 묵살당한다는 느낌도 들고, 결국 그 사람이 뭔가를 오해하고 있다는 생각에 이르게 된다.

이와는 반대로, 우리는 누군가가 잘 들어주거나 따뜻하게 만져줌으로, 우리의 고통 속으로 들어온 소중한 순간들을 기억하고 있다. 당사자와 동일하게 연약한 모습으로 나누고 경청하는 것은 다른 방법으로는 할 수 없는 매우 독특한 연결 관계를 맺어준다. 케어 제공자를 통해 표현되는 슬픔과 고통의 나눔은 피해자의 형편을 인정해주고 입증해줌으로, 당사자가 그것을 훨씬 더 쉽게 감당하도록 도와준다. 도우미들이 사람들의 고통, 혼란, 취약성에 참여할 때 그들은 '거룩한 땅'에 발을 내딛는 것이다. 거기서 그들은 당사자와 함께 하나님을 경외하는 가운데 그분이 하시는 일에 참여하게 되는 것이다.

지원을 받아들이는 능력

케어 제공자들은 그들이 어떤 사람의 감정적, 영적 고통 속으로 기꺼이 들어가 그들과 함께하고 싶지만, 결국 그 문이 안에서 폐쇄되는 상황에 꽤 친숙할 것이다. 만약 그 문이 안에서 잠기거나, 심지어 케어 제공자의 면전에서 쾅 하고 닫힌다면, 어떤 일을 할 수 있을까? 우선, 자신들이 그 상황에서 도움을 줄 수 있는 최적의 사람들인지에 대한 검토를 포함해 자기 점검이 출발을 위한 좋은 지점이 될 것이다(다음에 나오는 '상대방이 움츠러들 때 케어 제공자의 자기 성찰'을 참조하라).

상대방이 움츠러들 때 케어 제공자의 자기 성찰

- 나는 당사자를 경청하고 이해하며 그와 함께하기보다는, 그의 기분을 좋게 하려고 과도하게 신경을 쓰지 않았는가?
- 나는 당사자가 그것을 받아들일 준비가 되지 않았거나, 이해하지 못하고 있거나, 상처를 받고 있을 때 너무 빨리 제안들을 내놓지 않았는가?
- 나는 그들이 필요로 하는 물품이나 지원을 제공하면서 더 총체적인 태도로 다가가기보다는, 당사자와 이야기하는 데만 지나치게 초점을 맞추지 않았는가? 나는 그들에게 어떻게 더 폭넓은 위안을 제공할 수 있겠는가?
- 필요가 많은 이 사람에게 내가 가장 적합한 도우미인가?(예를 들어, 만약 어떤 여성이 성폭행을 당했다면, 일반적으로 피해자에게는 남성보다 여성이 더 안전하게 느껴질 것이다. 트라우마를 겪은 사람이 나보다 더 신뢰하는 다른 누군가가 있는가?)

만약 그에게 다가가려는 모든 시도에도 불구하고 문이 열리지 않는다면, 그 이유는 케어 제공자와는 아무런 관계가 없는 것이다. 트라우마를 경험한 어떤 사람들은 상처를 너무 쉽게 받거나 혹은 과도하게 흥분하기 때문에, 결국 그들이 할 수 있는 것은 스스로 움츠러드는 것뿐이다. 따라서 그들에게 가까이 다가가려는 시도가 그들에게는 침범당하는 것처럼 느껴지기 때문에 격앙된 반응을 보이는 것이다. 과거의 상처로 인한 반응의 유형이 때로는 새로운 트라우마성 사건으로 촉발되기도 한다. 또한 다른 사람들과의 과거 경험이, 트라우마를 겪은 사람들이 도우미들을 이해하고 받아들이는 데 영향을 미치기도 한다. 자기 내부로 움츠러드는 현상의 공통된 이유는 취약성, 수치, 풀리지 않은 분노, 혹은 우울감 등을 강하게 의식하기 때문이다.

일을 더 복잡하게 만드는 것은, 자기 속으로 움츠러드는 사람들 모두가 한편으로는 자신이 혼자 내버려지기를 원하지 않는다는 것이다. 심각한 상실을 경험한 어떤 사람이 이렇게 말한 적이 있다. "비록 내가 다른 사람들이 나를 초대하고 말을 붙이려는 시도를 거절하긴 했지만, 나는 그들이 나를 포기하지 말기를 바랐다." 비록 그녀가 거절했지만, 친구들과 가족이 여전히 그녀에게 관심을 가져주고, 귀를 기울여주며, 그녀를 사랑하고 돌봐주는지 확인할 필요가 있었다. 조금씩 확신이 생기자 그녀는 한 번에 몇 센티미터씩 점진적으로 문을 열기 시작했다.

특별히 대인 관계의 폭력은 피해자들에게 불신감을 조장할 수 있다. 그들은 신뢰를 조금씩 천천히 쌓아가려고 한다. 생텍쥐페리가 지은 동화 『어린 왕자』(The Little Prince)는 다른 사람과 관계를 맺을 때 점진적인 절차에 대해 우리에게 가르쳐준다. 어린 왕자는 수줍고 겁 많은 여우와 좋은 관계를 맺으려고 애쓴다. 여우는 그에게 인내심을 가지고 조심스럽고 점진적으로 접근하도록 가르쳐준다. "먼저 너는 나와 좀 떨어진 곳에 앉아야 돼…나는 곁눈질로 너를 바라볼 거야. 그리고 너는 아무 말도 하지 마…그렇지만 넌 매일, 조금씩 내 곁으로 와서 앉아도 돼…"(de Saint Exupéry, 2000). 정기적으로 접촉하는 전략은 아무리 짧고 중요해 보이지 않을지라도, 자기 속에 갇힌 사람들에게 도움을 준다. 당사자가 분노를 폭발할 때는 그것을 개인적으로 받아들이지 마라. 문제를 조화 내지 '결합시키는 것이 어려운 상태에 있는 사람에게는 분노하는 것이 오히려 자신이 덜 유약하게 느껴지는 하나의 방어벽이 된다는 점을 이해하라.

하나님의 임재를 깨달음: 중보기도

그리스도인들은 기도로 사람과 상황을 하나님 앞에 내어놓음으로 제사장적 역할을 담당한다. 위기를 당한 어떤 사람이 비록 개인적으로는 하나님께 다가가는 것이 불가능하게 느껴질 때라도, 지원 팀은 기도로 그 간격을 잇는 다리를 놓아 그가 하나님 앞으로 나아가게 할 수 있다. 다른 사람들이 그를 위해 기도하고 있다는 사실을 알려주는 것은, 때때로 그에게 특별한 위로를 베풀어주는 것이다. 우리의 기도에 더하여, 영적인 영역에서 그리스도도 이 간격에 개입하셔서 중보하신다. 성령도 가장 깊은 관심을 가지시고, 심지어 말할 수 없는 탄식으로 하나님 앞에서 성도들을 위해 기도해주신다(롬 8:27). 특별히 하나님과의 관계에서 틈이 벌어져 있다고 느끼는 사람은 다른 사람들이 자신을 위해 기도하고 있다는 사실을 알게 되면, 고통 속에 있을지라도 큰 격려를 받을 수 있다.

사도 바울은 사역 초기에 루스드라에서 강한 반대에 부딪혀 결국 돌을 맞는다. 사람들은 바울이 죽은 줄 알고 그를 끌어내버린다. 그런데 성경은 이렇게 기록하고 있다. "그러나 신자들이 모여들어 그의 주변에 둘러섰을 때 바울은 일어나 성 안으로 들어갔으며…"(행 14:20, 현대인의 성경).

이 짧은 구절은 성도들이 고통 중에 있는 한 사람에게 "모여들어 둘러서는" 일이 어떤 상황을 일으켰는지를 강하게 증거한다. 말을 하든지 하지 않든지 간에, 함께 모이는 것은 즉각적인 연결, 양육, 위로, 질서 그리고 희망의 느낌을 창출한다. 성도들이 고통당하는 사람들에게 실제로 가까이 다가감으로 하나님의 의도를 실행하는 것은 기도드리는 것과 맥을 같이 하는 것으로 그 효과는 강력하다.

하나님의 임재를 깨달음: 예식

종교적인 예식은 영적 실제를 상징하고 구현해낸다. 그것은 마음과 심정, 감각 등을 참여시켜 초자연적인 실제를 구체적으로 구현해냄으로, 영적인 영역을 더 가까이 느끼게 한다. 예식(rituals)은 영적인 진리를 붙잡기가 어려울 때 특별한 유익이 있다. 예식은 인생이 폭풍을 맞아 고통당하는 영혼에게 닻과 같은 역할을 할 수 있다. 또한 공동체의 구성원들을 결속시킨다. 일반적으로 친숙한 예식들이 사용되지만, 특별한 목적을 위해 새로운 형태의 예전이 만들어지기도 한다. 어떤 예식이 특별히 트라우마 이후의 그리스도인들을 지원하는 데 도움이 되는지 살펴보자.

성찬

위기를 당한 사람이 하나님과 멀어진 느낌 속에 있을 때, 개인적으로 혹은 그룹으로 성찬에 참여하도록 하면 문자 그대로 하나님의 임재를 체험하도록 도울 수 있다. 때로 사람들의 신앙이 갈피를 잡지 못하고 떠 있을 때가 있는데, 그때 성찬을 받으면 하나님의 신실함을 확신하게 된다. 그들은 성찬에 참여하는 동안 그리스도의 고난을 묵상하게 되고, 그분이 그들의 고통을 알고 이해하신다는 사실을 깨닫게 될 것이다. 죄책감을 안고 있는 사람들은 그리스도가 그들을 위해 살과 피를 내어주셨다는 사실을 인정하고, 그들의 짐을 그분 안에 내려놓을 수 있다. 다른 성도들과 함께 성찬을 나누면, 믿음의 공동체와 연결 관계를 새롭게 할 수 있다.

촛불 집회

촛불 시위 혹은 촛불 추모제는 때로 불의에 대한 저항으로, 고통에 대한 증언으로, 또한 사고나 자연재해, 대학살이나 질병 등으로 인한 인명 살상을 추모하기 위해 사용된다. 그것은 때로 죽은 사람에 대한 슬픔을 상징한다. 그런 의미에서, 촛불 집회는 애도를 구현하는 것이다. 손에 유품이나 사진을 들고 묵념할 수도 있고, 기도나 노래 혹은 다른 애도의 표현을 할 수도 있다.

망자에 대한 경의

죽은 자들에게 경의를 표하는 것은 일반적이다. 그 표현 방식은 다양하다. 쪽지나 카드를 쓰거나 헌화하거나 좋아하는 물건을 갖다두기도 하고, 그가 이룩한 업적의 증거나 그 사람의 사진을 진열하기도 한다. 오늘날은 전자 추모관을 열어 애도의 장을 마련해주는데, 웹사이트나 페이스북 등을 활용할 수 있다. 이런 추모 방식도 가족에게는 큰 위로가 될 수 있다.

인명 손실이 어떤 지역 공동체에 영향을 미쳤을 때는 고인을 기억하고 슬픔 속에 있는 사람들을 지원하기 위해 특별한 집회를 준비할 수도 있다. 예식을 통해 표현된 슬픔과 애통은 사람들이 자신의 감정을 드러내는 데 도움을 주고, 공동체의 지원과 공감에 반응하는 데까지 나아가도록 돕는다.

용서의 예식

자신에게 해를 끼친 사람에 대한 분노와 비통함을 털어내는 일은 쉽지 않다. 그래서 용서하려는 마음을 상징적으로 연기하는 행위는 사람들이 내면의 저항을 극복하고, 용서가 그들에게 좀 더 실제적이 되도록 도와줄 수 있다. 용서하려는 열망이 있음에도 불구하고, 사람들은 그 용서를 거듭 '거두어들이는' 자신을 발견한다. 용서의 예식은 한때 기꺼이 용서하겠다고 마음먹었던 순간을 기억나도록 도와주고, 용서의 여정을 다시 걸어가도록 격려해줄 것이다.

서아프리카의 MMCT 팀은 동료 선교사인 상담자들에게 단순하고도 강력한 용서의 예식을 소개했는데, 이것은 리아논 로이드(Rhiannon Lloyd) 박사의 '트라우마의 상처 치유' 워크숍에서 도움을 받은 것이다. 우리의 고통을 대신 지시고 우리 죄를 용서하신 분을 상기시키는 크고 단순한 나무 십자가가 세워졌다. 사람들은 종이쪽지에 그들이 벗어나기를 원하는 고통과 분노의 문제들을 적었다. 그리고 종이를 접은 후 한 사람씩 나와 망치로 십자가에 그 쪽지를 못 박았다. 그들은 자신의 분노를 이렇게 상징적으로 십자가에 못 박으므로 의도적인 용서를 실행할 수 있었다.

작별 의식

자연재해 혹은 내전 등으로 집이나 자신이 살던 지역을 갑자기 떠나야 하는 경우 사람들은 미처 슬퍼할 겨를도 없게 된다. 그래서 작별 의식은 사람들의 치유 과정을 돕는다. 먼저, 자기가 살던 집의 평면도를 바닥에 대충 그린다. 촛불을 손에 들고 걸으며 집의 중요한 구조와 방들을 상징적으로 살펴본다. 각 방마다, 참가자들은 특별했던 일들을 기억하고 기념하면서 감사한 마음을 전한다. 그리고 그 방을 하나님의 손에 놓아드리고, 그다음에는 새로운 소유자에게 넘어간 것으로 받아들인다.

집 회복 의식

강도를 당했거나 도둑을 맞은 집은 '더럽혀졌거나' 뭔가 악한 세력에게 침범당했다는 느낌을 받게 된다. 그러나 회복 의식으로 집의 환경이나 특성을 되찾을 수 있다. 이 의식을 수행하기 위한 한 가지 방법은 향기와 신선한 꽃을 적절하게 사용하고, 집에서 여러 사람이 모여 함께 즐기는 것이다. 그 집은 다음과 같은 말을 선언함으로 회복될 수 있다. "이 집에는 친절과 관대함이 있고, 환영과 환대가 있으며, 우정과 교제가 있고, 맛있는 요리와 나눔이 있으며, 하나님과 그분의 백성에게 바쳐졌다." 그 향기들과 말씀들 그리고 기도가 그 집을 다시 성결하게 해주는 것이다. 또한 피해를 당한 사람들을 보호해주시기를 구하는 기도가 올려질 것이고, 동시에 만약 적절하다면, 그 강도와 도둑을 위해서도 기도할 수 있다.

하나님의 임재 인식을 가로막는 장애물

돌봄의 지원, 중보 기도 그리고 예식이나 의식 등은 위기에 처한 사람들에게 하나님의 임재와 사랑을 더 가까이 느끼게 해준다. 그러나 어떤 인식이나 감정은 인생의 중요한 사건을 겪은 이후, 오히려 하나님의 임재에 대한 깨달음을 방해하거나 저해한다. 이것은 하나님이 자신을 벌하셨거나 포기하셨다고 생각하거나, 아니면 죄의식과 수치심이 작용하기 때문이다. 케어 제공자들은 이런 잠재적인 장애물들에 대해 고심할 필요가 있다.

하나님께 징계를 받았다는 생각

남편이 갑작스럽게 사망한 한 여인은 자신이 뭔가 소홀했기 때문에 그 일이 일어났다고 여겼고, 따라서 당연히 하나님께 벌을 받아야 한다고 생각했다. 그래서 그녀는 하나님과 주변 사람들에게서 멀어졌다. 지진과 쓰나미가 일어난 후면, 사람들은 영적 지도자들에게 이런 재난이 하나님의 형벌이 아닌지 묻는다. 그들은 때로 재난이야말로 불순종과 영적 무관심에 대한 하나님의 진노라고 말한다. 연구에 의하면, 고난이 하나님의 형벌이라고 받아들이는 사람들은 그 상황에 대처하는 데 더 어려움을 겪고, 더 많은 고통을 당하며, 외상 후 스트레스의 정도도 심하다. 성경은 고난이 인간의 타락으로 시작되었고, 인간이 불순종한 결과라고 암시한다. 그러나 예수님이 날 때부터 앞을 보지 못하는 사람에 대해 "누구의 죄로 이 사람이 소경으로 태어났습니까? 자기 죄입니까, 아니면 부모의 죄입니까?"라는 질문을 받으셨을 때 이렇게 대답하신다. "이 사람의 죄도 부모의 죄도 아니다. 이런 일이 일어나게 된 것은 이 사람에게서 하나님의 일이 나타나기 위해서이다"(요 9:2-3, 현대인의 성경). 이 문제에 대한 예수님의 관점은 과거의 행동을 탓하는 데 초점을 맞추지 않고, 현재와 미래의 방향을 제시하신 것이다.

고난이나 고통에 대한 원인을 찾고 설명하려 하는 것은 인간의 속성이다. 어떤 사람이 그들의 잘못으로 고난이 초래되었다고 짐작했다면, 장래에는 더 안전해지기 위해, 또한 문제가 되는 상황을 피하기 위해 노력하기 마련이다. 문제의 원인을 잘 분석하고 파악함으로 사람들은 안전, 통제, 질서 그리고 정의 등에 대한 분별력을 얻게 된다. 그러나 어떤 사태를 자신의 개인적 잘못에 대한 하나님의 형벌로 해석하게 되면 죄의식, 수치심 그리고 하나님과 사람들에게서 멀어지려는 현상과 같은 엄청난 대가를 치르게 된다. 이와 대조적으로, 예수님은 하나님을 혼란스러운 상황 가운데서 자신을 나타내시는 분으로 표현하신다. 이런 관점은 사람들을 하나님께로 가까이 이끌고, 사람들의 관심을 현재와 미래의 가능성으로 돌려놓는다. 케어 제공자는 당사자들에게 형벌과 관련된 생각을 부드럽게 물어볼 수 있고, 하나님이 '엉망진창인 상황' 가운데서도 일하신다는 사실을 성찰해보도록 격려할 수 있다.

죄의식과 수치심

최근에 트라우마를 겪은 사람들은 이렇게 말한다. "만약 내가 이렇게, 저렇게, 혹은 다르게 했더라면, 이런 일은 일어나지 않았을 텐데…." "내가 만약 그 사실을 알고 조금만 더 주의했더라면." "내가 만약 조금만 더 여유를 가지고 차를 천천히 몰았더라면." 혹은 "만약 내가 조금만 더 적절하게 대응했더라면, 내 친구가 죽지 않았을 텐데…." 무의식 상태의 남편을 소생시키는 데 실패했다고 괴로워하는 한 여성은 한때 이렇게 말했다. "내가 만약 그때 그렇게 충격을 받아서 멈칫거리지 않고, 심폐소생술을 더 일찍 시도했더라면 남편이 죽지 않았을 텐데…." 사람들은 무슨 일이 일어났는지 알고 나서는 그 상황에 압도당한 채, 어떻게 그런 사태를 피할 수 있었을지를 곰곰이 생각하게 된다. 그러고는 자신들이 빠뜨린 일들과 잘못한 일들 때문에 자신을 비난하는 쪽으로 빠진다. 이런 결과로 생겨나는 자책감이나 죄의식 그리고 수치심 등은 사람과 하나님 사이에 쐐기를 박는 작용을 할 수 있다.

만약 어떤 사람이 잘못된 죄의식과 수치심을 극복하려면 도움이 필요하지만, 그럼에도 합리적이고 이성적인 토의는 아무런 소득 없이 끝나기가 쉽다. 이런 상황에서는 '인정과 재구성'(acknowledge and reframe) 전략이 가장 도움이 된다. 케어 제공자는 그 사건이 결코 일어나지 않았으면 하는 당사자의 소원을 인정할 수 있고, 그러고는 그 살아남은 사람들이 '그들이 할 수 있는 최선'을 다했다는 사실을 재구성할 수 있다. 예를 들면, 남편을 살리는 데 실패한 여성에게 이렇게 말할 수 있다. "나는 당신이 그를 얼마나 살리고 싶어 했는지 알 것 같아요. 누구라도 당신과 같은 형편에 있었다면, 충격으로 망연자실했을 거예요. 그러나 당신은 그 순간 당신이 할 수 있는 최선을 다했고, 대부분 사람이 할 수 없는 일까지 감당했어요." 이런 방식으로, 그들이 자신에 대한 은혜를 받아들이도록 부드럽게 격려할 수 있다. 만약 어떤 사람이 트라우마 측면에서 자신의 책임을 적절하게 수용하는 경우라면, 그것 또한 인정해야 할 것이다. 그리고 그다음 단계로 당사자가 용서와 은혜를 향해 전진해 나아가도록 안내할 수 있다 (7장에서 카렌 카가 '인정과 재구성' 기술에 관해 자세하게 설명하고 있다).

하나님께 버림받았다는 생각

가족이 탄 승합차가 르완다에서 트럭과 충돌한 사건 후, 앤은 자신이 하나님께 버림받았다고 느꼈다(스토리 3). 하나님이 그녀의 가족을 안전하게 지켜주시겠다고 약속했는데 그럼에도 불구하고 이런 비극을 허용하셨다면, 그 사고가 일어날 때 하나님이 그 현장에서 떠나신 것이 틀림없다고 그녀는 합리적인 결론을 내렸다. 하나님이 자기들이 기대한 대로 움직이시지 않으면, 사람들은 하나님이 그들을 떠났다고 생각하는 것이다. 충격이 감정을 마비시킬 때 혹은 우울증에 빠져들 때, 평상시에 느끼는 하나님의 임재(평안과 기쁨)에 대한 감정적인 신호는 실종되고 만다. 이때 이러한 감정을 느낄 수 없기 때문에 자신이 버림받았다고 느낄 수 있는 것이다. 하나님이 의도적으로 물러나셨다고 믿게 되면, 하나님과 다시 연결되는 시도를 하기는 어려워진다. 버림받았다고 생각하는 사람은 슬픔, 외로움, 혹은 절망 속으로 움츠러들게 된다.

연구 결과에 의하면, 하나님께 버림받았다고 느끼는 사람은 트라우마와 씨름하는 것이 더 어려워진다고 한다(Pargament et al., 1998). 이런 상황에서 케어 제공자가 할 수 있는 일은 무엇일까? 그들은 먼저 그가 왜 하나님께 버림받았다고 생각하는지를 탐지해볼 필요가 있다. 그것이 '하나님이 무엇을 하셨어야 했는가'(고통의 신학)에 대한 그 사람의 부정확한 이해 때문인지, 혹은 그것이 감정적인 무감각이나 우울증상 때문인지 분별할 필요가 있다는 것이다. 이에 대한 지식을 가질 때 도우미들은 근본적인 문제들을 밝힐 수 있는 준비를 더 잘 갖추게 되는 것이다. 또한 이런 현상이 충격이 유발하는 마비 증상일 수도 있고, 혹은 우울증이 유발하는 평안과 기쁨의 소실 현상일 수도 있다는 점을 설명해줄 수 있다. 무엇보다도, 우리가 느끼지 못한다고 해서 하나님이 계시지 않는다는 의미는 아니라는 점을 알려줄 필요가 있다. 그다음 케어 제공자들은 당사자들이 성찬이나 애도 등을 통해 하나님과 다시 연결될 수 있는 방안을 찾도록 도와줄 수 있다.

애도

트라우마 이후 정서적인 고통과 영적인 혼란이 하나님께 대한 믿음과 그분의 임재에 대한 인식을 위협하게 되면, 어떤 사람들은 그들과 하나님과의 관계가 무너졌다고 느낀다. 고통과 혼란, 불안, 슬픔, 후회 그리고 분노가 동시에 분출될 때 어떤 사람은 충격으로 얼어붙고, 또 어떤 사람은 하나님께 도움을 요청하며 급박하게 울부짖는다. 이런 상황에서 하나님은 우리에게 가장 필요한 유일한 분이다. 그러나 문제는 사람들이 어떤 감정을 그분 앞에 표출하는 것이 여전히 쉽지 않다고 느끼는 것이다. 이 경우 애도의 실행이 치유를 위한 전환점이 될 수 있다.

애도의 정의

애도는 "슬픔, 후회, 혹은 기도나 노래를 통해 개인이나 공동으로 하나님께 올리는 호소"라고 정의한다(Fuller Youth Institute, 2008). 시편에 기록된 것처럼 이스라엘 백성은 매우 다양한 삶의 정황 속에서 하나님께 기도하고 노래했다. 시편은 상처, 혼란, 속상함, 분노, 증오 그리고 버림받음 등과 같이 여과되지 않은 생생한 감정들을 표현하고 있는데, 이러한 시편들은 '애통의 시편'(psalms of lament) 혹은 '혼돈의 시편'(psalms of disorientation)으로 구분된다(Brueggermann, 1984). 키스 미도(Keith Meador) 같은 학자는 일반적으로 고도로 종교적인 사람들이 다른 사람들에 비해 그들의 감정을 더 개방적으로 표현하는 경향이 있음을 발견했다(Meador et al., 1992). 결국 솔직한 감정 표현은 고통에 대처하는 대응력을 촉진한다는 것이다.

구약과 신약에 나타난 애도의 핵심 요소들을 더 자세히 살펴보면, 다음과 같은 요소들이 두드러지게 나타난다.

- **인정** 받은 상처에 대한 명확한 인식과 솔직한 인정
- **탄원과 호소** 하나님이 주의를 기울여주시도록 초청함
- **펼쳐 드러냄** 하나님께 특별한 상황을 알려드리고 고통, 상처, 버림받음, 부끄러움, 혼란, 압도당함, 슬픔, 절망, 분노 그리고 하나님이 행동하시지 않음과 침묵에 대한 항의 등과 같이 모순되는 감정을 목소리로 표현한다. 어떤 때는 아무런 말 없이, 울음이나 '신음'이 유일한 표현이 되기도 한다(롬 8:22-23, 26). 예수님도 겟세마네에서 "지금 내 마음이 너무 괴로워 죽을 지경이다"(막 14:34, 현대인의 성경)라고 표현하셨다. 또한 예수님은 십자가 위에서 아버지께 버림당한 것을 아시고 부르짖으셨다(막 15:34, 애통의 시편인 22편 1절을 인용하심).
- **기대** 하나님은 들으시고, 상처를 끌어안으시며, 그로 인해 영향을 받는 분으로 기대된다. 브루그만은 이렇게 기록한다. "하나님은 이 땅의 상처를 하나님 자신 속으로 끌어들이시는데, 그렇게 함으로써 **천국은 변혁된다**"(Brueggemann, 1992, 강조체 저자)
- **예상** 하나님은 당신의 약속에 따라 응답하실 것이다. "하나님은 괴

로운 신음을 용납하셔서 하나님 자신의 인격 속으로 받아들이시고, 상처받은 이스라엘에게 천상에서 오는 약속으로 되돌려 말씀하신다"(Brueggeman, 1992, 52). 하나님이 구체적인 방법으로 응답하실 것이라는 예상은 바로 '지금-여기'에 소망을 갖게 한다. 이에 더하여, 소망의 더 큰 전망이 종말론적 구원 안에서 더 크게 열리게 된다.

- **선포** 하나님은 하나님 되심과 그분이 이루실 약속의 성취에 대한 예측으로 인해 인정과 찬양을 받으신다. 거의 모든 애통의 시편은 찬양으로 끝을 맺는다. 많은 시편 속에서 애통과 찬양은 서로 얽혀있다.
- **참여** 믿는 자들의 공동체는 고난당하는 자의 상처를 수용하고, 그와 함께 짐을 나누어지면서 개인의 애통에 참여한다. 개인과 공동체는 소망과 하나님의 구속적인 임재를 함께 발견한다.

애통 혹은 애도 속에서 우리는 고통스러운 상황이 초래한 고난을 받아들이고, 그것을 하나님과 공동체 앞에 펼쳐놓는다. 그리고 우리는 하나님과 공동체가 이 일에 관심을 기울여주고, 경청하며, 공감해줄 것을 기대한다. 하나님은 인간의 고통을 그분의 가슴에 품으시고, 그분의 방법으로 처리하실 것이기 때문에, 우리는 하나님이 하나님 되심으로 그분의 약속을 지금 그리고 마지막 때에 성취하실 것이라 기대한다.

애도의 실행

좋은 애도의 모델들을 제공할 때 사람들은 개인적인 애통 속에서 기도하거나 기록을 남기는 일에 도움을 받을 것이다. 애통의 시편이나 애도의 단순한 구조 같은 성경적인 사례들을 살펴보는 것은 좋은 출발이 될 것이다(다음에 나오는 '애도의 시편'를 참조하라).

애도의 시편

개인의 애도
- 시편 3, 5, 6, 7, 13, 17, 22, 25, 26, 28, 31, 35, 38, 39, 42, 43, 51, 54, 55, 56, 57, 59, 61, 63 64, 69, 71, 73, 77, 86, 88, 102, 109, 130, 142, 143편

공동체의 애도
- 시편 44, 60, 74, 79, 80, 83편

또 다른 도움이 되는 모델은 www.Journey-Through-Grief.com에서 찾아볼 수 있다. 가장 도움이 되는 애도의 표현은 고통당하는 사람의 기질에 따라 달라질 수 있다. 더 외향적인 사람은 앉아서 단순한 구조를 사용하거나 사람들을 의식하면서 큰 소리로 하나님께 기도할 것이다. 그러면 주변의 집단이 아마 인도자의 유도에 따라, 그와 함께 하나님 앞에서 애통해할 것이다. 좀 더 내성적인 사람은 먼저 기록하기를 좋아하고, 시간이 더 흐른 후 하나님 앞에 말로 기도할 것이다.

격려와 모범 그리고 여러 가지 활용 가능한 자원에도 불구하고, 어떤 사람들은 그들의 감정을 말로 표현할 준비가 되어 있지 않을 수도 있다. 그들이 내놓을 수 있는 것은 오직 신음과 울부짖음밖에 없는 경우도 있다. 제럴드 싯처가 한 번의 사고로 가족 세 사람을 잃은 후 그는 자신이 바로 그런 상황에 놓인 것을 알았다. 그는 이렇게 기록하고 있다. "신음소리는 내가 사용할 수 있는 유일한 언어가 되었다. 그렇다고 할지라도, 나는 그것이 하나님이 충분히 알아들으실 수 있는 언어라고 믿었다"(Sittser, 2004, 43). 말이 없는 상황에서도 성령은 도울 준비를 하고 계신다. "이와 같이, 성령께서도 우리의 약함을 도와주십니다. 우리는 어떻게 기도해야 할지도 알지 못하지만, 성령께서 친히 이루 다 말할 수 없는 탄식으로,

우리를 대신하여 간구하여 주십니다. 사람의 마음을 꿰뚫어 보시는 하나님께서는, 성령의 생각이 어떠한지를 아십니다. 성령께서, 하나님의 뜻을 따라, 성도를 대신하여 간구하시기 때문입니다"(롬 8:26-27, 새번역).

여기에 애도에 관해 주의해야 할 한 가지가 있다. 월터 브루그만은 '상실에 매이는 것'(dwelling on loss)과 '상실과 더불어 사는 것'(dwelling in loss)을 구별한다. '상실에 매이는 것'은 '감정의 매듭'에 묶인 채 우리 자신을 외부로부터 차단하는 것으로서, 이것은 자기 연민에 빠지게 하고 건설적인 애도를 약하게 한다. '상실과 더불어 사는 것'은 현실을 부인하는 대신 솔직해지고, 상실을 인정하며, 오히려 그런 현실에 참여하는 쪽으로 이끈다. 사람들이 상실에 매이는 것은 자기 속으로 움츠러드는 경향 때문일 수도 있는데 가끔은 사람들의 주의를 끌기 위해, 아니면 부차적인 유익으로 동정적인 지원을 필요 이상으로 계속 받으려는 의도가 숨어 있을 수 있다. 훈련된 상담가는 이와 같은 시나리오 속에 있는 심리적인 사안들을 다룰 필요가 있다.

단순한 구조의 애도
- 하나님을 불러 찾음
- 느낌과 불평, 호소를 포함해 자신의 상황을 알림
- 하나님과의 관계에서 경험한 바를 바탕으로 한 신뢰를 확인함
- 탄원, 소원 혹은 필요를 알림
- 적들의 존재와 공의의 필요성을 드러내고 알림
- 하나님의 신실하심과 그 약속에 따라 경청하시고 행하실 것이라는 기대를 표현함
- 하나님을 찬양함

분노와 실망에 직면함

많은 그리스도인에게 고통이나 슬픔, 혼란, 버림받음, 심지어 하나님께 대한 실망 등을 표출하는 것이 그리 어렵지는 않겠지만, 그러나 하나님에 대해 분노를 드러내는 것은 아마도 내키지 않는 일일 것이다. 상담가의 격려가 있다 하더라도, 분노와 좌절, 실망 혹은 하나님께 대한 비난 같은 것은 어떤 사람들에게는 그냥 '옳은 일이 아니다'고 느껴질 것이다. 그러나 감추어진 분노는 그들을 하나님에게서 멀어지게 하는 위험을 초래한다. 그래서 친구들과 도우미들은 "하나님은 그런 분노의 감정들을 충분히 다루실 수 있다"고 상기시킬 필요가 있다. 즉 하나님은 이미 모든 유형의 분노에 대해 잘 알고 계시기 때문에, 비록 그들이 분노의 감정을 품는다 하더라도, 여전히 그들을 사랑하신다는 사실을 알려주는 것이다. 심지어 예수님도 십자가 위에서 아버지께 "왜?"라고 소리치셨다. 분노와 실망을 표현하는 애도의 시편들은 고통 중에 있는 사람이 그 감정들을 하나님께 표현하도록 격려한다. 불평과 비난, 분노 그리고 하나님께 대한 질문을 담은 시편은 제88편이다. 욥도 역시 하나님께 공개적으로 질문하고, 그분이 허락하신 고통에 대해 대들기까지 한다. 하나님은 실제로 하나님과의 관계에 있어서 신뢰와 헌신이 특징인 욥의 솔직한 태도를 받아주시고 높여주셨다. 욥이 오랫동안 말하고, 질문하고, 불평하도록 허용하신 후 하나님은 최종적으로 그분의 통치권을 드러내 보이시고, 욥을 인간의 자리에 세우셨다. 욥은 이런 씨름을 통해 하나님을 더 깊이 이해하게 되었다.

예일대학 신학부 교수인 데이비드 켈시(David Kelsey)는 심각한 질병으로 혼수상태에 빠진 끝에 결국 뇌 손상을 입어 장애아가 된 8살 아이의 아버지다. 그의 책 『구원에 대한 고찰』(*Imagining Redemption*)에서 그는 자기 가족이 겪는 고통에 대해 분노했지만, 그것이 '하나님을 향한'(at God) 분노가 아니라, '하나님 앞에'(before God) 표현된 분노라는 점을 알게 되자 자유함을 얻었다고 회고한다. 그래서 그는 "하나님 앞에서 일어나는 분노를 확인하고 인정하는 것은, 하나님을 향해 분노를 표출하는 것과 다르다"는 사실을 깨닫게 되었다(Kelsey 2005, 29). 그는 또한 이렇게 인정했다. "내 아들을 대신해 욥의 질문을 하나님께 던지는 것은 이 끔찍한 일을 두고 하나님을 비난하는 방식이라기보다는, 이 두려운 상황 속에서 오히려 하나님께 대한 신실함을 지키는 한 방법이 될 수 있다"(Kelsey 2005, 29).

인간의 분노가 하나님께는 놀라운 일이 아니다. 그것은 하나님이 그 마음을 이해하시고 공감하시기 때문이다. 애통하는 사람들은 신비한 방법으로, 모든 피조물의 깨어짐을 슬퍼하시는 그분의 고통에 참여한다. 솔직한 애도는 어려운 감정을 감추는 것보다 훨씬 더 하나님께 대한 신뢰를 나타낸다. 이런 관점에서 보면, 분노와 취약성을 표출하는 것이 더 충만한 믿음과 하나님을 존귀하게 해드리는 한 방안, 즉 하나님께 대한 연결과 신뢰를 다시 일으켜 세우는 바탕이 되는 것이다. 분노를 '하나님 앞'(before God) 구도로 재구성하면, 주저하는 사람도 자신의 감정을 표출하기가 쉬워질 수 있다. 예를 들면, 자기 아들을 비극적으로 잃은 한 여성은 이렇게 말할 것이다. "나는 마음이 너무 아프다. 하나님이 어떻게 이런 일이 일어나도록 허용하셨는지, 나는 도무지 이해할 수가 없다." 이것은 하나님 앞에서 분노하는 것이다(애통 혹은 불평). 그러나 만약 그녀가 "하나님은 우리를 전혀 돌보시지 않았어. 그분은 불공평해. 그분이 내 아들처럼 좋은 사람에게 이런 일이 일어나도록 하시면 안 되었어!"라고 말한다면, 그녀는 하나님의 본성에 대해 질문하면서 하나님께 분노하고 있는 것이다. 하나님께 분노하는 사람들도, 그 순간에는 자신들이 표출할 수 있는 가장 최선이고 유일한 반응으로 분노를 표출하게 된 것이고, 그것은 일종의 정화 작용(카타르시스)으로서 점진적인 회복과 신뢰를 찾기 위한 출발점이 될 수도 있다.

트라우마 후에 하나님과의 관계가 취약해진 순간들은, 어떤 사람이 고통 가운데서 하나님 앞에 궁극적으로 홀로 설 수 있는 '거룩한 땅'이라고 할 수 있다. 이 단계의 취약성과 고통은 때때로 케어 제공자들이 감당하기가 어려울 것이다. 그렇지만 그들은 돕고, 지원하며, 고통당하는 사람들과 함께 갈 수 있다. 그러나 그들 속에서 무언가 변화가 일어나도록 하는 올바른 타이밍을 결정하는 것은 "하나님 앞 그리고 하나님을 향한 분노 사이에 놓여 있다." 이것은 외부 사람들이 보는 것보다 훨씬 더 많은 일이 내부적으로 일어나고 있음을 의미한다. 사람들을 섬기고 지원하는 심정으로 '알맞은 때'(right time)를 기다리면, 케어 제공자들은 신비로운 하나님의 구원 능력을 증언할 수 있는 때가 올 것이다.

자기 아들을 등반 사고로 잃은 니콜라스 월터스도프(Nicholas Woltersdorf)는 그의 책 『나는 사랑하는 사람을 잃었습니다』(Lament for a Son, 좋은씨앗 역간)에서 이런 신비를 간증한다.

> 고통의 골짜기에서, 절망과 비통함이 끓어올랐다. 그러나 그곳에서 역시 품성도 만들어졌다. 고통의 골짜기는 영혼이 다듬어지는 계곡이 되었다 (Woltersdorf, 1987, 96-97).

하나님은 '뒤죽박죽'인 상황 속에서도 일하시는데, 사람의 시간표에 매이지 않으시고 고통 속에 있는 누군가와 함께 버티시면서 그를 도와주실 수 있다.

제럴드 싯처는 전 인격으로 애도를 체감하면서 슬픔의 여정을 경험했다.

> 나는 고통 속으로 들어가 그 반대편으로 돌아 나오지 않았다. 대신, 나는 그 속에서 살았고, 그 고통 속에서 생존하면서 점차 성장할 수 있는 은혜

를 발견했다. 나는 내가 사랑하던 사람들의 상실을 극복하지는 못했다. 오히려 나는 그 상실이 내 존재의 한 부분이 될 때까지, 마치 흙이 썩은 물질들을 받아들이듯 내 삶에 흡수했다. 슬픔은 내 영혼 속에 영구적인 거처를 마련했고, 영혼을 키워주었다(Sittser, 2004, 45-46).

애도는 트라우마와 상실을 자신들이 온전히 소유한 감정으로 경험하고, 유약함의 자리에서 나와 솔직하게 하나님과 연결되고자 하는 사람들을 돕는다. 점진적으로, '확장'(enlargement), '자아 형성'(soul-making) 그리고 하나님에 대한 새로운 관점, 자아와 삶의 문제 등이 제 모습을 드러낼 것이다. 자신의 유약한 감정들을 받아들이고, 대화(혹은 신음)를 통해 하나님께 손을 뻗침으로 무언가 새로운 것이 창조된다.

용서

트라우마는 너무나 강렬하고 소모적인 현상이기 때문에 우리는 누가 혹은 무엇이 이런 엄청난 고통에 대한 책임이 있는지 알고 싶어 한다. 때로는 책임질 사람이나 그 무엇도 없는 경우가 있다. 그런 경우, 우리의 고통이나 슬픔을 애도하는 것이 나눔을 통해 치유를 받는 방법이다. 그러나 때에 따라서는, 어떤 개인 혹은 집단이 그 고통을 야기한 책임이 있다. 그 상처를 입힌 배경이 고의적일 수도 있고 혹은 과실일 수도 있다. 어느 쪽이 되었건 우리는 그들을 비난한다. 누군가에게 책임이 있는 상황이라면 치유의 과정에서 용서가 바로 그 열쇠가 된다.

용서에 대한 도전
당사자가 상처를 받고 두려움 속에 있을 때 용서를 거론하는 것은 정신

나간 일로 보인다. 그것은 쉬운 일도 아니고 또한 자연스럽지도 않다. 그것은 세상의 일반적 가치인 자기중심주의나 경쟁 구도를 거스르는 것이다. 상처는 지독해서 결코 잊히지 않는다. 고통은 무시해버리기에는 너무나 격렬하다. 취약해짐, 배신당함, 침해당하는 것과 같은 감정은 사람을 압도하는 것이다. 어떤 사람이 황폐한 상태가 되었는데, 그 일을 야기한 사람에게는 아무런 문제가 되지 않는 것처럼 보일 때 당사자는 자신의 무가치함을 뼛속 깊이 느끼게 된다. 분노와 증오는 신속하게 나타나 상처를 입은 사람에게 강한 기분을 불어넣고, 다른 사람을 제압하거나 정의를 갈망하는 힘을 공급하게 된다. 왜 자신을 해친 사람들에 대한 심판을 어느 누구도 포기하지 않으려 할까? 정의를 바라는 것은 너무나 당연하기 때문이다. 이런 엄청난 고통을 일으킨 자는 누구라도, 적어도 같은 정도의 고통을 맛보아야 한다. 아니면, 아무 일도 일어나지 않은 척하고, 그 경험을 어딘가에 묻어버리는 것이 더 쉬운 일처럼 보일 수도 있다. 그러나 일반적으로 고통에서 도망가려는 이 두 가지 전략 모두 도움이 되지 않는다.

용서는 여러 가지 이유로 어렵다. 그것은 자신이 심각하게 상처를 받았다는 사실을 인정해야만 하는 매우 민감한 단계에 있기 때문이다. 그것은 또한 개인적으로 정의와 심판, 징벌을 수행하려는 열망을 날려 보내야 한다는 것을 의미한다. 그것은 바로 자신이 아무것도 할 수 없는 무력한 상태가 되는 것이다. 용서란 가해자가 책임을 지는 조치를 당하지 않았거나 뉘우침이 없을 때 특별히 더 어려워진다. 그것은 용서할 가치가 없어 보이기 때문이다.

용서해야 할 이유

용서란 그럴만한 가치가 없을 때는 부자연스럽게 보이고, 당사자에게는 더 심하게 취약한 감정을 일으킬 수 있다. 그렇다면 왜 용서인가? 그리스도인들은 그들이 용서받았기 때문에 용서한다(골 3:13). 하나님은 용서를 명령하신다(눅 6:37). 하나님은 그럴만한 가치가 없었지만 인간들의 죄를 용서하셨다. 기꺼이 용서하겠다는 것은 하나님의 지혜에 순복해 우리 자신이 회개하고 용서받아야 할 필요성을 수용하는 것이다.

용서는 우리의 남은 생애 동안 심신을 약하게 만드는 상처와 분노의 무거운 짐에서 우리를 해방하는 작업이다. 타산적인 관점에서 보더라도, 용서는 건강에 좋은 것이다. 세상에는 분노가 일으키는 힘과 심판의 권리에 대한 환상 혹은 착각이 있다. 그러나 역설적이게도, 이런 집착은 사람들을 함정에 빠지게 하고, 그들의 고통과 상처에만 초점을 맞추게 한다. 연구에 의하면, 적대감과 분노를 붙잡고 있는 것과 비교할 때 용서는 사람들을 신체적, 정서적, 정신적으로 치유하는 데 도움을 준다(Luskin, 2002, 77-93). 용서는 겸손과 순종의 실천일 뿐만 아니라, 사람들이 그들의 고통에 매어 있기 때문에 발생하는 감정적 소진에서 자유로워지도록 돕는다.

로라 힐렌브랜드(Laura Hillenbrand)가 쓴 『언브로큰』(Unbroken, 21세기 북스 역간)은 2010년도에 나온 베스트셀러 자서전으로, 2차 세계대전 중 전쟁 포로가 되어 "새"라는 별명을 가진 일본군 장교에게 고문을 당한 미군 조종사 루이스 잠페리니(Louis Zamperini)에 관한 이야기다. 작가는 용서하지 못하는 고통을 적나라하게 묘사하고 있다.

> 불타는 복수심의 자기모순 혹은 역설은 그것이 사람들로 하여금 그들을 해치는 사람들에게 의존하게 만든다는 것이다. 곧 자신이 고통에서 놓여나는 길은 그를 고문하고 괴롭히는 자들이 고통당할 때 열린다고 믿는 것이다. 그 자신이 자유롭게 되기 위해서는 그 "새"가 죽어야 한다고 믿으면서, 루이스는 다시 한 번 자기 자신을 그의 폭군에게 얽매이도록 쇠사슬로 묶었

다(Hillenbrand, 2010, 366-367).

카렌 카도 그녀가 아이보리코스트에서 긴급 철수한 후에 겪은 고통에서 자유함을 얻는 데 도움을 준 비슷한 통찰력을 경험한 바 있다. 그녀는 이렇게 회고한다.

> 내게 가장 중요한 말씀은 욥기 19장 25절이었다. "내가 알기에는 나의 대속자가 살아 계시니 마침내 그가 땅 위에 서실 것이라." 이 말씀은 그 숱한 불의들이 내가 이 땅에 사는 동안 모두 구속되지 않겠지만, 그러나 끝내는 모두 회복될 것이라는 사실을 깨닫도록 도와주었다(스토리 1).

결코 용서하지 못하는 심정을, 그 자신들의 고통에 사슬로 꽁꽁 동여매는 분노와 억울함에서 벗어나게 해 자유를 선사하는 것이 바로 용서다.

용서의 절차

용서는 잊음으로 단지 고통을 외면하거나 축소하자는 것도 아니고, 가해자를 변명해주려는 것도 아니다. 변명은 경미한 고통이나 사고들 그리고 가벼운 문제들을 처리할 때 해당하는 것이다. 변명이나 망각은 그리 중요하지 않거나 과실에 대한 것으로, 아마 다시 일어날 일이 없는 상처를 처리할 때 해당할 것이다. 루이스 스미디스(Lewis Smedes)는 변명이란 사람들이 사소한 상처들, 예를 들면, 어떤 사람이 잘못해서 당신의 발등을 밟는다든지 혹은 당신의 이름을 잊어버리는 것과 같은 상황이 일어날 때 쉽게 헤쳐나가면서 살도록 하는 사회적 윤활유와 같다고 묘사한다(Smedes, 1984, 61-66). 그러나 심각하고 통상적이지 않으며 반복적인 상처는 이런 방법으로 처리될 수 없다. 이런 사태를 변명하려 하는 것은 문제의 심각성과 이 일이 개인의 안전에 미치는 위협을 인정하지 않는 것이다. 이런 형태의 중대한 상처는, 우선 상처의 심각성을 인정하고 문제를 일으킨 사람이 응분의 책무를 지도록 함으로써 타당하게 처리할 필요가 있고, 그렇게 해야만 재발을 막을 수 있다.

깊은 상처는 신뢰 관계를 손상시킨다. 진정한 치유가 일어나기 위해서는 그러한 피해가 인정되어야 한다. 상처에 대해서는 변명하거나 회피할 수 없다. 용서는 상처와 깨어진 관계가 분명하게 인식되기 전에는 시작될 수 없다. 또한 그렇게 깨어진 관계는 용서와 화해 없이는 이전 상태로 되돌아갈 수 없다.

손상의 전모가 모두 파악되어야 할 필요가 있다. 비록 두렵고 힘든 과정이지만, 상실과 상처가 실제로 느껴져야 한다. 때로 도저히 극복하지 못할 것 같은 고통으로 압도당할 수도 있다. 받은 상처를 인정하면, 우리 자신을 안전하게 지키지 못한 것 또는 우리에게 중요한 사람이나 어떤 대상을 보호하지 못한 자책감에 빠질 수 있는 위험이 있다. 그러나 상실을 이해하고 수용하게 되면, 우리는 다시 심각한 상처를 입을 수 있는 위험을 사전에 감지하게 되고, 이것은 앞날을 위한 예방적인 조치가 된다. 이와 관련된 사례는 주로 폭력적이고 학대받는 관계에서 일어난다. 이러한 학대는 반드시 확인되어야 하고, 폭력의 악순환을 깨뜨리기 위해 적절한 조치가 취해져야 한다.

고통과 취약성을 인정하는 것은 용서와 치유의 첫 단계다. 우리 자신의 인간성을 돌아보면, 이러한 고통들을 인정할 때 일어나는 죄책감에서 벗어날 수 있다. 이것은 또한 다른 사람들의 인간성을 용납하는 데 도움이 된다. 고통을 야기한 그 '괴물들'도 역시 연약함과 죄성에 매어 있는 같은 인간들이다. 물론 다른 사람들의 인간됨을 인정하고 수용한다고 해서, 그들이 선택한 잘못에 대해 책임을 면제해주는 것은 아니다. 그러나 우리와 그들의 인간성을 받아들이게 되면, 우리의 분노를 놓아주고 치유를 시작하는 방향으로 나아가는 하나의 단계가 된다.

댄과 코니 크럼은 강도들의 공격을 받아 생명의 위협을 당했고, 아이들은 공포에 질렸으며, 결국 집까지 잃었다. 그러나 그들은 한 친구의 통찰력으로 유머를 되찾았는데, 그것이 그들을 고통에서 벗어나 자유로워지는 데 도움을 주었다.

현지 교회의 형제 하나가 이렇게 말해주었다. "그 도둑들의 문제는 언제나 돈이 궁한 상황에서 쫓겨 다니는 신세"라는 것이다. 나는 웃고 말았다. 그 말은 그 도둑들이 여전히 그들이 만든 악한 계략의 함정에 빠져 있다는 사실을 상기시켜 주었고, 내가 분노를 삭이기 위해 정의를 부르짖는 일을 어느 정도 멈추고 앞으로 나아갈 수 있도록 도와주었다. 나는 그 상황을 어느 정도 정의가 실현된 것으로 느꼈고, 그들에 대한 관심을 내려놓자 덩달아 자유를 누리게 되었다. 얼마나 큰 해방감인가!(스토리 5).

분노는 대개 상처로 발생하지만, 다른 사람들에게 심판의 감정을 붙들고 있다고 해서 자신이 안전해지는 것은 아니다. 힘이나 안전이라고 느끼는 그 무엇은 실제로는 사람들을 고통에 얽어맨다. 상처를 준 사람들을 심판하는 입장에 머무는 것은 관계의 회복을 막을 뿐이다. 정의나 복수의 권리를 수호한다고 안전해지는 것이 아니다. 용서는 비록 그 대상이 여전히 책임을 져야 할 상황임에도 불구하고, 심판의 권리를 포기하기로 선택하는 것이다. 정의를 실현하기 위한 권리를 내려놓고 그것을 하나님의 손길에 의탁할 때(롬 12:19) 진정한 자유를 맛보게 될 것이다.

상처와 깨어진 관계의 실상을 그대로 인정할수록 관계가 변화될 가능성은 높아진다. 그러나 그 관계는 이전과 똑같은 상태로 회복되지는 않을 것이다. 하나님은 비록 가해자들이 그들이 야기한 고통에 대해 응분의 책임을 지지 않는다고 할지라도 용서하도록 명령하신다. 용서란 잊는 것이 아니다. 용서한 이후라고 할지라도, 앞날의 안전을 위해서는 의도적인 변화가 여전히 필요하다. 출입문의 자물쇠, 마음의 경계, 앞으로 일어날 수 있는 재난에 대한 대비 등은 여전히 필요하다. 비록 크럼 가족이 용서는 했을지라도, 그들을 배신한 이웃 사람과의 관계를 단절할 필요가 있었다.

용서의 과정은 시간이 걸린다. 고통스러운 순간이 기억날 때마다 분노가 다시 재발할 수 있다. 새로운 경험들이 용서받은 상처들을 다시 일깨울 수 있기 때문에 그때마다 그 상처를 다시 놓아주어야 한다. 용서는 복합적인 관계들(다른 사람, 우리 자신 그리고 하나님과의) 속에서 매우 구불구불한 길을 걸어가는 험한 여정이다.

우리 자신에 대한 용서 그리고 용서의 수용

때로는 우리 자신이 고통과 상실 그리고 비극을 일으키는 당사자일 때도 있다. 우리는 우리 자신의 잘못이나 혹은 우리가 일을 잘 처리하지 못한 것에 대한 책임을 안고 있을 때가 있다. 또한 우리는 비현실적으로 높은 수준을 정해놓고 우리 자신을 자책할 때도 있다. 우리가 우리 자신을 비난하기로 마음먹는 것은, 문제의 원인을 알게 되면 우리의 무력감이 줄어들기 때문이다. 자책은 묘하게도 우리의 안전감을 증가시키는데, 우리 자신의 향상된 수행 능력이 또 다른 비극의 발생을 막아줄 수 있다는 암시를 받기 때문이다. 이것은 통제권을 우리 손에 쥐는 것처럼 보이지만, 동시에 우리가 압력 아래로 들어가는 것이다.

우리 자신을 용서하고 또한 용서를 받아들이는 것은, 치유를 향하여 확실한 발걸음을 내딛는 것이다. 이것이 오래 지속되기 위해서는 솔직하고 정직하게 진행되어야만 한다. 우리는 우리의 책무를 평가할 때 공정

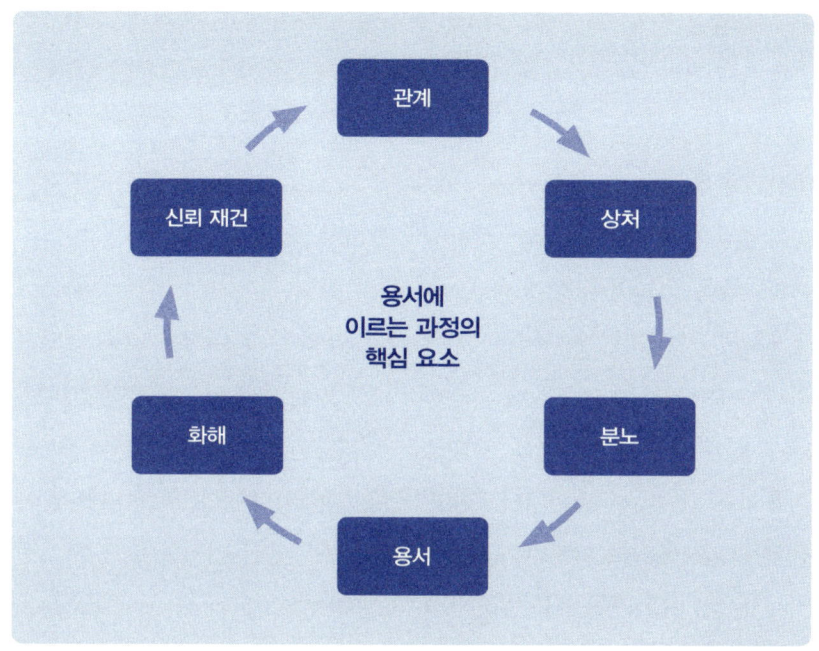

해야 한다. 우리가 져야 할 책임의 범위와 분량을 산정할 때 신뢰할 만한 친구가 옆에서 도와준다면 합리적으로 평가할 수 있다. 만약 우리 자신에게 책임을 물을 일이 없는 경우라면, 다음 단계로 우리 자신에 대한 비난은 내려놓지만 여전히 고통을 애도하며 치유 과정을 진행해야 한다. 우리에게 어떤 부분이라도 책임이 있는 경우라면, 우리 자신을 용서하거나 혹은 용서를 받아들이는 것으로 치유 과정이 시작되는 것이다. 만약 우리가 고통을 야기한 경우라면 상처받은 사람이나 하나님께 용서를 구하고, 상대방이 용서를 받아들이도록 해야 한다. 만약 우리가 용서를 구하기 위해 상대방과 이야기할 수 있는 환경이 아닌 경우 그리고 하나님이 가까이 계심을 경험하지 못하고 있을 때는 믿을 만한 친구가 우리의 회개를 들어주고, 용서하시는 하나님의 메시지를 우리가 듣도록 도와줄 수 있다(요일 1:9). 이와 같이 책임을 받아들이고, 고통을 표현하며, 자기 파괴적인 자책감을 놓아주고, 회개하며, 용서를 받아들이고, 경험에서 배우는 일들은 우리가 미래를 향해 자유롭게 나아가는 데 도움이 된다.

하나님을 용서함

하나님의 무소부재(omniscience)하심과 전능하심(omnipotence)을 믿는 그리스도인들은 그들이 당한 고통과 보호받지 못했다는 사실 때문에 하나님을 원망할 수 있다. '하나님을 용서한다'는 생각은, 하나님은 죄도 없으시고 실수할 수도 없는 분임을 아는 그리스도인들에게 매우 불편한 개념이다. 그러나 그들이 하나님께 상처받고, 소외당하고 혹은 버림받았다고 느끼면 하나님에게서 떨어져나오려고 한다. 그래서 사람들은 하나님께 불같이 화를 낼 수도 있지만, 동시에 그분의 개입을 두려워하며 그분의 면전에서 숨고 싶어 할 수도 있다.

용서란 깨어진 관계를 치유하는 것과 관련된 것으로, 대개 용서받는 사람보다 용서하는 사람에게 더 유익하다. 다른 사람을 용서하는 것은 인간의 한계를 인식하는 것과 상대방에게 상처를 되갚고 정의를 실현하려는 욕망을 놓아주는 것 모두와 관련된다. '하나님을 용서한다는 것'은 비록 그 뜻을 이해하는 것이 어려울지라도, 하나님은 신실하게 사랑하시고 흠이 없는 분임을 깨닫게 됨으로, 결국은 우리의 분노와 비난을 놓아주고, 하나님의 진정한 성품을 더 잘 알기 위해 노력하는 시도라고 할 수 있다. 어떤 그리스도인들은 이런 과정을 분노와 억울함 그리고 소원(疎遠)함으로 쌓인 방어적인 장애물을 설치하는 대신, 하나님의 사랑에 '굴복'하는 것이라고 표현한다. 또 다른 사람들은 '하나님 용서하기'를 하나님의 신실하심에 대해 더 위대한 깨달음을 얻을 수 있는 기회로, 또는 하나님의 논리는 인간이 항상 알 수 있는 것이 아니라는 사실을 받아들이는 기회로 삼기도 한다.

화해와 회복

깨어진 관계는 화해의 과정을 통해 치유되고 회복될 수 있는데, 이것은 용서의 단계를 넘어서는 것이다. 화해는 양 당사자가 그들의 상처를 표현하고, 상대방의 경험과 관심사를 이해하며, 고통의 문제에 대한 책임을 지기 위해 서로 이야기할 준비가 되어 있을 때 성사될 수 있다. 양 당사자가 서로 이해받았다는 느낌을 가지고 후회와 유감을 표현하게 되면, 대개 상처의 정도도 덜해진다. 이것을 기초로 양측은 미래에 각자의 안전을 보장하기 위해 피차 담당해야 할 책임을 논의하고 수용하게 된다. 이런 방법을 통해 관계는 상처 이전의 상태로 돌아갈 수 있다. 이런 회복의 과정은 시간이 걸린다. 화해가 이루어진 후 관계가 다시 안전해졌다고 느끼기 위해서는 긍정적인 경험을 반복하여 신뢰를 다시 구축해야 한다.

용서의 과정을 지원하기 위한 케어 제공자의 질문

- 당신은 어떻게 상처를 받았나요? 당신이 상실한 것은 무엇인가요?(그들 속에 일어난 다양한 상처를 경청하고 이해한다.)
- 이런 고통에 대해 무엇이 혹은 누가 책임이 있다고 생각하나요? 당신은 누구에게 분노하고 있나요? 당신은 지금 다른 사람, 당신 자신, 혹은 하나님께 화를 내고 있나요?
- 당신의 분노가 당신에게 어떤 영향을 미치고 있나요?
- 그 사람을 비난하거나 판단하는 일을 내려놓는다면, 당신에게는 어떤 영향이 있으리라 생각하나요? 그럴 때, 당신은 어떤 면에서 무력하고 유약하게 느낄 것 같은가요?
- 당신은 분노와 자책감을 어떻게 놓아 보낼 수 있을까요? 또한 그 후에도 여전히 자신을 안전하게 지킬 수 있을까요?
- 당신이 더 안전하다고 느끼기 위해서는 무엇이 필요한가요?
- 내가 어떻게 당신의 고통 속으로 들어가 당신과 함께하면서 당신이 안전해지도록 도울 수 있을까요?

수치와 은혜

사람들이 무언가 엄청난 일이 일어난 것에 대해 자기에게 책임이 있다고 느낄 때, 그 비난을 처리하는 방법에는 두 가지 유형이 있다. 하나는 잘못된 행동 그 자체에 비난을 돌리는 것이고, 또 하나는 자신의 성격이나 기질이 실패한 탓으로 돌릴 수도 있다. 만일 사람들이 자신의 행동에 초점을 맞추면 그들은 죄책감을 느낀다. 그래서 안도감을 얻기 위해 용서를 필요로 할 것이다. 반면 자신의 성격이나 능력의 실패에 초점을 맞추게 되면, 그들은 부끄러움을 느끼고 치유를 위한 은혜를 필요로 할 것이다. 그러나 수치심과 죄책감은 서로 배타적이지 않다. 사람들은 둘 중 하나 혹은 둘 다를 느낄 수 있다.

수치심은 인간의 죄의 본성을 감안한다면 타당한 감정이다. 그것은 우리 삶에서 하나님이 구속을 베푸시기 원하는 죄의 영역을 드러내 보여준다. 그러나 그것이 점검되지 않고 우리 가슴속에서 자라게 되면, 수치는 처절한 고통과 심신 쇠약을 초래할 수 있다. "하나님의 뜻에 맞게 마음 아파하는 것은, 회개를 하게 하여 구원에 이르게 하므로, 후회할 것이 없습니다. 그러나 세상 일로 마음 아파하는 것은 죽음에 이르게 합니다"(고후 7:10, 새번역). 지나친 수치심은 자책감과 영적, 감정적 죽음으로 연결된다. 수치심으로 가득 찬 사람은 "내가 그렇게 어리석지만 않았더라면, 그런 일은 일어나지 않았을 텐데"라고 거듭 절망적으로 생각하게 된다. 아니면 누군가가 이렇게 소리 지르면서 우리를 부끄럽게 할 것이다. "당신은 소경처럼 뵈는 게 없고 또 게을러빠져서 우리가 이런 꼴을 당하게 한 거야. 당신은 이제껏 내가 만난 최악의 상대야!"

실패의 고통과 치욕은 트라우마와 함께 따라오는 곤경으로 배가 되면서 우리를 매우 격심한 상태에 이르게 하는데, 이는 주변 사람들에게도 확연히 드러난다. 눈에 쉽게 띄는 감정 상태는 사람들을 더욱 당황스럽게 할 수 있다. 수치심은 그와 관련된 경험을 '그냥 털고 일어나기'가 쉽지 않기 때문에 계속 와 닿는 것이다. 그래서 우리가 '하나님께 맡기거나' '그분을 신뢰'하지 못하는 태도를 보이면, 우리는 스스로 연약하거나 영적인 사람이 아니라고 믿게 된다.

수치심은 우리의 개인적인 자존감을 공격하기 때문에 매우 강력하고, 결과적으로 우리의 심신을 약화시킬 수 있다. 자신을 무가치하게 느끼게 되면, 하나님과 사람들의 사랑과 지지를 거부하게 된다. 수치심을 느끼게 되면, 자연적으로 뒤로 물러나 숨는 경향이 있고, 결국 하나님에게서도 숨게 된다. 아담과 하와는 그들이 벗은 것을 부끄러워했기 때문에 하나님에게서 숨었다. 그러나 그들이 벗은 것은, 그 모습으로 그들을 창조하신 하나님께는 전혀 새삼스러운 일이 아니었다. 하나님은 인류의 조상들이 범죄하기 전에도 그들을 벗은 상태로 알고 계셨던 것처럼, 우리의 성품 속에 있는 실패의 요소들을 미리 알고 계신다. 그럼에도 불구하고, 그분은 여전히 우리를 찾으신다. 아담과 하와가 벌거벗은 것은 흠이 되지 않았다. 그것은 하나님이 고안하신 디자인의 일부였다. 하나님은 우리의 가족, 친구 그리고 동료보다도 더 우리 인간성의 실패를 잘 아신다.

부끄러움의 치유

아담과 하와는 하나님께 불순종함으로 죄를 지었고, 하나님은 그 죄의 결과를 그들에게 부과하셨다. 동시에, 하나님은 그들이 벌거벗은 것에 수치를 느끼는 것을 불쌍히 여기시고, 그들을 가리도록 옷을 만들어주셨다. 하나님은 우리의 실패와 죄악들을 아시고 우리도 역시 가리개로 덮어주신다. 그분은 우리를 위해 대신 죽으실 만큼 우리의 모습 이대로 우리를 사랑하시고 가치 있게 여기신다(롬 3:23-24, 5:6-8). 하나님은 우리를 "그리스도 예수의 날까지"(빌 1:6) 계속 변화시키시고 온전케 하실 것을 약속하신다. 그분은 천국의 건너편에 있는 우리가 결코 완전해지지 않을 것을 아신다. 그럼에도 불구하고, 그분은 우리의 벗은 상태를 덮어주시면서 우리를 계속 사랑하시고, 우리의 삶에서 일하시는 것을 쉬지 않으신다.

하나님은 우리가 실패하는 와중에도 우리를 사랑하시고 가치 있게 여기신다. 마치 용서가 죄책감을 치유하는 것 같이 부끄러움을 치유하는 것도 바로 이 은혜다. 우리의 실패가 비극을 불러왔다는 것을 우리가 깨달을 때 하나님의 은혜는 영적 치유의 근원이 된다. 하나님의 은혜는 사람들이 우리를 비난 속에 파묻을 때 우리의 유일한 위로가 된다. 아담과 하와가 동산 나무 아래 웅크리고 있던 것과 같이, 숨으려고 하는 우리의 자연스러운 욕망은 하나님의 은혜를 경험하지 못하도록 우리를 막는다. 이와 대조적으로, 은혜와 사랑을 베푸시는 하나님과 또한 다른 사람들과 친밀한 관계를 경험할 수 있도록 마음 문을 활짝 여는 것은 치유을 위한 가장 좋은 방안이다.

하나님의 명령은 그분이 우리를 사랑하신 것 같이 다른 사람을 사랑하라는 것이다(요일 3-4장). 우리는 다른 사람들의 실패가 눈에 보일 때에도 그들을 사랑해야 한다(골 3:12-17). 하나님은 그리스도인 공동체가 은혜로 채워지도록 수치심의 문제를 던져주셨다. 은혜는 누구를 행동으로 용서하는 것과는 다르다. 은혜로 충만한 케어 제공자는 깨어진 상황을 극복하는 어려움을 감수하면서, 수치심 속에 있는 사람과 겸비하게 동행하고 수용함으로 긍휼과 사랑을 나눈다. 은혜로 채워진 공동체는 치유와 더불어 돌봄과 자존감을 경험하도록 돕는다. 수치심으로 인한 도피로 연약해지는 현상과는 대조적으로, 회복력은 은혜 충만한 관계를 통해 강화된다. 은혜의 열매를 얻으려면 숨지 말아야 한다. 대신 하나님과 은혜 충만한 그리스도인 공동체에 손을 내밀어야 한다.

은혜가 우리 영혼에 깊이 침투해 우리가 온전히 그것을 받아들일 때까지는 치유가 아직 이루어진 것이 아니다. 이것은 대개 수치심을 치유할 때 가장 어려운 측면이다. 하나님의 은혜를 깨닫고 다른 사람들의 은혜 충만한 행동을 수용하더라도, 그것을 마음으로 온전히 받아들이지 않는다면 문제의 핵심까지 이른 것이 아니다. 만약 우리 자신에게 자격이 없다는 데만 초점을 맞춘다면 하나님과 다른 사람들에게서 오는 은혜는 혼란에 빠지고, 매우 피상적인 경험으로 끝나고 말 것이다. 즉 은혜가 하찮게 여겨지거나 무시될 수 있다. 어떤 사람들은, 그 자신이 실제로는 얼마나 나쁜 사람인지 다른 사람들이 몰라서 그런 호의를 베푼다고 믿고는, 사랑으로 용납하는 치유 능력을 막음으로 은혜를 묵살한다. 수치심은 사람들을 파묻거나 함정에 빠뜨린다. 모든 종류의 실패와 망가짐으로 점철된 우리 인간성을 인정하고, 하나님과 다른 사람들이 우리에게 베푸는 사랑과 존중에 대해 기꺼이 우리 가슴을 열 수 있어야만 한다. 우리는 받을 만한 가치가 없지만 그것이 바로 은혜의 핵심이다. 하나님과 그분이 변화시킨 은혜 충만한 사람들은 은혜를 값없이 베푼다(엡 2:8-9). 사람들이 은혜를 받아들이는 것을 그렇게 어려워하는 이유는, 먼저 자격 없이 은혜를 누려야 할 필요를 인정해야 하고, 그렇게 하기 위해서는 자신이 한없이 무력해지고 겸비해야 하기 때문이다. 하나님은 트라우마가 일으킬 수 있는 수치심을 포함해 인간의 모든 부끄러움을 치료할 수 있는 영적 자원으로 우리에게 '은혜'를 공급하셨다.

3. 투쟁을 통한 성장

연구자들이 관찰한 결과 외상 후의 씨름 혹은 몸부림은 인격, 관계성, 신앙의 성장 아니면 붕괴나 해체(disintegration)로 결말이 난다고 한다. 일반적으로는, 트라우마의 충격이 크면 클수록 성장이나 해체와 관련된 변화도 더 크다(Fontana and Rosenheck, 2004). 만약 당사자가 회복력이 있거나 대비 능력이 있고 사건 이후에 지원을 잘 받는다면, 그들은 대개 성장을 경험할 것이다.

싫건 좋건 간에, 트라우마 이후의 성장은 충격 직후의 몸부림 속에서 시작된다. 당사자가 경험하는 취약성과 혼란이 크면 클수록, 오히려 그때 더 큰 성장 잠재력도 지니게 된다. 이 진리는 구약 시대에도 이미 잘 알려져 있었다. 시편기자는 이렇게 관찰한다. "주께 힘을 얻고 그 마음이 시온으로 가는 것을 사모하는 자는 복이 있습니다. 그들이 바카 골짜기를 지나갈 때 그곳이 샘의 골짜기가 되며 가을비도 그 곳을 축복으로 채워 줍니다"(시 84:5-6, 현대인의 성경). "바카 골짜기"(the valley of Baca)는 고통, 울음, 눈물 그리고 메마름을 상징하는 장소다. 시편기자는 하나님을 신뢰하고 찾는 자(내재적 신앙)는 그들이 비록 비참한 상황에 처할지라도 다시 살게 되는 새 힘을 얻을 것이라고 믿는다. 비록 고통과 고난은 비참한 것일 수밖에 없지만, 하나님과 그분의 뜻을 추구하는 사람들에게는 새 힘과 활력을 얻는 결과로 나타난다.

많은 찬송가는 이런 몸부림과 투쟁 끝에 태어난 영적 변화를 증언하고 있다. 매우 깊이 있고 소중한 찬송시들의 배경 이야기들은, 그 시들이 고난의 시기에 쓰였다고 밝히고 있다. "평화가 강물처럼 흐를 때"(When Peace Like a River, 우리말 찬송가에는 "내 평생에 가는 길"이라는 제목으로 실려 있다—역주)의 작가인 호레이쇼 스파포드(Horatio Spafford)는 파선 사고로 네 딸을 잃었다. 사고 후 그가 탄 배가 파선 지점을 지날 때 그는 하나님께 큰 위로를 받았는데, 이것이 힘이 되어 그는 이 시를 쓸 수 있었다. "슬픔이 바다의 파도처럼 몰려올 때…내 영혼은 평안해." 그는 인간의 지각을 넘어선 평화, 하나님께 대한 새로운 관점, 더 강해진 믿음의 확신 그리고 하나님의 역사 속에 나타난 더 큰 목적과 깨달음을 시로 남겼다(Osbeck, 1999, 25).

평화가 강물과 같이 내 가는 길에 찾아올 때나,
슬픔이 바다의 파도처럼 밀려올 때
내 운명이 어떤 것이든 당신은 내게 이렇게 말하도록 가르치셨지요
평안하다, 평안하다, 나의 영혼아

사탄이 비록 나를 뒤흔들어도 또 시련이 찾아올지라도,
이 축복받은 확신이 이겨내리라
그리스도께서 내 무력한 형편을 아시고는
내 영혼을 위해 그 자신의 피를 흘리셨네

이제, 주님은 내 믿음이 바라볼 수 있도록 그날을 서두시네
구름이 두루마리처럼 말려 올라가고,
나팔소리가 울려나며 주님이 내려오시겠네
"그럴 때에라도" 내 영혼은 평안해

(후렴) 내 영혼 평안해, 내 영혼 평안해, 내 영혼 평안해

윌리엄 카우퍼(William Cowper, 1731-1800)는 수많은 감정적 씨름에 직면했지만, 그것이 오히려 '자비와 축복'의 관문이 되었다. 그가 지은 찬송시 "하나님은 신비스럽게 움직이시며 놀라운 일을 행하시네"(God Moves in a Mysterious Way His Wonders to Perform)에서 그는 이렇게 고백한다.

너 두려운 성도여, 새로운 용기를 가져라. 네가 그렇게 두려워하던 검은 폭풍우는 크나큰 자비로 바뀌고, 네 머리 위에 축복으로 부서져 내리리라 (Osbeck, 1990, 202).

19세기의 무명 찬송시인으로 "어찌 찬양 안 할까"(How can I keep from singing)를 지은 이가 새로운 노래 "이 땅의 애가를 넘어서"(Above Earth's Lamentations)를 만든다. 그녀는 구주에 대한 자신의 믿음을 고수하는 동안 진정 의미 있는 일에 대해 새로운 경험을 하게 되었다. 그것은 바로 하나님과의 굳건한 연합, 더 깊은 평화 그리고 새로운 힘을 얻게 된 것이다.

어떠한 폭풍도 내 마음 깊은 곳의 고요를 흔들 수 없네, 그 피난처를 내가 붙들고 있는 한. 그리스도가 하늘과 땅의 주인이시니 내가 어찌 찬양하지 않을까?…그리스도의 평화가 내 심령을 새롭게 하나니, 항상 솟아나는 샘물처럼 내가 그분의 것이므로 만물이 다 내 것일세. 내가 어찌 찬양하지 않을까?(Wikipedia, 7/14/2012)

비그리스도인 연구자들이 최근 일반인을 대상으로 외상 후 성장에 관해 심도 있는 관찰을 진행했다(Calhoun and Tedeschi, 2006). 이 관찰 결과 우리는 외상 후에 일어나는 긍정적 변화를 더 잘 이해할 수 있게 되었다. 외상 후의 성장은 다음과 같은 영역에서 관찰되었다고 한다. 자아 인식의 변화, 타인과의 관계성 변화, 인생 철학의 변화 그리고 영적 변화.

그 결과, 때로 사람들은 개인적인 힘이 증가했다고 고백했다. "더 취약해졌지만 그러나 더 강해졌음"을 느낀다는 것이다. 많은 사람이 자신의 삶에 대해 새로운 가능성을 발견한다. 예를 들면, 어떤 여성은 그녀의 아이가 암으로 죽은 후 종양의학 간호사 경력을 쌓기 시작했다. 댄과 코니

크림(스토리 5)은 선교지에서 강도를 당한 뒤 선교사 지원 사역을 위한 훈련을 받기 시작했다. 앤(스토리 3)은 남편이 죽고 그녀와 아들이 중상을 입은 자동차 사고에서 살아나와 심리학자와 트라우마 전문가로 훈련을 받았다. 많은 사람이 다른 사람들과 더 깊고 친밀한 연결 관계를 맺게 되었다고 말한다. 강한 독립심을 가진 어떤 사람들은 자신이 취약한 상태에 있을 때 공개적으로 다른 사람들의 도움을 요청했다. 그들은 고통 속에 있었기에 다른 사람에 대해 사려 깊은 동정심을 갖게 되었는데, 특별히 비슷한 환경에 놓인 사람들에게 더 관심을 가지게 되었다. 또 다른 사람들은 자기 자신을 추구하는 더 큰 자유를 누리게 되었는데, 특별히 관계 면에서 더 진정성을 개발하는 용기를 얻게 되었다. 관찰을 통한 세 번째 변화의 영역은 인생철학의 수정이다. 이것은 대개 삶 자체에 대한 감사, 더 친밀해진 관계성 그리고 실존적, 영적, 신앙적 영역에 대한 관점의 변화로 나타난다.

제럴드 싯처는 『하나님 앞에서 울다』에서 자신의 여정에 대해 이야기한다. 연구자들이 앞서 이야기한 것과 일맥상통하는 것으로, 그는 솔직하고도 정교하게 자신의 삶에서 일어난 변화들을 묘사하고 있다. 그의 이야기는 영적 변화에 대한 이해를 더해주는 깊은 통찰력을 제공한다. 그는 '영혼의 확장'에 대해 "마치 땅이 부패하는 물질들을 받아들이듯, 내가 당한 상실을 나의 삶 속으로 흡수했다"고 묘사한다. 그가 묘사한 '부패' 은유는 죽음과 파괴의 한가운데서 새로운 '영혼의 옥토'에 대한 힌트를 제공한다. 확장된 영혼은 더 깊은 용량의 감각을 가진다. "영혼은 풍선과 같이 탄력성이 있다. 그것은 고통을 통해 더 크게 자랄 수 있다. 우리가 상실을 경험할 때마다 그것은 분노, 우울증, 절망, 고뇌 그리고 모든 자연적이고 정당한 감정들을 수용하는 용량을 확장시킬 수 있다. 일단 확장이 되면, 영혼은 또한 더 큰 기쁨, 힘, 평화 그리고 사랑을 경험할 수 있는 역량을 확보한다." 그는 또한 슬픔이 우리를 덜 가식적이고, 더 진정성이 있게 하며, 더 명확한 삶의 우선순위로 우리를 이끌어간다고 보았다. "깊은 슬픔은 때로 우리 삶에서 겉치레, 허영, 낭비 등을 벗겨내는 효과가 있다. 그것은 우리 인생에서 무엇이 가장 중요한지에 대해 근본적인 질문을 하도록 우리를 몰아세운다. 고통은 우리를 더 단순한 생활로 인도하고, 우리가 비본질적인 문제로 흔들리지 않도록 도와줄 수 있다. 그것은 놀라울 정도로 명확하다." 격렬한 고통은 "행복을 위해 우리가 의지해온 잡다한 소품을 빼앗아간다. 그것은 우리가 바닥을 쳐서 꼼짝 못 하게 하고는 우리를 잠잠히 기다리게 한다. 상실의 경험 속에서 우리는 막판에 다다른다. 그러나 우리 자신의 막판에 이르는 것과 동시에 우리는 하나님과의 활력 있는 관계 속으로 첫발을 내딛게 된다."

우리 자신의 힘에 대한 거짓된 의존을 포기하면, 우리는 우리 삶을 하나님 안에 더 굳건히 뿌리내릴 수 있다. 그때 우리는 새로운 영적 활력을 경험할 수 있다. 우리가 오직 한 분, 진실하신 하나님과 대면하고 그분을 더 잘 알게 되면 우리는 변혁될 수 있다. "우리에게는 충격적이고 당혹스러운 일이지만, 우리는 이 우주에 한 특별한 존재가 있다는 사실을 발견한다. 그분은 우리의 죄와 깨어짐에도 불구하고 우리를 맹렬히 사랑하신다. 우리가 우리 자신의 막다른 길목에 이르렀을 때, 우리는 진실되고 가장 심원한 우리의 자아가 시작되는 곳에 다다른다. 거기서 우리는 그분의 사랑으로 우리의 존재를 형성하시는 특별한 분을 만난다." 놀랍게도 제럴드 싯처는 그가 당한 비극 속에서 은혜를 발견했다. "그 비극은, 내가 전혀 원하지 않았지만, 나를 하나님께로 떠밀었다. 그리고 내가 전혀 찾지도 않았는데 하나님 안에서 은혜를 발견했다." 이 은혜는 평화, 충만함 그리고 새로운 구심점으로 그를 이끌었다. 그의 신앙은 하나님과 그분의 은혜 안에 더 강한 뿌리를 내렸다. "하나님은 내게 살아있는 실제가 되

> **트라우마 이후 성장의 모습**
>
> **자아 인식**
> - 더 취약함에도 불구하고 더 강해짐. 감각의 용량이 더 커짐
> - 삶에서 의미 있는 가능성들이 새롭게 일어남
>
> **다른 사람들과의 관계**
> - 더 깊은 연결 관계, 상호 의존할 수 있는 역량의 증가
> - 진정성의 증가, 덜 가식적이 됨
>
> **인생철학**
> - 삶에 대한 감사가 커짐
> - 관계의 중요성이 더 커짐
>
> **영적 변화**
> - 은혜에 대한 새로운 감사
> - 하나님과의 더 강한 연결성
> - 더 강해진 영적 활력과 신앙에 대한 본질적인 동기의 확신
> - 더 깊어진 평강과 만족감
> - 궁극적으로 중요한 일들에 대한 강한 인식

셨는데, 전에는 한 번도 경험하지 못한 일이었다. 하나님 안에서 나의 확신은 전보다 다소 조용한 형태지만, 그러나 그 어느 때보다 더 강해졌다. 나는 하나님께 감동을 드리거나 나 자신을 증명하고 싶은 약간의 압력을 느끼기는 한다. 그렇지만 분명한 것은, 나는 온 마음과 힘을 다해 그분을 섬기기 원한다. 나의 삶은, 비록 내가 여전히 상실의 아픔을 느끼기는 하지만 이제 넉넉함으로 가득 차 있다. 은혜는 나를 변혁시키고 있고, 그것은 정말 놀라운 일이다."

트라우마 이후 처음부터 의욕을 가지고 그리스도를 따르는 사람들이 얻는 유익은, 하나님과 그분의 은혜에 강하게 초점을 맞춤으로 더욱 근

원적으로 동기가 확고한 신앙을 갖게 되는 것이다. 하나님은 그리스도인들이 최악의 순간에도 자신의 연약한 힘을 다해 하나님과 그분의 백성을 붙잡고 놓지 않도록 그들을 끌어당기신다. 진창과 수렁으로 엉망인 이곳저곳에 한 줄기 구속의 빛이 비치고, 다가올 영광의 서광이 보이기 시작한다.

4. 결론

트라우마를 겪는 사람들은 신체적, 심리적, 영적 면에 영향을 받는다. 사역에 종사하는 그리스도인들의 경우 외상 후 스트레스와 함께 중대한 영적 도전에 직면한다. 이에 대해 어떻게 반응하는지가 그 충격에서 회복되는 능력에 영향을 미친다. 트라우마가 미치는 영적 영향력에 대해 깊은 이해가 있으면 위기사태에 대해 보다 더 잘 대비할 수 있다. 또한 트라우마 이후 불가피하게 일어나는 씨름과 투쟁을 위해 유용한 자원들이 무엇인지 알고 활용할 수 있다. 이 과정에서 더 잘 준비되고 충분하게 지원을 받은 사람들은 탄력성과 회복력이 더 커질 것이다.

교회와 선교 단체 그리고 그 밖의 그리스도인 공동체는 그들의 가르침과 훈련 프로그램 가운데 이런 주요 요소들을 영적 준비의 과정으로 포함해야 한다. 또한 위기 때를 대비해 평상시에 상호 지원을 위한 일반적인 문화를 구축해두어야 한다. 이로 인해 특정한 위기와 특별한 개인들을 지원하기 위해 세워진 기존 조직이나 체제를 보완할 수 있다. 조력자들과 도우미 팀은 영적 지원을 위한 자원들을 잘 알고 있어야 한다.

때로는 트라우마의 결과가 당사자의 남은 생애 동안 계속 그를 아프게 하고 상처를 줄 수 있다. 하지만 우리는 오히려 이것을 하나님께 더 가까이 나아가고 믿음의 자원으로 삼는 기회로 만들 수 있다. 그리스도인들

> **영적 준비와 트라우마 지원**
>
> **영적 준비를 위한 핵심 요인**
> - 건전한 고통의 신학
> - 내재적 신앙심의 강화
> - 용서에 대한 이해와 실천
> - 불편한 감정을 직면하고 나눌 수 있는 능력
> - 친밀한 관계를 만들어갈 수 있는 능력
> - 유약함과 실패를 받아들일 수 있는 능력
>
> **트라우마 이후 영적 지원을 위한 핵심 자원**
> - 다른 믿는 사람들, 중보 기도, 실제적 지원 그리고/혹은 예식과 의식을 통해 하나님의 임재를 깨닫기
> - 슬픔, 고통, 실망 그리고 하나님께 대한 분노 등에 대해 애도하기
> - 용서
> - 은혜

은 우리를 향한 하나님의 궁극적인 목적이 깨어진 우리를 치유해 창조주이자 구주이신 그분과 자유롭고 사랑스러운 관계를 갖도록 회복하게 하시는 것임을 이해한다. 궁극적으로 가장 중요한 문제는, 무엇이 우리로 하여금 마음과 영혼과 뜻을 다하여 하나님을 사랑하도록 만들며, 또한 우리의 이웃을 우리 자신처럼 사랑하게 하는가다(마 22:34-40). 이로 말미암아 우리는 결국 자기중심성과 이기주의를 극복하게 될 것이다. 그러므로 고통 속의 영적인 투쟁은 이러한 사랑을 키워가는 데 그 자체의 역할과 위치가 있는 것이다. 올바른 정신을 가진 사람이라면 그 누구라도, 비록 신인(God-man)이신 예수님이라고 할지라도, 만약 그것이 진정으로 선한 이유가 아니라면 결코 고통당하는 것을 원하지 않을 것이다. 고통은 오직 타락한 세상의 한 속성으로서, 만물을 아우르는 회복과 구속의 한

과정으로 이해할수 있다. 이것은 고난당하는 자들에게 특별히 더 구속의 필요가 있다기보다는, 오히려 그들이 고통 가운데서도 영적인 성장을 껴안고 받아들이는 선택을 할 수 있다는 관점에 더 큰 의미가 있다. 이런 선택은 자비와 은혜 그리고 구속의 경이로움에 대한 더 큰 능력을 신비스러운 방법으로 나누고 전한다.

12장

치유를 위한 기도

앤 하멜

선교사들은 일반적으로 건강하고 적응력이 높은 집단으로, 하나님과 그분의 사역에 깊이 헌신되어 있다. 그렇지만 많은 사역자가 전투에 지쳐 있다. 그들은 큰 전투의 최전선에 배치된 병사로서, 땅끝까지 복음을 전하는 임무를 담당하므로 특별한 케어가 필요하다. 스콧 솝이 1부에서 고통에 대해 지적한 것처럼, 선교사들은 부르심 받은 사역 그 자체의 속성으로 인해 높은 압박 속에서 살고 있다. 선교사들은 세상에서 가장 가난하고, 질병이 창궐하며, 정치적으로는 불안정한 지역으로 기쁜 소식을 들고 나아간다. 성경에서는 그리스도의 재림이 가까울수록 이 세상이 점점 더 불안정해지고 험악해질 것이라는 사실을 분명히 말씀한다. 스콧이 강조한 것처럼, 이 세상의 남은 지역에 그리스도가 전파되기 위해서는, 사역자들이 개인적으로 대가를 치러야만 한다. 이 책에 나오는 여러 가지 이야기는 그리스도의 몸인 우리가 세상 끝까지 가라는 지상 대위임령을 수행하기 위해서 기꺼이 치러야만 할 대가에 대해 소개하고 있다. 따라서 선교 사역의 최전선으로 부름 받은 사역자들을 위해, 가능한 최선의 케어를 제공하는 것은 우리의 책무다.

지난 수년간 선교사들을 돌보는 사역에 많이 참여하면서, 나는 그들을 더 깊게 이해하게 되었다. 어린 시절 해결되지 않은 트라우마를 경험한 사역자들은 현재의 스트레스와 트라우마를 처리할 때 상당한 고충을 겪는다. 선교사들은 일반적으로 취약한 상태에 놓이는데, 우선 그들은 가족, 친숙한 문화, 사회적 지원 시스템과 멀리 떨어져 있기 때문이다. 지난 시절의 상처와 현재의 트라우마는 우리 영혼의 원수가 불화와 갈등의 씨앗을 뿌리는 비옥한 토양이 된다. 그래서 트라우마에 대해 영적이고 정서적인 측면의 이해가 없으면, 대개 이 문제의 치료 효과는 오래가지 못한다.

그리스도인들은 기도의 치유 능력을 항상 믿어왔지만, 이제는 기도로 치료할 수 있다는 사실이 과학으로 분명히 증명되고 있다. 허버트 벤슨(Herbert Benson), 제프 레빈(Jeff Levin), 하롤드 쾨닉(Harold Koenig), 데이비드 라슨(David Larson)을 비롯하여 더 많은 사람이 연구한 결과, 오늘날 미국의 125개 의과 대학 중에서 80여 개 학교가 '영성과 건강'(spirituality and health)이라는 과목을 개설하고 있다. 이것은 1990년대 이전에는 단지 세 학교만 이런 과목을 개설한 것과는 완전히 다르다. 이 장에서 우리는 현재와 과거의 해결되지 않은 감정적 문제들로 인한 트라우마성 사안에 대해, 치유하는 기도의 영향력에 관해 살펴볼 것이다. 치료 과정에서 기도와 또 다른 영적 실행을 통합하는 효과적인 방법도 제안할 것이다.

기도와 심리 영적인 개입

2003년 6월에, 나는 미국 오하이오 주에 있는 애시랜드 신학교에서 테리 워들 박사(Dr. Terry Wardle)가 인도하는 '영성 기도 세미나'(Formational Prayer Seminar)에 참여했다. 그 세미나에서 하나님은 나의 삶을 만져주셨다. 나는 그때 어떻게 심리학을 활용해야 할지에 대한 아이디어를 얻었을 뿐 아니라 삶을 살아가는 방법에 대한 생각도 달리하게 되었다. 나는 비록 그리스도인 심리학자였지만, 1990년대 중반 이전에 훈련을 받은 대부분의 전문가와 마찬가지로, 심리 치료 과정에서 영적인 면과 심리학적 개념을 어떻게 효과적으로 통합할 수 있는가에 대해서는 매우 제한적인 이해만 하고 있었다. 선교사들을 대상으로 일하면서, 나는 영적인 문제와 심리학적 주제가 때로는 서로 뒤얽히는 것을 발견했다. 그래서 선교사들을 좀 더 효과적으로 도우려는 열망으로 그해 8월에 애시랜드 신학교의 영성 상담(Formational Counseling)을 전공하는 목회학 박사 과정에 등록했다.

테리 워들 박사는 치유 기도의 방법론을 개발했는데, 그것은 자신의 개인적인 내적 투쟁의 과정에서 나온 것으로, '영성 기도'(Formational Prayer)라고 불린다. 목회자 겸 신학교 교수로서, 워들 박사는 성경 원리를 자신의 정신 건강에 적용해보았다. 그는 고통이 사람의 눈을 열어서 영적 실제를 보게 하는데, 다른 어떤 것도 그런 역할을 담당할 수 없다는 사실을 발견했다. 해결되지 않은 감정적 상처를 치료하는 자신의 방법을 개발하고 개선해나가는 동안, 그는 기독교계에서 활발하던 '내적 치유 운동'과 '명상 기도 운동'에도 영향을 받았다.

1990년대 중반에, 워들은 성경 원리를 자신이 당한 위기에 적용해보면서, 다른 사람들을 도울 방안을 연구했다. 그는 자신이 개발한 방법론을 설명한 여러 권의 책을 썼다. 가장 먼저 쓴 책의 제목은 『상처받은 자』(*Wounded*)였다(Wardle, 1994). 그러나 그의 방법론을 가장 자세하게 설명한 책은 『치유하는 케어, 치유하는 기도』(*Healing Care/Healing Prayer*)였다(Wardle, 2001). 그는 처음에 이 방법을 '내적 치유 기도'라고 불렀지만, 후에 '영성 기도'라고 바꾸었다.

영성 기도는 치유 기도의 한 방법으로, 해결되지 않은 감정적 트라우마를 치유하기 위해 개인이 적용할 수 있도록 개발되었다. 침례교 목사인 에드 스미스 박사(Dr. Ed Smith)는 '신령한 빛의 기도'(Theophostic Prayer)를 개발했다. 그다음에 데이비드 시맨즈(David Seamands)가 기억의 치료를 광범위하게 다룬 책을 썼다. 시맨즈는 감리교 선교사의 아들로 인도에서 태어나서, 유년 시절 대부분을 그곳에서 보냈다. 성인이 된 후, 시맨즈와 그의 부인은 인도로 다시 돌아가서, 1946년에서 1962년까지 사역했다. 시맨즈는 미국으로 돌아온 후, 감정 치유를 전문으로 하는 교수와 목회자로 활동했다. 세계 곳곳에 흩어져 있는 선교사들이 그의 저술을 통해 많은 영향을 받았다. 그가 쓴 여섯 권의 책은 모두 합쳐서 200만 권 이상 팔렸다. 가장 잘 알려진 책 두 권은 『상한 감정과 억압된 기억의 치유』(Healing of Memories, 죠이선교회출판부 역간)와 『상한 감정의 치유』(Healing for Damaged Emotions, 두란노 역간)다.

또 다른 방법은 리앤 페인(LeAnn Payne), 존-폴라 샌드포드(John & Paula Sandford), 프란시스-주디스 맥너트(Francis & Judith MacNutt)를 비롯한 다른 사람들이 개발했다. 나는 '영성 기도'와 가장 친숙한 입장이라 이 방안에 초점을 맞추되, 다른 방법론들과 공통되는 원리도 소개하려고 한다. 방법론마다 나름의 독특한 신학적 관점을 가지고 있고, 거의 모두가 성경에 기초하여 자신의 방법론을 세우려고 시도했다. 치유 기도의 기본 원리는 대개 확고하게 성경에 기초를 두고 있지만, 다양한 모델의 '기법'은 일반적으로 서로 다른 형태를 취한다. 역사에서 볼 때, 그리스도인들의 공통적인 실행 방안은 서로 유사하고 성경적 원리에 부합하지만, 방법론상의 기술적인 근거마저 전적으로 성경에 기반을 두려는 시도에 대해서는 비판의 여지가 있다. 다양한 방법론에 대한 역사적 맥락과 심리학적 토대를 살펴보면, 그 용도에 대한 합리적 근거를 뒷받침하는 데 도움이 될 것이다.

발전 과정의 역사

아그네스 샌포드(Agnes Sanford)는 내적 치유 기도 운동의 창시자다. 선교사 자녀로 1897년에 중국에서 태어난 그녀가 열다섯 살이 되었을 때, 중국 내 정치 상황의 불안정으로 인해 중국을 떠나야만 했다. 샌포드 자신도 여느 선교사 자녀가 겪는 많은 문제와 씨름해야만 했다. 샌포드는 1918년에 대학을 졸업하고, 선교사가 되어 다시 중국으로 들어갔지만, 1925년에 산후 우울증으로 인해 다시 미국으로 돌아왔다. 샌포드와 그녀의 남편은 중국에서 계속 사역하기를 원했지만, 그녀의 우울증은 더 심해졌다. 그런데 기도의 치유 능력을 믿는 한 감독교회 주교의 도움을 받고 나서 그녀의 우울증은 사라졌다. 이 주교의 기도가 그녀의 인생 진로를 바꿔놓았다.

샌포드가 살던 시기에는 심리학이나 정신 의학 분야가 아직 초창기였다. 지그문트 프로이트(Sigmund Freud)가 의과 대학을 졸업하던 해가 1881년이었는데, 샌포드가 태어나기 16년 전이었다. 프로이트는 그의 첫 주요 저술을 1900년에 출판했다. 그는 무신론자로서 마음에 대한 연구를 하면서, 체계적인 수단을 개발하기 위해 과학적인 방법을 사용한 개척자였다.

칼 융(Carl Jung)은 스위스의 정신 의학자로서 프로이트의 영향을 강하게 받은 사람이었다. 융은 개신교 목사의 아들이었고, 자신의 신앙적 신조와 경험에 강력한 영향을 받았다. 결국 그는 프로이트와 결별하게 된다. 어떤 그리스도인은 융의 이론을 불편하게 생각하지만, 융 자신은 정신과 정서적 건강과 관련해서, 결코 신앙의 중요성을 무시하지 않았다. 프로이트는 무신론자이지만, 융은 종교적인 것과 과학적인 개념을 통합하려는 시도를 했다.

아그네스는 『치유의 빛』[*The Healing Light*(Sanford, 1947)]이라는 그녀의 책에서, 치유에 대해 하나님이 자신에게 보여주셨다고 믿고 있는 바를 요약했다. 그녀는 하나님의 사랑과 살아 계신 그리스도의 임재와 내주하심에 초점을 맞추는 것이 중요하다고 강조했다. 그녀는 하나님의 능력이 다른 사람의 치유를 위해, 사람을 통해 역사할 수 있다고 믿었다. 샌포드에게는 눈에 보이게 하는 시각화가 내적 치유의 가장 중요한 요소였고, 상상 또한 효과적인 기도의 중요한 부분이었다. 샌포드는 융 심리학을 활용할 것을 추천하고, 내적 치유의 개념을 설명하기 위해 융의 심리학 개념과 용어를 자주 인용하기도 했다.

심리학적 배경

'치유 기도'(healing prayer)의 방법론에서는 융 심리학과의 관련성을 거의 인정하지 않는다. 대부분 자신이 속한 교파의 관점에서 확고한 성경적 기초를 강조한다. 그러나 융 심리학을 자세히 들여다보면, 성경과 관련 있다는 점이 명백하다. 융은 독일 루터파 신학자인 루돌프 오토(Rudolf Otto)의 저술에 강한 영향을 받았다. 그는 신성함은 과학과 이성의 이해를 뛰어넘는 것으로 믿었다. '신성한 것에 대한 경험'은 종교의 고유한 특성이라고 믿은 것이다. 융은 1930년대에 오토의 개념을 그의 임상 치료에 활용하기 시작했다. 그는 유아 시절에 극심한 학대로 고통당했던 한 여성이, 그 학대와 연관된 '신령한' 체험을 통해, 치료 과정에서 긍정적인 효과를 보았던 사례를 소개했다. 우리는 융이 설명하고 있는 이 체험이 바로 '치유 기도'라는 것을 발견했다. 감정적 고통과 학대 사건을 회상하면서, 동시에 그 고통 속으로 예수 그리스도를 초청함으로, 당사자는 그의 관점과 시각을 획기적으로 바꾸는 변화와 직면한다. 융에 따르면, 이런 직면 혹은 대면은 치유를 일으킬 만큼 강력하고, 단순히 인지적인 경험만으로는 가능하지 않은 방법으로, 인격적인 변화에 영향을 미친다(Jung, 1973).

모든 치유 기도의 방법론은 감성을 다루고, 또한 감성이 활성화되도록 고안되어 있다. 트라우마성 기억을 재경험하면서 동시에 예수님의 임재를 실감하게 한다. (정신적) 외상 전문의들은 심리적인 위기가 감성 뇌(변연계)에 등록된다고 가르치며 신경 생리학적 연구를 통해 트라우마를 치료하기 위해서는 단지 인지 뇌뿐만 아니라, 감성 뇌에 접근해야 한다는 사실을 확인해준다. 트라우마성 기억들은 인지적으로보다는 감성적으로 저장된다는 것이다. 치유가 일어나기 위해서는, 트라우마와 하나님의 임재 두 요소를 모두 감성적으로 경험해야만 한다. 부정적인 경험을 재방문하고, 그것이 바뀌도록 조치를 취하여 치유를 경험할 수 있다. 이것이 그리스도인의 믿음이며 동시에 치료 요법적인 현실이다. 그래서 대뇌의 변연계는 '뇌의 신적 부분'이고, 영적 경험이 그곳에서 일어나기 때문에 '하나님을 향한 송신기'라고 불린다.

성경적, 신학적 기반

신구약 성경에서는 모두 마음과 심령으로 하나님 앞에 나아가야 한다고 가르친다. 시편 46장 10절에서는 "너희는 가만히 있어 내가 하나님 됨을 알지어다"라는 말씀으로 우리를 초청한다. 신약성경에 우리의 생각을 예수 그리스도께 고정하라는 말씀이 나온다. "우리가 다 수건을 벗은 얼굴로 거울을 보는 것같이 주의 영광을 보매 그와 같은 형상으로 변화하여 영광에서 영광에 이르니 곧 주의 영으로 말미암음이니라"(고후 3:18).

구원의 계획은 하나님과의 친밀함을 회복하고, 우리의 깨어짐을 치유하는 것이다. 고통과 고난은 죄의 결과지만, 하나님은 그것을 우리가 당신께로 다시 돌아가도록 이끄시는 수단으로 삼으셨다. 워들이 개발한 '영성 기도'는 하나님이 우리 삶 안에 들어오시고 또한 우리를 더 가까이 이끄시는 출입문으로, 고통과 고난을 사용하신다는 성경 원리에 기초를 두고 있다. 죄의 결과로 말미암아 우리는 모두 상처를 입었다. 그 상처들은 신체적, 정신적, 감정적, 사회적 그리고 영적으로 명백하게 드러났다. 예수님은 단지 우리가 천국에서 하나님과 함께할 자리를 확보하기 위해서만 오신 것이 아니라, 우리의 상처를 치유하시고, 우리에게 풍성한 생명을 주시기 위해 오신 것이다(요 10:10).

어떤 사람은 정서적이고 감정적인 문제를 종교적인 영역으로 다루는 것을 두려워해서, 지적인 영역에 머물기를 더 좋아한다. 그러나 역사에서 보면, 영적인 지도자들은 교단의 배경과 관계없이 마음, 생각, 이성과 감정적인 문제들을 영적인 여정으로 받아들일 필요성을 인정하고 있다. 토저(A. W. Tozer)는 고전이 된 그의 책 『하나님을 추구하라』(*The Pursuit of God*, 생명의말씀사 역간)에서 이렇게 말한다. "영혼을 양육하는 일은 단지 말씀을 통해서만이 아니고, 하나님 당신이 직접 하신다. 그래서 말씀을 듣는 사람이 개인적인 경험을 통해 하나님을 만난 일이 없거나 혹은 아직 그럴 준비가 되어 있지 않다면, 진리를 들었다는 것만으로는 그에게 큰 유익이 되지 못한다. 성경 그 자체는 최종적인 목표가 아니고, 오히려 사람들을 하나님에 대한 친밀하고도 만족스러운 지식으로 이끌어주는 매개체라고 할 수 있다. 그것은 사람들이 그 앎을 통해 하나님께로 나아갈 수 있고, 하나님의 임재 안에서 기쁨을 누리며, 그들 삶의 중심과 핵심에서 하나님의 내적인 아름다움을 알고 맛볼 수 있도록 하기 위한 것이다"(Tozer, 1992, 9). 토저는 그의 책 뒷부분에서도 이렇게 말한다. "우리가 기도하는 것은 깨달음의 정도를 더 깊이 있게 하기 위한 것인데, 그것은 하나님의 거룩한 임재에 대한 더 완전한 인식을 위한 것이다. 우리는 하나님이 계시지 않는 것처럼, 우주 공간을 향해 목청껏 외칠 필요가 전혀 없다. 그분은 우리 자신의 영혼보다 더 가까이 계시고, 우리의 가장 비밀스러운 생각보다 더 근접한 곳에 계신다"(Tozer, 1992, 62).

캘빈 밀러(Calvin Miller)는 『하나님이 기뻐하는 삶』(*Into the Depths of God*,

브니엘 역간)이라는 자신의 책에서 하나님과의 교감에 대해 이야기하고 있다. 우리가 기도로 하나님 앞에 나아갈 때, 우리는 자신이 누구며, 하나님이 누구신지에 대해 돌아보게 된다고 말한다. 밀러는 "하나님은 그냥 앉아서 말씀만 하는 분이 아니고, 만나주시고 들어주시는 분이다. 그러나 우리와 하나님 사이에 모든 대화와 교감이 끝났을 때, 홀로 말씀하시는 분은 하나님이시다"(Miller, 2000, 53). 밀러에 따르면, 하나님은 왕이시므로 우리는 그분의 임재 속에 들어가서, 그분을 기다려야 한다. 그러나 하나님의 임재 속으로 들어갈 때, 우리는 자신이 누구며 하나님이 누구신지를 잊어버리고, 우리가 주도권을 잡으려고 한다.

엘런 화이트(Ellen White)는 그녀의 책 『시대의 소망』(*The Desire of Ages*, 시조사 역간)에서 그리스도와의 친밀함이 중요하다는 것을 이야기한다. 그녀는 그리스도의 생애 중 여러 장면들을 '생생하게 붙잡는 상상력'의 중요성을 강조하는데, 특별히 마지막 고난 장면을 중요시한다(White, 2001, 83). 토저, 밀러, 화이트 등이 말하는 경험을 묘사하는 영역은 우뇌다. 우뇌는 이성적이기보다는 관계적이다. 머리보다는 가슴이다. 이런 형태의 기도와 예배는 변연계(감성 뇌)에 근거를 두고 있는 것이지, 대뇌 피질(이성 뇌)의 영역은 아니다.

나는 기도에서 상상력의 기능에 관해 쓴, 그레고리 보이드(Gregory A. Boyd)의 『보는 것이 믿는 것이다』(*Seeing is Believing*)를 추천한다. 이 책은 예수님의 형상을 본받기 위해서는, 그분의 임재를 실제로 경험하는 것이 중요함을 강조한다. 이 책의 내용은 성경의 원리와 역사적으로 검증된 그리스도인들의 수행 형태와도 부합된다. 보이드는 서구인들이 문화적 배경 때문에 상상을 환상 혹은 가공적인 것과 동일시한다는 점을 지적한다. 보이드는 상상이란 단순하게 "어떤 이미지나 영상을 떠올리는 사고 능력"이라고 한다(Boyd, 2004, 72). 이런 이미지는 실제일 수도 있고 가공적일 수도 있다. 우리는 생활하면서 "우리 마음속의 상상력을 사용해서 실제를 복제"함으로, 실재를 경험하게 된다(Boyd, 2004, 72). 우리가 떠올리는 이미지들을 생각해보라. 원자와 분자, 혈관을 돌고 있는 피의 흐름, 축을 따라 회전하고 있는 지구 등. 우리는 그것을 보지는 못하지만, 보고 있다는 증거들을 바탕으로 그것의 실제를 믿는다. 사실 우리는 그것의 실제를 상상하는 것이다. 상상하는 실제는 덜 생생하지 않고, 오히려 우리가 그것의 실상을 붙잡는 데 도움을 준다. 남편이 부재중일 때, 나는 그의 모습을 상상한다. 상상력이 없이는 그에 대해 생각할 수가 없다. 적어도 그의 목소리, 손에 잡히는 감촉, 그가 사용하는 향수의 냄새 등에 대한 기억으로 상상이 가능해진다. 결국 상상은, 현실적으로 존재하지 않거나 눈으로 볼 수 없는 것을 실제로 경험하도록 도와준다.

보이드는 "현대의 서구 기독교계에 가장 널리 퍼져 있는 문제점은 정보가 자동적으로 변혁으로 전환된다고 잘못 추정하고 있는 것"이라고 주장한다. 즉 "어떤 것이 사실이라면, 진실한 사실 그 자체가 우리 삶에 중요한 변화를 가져다주는 것을 보장하거나 책임지는 것은 아니다"라는 의미다(Boyd, 2004, 71). 무소부재하신 하나님에 대한 그리스도인의 핵심적인 신앙은 추상적이고 신학적인 실제지만, 우리 중 대부분은 그것을 구체적인 실체로 체험하지는 못한다. 그래서 보이드는 우리에게 이런 필요가 있음을 알려준다. "만약 우리가 이 세상의 풍습을 끊고 자유를 누리며 그리스도의 형상으로 변화되기 위해서는, '우리의 눈을 예수께로 고정'해야 하고, '우리의 마음을 위에 있는 것에 두는' 비결을 배워야 한다(골 3:2-3; 히 12:1-2)"(Boyd, 2004, 89). "기도할 때 성령의 감동으로 고양된 상상력의 사용에 초점을 맞추어 그리스도 안에서 쉼을 누리며 얼굴과 얼굴을 대하듯 예수님을 알게 된다(출 33:11). 그것은 일상의 어떤 관계 못지않게 더 생생한 실제가 될 수 있다." 보이드는 "그리스도 안에서 쉼을 누리며 변혁과 치유를 누리는 연단보다 더 나은 영적 연단은 없다"고 말한다(Boyd, 2004, 17).

치유 기도의 모델: 영성 기도

'영성 기도'의 초점은 그리스도와의 친밀한 관계를 통해 감정적 치유를 얻는 것이다. 시편 147장 3절에는 주님이 "마음이 상한 사람을 고치시고, 그 아픈 곳을 싸매어 주신다"(새번역)라고 나와 있다. 예수님의 임재에 대한 인식의 장(場)에 들어감으로써 그 사람은 하나님의 치유하심과 변화시키는 손길을 맞을 준비를 하는 것이다. 영성 기도는 영성 개발과 내적 치유의 혼합이라고 할 수 있다. 그것은 해결되지 않은 감정적 상처의 치유를 촉진하기 위한 특별한 절차로, 심리 영적인 기능을 활용하는 것이다.

1단계 형상화와 하나님에 대한 인식으로 감정적 안전을 경험함

영성 기도는 해결되지 않은 트라우마와 관련되어 있기 때문에, 감정적 안전은 가장 우선적인 고려 사항이 된다. 해결되지 않은 감정적 트라우마 때문에 고통당하고 있는 많은 사람은, 비록 안전한 환경 속에 있다고 할지라도, 안전을 느끼는 것이 힘든 일이다. 따라서 당사자들에게 제일 첫 단계로 요구하는 것은 안전한 장소를 '상상하도록' 하는 것인데, 그가 가 본 곳도 괜찮고, 아니면 가상으로 정할 수도 있다. 일단 이런 장소를 상상하고 자신이 그곳으로 들어가도록 허용하고 난 다음에, 성령님이 그의 마음과 감각을 열어서 예수님의 임재를 느낄 수 있도록 구한다. 안 계신 곳이 없는 '무소부재하신 하나님'은 기독교의 기본 교리기 때문에, 이 첫 단계는 단순하게 이 원리를 이해하도록 초청하는 것이다. 그다음 단계는 이 첫 단계에서부터 진행된다. 1단계는 10분에서 20분 정도로 진행한다. 대개 이 단계는 당사자들이 그들의 생활 속에서 예수님의 치유하시는 손길을 경험할 수 있도록 돕는 것만으로도 충분하다. 토머스 키팅(Thomas Keating)은 이 기도를 '신성한 치료'(divine therapy)라고 불렀다(Keating, 1991). 사회학자인 마거릿 폴로마(Margaret Poloma)에 따르면, 이런 형태의 기도를 수행하는 그리스도인들은 그리스도와 깊고도 더 의미 있는 관계를 맺고, 그분의 임재를 더 자주 경험한다고 한다(Poloma, 1991). 그리스도의 임재를 인식하는 수행으로 마음 문을 활짝 열고, 성령님의 변화시키고 치유하는 능력을 향해 나아갈 수 있다.

2, 3, 4 단계 적체된 역기능의 해결

워들은 해결되지 않은 감정적 상처를 설명하면서, 적체된 역기능에 대해 묘사한다. 사람들의 생각, 느낌, 행동은 켜켜이 쌓여서 층을 이룬다. 이렇게 적체된 역기능의 특성은 마치 양파 껍질을 벗기는 것과 같다. 문제와 도전으로 얽혀 있는 우리 삶의 정황은 양파의 바깥층과 같아서, 그곳은 전형적으로 감정적인 반응이 나타나고 감정에 대한 접근도 가능한 곳이다. 제럴드 싯처는 감정적으로는 다른 사람들의 관심이 필요했다고 말한다. 그런 감정은 부인할 수도 없고, 또 그렇게 되지도 않았다. 그는 이 사실을 알고 있었다. "나는 정면으로 대응하면서 어둠 속으로 뛰어들어 나 자신을 헤쳐나갈 도리밖에 없었다." 제럴드는 자신의 친구들이 그의 감정을 바꾸려 하거나 부인하게 하려고 애쓰지 않고, 그냥 잘 들어줄 만큼 지혜로웠던 것에 감사했다.

어떤 사람은 벅찬 삶의 씨름 가운데 트라우마의 고통을 묻어버리고 산다. 그 고통은 일상적인 삶의 도전에 묻혀 있지만, 여전히 해결되지 않은 채 생각과 느낌, 행동에 영향을 미친다. 묻어둔 감정은 때때로 시기적으로 좋지 않을 때, 현재의 사건 때문에 촉발될 수 있다. 그렇게 되면, 현재의 사건과 관계없이 일어나는 감정의 폭발 상태를 주변 사람들은 이해할 수 없게 된다. 고통과 숨겨진 감정들은 대뇌의 변연계(감성 뇌)에 저장되므로, 비언어적으로 접근해야 한다.

데이비드 서반-슈라이버(David Servan-Schreiber)는 피츠버그 대학교 메디컬 센터의 정신과 전문의다. 그는 『치유를 향한 본능』(*The Instinct to Heal*)이라는 저술에서 우울증과 불안과 스트레스를 치료하기 위해 실증적으로 입증된 기술의 개요를 설명하는데, 그것은 사람 마음속의 선천적인 치유 시스템을 활성화하는 것이라고 한다. 이 경우에는 약물의 사용이나 전통적인 대화 요법이 꼭 필요하지 않다고 한다. 서반-슈라이버는 저명한 신경 과학자인 조셉 르도(Joseph LeDoux)와 안토니오 다마지오(Antonio Damasio) 그리고 외상학자인 베셀 반 더 콜크(Bessel van der Kolk)와 주디스 허먼(Judith Hermann)의 연구 결과를 인용하고 있다. 서반-슈라이버는 "감정적 장애는 감성 뇌의 역기능으로 인해 발생한다. 많은 사람에게, 이런 역기능은 고통스러운 과거의 경험에서 비롯된다. 그것은 현재와는 아무런 연관성이 없지만, 그래도 여전히 지속적으로 사람들의 행동을 통제한다"라고 설명한다. 그는 더 나아가, "치료의 기본적인 목표는 감성 뇌를 '재프로그래밍'해서, 과거의 경험에 지속적으로 반응하는 대신 현재에 적응하도록 하는 것"이라고 정리한다. 감성 뇌는 서반-슈라이버가 "치유를 향한 본능"이라고 부르는 자기 치유를 위한 자연적인 메커니즘을 보유하고 있다. 이런 치유를 위한 본능은 "우리 몸 속의 균형을 유지하고 웰빙을 추구하는 감성 뇌의 선천적인 능력"을 중심으로 활동하는데, 우리 몸에 상처가 난 후 흉터를 만들거나 감염을 막는 것과 같은, 또 다른 자기 치유의 메커니즘과 비교할 수 있다. 감성 뇌에 접근하기 위해서는, 언어를 통한 대화보다는 비언어적 기법을 활용해야 한다(Servan-Schreiber, 2004, 11).

더 심도 있는 치유 단계를 열어가면서, 워들은 비언어적 기법을 추천

했는데, 당사자들이 해결되지 않은 고통에 접근하는 것을 돕기 위해서, 상징, 예술, 시 혹은 또 다른 창의적인 활동을 활용하는 것이다. 이런 기법 혹은 기술은 성경에서 직접 나온 것은 아니지만, 로이 게인(Roy Gane)은 성경, 특히 구약성경에 수많은 상징이 나온다는 사실을 환기한다. 게인은 앤드루 대학교 신학부의 히브리어 성경과 근동 지역 언어학 교수로서 『NIV 적용주석』의 레위기와 민수기 집필자이기도 하다. 그는 구약에 나타나는 의식 절차, 심지어 성소나 성전의 디자인까지도 하나님에 관한 진리를 사람들의 가슴속에 비언어적으로 전달하고 있다는 점을 지적한다. 빵, 포도주, 발을 씻김 등 신약성경의 최후의 만찬에 나타난 강력한 상징성을 생각해보라. 세례 의식을 생각해보라. 예수님도 듣는 사람들의 가슴에 와 닿도록, 이야기 형식으로 된 비유를 통해 가르치셨다. 해결되지 않은 고통을 위한 영성 기도를 수행할 때, 워들은 역기능적이고 죄가 되는 행동을 먼저 다루고, 다음에 내면적인 거짓과 부정적인 자기 대화를 다루며, 마지막으로 감정적 격동을 처리하라고 권고하고 있다.

1차 행동

사람들은 때때로 자신의 고통스러운 기억을 억누르거나 고통에 대한 감각을 마비시키기 위해, 역기능적인 행동을 저지르기도 한다. 워들은 죄가 되거나 역기능적인 행동부터 다루면서, 그 행동에 맞는 상징물을 찾으라고 권유한다. 그 상징을 찾으면, 통상적으로 당사자는 감정적으로 열리고, 행동의 영향력을 점검할 수 있게 된다. 당사자는 상상 속에서 자신의 죄나 역기능의 상징물을 예수님께로 가지고 나온다. 그는 이렇게 회개와 용서를 경험할 수 있다. 아브라함이 이삭을 번제로 바치는 이야기는, 하나님이 우리에게 주신 선물에 우리가 어떤 태도를 취해야 하는가에 대해 강력한 상징을 제공한다. 그리스도인의 삶에서도, 선물을 주신 하나님보다 그분이 주신 선물에 더 마음을 빼앗길 때 하나님이 우리의 '이삭'을 바치라고 요구하실지도 모른다.

2차 생각

트라우마성 사건은 크든 작든 우리의 발전에 부정적인 영향을 미치고, 결과적으로 우리를 낮은 자존감에 빠지게 한다. 이런 관념은 성경이 우리의 가치에 대해 가르치는 것과는 대조적이다. 워들은 이런 인지적 왜곡을 다루기 위해 비언어적 기법을 사용하라고 권했다. 먼저 당사자에게 거짓된 신념이나 거짓말을 나타내는 막대기나 나무토막을 준비하게 한다. 그다음에 성령님을 초청해서 거짓의 세력을 깨뜨리고, 하나님의 말씀의 진리가 그 자리를 대신하게 한다. 당사자는 실제로 그 막대기를 꺾어버린다. 이런 실습은 좌뇌와 우뇌에, 즉 대뇌의 피질과 변연계 양쪽에 메시지를 전달한다. 이런 실제적 행동을 통해 감성적이고 인지적인 양 영역이 부정적인 자기 신념에서 하나님의 진리의 말씀으로 대치된다. 이 기법과 예수님이 베드로에게 바다로 가서 그물을 던져 맨 먼저 올라오는 고기를 잡으라고 하신 지시를 비교해보라. 베드로는 물고기의 입을 벌려 동전 한 닢을 꺼내 세금으로 내게 되어 있었다(마 17:26-27). 예수님은 베드로에게 중요한 영적 진리 한 가지를 가르치시기 위해 지시하셨는데, 그것은 주님이 누구시며, 그분이 어떻게 우리의 필요를 공급하실 수 있는지를 알려주시기 위해서였다.

마지막 감정

다음 단계의 감정적 적체에는 그동안 일어난 사건의 결과로 유발되는 갖가지 요인이 쌓여 있다. 트라우마성 경험 후에 일어나는 감정적인 격동을 보면, 한 사람의 감정 세계가 어떤지 정의 내릴 수 있다. 상처 자체는 마음속 가장 깊은 곳에 자리 잡게 된다. 당사자 개인이 자신의 감정을 솔직하고도 공개적으로 다루는 것을 돕기 위해서, 워들은 다양한 접근 방법을 추천한다. 한 가지 예를 들자면, 한 사람에게 시편 중에서 애가를 읽게 하는데, 이것은 감정을 공개적으로 표현하는 좋은 모델이 된다. 그다음 당사자는 자신의 애가를 쓴다. 자신의 감정을 기록하는 것은 치유의 과정이 시작되도록 허락하는 것이다. 프로케 쉐퍼·찰리 쉐퍼는 11장에서 이 문제를 다루며 활용할 수 있는 시편의 목록을 제공했다. 또 다른 접근 방안은 감정적인 접촉을 위해 예술이나 음악을 활용하는 것이다. 이 두 가지 방법의 목적은 당사자가 진실한 느낌을 솔직히 인정하게 하려는 것과 그 느낌을 직접적인 방법으로 표현하게 하려는 것이다. 이런 일이 일어나면, 당사자는 '자신의 안전한 장소에 들어가' 명상과 같은 기도를 하고, 이런 감정들을 예수님께 표현할 수 있는데 이를 통해 변화와 치유가 일어난다.

5단계 ▶ 예수님의 십자가 빛 가운데서 지난 상처에 재방문하기

행동적, 감정적, 인지적 역기능을 다루는 것은 당사자 자신이 핵심적 감정의 상처를 더 효과적으로 처리하도록 도와주는 것이다. 해결되지 않은 감정적 상처를 다루기 위해 워들은 상징을 사용하라고 권유한다. 이런 상징물들은 반창고, 목발 같을 수도 있고, 상처나 부상을 상징하는 예술일 수도 있다. 당사자는 먼저 지난 상처에 대해 기록하고, 그다음에 상처 중 재방문할 곳을 선택하는 일을 위해 성령님의 인도하심을 구해야 한다. 기록하는 일과 성령님께 구하는 것, 이 두 가지 모두 당사자가 치유를 위해 자리를 잡도록 하는 것이다. 예수님을 초청하여 지난 상처의 기억 속으로 들어오시도록 함으로 그 상처는 다시 정의되고 변화를 받는데, 이것은 인지적인 기능만으로는 가능하지 않은 방법이다. 많은 사람이 이런 과정을 통해, 실재하시는 예수님과 직접 대면하는 체험을 했다. 예수님이 자신에게 고통을 준 사람들에게 용서를 베푸신 것과 같이, 변혁을 추구하는 사람들에게 용서는 치유의 중요한 요소가 된다. 감정적 상처를 재방문하고 십자가의 빛을 통해 그 문제를 처리할 때, 감정의 치유가 가능해지는 것이다.

영성 기도는 트라우마 상처를 치료하기 위한 심리 영적인 적용이다. 이것은 치유를 위한 당사자의 자리를 정할 뿐만 아니라, 치유의 인지적, 감정적, 행동적 측면을 모두 다루는 것이다. 이 방법을 통해, 당사자는 거짓된 관념을 버리고 하나님의 진리로 그것을 대체할 수 있는 힘을 얻게 되고, 그리스도가 당한 고통의 빛을 통해 자신의 감정적인 고통을 처리할 수 있게 되며, 역기능과 죄가 되는 행동을 회개하는 동시에 그것에서부터 멀리 떠날 수 있다.

치유 기도의 실행: 사례

치유 기도의 방법론은 어떤 사람에게는 까다롭지만, 기도하고자 하는 헌신된 그리스도인은 대부분 그리스도를 찾고 그분의 형상대로 변하기를 추구할 때 이 방법을 사용한다. 예수님은 우리와 맺기 원하시는 친밀한 관계를 설명하기 위해서 신부와 신랑, 아버지와 아들, 포도나무와 가지 등과 같은 상징과 이미지를 사용하셨다. 그리스도인은 매일의 삶에서 악하고 역기능적인 행동, 사탄의 거짓말, 부정적인 감정들과 맞닥뜨려야 한다. 성경에 나오는 강력한 상징들은 죄가 되는 행동에 매여 있는 사람을 자유롭게 하는 데 도움이 되었다. 젊은 부자 관원과의 대화에서, 예수님은 그 청년의 재산보다는 그의 마음 상태에 더 관심을 보이셨다(눅 18:18-23). 같은 맥락에서, 현대의 그리스도인 중에서도 자동차나 집 혹은 보석

류를 팔라는 부르심을 받았다고 느끼는 사람들이 있다. 그들은 텔레비전을 없애거나 커피를 끊거나 별로 중요하지 않다고 느끼는 더 다양한 일을 희생할 수 있다. 하지만 예수님이 부자 관원에게 보이셨던 관심처럼 더 깊고 근본적인 문제는 따로 있다. 우리는 하나님이 우리가 직면하도록 요구하시는 더 깊은 문제에 대한 상징을 혼동하거나 오해해서는 안 된다.

해결되지 않은 트라우마는 하나님이나 다른 사람들과 맺는 관계에 방해가 된다. 성경적이고 전통적인 상징들, 즉 빵과 포도주, 세례, 예수님을 따르기 위해 우리가 가진 모든 것을 처분하는 것 등과 같은 것은 여전히 우리를 예수님께 더 가까이 이끌며, 우리가 치유되도록 돕는다. 다음 사례들은 이런 기법이 어떻게 그리스도와의 관계를 깊이 있게 할 수 있는지 보여준다.

안전한 장소

한 선교사에게 그가 가본 적이 있거나 아니면 가보고 싶은 곳, 동시에 예수님에 대해 묵상할 수 있는 평화롭고 안전한 장소를 상상해보라고 요청했는데, 그는 상당히 불편해했다. 시작하기 전에, 나는 이 훈련을 약 20분 동안 집중해서 하도록 지침을 주었고, 계속해서 자신의 기분을 점검해보라고 했다. 이 과정에서 불편함을 느끼고 포기하고 싶은 유혹을 느껴도 계속하라고 했다. 그 선교사는 불편한 마음이 드는 가운데서도 계속 훈련했고, 드디어 마음속에 예수님이 들어오셨다. 그분은 웃고 계셨다. 두 사람은 좋은 시간을 보냈는데 그때 예수님은 가볍고 친근한 농담조의 목소리로 이렇게 말씀하셨다. "데이비드, 내가 너한테 말하고 싶은 한 가지가 있다." 예수님은 미소를 지으며 말씀하셨다. "네 아버지와 나는 같은 사람이 아니란다." 그 순간 데이비드 선교사는 예수님과 함께 웃으면서 치유를 받았다. 이 일이 있기 전에 데이비드는 위압적이고 간섭이 심했던 아버지와의 관계가 자신과 하나님과의 관계에 얼마나 큰 영향을 미쳤는지 미처 깨닫지 못하고 있었다. 정말로, 하나님은 그의 아버지와 같은 분은 아니셨다. 이 일 후에 데이비드는 하나님을 묵상하는 시간에 자주 '웃으시는 예수님'을 경험했고, 의미 있는 영적 통찰력을 얻을 수 있었다.

과거의 트라우마

매년 나는 미국과 해외에서 선교사 그룹을 위한 훈련 세미나를 개최한다. 선교사들은 그들에게 심각한 영향을 미치는 곤경과 도전을 자주 경험한다. 많은 사역자가 지난 시절의 스트레스를 안고 있는데, 이것은 현재의 삶에서 겪는 스트레스를 이겨내는 능력에 영향을 미친다. 최근에 나는 아프리카에서 일하는 선교사 그룹과 함께 작업하기 위해 해외여행을 했다. 주변 상황이 불안정한 나라에서 남편과 함께 사역하는 한 여성 선교사가 심한 우울증에 빠져 있었다. 그녀가 3살 때 그녀와 어린 남동생은 어머니에게서 버려져 대리양육 기관에 보내졌는데, 이혼당한 아버지가 자녀를 돌볼 능력이 없었기 때문이었다. 어린 나이에 부모에게서 버림당한 데다 그녀는 양부모에게서 감정적, 신체적 학대를 당했다. 그녀는 10대 때 그리스도인이 되었고, 18살 때 다른 나라로 이주했는데, 거기서 남편을 만났다. 하나님이 남편을 자신의 삶에 보내주시고, 어린 시절에 잃어버렸던 가정과 가족을 허락하신 것으로 믿었다. 그러나 두 아이를 출산하고 난 후에, 그녀는 심각할 정도로 우울증에 빠졌다. 내가 그녀를 만났을 때 그녀는 약물 치료를 받고 있었고, 아내와 엄마로서 자신이 부적절하고 무가치하다는 생각에 깊이 빠져 있었다. 그녀는 남편과 아이들이 자신을 정말로 사랑하고 있는지 믿기가 어려웠다. 때때로 자기가 없어지면 가족이 더 잘 지낼 것이라고 믿고, 자살할 생각을 하기도 했다.

이야기를 들어보니, 그녀는 현재 삶의 실제가 아니라, 어린 시절의 실제가 투영된 감정을 현재 속에서 경험하고 있는 것이 분명했다. 양아버지는 고통스러운 거짓말을 그녀에게 계속 말했으며, 그것이 진실인 것처럼 굴었다. 심지어 그는 친부모가 그녀를 보살펴주지 않았기 때문에, 앞으로 누구도 그녀를 사랑하지 않을 것이라고 내뱉곤 했다. 그 말이 주는 고통이 너무 커서, 그녀는 자신이 쓸모없는 존재라고 느꼈다. 그리스도인이 된 후, 자신이 매우 소중한 존재고 우주의 왕이신 분의 딸이라는 하나님 말씀의 진리를 알게 되었다. 그러나 그녀가 감정적으로 이 진리를 붙잡는 것은 불가능했다. 나는 함께 기도하면서, 양아버지가 이야기한 고통스러운 기억 속으로 예수님을 초청하고, 예수님이 어린아이인 그녀를 안고 가슴속에 사랑과 격려의 말을 속삭이는 모습을 상상하라고 권유했다. 그녀는 마음의 눈으로, 우리 구주가 마치 그녀가 자신의 딸을 안듯이, 자신을 안고 있는 그림을 마음속에 그렸다. 그리고 그녀는 그분의 치유하시는 사랑과 능력을 느낄 수 있었다. 우리는 함께 그녀의 어린 시절의 또 다른 고통스러운 기억 속으로 예수님을 초청하였고, 또 그녀는 그분의 치유하시는 손길을 느꼈다. 그것은 예수님의 사랑을 매우 개인적인 방법으로 경험하는 과정이었다. 나는 그녀와 함께 앉아 그녀의 손을 잡고, 그녀가 과거에 겪은 고통스러운 기억들을 거리낌 없이 애도하도록 도왔다.

만약 이 여성이 앞으로 남편과 함께 새로운 지역으로 옮겨서 사역하게 된다면, 아마 또 다른 고통스러운 기억들이 표면에 떠오를 것이고, 자신이 부적합하고 준비되지 못했다고 느끼게 하는 일상적인 사건들과 부딪힐 것이다. 만약 과거의 기억으로 인해 자신이 부적합하다는 느낌이 다시 떠오르고 감정이 격동한다면, 현재 당면한 도전들이 압도적으로 다가올 것이다. 이런 일이 일어나면, 그녀는 하나님과 함께하는 조용한 시간을 보내면서 지난 사건들을 현재의 감정에 연결하는 일을 할 수 있을 것이다. 그녀는 성령님께 지난 시간으로 자신을 데려가시도록 구할 수도 있고, 과거의 기억 속으로 예수님을 초청하며 치유하시는 손길을 구할 수도 있다. 이런 과정은 우리의 존재 가치를 이지적으로 인정받으려는 시도가 아니고, 우리를 온전하게 하기를 원하시는 하나님의 사랑과 소원을 개인적으로 경험하는 것이다.

최근의 트라우마

지난여름에 나는 아시아에서 일하고 있는 젊은 선교사 가족과 함께 작업했다. 이 부부는 8살 난 아들과 4살 난 딸을 두었는데, 아시아 지역에서 꽤 오랫동안 사역했다. 지난 4월에, 남편은 해외 출장 중이었고, 엄마와 아이들은 집에 있었다. 그들은 잘 조직된 선교사 공동체의 일원이었기 때문에, 다른 선교사 가족들과 항상 가깝게 교제했다. 어느 날 아이들과 함께 교회 모임에 갔는데, 엄마가 잠깐 집에 들렀다가 와야 할 일이 생겼다. 그래서 큰아들은 친구들과 함께 교회에서 놀게 하고, 어린 딸만 오토바이 뒤에 앉히고 집으로 향했다. 그녀가 골목길에서 대로로 들어서자마자, 트럭 하나가 오토바이를 들이받았고, 그들은 나가떨어졌다. 엄마는 다친 데가 없었지만, 어린 딸은 현장에서 즉사했다. 그러나 그 번잡한 대로에서 그녀를 도와주기 위해 차를 멈추는 사람은 없었다. 그래서 이 젊은 엄마는 이미 숨이 끊어진 어린 딸을 안고 교회를 향해 달려갔다.

나는 이 사건이 일어난 지 3개월 후에 이 가족을 만났다. 그들에게는 지난 사건에 대한 감정을 드러내기 위해 이미지나 다른 기법을 사용할 필요가 없었다. 그들은 이미 마음의 준비가 되어 있었다. 이 부부는 그들의 이야기를 누군가에게 나눌 필요가 있었고, 그 젊은 엄마는 어린 딸을 지켜주지 못한 죄책감을 표현할 필요가 있었다. 그 가족은 그들의 감정을 나눌 수 있는 안전하고 돌봄이 있는 장소가 필요했다. 이런 종류의 비극을 치유하는 과정은 점진적이지만, 이미 주변에서 그들을 돕는 작업이 많이 이루어진 상태였다. 그 사고 이후, 그녀가 교회로 달려왔을 때, 선교사들과 친구들이 그녀를 둘러싸고 감싸주었다. 한 가족은 그녀의 남편이 돌아올 때까지, 그녀의 아들을 돌보는 역할을 맡았다. 동료 선교사들은 함께 밤을 새면서 그녀를 위해, 그녀와 함께 기도했다. 그 부부는 딸의 시신을 본국으로 데려가서 묻어주기를 원했다. 그들은 함께 슬퍼하며 지지해주는 사랑하는 가족들에 둘러싸여 장례를 치르는 것이 자연스러운 일이라고 생각했다. 선교 단체의 책임자는 시신을 옮기는 모든 실무적인 절차를 도와주었다. 그들이 다시 아시아에 있는 선교지로 돌아왔을 때, 동료 선교사들은 계속적으로 그들과 함께해주었고, 그들이 점차 정상적인 사역을 맡도록 지원해주었다.

이 부부는 새로운 역할을 맡기 위해 아프리카로 사역지를 옮겼다. 남편과 아내 모두 이 새로운 출발이 과거의 상실을 잘 극복하는 데 도움이 될 것이라고 느꼈다. 그 부부는 누구도 하나님께 분노나 실망을 표출하지 않았다. 이 젊은 부부는 개발도상국 출신으로, 서구 출신과는 달리, 하나님이 자신들을 나쁜 일에서 반드시 지켜주셔야 한다는 특별한 기대를 하지는 않았다. 그들은 오히려 상실감 속에서 예수님의 임재를 느낄 수 있었다. 아내는 특별히 지난 일을 회고하면서, 길바닥에 떨어진 아이를 품에 안고 교회를 향해 달려갈 때 예수님의 임재를 느낄 수 있었다고 했다. 그들이 자신들의 이야기를 나누고 있을 때, 우리는 때때로 하나님이 바로 그 순간에, 우리가 그분의 임재하심을 깨달을 수 있게 해달라고 구하였다. 그분의 임재를 감지했을 때 우리는 힘을 얻고 치유되었다.

이런 형태의 상실은 항상 고통스럽고, 또한 치유 과정이 오래 걸린다. 나는 이 부부가 아시아에서 아프리카로 옮겨갈 때쯤 2-3주에 걸쳐 이들을 만났다. 그들은 나와 만나기 전에 이미 좋은 지원과 격려를 많이 받은 상태였다. 내가 그들을 만났을 때, 이미 그들은 애도의 단계를 지나 더 건강한 방향으로 진행하고 있는 것처럼 보였다. 그러나 아프리카로 이동하면 새로운 도전을 맞게 될 것이고, 긍정적 혹은 부정적인 면에서, 그것은 애도 과정에 영향을 줄 것이다.

요약

테리 워들은 영성 기도를 이렇게 정의한다. "치유하시는 예수 그리스도를 상처받은 사람 속에 있는 고통과 깨어짐의 장소에 모셔옴으로, 그리스도인 케어 담당자를 통해 일하시는 성령님의 사역이다"(Wardle, 2001, 13). 영성 기도나 또 다른 형태의 치유 기도가 해결되지 않은 과거의 감정적 트라우마를 다루도록 마련되어 있지만, 그 모든 유형에 공통된 원리는 현재의 트라우마를 다루는 데도 역시 유용하다.

1. 첫째 원리는, 과거나 현재의 것을 막론하고, 트라우마는 기본적으로 대뇌의 변연계에서 처리된다는 것이다. 변연계는 경험, 비언어, 우뇌적 기능으로, 감성을 다룬다. "트라우마는 우리 뇌의 원초적이고 본능을 다루는 부위와 신경계에 소재하고 있으며, 의식의 통제를 받지 않는다"(Levine, 1997, 17). 그래서 트라우마를 치유하려면 감성 분야를 다루어야 한다.
2. 둘째 원리는, 과거나 현재를 막론하고, 트라우마는 경험을 통해 일어난다는 것이다. 영적이건 임상적이건 치료는 같은 신경학적 코드(neurological code) 안에 있는 트라우마를 다루어야 하는데, 그 코드는 인간의 뇌 속에 기록되어 있다. 형상화(이미지화)는 과거의 트라우마에 경험적으로 접근하는 데 유용한 방법이다. 형상화로 그 경험이 그리스도와 그분의 고난의 빛 가운데서 바뀌어 감정적 치유가 일어

난다.
3. 셋째 원리는, 신경 생리학적 실제와 관련된 것으로서, 영적 경험이나 트라우마가 모두 뇌의 같은 부분인 변연계에서 일어난다는 것이다. 고통은 영적 실제에 대해 우리의 눈을 열어주는데, 다른 것으로는 가능하지 않은 일이다.
4. 넷째 원리는, 하나님이 치유 능력의 통로로서 사람을 사용하신다는 것이다. 복음을 온 세상에 전파하기 위해 우리가 반드시 필요하신 것은 아니지만, 그럼에도 그분은 우리를 선택하셨다. 이처럼 하나님은 이 일을 위해서도 우리를 선택하신다.

밤에 혼자 자기 방에 있기를 무서워하는 어린아이의 이야기가 생각난다. 어머니는 그 딸아이에게 예수님과 천사가 방에 함께 계시니까 무서워할 필요가 없다고 말했다. 그랬더니 아이는 이렇게 대답했다. "예, 알아요. 그렇지만 나는 손으로 만질 수 있는 누군가가 필요해요." 일반인이든 전문가든, 혹은 케어 제공자나 케어 담당자로 부름 받은 우리는, 상처받은 하나님의 자녀를 위해 축복과 치유의 통로로 우리를 사용하시겠다는 하나님의 계획을 기억해야 한다. (정신적) 외상 의학 전문가들은 피해를 당한 환자를 치료할 때, 사랑과 돌봄의 태도를 지닌 치료의 최전선에 선 담당자를 선택하라고 권고한다.

우리는 먼저 사람들을 그리스도의 임재와 내적인 안전감 속으로 안내하고, 그다음에 그들 과거의 고통 속으로 함께 들어갈 수 있다. 트라우마를 겪은 사람이 자신의 고통을 예수 그리스도께 연결할 수 있을 때, 그 고통이나 트라우마는 치유될 수 있다.

/ 요점 정리 /

프로케 쉐퍼·찰리 쉐퍼

- 트라우마와 고통은 인간 경험의 한 부분이다.
- 성경에 기초하여 고통의 신학을 개인적으로 정립하는 것은, 고통에 대한 실증적인 기대치를 통해 그리스도인을 무장하게 한다. 또한 고통의 한가운데서 소망의 근거를 이해하도록 준비시킨다. 고통의 신학은 하나님의 임재와 긍휼, 성장, 그리스도를 더욱 닮아갈 가능성 그리고 그리스도가 다시 오실 때 고난과 고통이 궁극적으로 극복될 것이라는 소망에 관한 것이다.
- 트라우마성 사건에 영향받는 것은 연약하다는 뜻이 아니다. 정상적인 사람이라면 충분히 트라우마의 영향을 받을 수 있다. 이것은 외상 후 스트레스 장애와 불안 반응, 우울증 등을 포함한다.
- 생물학적, 환경적, 심리적, 영적 요인들은 트라우마성 사건이 일으키는 충격의 정도를 바꿀 수 있다. 이러한 요인들을 이해하면 개인, 공동체, 단체 차원의 회복력 강화 전략을 세울 수 있다.
- 그리스도인 공동체와 단체들은 회복력 강화를 위한 원리와 전략을 삶에 실제적으로 적용하는 일에 협력할 필요가 있다. 또한 위기 시에 다른 사람들을 지원할 수 있는 타고난 은사가 있는 사람들, 동역

자 중 트라우마 대응자들(peer trauma responders)을 훈련하는 것을 고려해야 한다.
- 우리는 고통의 시기에 혼자 있도록 창조되지 않았다. 그때는 공동체가 당사자와 함께 있어주어야 한다. 그리스도인의 공동체는(그리스도의 몸으로서), 때때로 외상 후에 사람들이 실감할 수 있도록 하나님의 임재를 대표적으로 드러내는 존재다.
- 심각한 트라우성 사건 이후에 겪는 영적인 씨름은 정상적이다. 성도들은 때때로 사건 직후에 더 격렬한 투쟁을 겪는데, 신앙적인 면에서 삶의 목적과 의미에 대한 바탕과 토대에 대한 회의에 빠지기 때문이다.
- 어떤 영적 특성과 실행 방안은 영적 전쟁 가운데 있는 성도들을 지원해준다. 이는 신앙을 더 깊게 하고 회복력을 강화하며 영적 활력이 생기게 해준다.
- 치유 기도는 트라우마 이후에 흐트러진 하나님과의 관계를 회복하도록 도와준다.
- 하나님은 사람을 통해서든 그렇지 않든 사람들을 회복시키고 성장하게 하는 입안자시자 완전하게 하는 분이시다. 하나님은 때때로 우리가 이해할 수 없는 방법으로 임재하고 일하신다.

부록

/ 부록 A /

위기와 고통의 신학 :
연구 목록

스콧 솜

위기의 신학에 대하여

위기에 대한 앞선 이해

- 위기란 이 타락한 세상에서 삶의 한 부분이다. 우리 각 사람은 날마다 위기에 당면하지만, 그것에 익숙해 실감하지 못할 뿐이다. 어떤 형태의 위기에 반복적으로 노출되면, 우리는 그에 대해 둔감해진다. 우리가 위험에 더 친숙해질수록, 우리는 그에 대해 더 관대해지고 내성이 생긴다. 예를 들면, 비행기 사고로 인한 사망보다는 자동차 사고의 사망률이 훨씬 높지만, 우리는 안심하고 자동차를 몰고 다닌다.
- 사람들이 경험하는 위기의 형태와 정도 그리고 빈도수는 사람들이 살고 있는 지역과 관련성이 있다. 미국에 살면서 해외여행을 해보지 않은 그리스도인이 위험하다고 느끼는 상황이, 불안정한 선교지 이곳저곳을 옮겨 다니면서 일하는 타 문화권 사역자에게는 대수롭지 않거나 흔한 일로 여겨질 수도 있다.
- 위기에 대한 한계점 또한 사람마다 다르다. 어떤 사람들은 상당한 위험 상황에도 잘 견뎌내는 기질인가 하면, 또 다른 사람들은 보수적인

입장에서 위험에 대해 매우 조심스럽게 행동한다.
- 따라서 위기에 대한 결정을 다루면서, 그것을 도덕적인 문제로 취급하는 것은 지혜로운 일이 아니다. 위기에 대한 결정은 옳고 그름의 문제가 아닌 경우가 많다. 특별히 비서구 문화권에서는 더 그렇다. 이렇게 이 문제에 대해 개인적인 다양성을 이해하면서 위기를 결정하는 관점 하나만 가지고 도덕적인 판단을 하지 않는 것이 성숙한 시각이다.
- 아래 성경 구절에서 보는 것처럼 위험에서 도피해야 할 때가 있는가 하면 더 위대한 사명을 위해 위기와 맞설 뿐만 아니라 위험과 해가 있는 곳으로 기꺼이 뛰어들어야 할 때도 있다. 예수님과 사도 바울도 그렇게 하셨다.
- 현명한 사역 단체들은 정책적인 결정을 할 때, 이런 다양성을 허용한다.

다음 성경 구절들을 바탕으로 성경적인 위기 신학(theology of risk)을 개발하고, 안내 지침을 정리해보라. 이 목록은 예수님과 바울의 예다.

예수님과 바울의 사례
- 누가복음 4:24-30
- 마태복음 12:14-15, 마가복음 3:6-7
- 누가복음 13:31-33
- 요한복음 8:59
- 마태복음 24:1-14
- 사도행전 4:1-31
- 사도행전 5:17-41
- 사도행전 8:1-8, 26-30
- 사도행전 9:20-30

- 사도행전 14:1-7, 19-28
- 사도행전 17:1-15
- 사도행전 18:9-11, 22-24
- 사도행전 20:22-25, 21:1-14

고통의 신학에 대하여

고통에 대한 앞선 이해
- 서구 문화에서는 기본적으로 안락함을 지향한다. 그래서 많은 사람이 고통에 대해 잘 알지 못하는 상태로 홀로 고통의 과정을 겪는다.
- 모든 사람이 고통을 받는다. 더 나아가 그리스도 안에 있는 사람들은 그리스도의 고난에 동참하도록 초청을 받는다.
- 따라서 성경적인 토대 위에서 고통의 신학을 주의 깊게 개발하는 것은 중요한 사안이다.

헬라어에는 고통(Suffering), 역경(adversity), 고난(trial), 시험(temptation), 연단(training), 책망(reproof) 등으로 번역될 수 있는 단어가 많다. 우리는 다음 성경 구절들을 연구하면서 성경적인 고통의 신학을 개발하는 첫걸음을 내디딜 수 있다. 이 성경 구절은 대표적인 것으로, 모든 관련 성경 구절을 다 열거한 것은 아니다.

고통과 관련된 구절
- 예수님이 개인적으로 경험하신 고통
  마태복음 4:1, 13:53-58, 누가복음 4:16-30, 요한복음 1:10-11, 12:32
- 바울의 경험과 다양한 역경에서 얻은 교훈

고린도후서 1:3-11, 4:7-18, 6:1-10, 7:2-16, 11:22-28, 12:7-10, 갈라디아서 6:17, 빌립보서 1:7, 1:19-21, 4:11-14, 골로새서 1:24, 디모데후서 1:8, 12, 2:8-9

- 고난은 믿음의 여정 가운데 한 부분일 수 있다.

  히브리서 11:36-40

- 고난당하는 다른 사람들을 기억하라.

  히브리서 13:3

고통의 신학을 개발하기 위한 신약의 말씀

- 고난에 대한 예수님의 가르침

  마태복음 5:10-12(고난은 우리의 유산), 누가복음 12:4-12, 요한복음 12:23-26, 15:20, 16:1-4, 33

- 고난에 대한 바울의 가르침

  로마서 5장, 9:2, 12:9-21, 빌립보서 1:27-30, 2:17-18, 2:25-30, 3:7-11, 데살로니가전서 1:6-7, 3:3-4, 디모데후서 3:12

- 공통된 가르침을 나타내는 두 개의 중심 구절

  야고보서 1:2-4, 로마서 5:2-4

- 고난은 칭의와 마찬가지로 선물(은혜)이다.

  빌립보서 1:29

- 상급은 고난을 잘 감당하는 것과 연결된다.

  로마서 8:17-39

- 박해에 관한 베드로의 가르침은 모든 고난에 적용된다.

  베드로전서 1:11, 2:19-23, 3:14-19, 4:13, 5:1, 9-10

- 고난은 우리의 믿음을 굳게 한다.

  베드로전서 1:3-7

- 고난은 우리에게 순종을 가르친다.

  베드로전서 4:1-2

- 우리는 참고 견디면서 축복을 받는다.

  야고보서 1:12, 5:11

- 그리스도의 재림을 전후한 고난에 대한 가르침

  요한계시록 2:10, 6:9, 12:11, 17:6, 18:24, 19:1-5, 21:4

/ 부록 B /

트라우마에 대한 공통된 반응:
성인

카렌 카

다음은 트라우마를 겪은 사람들이 일반적으로 경험하는 반응과 증상을 정리한 것이다. 이것은 우리 몸이 그 상황에 대응하고 적응하기 위해 애쓰고 있음을 반영한다.

행동 유형

- 회피적 행동
- 잊어버리려고 약물을 사용함
  (처방 혹은 비처방)
- 사역 현장을 떠나고 싶어 함
- 물건을 잘 잃어버리거나 찾지 못함
- 쉽게 눈물을 글썽임
- 목적 없이 서성임
- 과잉 흥분, 히스테리
- 수면 장애
- 의식하지 않으려고 알코올을 사용함
- 재미있는 활동을 포기함
- 과도하게 일에 몰두함
- 능률이 떨어짐
- 쉽게 놀라거나 주변을 과도하게 경계함
- 처져 있거나 행동 과잉
- 낙담과 우울
- 생활 양식의 갑작스러운 변화

위험하거나 자기 파괴적인 행동

- 흡연량의 증가
- 사고당하기 쉬운 행동
- 과소비
- 성적인 일탈 행위

정서적(감정적)

- 무감각, 감정 기능의 폐쇄
- 불안, 두려움
- 불안해하고 동요함
- 좌절
- 압도됨
- 분노(자신, 타인, 하나님에 대해)
- 잦은 기분 변화
- 슬픈 느낌
- 비통해함
- 죄책감
- 충격을 받음
- 재발에 대한 두려움
- 화를 잘 내고 짜증스러워함
- 공황 상태 혹은 두려워함
  (특정 상황 혹은 일반적으로)
- 분개, 억울함, 격분
- 괴로운 꿈
- 우울한 느낌
- 무력감, 쓸모없다는 느낌
- 유머 감각의 상실
- 새로 생겼거나 아니면 기존에 있던 감정적 스트레스를 잘 이겨내지 못함

신체적(물리적)

- 가슴이 쿵쿵거림
- 얼굴이 붉어짐
- 가슴의 통증
- 배탈, 위경련, 설사
- 근육의 떨림
- 균형 감각을 잃음
- 근육의 통증
- 앉아 있거나 여유를 부리기 어려움
- 입이나 목구멍이 건조해짐
- 이를 갊
- 체중 변화(증가 혹은 감소)
- 소진되고 피곤한 느낌
- 생리 불순
- 땀을 흘림
- 숨차고 호흡 곤란
- 메스껍고 토함
- 식욕 상실 혹은 정크 푸드에 빠짐
- 잘 들리지 않음
- 잦은 두통과 편두통
- 갑자기 말이 잘 되지 않음
- 어지럽거나 쓰러짐
- 자주 소변을 보고 싶음
- 감기를 이기지 못함
- 불면증, 악몽
- 성 기능이나 성욕의 변화

대인 관계

- 화를 잘 내고 짜증을 냄
- 둔감함
- 고립되고 거리를 둠(교제를 피함)
- 친밀함을 피함
- 사람에게 들러붙음
- 타인에 대해 비판적
- 신경과민(쉽게 상처받음)
- 충동적인 말과 표현
- 쉽게 좌절함
- 타인에 대한 관심의 상실
- 안전하다고 느끼지 못함
- 의심스러워함
- 불일치와 논쟁적
- 책임 전가(억압된 분노와 우울감에 주의)
- 가족 문제

인지적 (생각)

- 불신
- 혼란
- 어리숙함
- 우선순위를 다루기 어려움
- 기억력 감퇴
- 트라우마 기억에 사로잡힘
- 시간 개념의 왜곡(느리거나 너무 빠름)
- 자신에 대한 과신(비현실적인 상황 인식)
- 완벽주의(나는 절대로 …하지 않는다, 이것은 항상 이런 식이야)
- 자신에 대해 부정적, 비판적으로 판단(나는 실패자)
- 뒷생각에 빠짐(만약…했더라면, …하지 않았더라면)
- 회상, 또 다른 침투성 현상
- 공포
- 빈약한 집중력
- 의사결정 능력의 부족
- 방향 감각의 혼란
- 주의력 약화(정보를 숙지하지 못함)
- 건강에 집착
- 경직성이 증가하고 폐쇄적인 사고(신축성 부족)
- 냉소적이고 부정적

의미와 사역

- 목표 지향적으로 점차 분주해짐
- 사역의 의미가 감소됨
- 동기 부여의 상실
- 목표나 역할에 대한 감각의 상실
- 하나님께 실망을 느낌
- 신앙에 대한 회의

결론

사람마다 트라우마에 반응하는 형태는 다르고 독특하다. 따라서 동일하거나 비슷한 경험을 한 사람이라도 보이는 반응은 같지 않다. 트라우마를 치유하는 것은 시간이 걸린다는 사실을 기억하라. 그러나 당신이 적절한 대응을 하면서 이 과정을 통과했다면, 당신은 더 깊이 있는 이해, 건강한 결론, 회복력, 더 깊은 신뢰 그리고 확장된 세계관 등이 특징인 새로운 삶의 장에 도달해 있을 것이다. 당신은 고통당한 사람이지만, 그러나 잘 생존한 사람이 될 것이다. 이제 숱한 기억이 사라지고 난 후 당신은 훨씬 더 좋은 기분을 맛보겠지만, 이런 증상과 고통스러운 기억이 다시 '촉발'될 수 있는 여지가 있다는 사실도 유의해야 한다. 만약 이런 증상이 좀 더 강렬해지거나 아니면 장기간 지속되거나, 혹은 당신의 사역이나 관계에 장애가 생기는 것을 감지한다면, 트라우마를 전문으로 하는 상담가와 논의하는 것을 고려해야 한다. 이것은 당신이 비정상적이라는 의미가 아니고, 단지 약간의 도움이 필요하다는 사실을 알려주는 것이다. 더 많은 정보를 얻으려면 MMCT의 홈페이지 www.mmct.or를 방문하거나 나의 메일 carrmmct@gmail.com으로 연락할 수 있다.

※ 이 작업 목록의 양식을 확인하려면 http://www.mmct.org/#/resources/debriefings-english를 방문하라.

/ 부록 B /

트라우마에 대한 공통된 반응 :
아동

카렌 카

행동 유형과 대인 관계

학령 전

- 소아 야뇨증
- 반복 놀이 트라우마의 재연
- 공격적, 불순종

- 손가락 빨기
- 불안한 집착, 달라붙기

초등학교

- 달라붙기
- 형제들과의 경쟁심
- 학업 성적이나 활동의 하락

- 조숙한 태도의 재개
- 불순종

중고등학교

- 책임을 감당하지 못함
- 사회성이 위축됨
- 자기 비하
- 알코올이나 마약의 남용
- 태도, 스타일, 관계, 성격의 급격한 변화
- 너무 어른스럽거나 조숙한 행동(학교 중퇴, 임신, 결혼)

- 어린 시절의 반항적 태도 재발
- 대인 관계의 문제
- 반사회적 행동의 표출
- 학업 성적의 하락
- 무관심

정서적(감정적)

학령 전

- 매사에 두려워함
- 분리 장애
- 공황 상태, 히스테리
- 무디고 멍한 상태
- 초조함, 불안, 염려
- 떠오르는 대상에 대한 두려움
- 화를 내고 짜증을 냄

초등학교

- 재발에 대한 두려움
- 학교에 대한 공포증
- 공격적
- 분노, 적대감, 호전적
- 죄책감
- 무디고 멍한 상태
- 먹여주고 입혀주기를 바람
- 많은 사람이 모이는 자리를 피함
- 가족의 안전에 대한 과도한 염려
- 무관심, 움츠러듦
- 슬픔, 우울

중고등학교

- 분노, 적대감, 호전적
- 만성적인 슬픔, 우울감
- 죄책감
- 불안

신체적(물리적)

학령 전

- 식욕 상실
- 과식
- 수면 장애
- 창백한 얼굴
- 장이나 방광의 문제
- 악몽

초등학교

- 시력에 대한 불평
- 두통
- 가려움
- 위장 장애로 인한 불평
- 창백한 얼굴
- 수면 장애

중고등학교

- 두통
- 피부 발진
- 막연한 불평과 고통
- 식욕 상실, 과식

인지적(생각)

학령 전

- 주의력 집중 시간이 짧아짐
- 다음 대상에 대한 혼란이 생김 사건, 장소와 위치, 순서와 배열, 죽음

초등학교

- 다음 대상에 대한 혼란이 생김 사건, 순서와 배열
- 집중하기가 불가능함

중고등학교

- 집중의 어려움
- 지성화의 추구
- 과도한 염려(예: 건강 문제)
- 합리화

※ Johnson, Kendall. 1993. *School crisis management.* Alameda. CA: Hunter House에서 인용함.
   이 도표를 출력하려면 http://www.mmct.org/#/resources/debriefings-english를 참조하라.

/ 부록 B /

트라우마에 대한
공통된 반응 :
청소년

카렌 카

행동 유형과 대인 관계

- 책임지는 것을 어려워함
- 사회성이 위축됨
- 알코올이나 약물을 남용함
- 태도, 스타일, 관계, 성격의 급격한 변화
- 너무 어른스럽거나 조숙한 행동(학교 중퇴, 임신, 결혼)
- **무관심** 다른 일에 신경 쓰지 않음
- 친구나 또래 그룹을 바꿈
- 이전 습관으로 돌아감
- 자기 비하
- 학업 성적의 하락
- 공격적
- 규칙을 지키는 것이 어려움

정서적(감정적)

- 분노, 적대감
- 만성적인 슬픔, 우울
- 무감각
- 실망감
- 비난
- 버림받았고 외롭다는 생각
- 죄책감
- 불안
- 수치감
- 공황 상태
- 배신감

신체적(물리적)

- 두통
- 피부 발진
- 수면 장애
- 막연한 불평과 통증
- 식욕 상실, 과식
- 질환

인지적(생각)

- 집중하기가 어려움
- 건강에 대한 염려
- **지성화, 합리화** 생각에만 머물고 고통스러운 일에는 참여하지 않음

영적

- 기존에 고수해온 신념에 대한 회의
- 개인적 신앙에 대한 회의
- 하나님에 대한 분노

★ 만약 당신이 이런 생각을 하고 있다면 믿을 만한 어른과 나누라.

- 자살 충동이 든다.
- 무질서한 상태라고 느낀다.

※ 이 도표를 출력하려면 http://www.mmct.org/#/resources/debriefings-english를 참조하라.

/ 부록 B /

타 문화권 사역자 스트레스 목록

／
카렌 카

여기에서는 타 문화권에서 사역하는 사역자가 삶에서 느끼는 스트레스 목록을 요약해놓았다. 삶과 사역 각 분야별로 당신이 느끼는 스트레스 정도를 1에서 5까지의 지수로 평가해보라. 가장 높은 숫자가 나온 분야에서 당신은 매우 높은 스트레스를 경험하고 있음을 알 수 있다. 가장 낮은 숫자가 나온 분야는 현재 당신이 스트레스를 느끼지 않거나 스트레스가 있어도 감당할 수 있는 분야다.

※ 이 도표를 출력하려면 http://www.mmct.org/#/resources/debriefings-english를 참조하라.

1-거의 없다   2-드물게   3-때때로   4-자주   5-항상

사역

_____ 다른 사람들에 대한 기대   _____ 자기 자신에 대한 기대
_____ 우선순위를 정하는 능력   _____ 변화를 주도하는 감각
_____ 목표를 달성하는 능력   _____ 재정 지원의 정도

소계 _____

영성

_____ 하나님과의 관계   _____ 기도하는 시간
_____ 말씀과 함께하는 시간   _____ 책무
_____ 교제   _____ 영적 성장

소계 _____

관계

_____ 배우자나 동거인과의 관계   _____ 가족과의 관계
_____ 친구들과의 관계   _____ 리더십과의 관계
_____ 동역자들과의 관계   _____ 현지 문화에서의 관계

소계 _____

정서

_____ 실망과 좌절감   _____ 상처와 배신감
_____ 분노   _____ 두려움과 불안
_____ 즐거움이나 행복감을 느끼지 못함   _____ 유머 감각의 상실

소계 _____

환경

_____ 기후   _____ 교통
_____ 기반 시설(전기, 수도, 이메일)   _____ 위험 정도, 불안정
_____ 정치, 사회적, 영적 압력   _____ 부패

소계 _____

트라우마

_____ 사람으로 인한 폭력적인 트라우마   _____ 위해에 대한 위협
_____ 사고   _____ 사망
_____ 자연재해   _____ 상실

소계 _____

타 문화

_____ 문화적 가치의 차이   _____ 언어

_____ 외로운 감정   _____ 타 문화에 대한 기대

_____ 비판적 감정, 타 문화에 대한 비난   _____ 성별 차이를 느낌

소계 _____

발전, 이동과 변화

_____ 자녀 문제(교육, 적응)   _____ 노령화(자신 혹은 부모)

_____ 역할의 변화   _____ 지역의 변화

_____ 지원 시스템의 변화(재정)   _____ 은퇴

소계 _____

건강

_____ 신체적 웰빙   _____ 정서적 웰빙

_____ 정신적 웰빙   _____ 성적 웰빙

_____ 수면   _____ 쉼을 위한 시간

소계 _____

점수 확인과 점검

1. 9개 분야 중에서 소계 점수가 가장 높은 것부터 차례로 해당 분야와 점수를 기입하라(점수가 높을수록 스트레스가 높은 분야고, 점수가 낮을수록 스트레스가 낮은 분야다).

                〈분야〉   〈분야별 소계 점수〉

(1) _____

(2) _____

(3) _____

(4) _____

(5) _____

(6) _____

(7) _____

(8) _____

(9) _____

2. 점검한 목록 중에서 당신이 1–2점을 준 항목이 무엇인지 확인해보라. 그 항목은 스트레스가 낮은 분야라서 신경을 덜 써도 된다.

3. 항목 가운데 당신이 4 혹은 5점을 준 항목을 따로 적어보라(이것은 높은 수준의 스트레스가 있는 분야고, 당신이 아직 제대로 대처하지 못한 영역이다).

4. 당신이 가장 신경 쓰고 있는 문제점에 대처할 수 있는 힘이나 자원을 활용할 방안을 찾아보라. 이런 스트레스 요인들을 처리하는 데 도움을 줄 수 있는 활용 가능한 지원책을 열거해보라.

5. 앞으로 2–3주 이내에 당신이 취할 수 있는 3–4가지 행동 계획을 세워보라.

주의 이 목록은 타 문화권 사역자의 스트레스와 대처 방안에 관해 성찰하고 토의하는 도구로만 사용하기 위한 것이다. 이 자료는 조사 연구를 통해 검증된 것은 아니며, 여기서 나온 점수는 임상적인 결정의 자료로 사용되어서는 안 된다. 집중적인 조사 연구를 거쳐 개발된 목록에 대한 정보는 www.cernysmith.com에서 참조하라.

/ 부록 C /

다양한 참고 자료

찰스 쉐퍼

1 참고 도서

1. 영적, 정서적 자료

1) 영적, 정서적 균형
2) 용서와 죄책감
3) 은혜와 수치
4) 슬픔과 상실
5) 애도
6) 역경 속의 영적 투쟁

2. 치유 기도

3. 위기 케어를 위한 도구

1) 위기관리
2) 멤버 케어
3) 외상 후 스트레스 장애 치료
4) 수면 위생

2 온라인 자료, 도서관, 출판사

3 상담 센터

4 컨퍼런스와 훈련 기회

---

1 참고 도서

1. 영적, 정서적 자료

1) 영적, 정서적 균형

- Buchanan, Mark. 2006. *The Rest of God: Your Soul by Restoring Sabbath*. Nashville, TN: Thomas Nelson. 안식일은 하나님께 초점을 맞추는 날일뿐만 아니라, 하나님의 안식을 발견할 수 있도록 잠잠히 경청하는 태도다.

- William, Gaylyn R., and Ken Williams. 2010. *All Stressed Up and Everywhere to Go*. Colorado Springs, CO: Relationship Resources. 이 작업 노트는 실천적이고 성경적인 도구로서 영적, 정서적, 신체적 그리고 인간관계의 균형을 이룰 수 있는 예시적인 스토리를 담고 있다.

2) 용서와 죄책감

- Luskin, Fred. 2002. *Forgive for Good: A Proven Prescription for Health and Happiness*. New York, NY: HaperCollins Publishers. 9단계 용서 방법을 통해 치유의 능력과 용서의 의료적인 유익을 함께 제시한다.

- Shores, Steve. 1993. *False Guilt: Breaking the Tyranny of an*

Overactive Conscience. Colorado Springs, CO: NavPress Publishing. 실적 위주와 자초한 비난이 야기하는 횡포를 지적하고, 하나님이 용서하심으로 공급하시는 자유를 경험하는 길을 이해하도록 안내한다.
  - Smedes, Lewis. 1984. *Forgive and Forget.* New York, NY: Pocket Books. 쉽고도 접근 가능한 형태로 용서를 실천하는 방안을 제시한다. 그는 우리에게 상처를 준 사람들에 대한 용서뿐만 아니라 우리 자신, 하나님 그리고 세상을 떠난 사람들에 대한 용서까지 다루고 있다.

3) 은혜와 수치
  - Smedes, Lewis. 1993. *Shame and Grace.* New York, NY: HaperCollins Publishers. 저자는 수치의 중압감에서 벗어나 단계별로 치유를 받을 수 있는 영적인 플랜을 제시한다.

4) 슬픔과 상실
  - Greeson, Charlotte, Mary Hollingsworth, and Michael Washburn. 1990. *The Grief Adjustment Guide.* Sisters, OR; Questar Publishers. 이 책은 슬픔을 다루는 데 실제적인 도움을 주는 제안들을 제시한다.
  - Lewis, C. S. 1961. *A Grief Observed.* New York, NY: HaperCollins Publishers. 아내의 비극적인 죽음이라는 자신의 경험을 통해, 상실의 한가운데서 삶과 죽음 그리고 신앙에 관한 근본적인 문제들을 진지하게 성찰하고 있다.
  - Mason, Mike. 1994. *The Gospel According to Job: An Honest Look at Pain and Doubt from the List of One Who Lost Eeverything.* Wheaton, IL: Crossway Books. 인간적인 회의, 고통, 신앙 등의 주제를 다룬 욥기 묵상 주석이다.

- Means, James. 2006. *Tearful Celebration: Finding God in the Midst of Loss*. Sisters, OR; Multnomah Publishers. 저자는 암으로 아내를 잃고 난 후, 이 비극적인 상실에 대한 하나님의 뜻을 이해하기 위해 투쟁하는 자신의 절망적인 심정을 나누고 있다.

- Sittser, Gerald. 1995. *A Grace Disguised*. Grand Rapids, MI: Zondervan Publishing. 교통사고로 가족 세 사람을 잃은 비극적인 상실과, 이런 깊은 슬픔을 통과하는 동안 주변 사람들이 어떻게 함께했는지에 대해 생생한 이야기를 나누어준다.

- Wangrin, Walt. 1992. *Mourning into Dancing*. Grand Rapids, MI: Zondervan Publishing. 저자는 일상적인 삶에서 일어나는 사소한 죽음의 문제에 초점을 맞추면서 죽음, 슬픔, 애도에 대한 그리스도인들의 경험을 묘사하고 있다.

- Westberg, Granger E. 2004. *Good Grief: Turning the Showers of Disappointment and Pain into Sunshine*. Minneapolis, MN: Augsburg Fortress. 이 책에는 그리스도인의 신앙과 인간 본성의 관점에서 상실과 슬픔을 애도하는 과정이 나와 있다.

5) 애도

- Brueggemann, Walter. 1984. *The Message of the Psalms—A Theological Commentary*. Little Falls, MN: Augsburg Publishing. 시편에 표현된 애도와 찬송에 대해 기술하고 있다.

- "Grief Journaling with Psalms of Lament" at http://www.journey-through-grief.com/grief-journaling-with-laments.html. 이 온라인 자료는 시편에 나오는 애도에 관한 구조를 참조해 슬픔에 대해 일기를 쓸 수 있는 지침을 제공하고 있다.

- Wolterstorff, Nicholas. 1987. *Lament for a Son*. Grand Rapids, MI:

William B. Eerdmans Publishing. 자기 아들의 비극적인 죽음에 대한 깊은 슬픔을 적고 있는 이 책은, 자녀나 사랑하는 사람들을 잃은 사람이 애도의 과정을 지날 수 있도록 돕는다.

6) 역경 속의 영적 투쟁

- Green, Thomas H. 1991. *Drinking from a Dry Well: Prayers Beyond the Beginning.* Notre Dame, IN: Ave Maria Press. 저자는 거의 모든 생애를 필리핀에서 보낸 가톨릭 신부다. 그는 자신이 경험한 '영혼의 어두운 밤'을 통해 하나님이 우리에게 어떻게 나타나시고 우리는 어떻게 반응해야 하는지 안내한다.

- Jervis, L. Ann. 2007. *At the Heart of the Gospel: Suffering in the Earliest Christian Message.* Grand Rapids, MI: Eerdmans Publishing. 저자는 사도 바울이 기록한 순서대로 데살로니가전서와 빌립보서 그리고 로마서에 나오는 고통에 대한 바울의 발전적인 이해를 심도 있게 검토하고 있다.

- May, Gerald. 2004. *The Dark Night of Soul: A Psychiatrist Explores the Connection between Darkness and Spiritual Formation.* New York, NY: HaperCollins Publishers Inc.. 저자는 '십자가의 성 요한'과 '아빌라의 테레사'가 쓴 '영혼의 어두운 밤'에 관한 글들을 독자들이 이해하도록 인도한다. 또한 정신과 전문의로서 영적인 어두움과 임상적인 우울증과의 연결 관계에 대해서도 이야기한다.

- Mother Teresa. 2007. *Come Be My Light: The Private Writings of the "Saint of Calcutta."* New York, NY: Doubleday. 마더 테레사는 그녀의 생애 중 40년을, 그녀가 이름붙인 소위 '하나님의 임재에 대해 무지한 상태' 곧 '영혼의 어두운 밤' 속에서 살았다. 그 모든 과정 속에서 그녀는 고통당하는 사람들을 돌보았다. 이 책은 깊은 물

속과 같은 고통의 문제를 담고 있지만, 어두움과 투쟁 가운데서 하나님이 보여주시는 교훈으로 가득 차 있다.

- Sproul, R. C. 2009. *Surprised by Suffering: The Role of Pain and Death in the Christian Life.* Lake Mary, FL: Reformation Trust. 저자는 그리스도인의 삶에서 고통이 야기하는 문제들을 탐구한다. 그는 하나님의 섭리와 선한 목적의 영역 안에서 고통의 자리에 대한 성경적인 답변을 제공한다.

- Yancey, Philip. 1988. *Disappointment with God.* Grand Rapids, MI: Zondervan Publishing. 저자는 침묵하고, 보이지 않으며, 불공정해 보이는 하나님과 씨름하는 가운데 믿음의 성숙에 대한 문제를 다룬다.

- Yancey, Philip. 2010. *What Good is God? In Search of a Faith that Matters.* New York, NY: FaithWords Hachette Book Group. 저자는 사람들이 트라우마와 비극적인 사건들로 심각하게 시험을 받을 때, 하나님 안에서 믿음의 관련성과 가치에 대해 탐구한다.

2. 치유 기도

- Boyd, Gregory. 2004. *Seeing is Believing.* Grand Rapids, MI: Baker Books. 저자는 예수 그리스도를 얼굴과 얼굴로 만나는 변환의 실제를 더 잘 이해하기 위해, 기도 시 성령의 감화에 힘입은 상상력의 역할에 대해 서술한다.

- Lawrence, Roy. 2003. *How to Pray When Life Hurts: Experiencing the Power of Healing Prayer.* England: Scripture Union. 저자는 고통과 위기 속에 있는 사람들과 함께 기도할 수 있는 실천적인 안내를 제공한다.

- Miller, Calvin. 2000. *Into the Depths of God: Where Eyes See the Invisible, Ears Hear the Inaudible, and Minds Conceive the Inconceivable.* Minneapolis, MN: Bethany House. 저자는 그리스도인들이 서둘지 않고 쫓기지 않는 시간과 환경 속에서, 기도를 통해 하나님의 음성을 들음으로 하나님과 더 깊은 교제를 나누도록 격려한다.
- Sanford, Agnes. 1983. *The Healing Light.* New York, NY: Ballantine Books. 저자는 내적 치유 운동의 창시자로 알려져 있고, 선교사 자녀였으며, 동시에 그녀 자신도 선교사였다. 이 책에서 그녀는 하나님의 임재와 사랑을 통한 치유의 능력에 대해 자신이 배운 것을 정리했다.
- Seamands, David A. 1973. *Healing of Memories.* Wheaton, IL: Victor Books. 저자는 기도를 통한 상담을 통해 나타날 수 있는, 트라우마의 기억을 치유하는 성령의 능력에 대해 서술하고 있다.
- Wardle, Terry. 2001. *Healing Care, Healing Prayer.* Orange, CA: New Leaf Books. 저자는 '영성 기도'라고 불리는 기도를 통해 내적 치유와 그 방법론을 발전시키고 설명한다.

3. 위기 케어를 위한 도구

1) 위기관리

- Slaikeu, Karl. 1990. *Crisis Intervention: A Handbook for Practice and Research.* Boston, MA: Allyn and Bacon. 저자는 목회자, 간호사, 상담가 그리고 그 외의 전문가들이 시행할 수 있는 위기관리 모델을 보여주고 있다.
- Slaikeu, Karl and Steve Lawhead. 1984. *Up from the Ashes.* Grand

Rapids, MI: Zondervan Publishing. 이 책은 개인적으로 적용할 수 있는 위기관리 지침을 제공한다.

2) 멤버 케어

- Hay, Rob, et al. 2007. *Worth Keeping: Global Perspectives on Best Practice in Missionary Retention,* eds. Hay, Rob, Valerie Lim, Detlef Blocher, Jaap Ketelaar, and Sarah Hay. Pasadena, CA: William Carey Library. 세계 복음주의 연맹(WEA)의 선교분과 위원회(Mission Commission)가 주관하여 탁월하게 조사 연구한 자료로서, 국제적인 선교 인력에 대한 지원과 활성화에 대한 실천적 원리들을 제공한다. 사역자와 팀 선발, 영적 생활과 사역과의 균형 문제, 팀 세우기, 리더십, 갈등 해소, 소통의 문제 등을 다루고 있다.

- Powell, John R., and Joyce M. Bowers. 2002. *Enhancing Missionary Vitality.* Palmer Lake, CO: Mission Training International. 선교사들의 삶에 대한 조사 연구와 통찰, 모델과 케이스 스터디 등에 관한 자료들을 포함하는 총론집으로, 팀 선발과 세우기, 예방적인 관리, 위기관리, 디브리핑, 용서와 화해의 촉진 등의 주제를 다루고 있다.

3) 외상 후 스트레스 장애 치료

- Dolan, Yvonne. 1998. *One Small Step: Moving Beyond Trauma and Therapy to a Life of Joy.* Watsonville, CA: Papier-Mache Press. 저자는 트라우마에서의 생존을 넘어 삶을 다시 껴안는 운동을 위한 실제적인 활동들을 제안한다.

- Najavits, Lisa M. 2002. *Seeking Safety: A Treatment Manual for PTSD and Substance Abuse.* New York, NY: Guilford Press. 이 책은 정신 건강 전문의들을 위해 집필되었다. 그러나 책의 내용은 일

반 케어 제공자들과 위기에 당면한 사역자들에게도 도움이 되는 도구와 자료를 많이 담고 있다. 예를 들면, 감정적으로 압도당할 때 다양한 형태의 '안착 기술'들을 제시하고 있다.

- William, Mary Beth, and Sili Poijula. 2002. *The PTSD Workbook: Simple, Effective Techniques for Overcoming Traumatic Stress Symptoms*. Oakland, CA: New Harbinger Publications. 트라우마의 후유증을 처리할 때 감정적이고 생리학적인 효과와 방법론 등을 기술한 자력 지원(self-help)을 위한 작업 지침이다.

4) 수면 위생

- Edinger, Jack D. 2008. *Overcoming Insomnia: A Cognitive-Behavioral Approach Workbook(Treatments that Work)*. New York, NY: Oxford University Press. 불면증 치료에 인지 행동적 테크닉이 도움이 된다는 것은 증명된 바 있다. 이 워크북은 수면과 관련된 문제점들에 대한 이해를 돕는 방안과 수면의 질을 향상시키기 위한 기술과 도구 등을 모두 제공한다.

- Stewardship of Self for Cross-Cultural Workers: Sleep-article by Ronald Koteskey and Mary Seitz at www.crossculturalwokers.com/ss_sleep.htm

※ 수면 위생을 위한 온라인 자료

- www.webmd.com/sleep-discorers/guide/sleep-hygiene
- www.cdc.gov/sleep/hygiene.htm
- www.umm.edu/sleep/sleep_hyg.htm#b

2 온라인 자료, 도서관, 출판사

- Barnabas International 멤버 케어와 관련된 다양한 상황별 자료 목록을 제공한다. www.barnabas.org/resources.php
- CaringBridge 의료적인 도움이 필요한 사람들에게 업데이트된 관련 뉴스를 제공하는 개인적인 웹사이트다. www.caringbridge.org
- Crisis Consulting International 선교사와 선교 단체에 대한 안전 및 위기관리와 관련된 지원과 서비스를 담당한다. www.cricon.org
- FEMA for Kids Federal Emergency Management Agency 위기나 비상시에 어린이를 도울 수 있는 자료와 자원, 도서와 게임, 활동 등을 제공하거나 추천한다. www.ready.gov/kids
- Headington Institute 다양한 온라인 자료, 훈련 워크숍, 교육 자료, 카운슬링과 컨설팅 서비스 등을 케어 제공자들과 국제적인 구호 사역자들에게 제공한다. www.headington-institute.org
- Mental Health Resources for Cross Cultural Workers 론과 보니 코테스키 부부가 타 문화권 사역자들을 위한 자료를 제공한다. www.crossculturalworkers.com/about.htm
- Mobile Member Care Teams Resources 정신 건강 관련 자료를 다루는 정기 간행물과 위기 및 트라우마 반응과 회복력에 관한 논문을 볼 수 있다. www.mmct.org/#/resources
- People In Aid 국제적인 구호 사역 기관의 효율성을 향상하는 데 목표를 두고, 워크숍, 코칭, 출판, 좋은 사례 발굴 그리고 또 다른 여러 자원을 제공한다. www.peopleinaid.org
- World Federation for Mental Health 정신 건강 주제에 관한 국제적인 자원을 다룬다. www.wfmh.org/01Linkd.htm

3 상담 센터

- **Alongside** 사역자들에 대한 특별한 수련회, 상담 서비스, 대교회 컨설팅, 선교사 후보자 심사, 기타 워크숍 제공(Michigan, USA)

  www.alongsidecares.net

- **Barnabas Zentrum** 유럽, 아프리카, 아시아, 중동 지역의 선교사들과 그리스도인 사역자들에 대한 카운슬링, 컨설팅, 수련회, 훈련과 격려 프로그램(Colorado, US, and Austria) www.barnabaszentrum.com

- **Cornerstone Counseling Foundation** 아시아 지역의 그리스도인 사역자와 태국 사람들을 위해 기독교 관점에서 전문적인 카운슬링, 자문 역할, 훈련을 제공(Chiang Mai, Thailand)

  www.cornerstonecounseling.in.th

- **Global Map of Counseling Centers Worldwide** 국제 멤버 케어 네트워크(GMCN)가 제작하고 관리하는 전 세계 멤버 케어 제공자들과 케어 센터의 소재지 등에 대한 지도 http://www.globalmembercare.com/index.php?id=41

- **International Heath Management** 해외 거주 사역자들에 대한 예방과 치료(의료와 심리적), 비영리 자선 단체 및 NGO의 지도력 향상, 해외에서 기동성 있는 건강 지원, 해외 사역자 출발 전 건강 관리, 재입국 건강 관리(Ontario, Canada) www.ihm.ca

- **Le Rucher Ministries** 단기 상담, 일반 디브리핑과 위기 디브리핑, 기독교 관점에서 목회적 케어 사역자 훈련 과정 운영(France)

  www.lerucher.org

- **Link Care Center** 선교사, 목회자, 그리스도인 사역자와 그들의 가족 지원, 숙박 시설을 갖추었음(California, USA) www.linkcare.org

- **Mobile Member Care Teams** 카운슬링 서비스를 제공하지만, 카운슬링 센터는 아님(Africa) www.mmct.org
- **The Well** 카운슬링, 디브리핑, 목회적 케어, 리더십과 단체에 대한 컨설팅, 갈등의 해결 그리고 아시아에서 활동하고 있는 그리스도인 사역자들과 단체들을 위한 팀 세우기 등의 사역 지원(Chiang Mai, Thailand) www.thewellcm.com
- **Tumaini Counseling Centre** 선교사들의 회복력과 풍성함을 강화하기 위해 예방적이고 회복 지향적인 정신 건강 서비스와 목회적 케어를 제공(Nairobi, Kenya) tumainicounselling.net

4 컨퍼런스와 훈련 기회

- Global Member Care Conference http://www.globalmembercare.org/
- Le Rucher Ministries 디브리핑 및 훈련 과정 http://www.lerucher.org/index.html
- Mental Health and Missions Conference http://www.mti.org/mhm.htm
- Mobile Member Care Teams http://www.mmct.org/#/workshops
- Pastors to Missionaries Conference(PTM) Barnabas International http://www.barnabas.org/ptm.php

참고 도서

들어가는 말

Schaefer, Frauke C., Dan G. Blazer, Karen F. Carr, Kathryn M. Connor, Bruce Burchett, Charles A. Schaefer, and Jonathan R. T. Davidson. 2007. "Traumatic Events and Posttraumatic Stress in Cross-Cultural Mission Assignments." *Journal of Traumatic Stress* 20: 529-539.

_____, Dan G. Blazer, and Harold G. Koenig. 2008. "Religious and Spiritual Factors and the Consequences of Trauma: A Review and Model of the Interrelationship." *International Journal of Psychiatry in Medicine* 38: 507-524.

1부 고통의 신학에 관한 성찰

Sittser, Gerald. 1995. *A Grace Disguised.* Grand Rapids, MI: Zondervan Publishing.

Hodges, Zane C. 1994. *The Epistle of James: Proven Character Through Testing.* Irving, TX: Grace Evangelical Society.

Russell, Pat. 2011. "The Beauty of the Cracked Vessel." *Conversations Journal.* 9.2: 29.

3부 트라우마 회복을 위한 효과적인 지원 방법

6-8장

American Psychiatric Association. 2000. *Diagnostic and statistical manual of mental disorders*(4th ed., text rev.). Washington, DC: Author.

Berry, Wendell. 1996. *A World Lost.* Washington, ED: Counterpoint.

_____. 2009. *Whitefoot: A Story from the Center of the World.* Berkeley, CA: Counterpoint.

Brown, Ron. 2007. "Case Study" in *Worth Keeping: Global Perspectives on Best Practice in Missionary Retention,* ed. Hay, Rob, Balerie Lim, Detlef Böcher, Jaap Ketelaar, and Sarah Hay. Pasadene, CA: William Carey Library.

Bunyan, John. 1968. *The Pilgrim's Progress.* New York: Dodd, Mead, & Company.

Collier, Winn. 2007. *Let God: The Transforming Wisdom of Fenelon.* Brewster, Massachusetts: Paraclete Press.

Dolan, Yvonne. 1998. *One Small Step: Moving Beyond Trauma and Therapy to a Life of Joy.* Watsonville, CA: Papier-Mache Press.

Dyregrov, A. 1997. "The process in psychological debriefings." *Journal of Traumatic Stress* 10: 589-605.

Fawcett, J. 2002. "Preventing broken hearts, healing broken minds" in Danieli, Y. (Ed.). *Sharing the front line and the back hills.* Amityville, New York: Baywood Publishing Company, Inc.

Forbes, A. and D. Roger. 1999. "Stress, social support and fear of disclosure." *British Journal of Health Psychology* 4: 165-179.

Greeson, Charlotte, Mary Hollingsworth, and Michael Washburn. 199. *The Grief Adjustment Guide.* Sisters, OR: Questar Publishers, Inc.

Hart, Archibald. 2001. *Unmasking Male Depression.* Nashville, TN: Word Publishing.

Kessler, Ronald C., Amanda Sonnega, Evelyn Bromet, Michael Hughes, and Christopher B. Nelson. 1995. "Posttraumatic stress disorder in the National Comorbidity Survey." *Archives of General Psychiatry* 52, no. 12 : 1048.

Keane, T. M. l, W. O. Scott, G. A. Cavoya, D. M. Lamparski, and J. A. Fairbank. 1985. "Social support in Vietnam veterans with Posttraumatic Stress Disorder: A comparative analysis." *Jounal of Consulting and Clinical Psychology* 53: 95-102.

Lake, Frank. 1966. "The Dynamic Cycle." *Clinical Theology: A Clinical and Psychiatric Basis to Clinical Pastoral Care,* Vol 1. Great Britain: Darton, Longman and Todd.

Mason, Mike. 1994. *The Gospel According to Job.* Illinois: Crossway Books.

Means, James, 2006. *Tearful Celebration: Finding God in the Midst of Loss,* Oregon: Multnomah Publishers, Inc.

Mitchell, J. 1983. "When disaster strikes: The critical incident debriefing process." *Journal of the Emergency Medical Services* 8: 36-39.

National Child Traumatic Stress Network and National Center for PTSD. 2006. *Psychological First Aid: Field Operations Guide,* 2nd Edition.

Nouwen, Henri. 1990. *The Road to Daybreak.* New York: Doubleday.

Schaefer, Frauke C., Dan G. Blazer, Karen F. Carr, Kathryn M. Conner, Bruce Burchett, Charles A. Schaefer, and Jonathan RT Davidson. 2007. "Traumatic events and posttraumatic stress in cross-cultural mission assignments." *Journal of Traumatic Stress* 20, No. 4: 529-539.

Schiraldi, Glenn R. 200. *The post-traumatic disorder sourcebook.* Los Angeles, CA: Lowell House.

Slaikeu, Karl. 1990. *Crisis Intervention: A Handbook for Practice and Research.* Boston, MA: Allyn and Bacon.

_____, and Steve Lawhead. 1984. *Up from the Ashes,* Grand Rapids, MI: Zondervan Publishing House.

Snelgrove, Toby. 1999. *Critical incident stress: Sourses, symptoms, and solutions.* New Westminster, B. C.: Justice Institute of British Columbia.

Vanier, Jean. 1989. *Community and Growth.* Paramus, NJ: Paulist Press.

Wangerin, Walter. 1992. *Mourning into Dancing.* Grand Rapids, MI: Zondervan Publishing House.

9-10장

Bannano. George A. 2004. "Loss, Trauma, and Human Resilience: Have We Underestimated the Human Capacity to Thrive After Extremely Aversive Events?" *American Psychologist* 59: 20-28.

Coppen, Alec and John Bailey. 2000. "Enhancement of the Antidepressant Action of Fluoxetine by Folic Acid: A Randomized, Placebo Controlled Trial." *Journal of Affective Disorders* 60: 121-130.

_____, C. Bolander-Gouaille. 2005. "Treatment of Depression: Time to consider Folic Acid and Vitamin B12." *Journal of Psychopharmacology* 19: 59-65.

Davidson, J. R., V. M. Payne, K. M. Connor, E. B. Foa, et al. 2005. "Trauma, Resilience, and Saliostasis: Effects of Treatment in Post-traumatic Stress Disorder." *International Clinical Psychopharmacology* 20: 43-48.

Frewen, Paul A., Ruth A. Lanius. 2006. "Neurobiology of Dissociation: Unity and Disunity in Mind-Body-Brain." *Psychiatric Clinics of North America* 29: 113-128.

Jacobson, E. 1938. *Progressive Muscle Relaxation*. Oxford, England: University Chicago Press.

Leproult, Rachel, Georges Copinschi, Orfeu Buxton, and Eve Van Cauter. 1997. "Sleep Loss Results in an Elevation of Cortisol Levels the Next Evening." *Journal of Sleep Research and Sleep Medicine* 20: 865-870.

Mills, David E., and Ron P. Ward. 1986. "Attenuation o f Stress-induced Hypertension by Exercise Independent of Training Effects: An Animal Model." *Journal of Behavioral Medicine* 9: 599-605.

Krakow, B., M. Hollifield, I., Johnston, M. Koss, R. Schrader, et al. 2001. "Imagery Rehearsal Therapy for Chronic Nightmares in Sexual Assault Survivors With Posttraumatic Stress Disorder--A Randomized Controlled Trial." *JAMA* 286:537-45.

Nilsson, Ulrica. 2009. "The Effect of Music Intervention in Stress Response to Cardiac Surgery in a Randomized Clinical Trial." *Heart & Lung: The Journal of Acute and Critical Care* 38: 201-207.

_____, M. Unosson, and N. Rawal. 2005. "Stress Reduction and Analgesia in Patients Exposed to Calming Music Postoperatively: A Randomized Controlled Trial." *European Journal of Anaesthesiology* 22: 96-102.

Ozer, E. J., Best, S. R., Lipscy, T. L., and D. S. Weiss. 2003. "Predictors of Posttraumatic Stress Disorder and Symptoms in Adults: A Metaanalysis" *Psychological Bulletin* 129: 52-73. Bostom of Form.

Patel, Vikram. 2003. *Where There Is No Psychiatrist: A Mental Health Care Manual*. Glasgow, UK: Bell & Baine.

Richardson, G. E. 2002. "The Metatheory of Resilience and Resiliency." *Journal of Clinical Psychology* 58: 307-321.

Rimm, D. C. and J. C. Masters. 1979. *Behavior Therapy: Techniques and Empirical*

Findings. New York: Academic Press.

Salmon, Peter. 2001. "Effects of Physical Exercise on Anxiety, Depression, and Sensitivity to Stress: A Unifying Theory." *Clinical Psychology Review* 21: 31-61.

Sanchez-Villegas, A., M. Delgado-Rodriguez, A. Alonso, J. Schlatter, et. al. 2009. "Association of the Mediterranean Dietary Pattern With the Incidence of Depression." *Archives of General Psychiatry* 66: 1090-1098.

Schaefer, Frauke E., Dan G. Blazer, Karen F. Carr, B. Burchett, Charles A. Schaefer, and Jonathan R. T. Davidson. 2007. "Traumatic Events and Posttraumatic Stress in Cross-Cultural Mission Assignments" *Journal of Traumatic Stress* 20: 529-539.

Shapiro, Francine. 2012. *Getting Past your Past: Take Control of Your Life with Self-help Techniques from EMDR Therapy.* New York: Rodale.

Sittser, Jerry. 2004. *A Grace Disguised: How the Soul Grows Through Loss.* Grand Rapids, MI: Zondervan.

Solomon, Z., R. Shklar, and M. Mikulincer. 2005. "Frontline Treatment of Combat Stress Reaction: A 20-Year Longitudinal Evalutaion Study." *American Journal of Psychiatry* 162: 2309-2314.

Starzec, J., D. F. Berger, and R. Hesse. 1983. "Effects of Stress and Exercise on Plasma Corticosterone, Plasma Cholesterol, and Aortic Cholesterol levels in Rats." *Psychosomatic Medicine* 45: 219-226.

Van der Kolk, Bessel A. "The Body Keeps the Score: Approaches to the Psychobiology of Posttraumatic Stress Disorder." In *Traumatic Stress: The Effects of Overwhelming Experience on Mind, Body, and Society,* ed. Bessel van der Kolk, Alexander C. McFarlane, and Lars Weisaeth. 2007. 303-327. New York Guildford Press.

____, O. Van der Hart, and C. R. Marmar. "Dissociation and Information Processing in Posttraumatic Stress Disorder." In *Traumatic Stress: The Effects of Overwhelming Experience on Mind, Body, and Society,* ed. Bessel van der Kolk, Alexander C. McFarlane, and Lars Weisaeth. 2007. 303-327. New York: Giuldford Press.

Werner, David, Carol Thuman, and Jane Maxwell. 1992. *Where There Is No Doctor: A Village Health Care Handbook,* revised edition. Berkeley, CA: Hesperidan Foundation.

11장

Brueggemann, Walter. 1984. *The Message of the Psalms – A Theological Commentary.* Minneapolis, MN: Augsburg Publishing House.

_____. 1992. "The Rhetoric of Hurt and Hope: Ethics, Odd and Critical." In *Old Testament Theology* by Walter Brueggemann, 45-66. Minneapolis, MN: Fortress Press.

Calhoun, Lawrence G., and Richard G. Tedeschi. 1999. *A Clinician's Guide Facilitating Posttraumatic Growth.* Mahwah, NJ: Lawrence Erlbaum Associates.

_____. 2ß006. *Handbook of Posttraumatic Growth – Research and Practice.* Mahwah, NJ: Lawrence Erlbaum Associates.

De Saint Exupéry, Antoine. 2000. *The Little Prince.* Mariner Books.

Donahue, Michael J. 1986. "Intrinsic and Extrinsic religiousness: Review and meta-analysis." *Journal of Personality and Social Psychology* 48: 400-419.

Fontana, Alan, and Robert Rosenheck. 2004. "Trauma, Change of Religious Faith, and Mental Health Service Use among Veterans Treated for PTSD." *The Journal of Nervous and Mental Disease* 192: 579-584.

Fuller Youth Institute. 2008. "Leadership Team Training Resource-Trauma and Lament." Posted August 21, 2008. Accessed July 6, 2012. http://www.fulleryouthinstitute.org/pdfs/Trauma-Lament_Leader_Resource.pdf

Hackney, Charles H., and Glenn S. Sanders. 2003. "Religiosity and Mental Health: A Meta-analysis of Recent Studies." *Journal for the Scientific Study of Religion* 42(1): 43-65.

Hillenbrand, Laura. 2010. *Unbroken: A World War II Story of Survival, Resilience, and Redemption.* New York: Random House.

Journey-Through-Grief.com. "Grief Journaling with the Psalms of Lament". Last Accessed July 7, 2012. http://www.journey-through-grief.com/grief-journaling-with-laments.html

Kelsey, David H. 2005. *Imagining Redemption.* Louisville, KY: Westminster John Knox Press.

Luskin, Fred. 2002. *Forgive for Good: A Proven Prescription for Health and Happiness.* New York: HarperCollins Publishers.

Meador, Keith G., Harold G. Koenig: Dana C. Hughes, Dan G. Blazer, et al. 1992. "Religious Affiliation and Major Depression." *Hospital & Community Psychiatry* 43: 1204-1208.

Orth, Ulrich; and Elias Wieland. 2006. "Anger, Hostility, and Posttraumatic Stress disorder in Trauma-exposed Adults: A Meta-analysis." *Journal of consulting and Clinical Psychology* 74(4): 698-706.

Osbeck, Kenneth W. 1990. *Amazing Grace*. Grand Rapids, MI: Kregel Publications.

Pargament, Kenneth I., Bruce W. Smith, Harold G. Koenig, and Lisa Perez. 1998. "Patterns of Positive and Negative Religious Coping with Major Life Stressors." *Journal for the Scientific Study of Religion* 37: 710-724.

____, and P. J. Sweeney. 2011. "Building Spiritual Fitness in the Army: An Innovative Approach to a Vital Aspect of Human Development." *American Psychologist* 66(1): 58-64.

Park, Crystal I., 2005. "Religion as a Meaning-Making Framework in Coping with Life Stress." *Journal of Social Issues* 61: 707-729.

Schaefer, Frauke C., Dan G. Blazer, and Harold G. Koenig. 2008. "Religious and Spiritual Factors and the Consequences of Trauma: A Review and Model of the Interrelationship." *The International Journal of Psychiatry in Medicine* 38(4): 507-524.

Sittser, Jerry. 2004. *A Grace Disguised: How the Soul Grown Through Loss*. Expanded Edition. Grand Rapids, MI: Zondervan Publishing House.

Smedes, Lewis. 1984. *Forgive and Forget*. New York: Pocket Books.

Smith Timothy B., Michael E. McCullough, and Justin Poll. 2003. "Religiousness and Depression: Evidence for a Main Effect and the Moderation Influence of Stressful Live Events." *Psychological Bulletin* 129(4): 614-636.

Wolterstorff, Nicholas. 1987. *Lament for a Son*. Grand Rapids, MI: William B. Eerdmans Publishing Company.

Yancey, Philip. 2010. *What Good is God? In Search of a Faith that Matters*. New York: FaithWords Hachette Book Goup.

12장

Boyd, Gregory. 2004. *Seeing Is believing.* Grand Rapids, MI: Baker Books.

Keating, Thomas. 1999. *The Human Condition: Contemplation and transformation.* New York: Paulist Press.

Jung, C. G. 1973. *Letters.* Vol. 1. Translated by R. F. C. Hull. Princeton, NJ: Princeton University Press.

Levine, Peter A., and Ann fredrick. 1997. *Waking the Tiger: Healing Trauma: The Innate Capacity to Transform Overwhelming Experiences.* Berkeley, CA: North Atlantic Books.

Miller, Calvin. 2000. *Into the Depths of God: Where Eyes See the Invisible, Ears Hear the Inaudible, and Mind Conceive the Inconceivable.* Minneapolis, MN: Bethany House.

Poloma, Margaret M., and George H. Gallup, Jr. 1991. *Varieties of Prayer: A Survey Report.* Philadelphia, PA: Trinity Press International.

Sanford, Agnes. 1983. *The Healing Light.* New York: Ballantine Books.

Seamands, David A. 1973. *Healing of Memories.* Wheaton. IL: Victor Books.

____. 1981. *Healing for Damaged Emotions.* Wheaton. IL: Victor Books.

Servan-Schreiber, David M. D., Ph. D. 2004. *The Instinct to Heal, Curing Depression, Anxiety, and Stress Without Drugs and without Talk Therapy.* Paris: Editions Robert Laffont, S. A.

Tozer, A. W. 1992. *The Pursuit of God: The Human Thirst for the Divine.* Camp Hill, PA: Christian Publications, Inc.

Wardle, Terry. 1994. *Wounded: How to Find Wholeness and Inner Healing in Christ.* Ashland, OH: Cornerstone Formation Ministries, Inc.

. 2001. Healing Care, Healing Prayer. Orange, CA: New Leaf Books.

White, Ellen G. 2001. *The Desire of Ages.* Coldwater, MI: Remnant Publications.

/ 지은이 소개 /

카렌 카 Karen F. Carr 전 세계적으로 멤버 케어를 주 사역으로 하는 단체인 바나바 인터내셔널(Barnabas International) 소속 선교사로, 기동 멤버 케어팀(MMCT)의 임상 심리학자로서 상담과 훈련 분야의 책임자로 일하고 있다. 그녀는 1989년에 버지니아 코먼웰스 대학교(Virginia Commonwealth University)에서 임상 심리학 분야 박사 학위를 받았고, 1990년에 버지니아 대학(University of Virginia)에서 법심리학(Forensic Psychology) 과정을 박사 후 과정으로 이수했다. 8년간 버지니아 주의 지역 정신 건강 센터의 응급 서비스팀 책임자로 일했다. 그녀는 2000년 이후 서아프리카에서 사역하고 있는데, 초기에는 코트디부아르에서, 그 이후에는 가나에 근거를 두고 일하고 있다. 카렌은 위기 훈련, 검사와 평가 업무, 카운슬링, 임상 감독, 기타 컨설팅 업무 등으로 MMCT의 서아프리카 팀을 섬기고 있다. 또한 임상 감독과 임상 사역자 동원과 확보를 위해 국제 MMCT도 섬기고 있다.

※ MMCT에 대해 더 알기 원한다면 다음 페이지를 방문해보라. www.mmct.org

앤 하멜 L. Ann Hamel 미국 미시건 주의 베리언 스프링스에 있는 한 대학의 의료 센터에서 임상 심리학자로 일하고 있다. 이곳에 오기 전에 앤은 중앙아프리카에서 11년간 선교사로 봉사했다. 1990년 봄에 르완다에서 일어난 교통사고로, 남편이 사망하고 막내아들이 중상을 입었다. 그 사고가 나고 수개월 후에, 앤은 미국으로 돌아와서 앤드루스 대학교(Andrews University)의 임상 심리학 박사 과정을 밟기 시작했는데, 다른 선교사나 자신같이 삶이 바뀌는 경험을 한 사람들을 돕기 위해서였다. 그녀는 의사며 네 자녀를 둔 편부모인 로렌 하멜(Loren Hamel)과 1995년에 재혼하여 자녀 7명을 둔 대가족을 이루었다. 그녀는 박사 과정 인턴십을 미시건 주의 그랜드래피즈에 있는 크리스천 정신과 병원에서 마쳤으며, 2007년도에 애시랜드 신학교(Ashland Theological Seminary)에서 영성 카운슬링(Formational Counseling) 분야를 전공으로 목회학 박사 학위를 취득했다. 앤은 현재 트라우마 치료와 관련하여 신앙과 심리학을 통합하는 자신의 전문성을 활용하여 미국과 해외에서 사역하는 선교사들을 집중적으로 돕는 일을 하고 있다.

스콧 숌 Scott E. Shaum 현재 바나바 인터내셔널의 사역자 개발 책임자로 코칭, 영적 진로 지도, 국제적인 선교 지도자 훈련을 위해 매년 여러 나라를 순방하며 섬기고 있다. 스콧은 자신의 소명을 따라 영적 목자로서, 다양한 문화적 맥락 속에서 사람들을 살아 계신 그리스도께로 인도하는 일에 헌신하고 있다. 그는 홍콩에서 교회 개척 선교사로 사역하기도 했는데, 달라스 신학교(DTS)에서 성경 연구 외에 영적 진로(spiritual direction) 분야와 목회 상담(pastoral counseling)에 대한 깊이 있는 훈련을 받았다. 아내 베스와의 사이에 성인이 된 세 아들을 두었다.

※ Barnabas International에 대해 더 알기 원한다면 다음 페이지를 방문해보라.
www.barnabas.org

찰스 쉐퍼 Charles A. Schaefer 찰스는 미국 노스캐롤라이나 주의 채플 힐에서 사역하는 임상 심리학자다. 그는 서아프리카의 토고와 베냉에서 위클리프 성경번역선교회(WBT)의 선교사로 봉사하기 전에 물리학과 전기 공학 엔지니어였다. 그는 선교지에서 일하는 전임 사역자를 지원하는 일에 관심을 갖고 풀러 신학교(FTS)에서 신학석사 과정을 공부하고 후에 임상 심리학 박사 과정을 마쳤다. 그는 선교지에서 돌아온 후, 지난 20년간 임상 심리학자로서 지역 정신 건강 센터에서, 교회와 선교 단체와 더불어 일했다. 아내 프로케와 전 세계를 다니며 워크숍과 수련회 등을 인도하거나 가르치고, 전임 사역자에게 임상적인 도움을 주고 있으며, 목회자와 선교 단체를 위해 컨설팅하는 일을 지속적으로 하고 있다. 그 밖에도 미국에서 매년 열리는 '선교사를 위한 정신 건강 컨퍼런스'(MHM)의 운영 위원으로도 봉사하고 있다. 그는 특별히 트라우마, 슬픔, 갈등, 수치, 죄책감을 겪고 있을 때, 회복력을 강화하는 그리스도인의 '영적 자원'에 특별한 관심을 갖고 있다.

※ www.CharlieSchaefer.com

프로케 쉐퍼 Frauke C. Schaefer 독일 출신의 가정 의학 전문의인 프로케는 1990-1997년에 기독교 NGO인 인터내셔널 네팔 펠로십(International Nepal Fellowship) 소속으로, 포카라 소재의 그린페스쳐스(Green Pastures) 병원의 책임자로 봉사했다. 타 문화권 사역자들의 정신 건강에 지속적인 관심을 갖고, 독일로 돌아와 기독교 정신과 병원에서 정신 치료 분야의 훈련을 받았다. 이때 찰스를 만나 결혼하여 2000년에 미국으로 이주했다. 그녀는 미국 노스캐롤라이나에 있는 듀크 대학교(Duke University)의 정신 의학과에서 연구원으로 선교사들의 트라우마와 회복력에 관한 조사 연구를 진행했는데, 영적인 요인들이 어떻게 트라우마의 결과에 영향을 미치는가에 대해 의미 있는 결과를 얻었다. 현재 듀크 대학에서 컨설팅 교수로 있으면서, 다수의 교회와 선교사들을 섬기며 컨설팅과 평가, 훈련, 임상적 자원을 제공하고 있다.

※ www.FraukeSchaeferMD.com

/ 옮긴이의 말 /

세계 선교 역사의 초기나 한국 교회 초창기에는 선교사나 목회자의 희생 정신이 사역을 위한 가장 큰 덕목이었다. 따라서 그들의 내면적 고통을 배려하거나 정서적인 문제를 돕는다는 것은 상상할 수 없는 일이었다. 그런 배경 때문인지 몰라도 선교 역사가 한참 앞선 서구의 선교 단체들도 1970년대가 되어서야 선교 인력 보존이나 활성화에 본격적인 관심을 갖기 시작했다. 1980년대에 들어서면서 본격적인 선교 운동이 불붙기 시작한 한국 교회도 성장의 열기와 함께 선교사 파송에 온 힘을 쏟느라 가장 소중한 선교 자원인 선교사를 돌보고 활성화하는 일에 따로 관심을 기울일 여력이 없었던 것으로 보인다.

그러나 선교사들의 사역 환경이 날로 열악해지고 위기 상황이 증가함에 따라 사역자들을 전인적으로 돌보고, 그들이 효과적이고도 지속적으로 사역할 수 있도록 돕는 통합적 지원 체제의 필요성이 대두되었다. 이에 '멤버 케어' 사역이 선교 활성화를 위한 새로운 원동력으로 자리매김하게 되었다.

나는 세계 복음주의 연맹(WEA)의 선교분과 위원회(MC) 컨퍼런스에 몇 차례 참여하면서 선교사 멤버 케어 사역을 위해 결성된 국제 멤버 케어 네트워크(GMCN) 모임을 알게 되었다. 그러던 중 2015년 초 사단법인 한국위기관리재단의 사역 개발을 겸해 터키 남부에서 열린 제2회 GMCN 컨퍼런스에 참석하였다. 그 자리에서 이 책의 필자들과 만나 교제하면서 이 지침서가 한국 선교사들과 목회자들에게도 절실히 필요하고 긴요한 자원임을 확인하게 되었다.

한국 교계와 선교계는 심리, 생리적 분야와 성경, 신학적 부분의 연결에서 아직 미진하거나 접점을 찾지 못하고 있다. 그런 상황에서 고통과 트라우마의 문제를 성경적, 신학적, 생리학적, 심리적 그리고 영적 관점에서 통합적으로 조명하고 구체적인 해결 도구까지 제시하고 있는 이 책이 매우 적실한 도움이 될 것이라 기대한다.

이 책이 한국 독자들에게 전해지도록 각별하게 격려해주신 프로케 쉐퍼, 찰리 쉐퍼 박사 부부와 기꺼이 출판을 맡아준 디모데에 마음 깊은 감사를 전한다.

―― 도문갑
한국위기관리재단